* 本书入选“十三五”国家重点图书出版规划增补项目

* 本书获 2020 年国家出版基金项目资助

* 本书获 2019 年贵州省出版传媒事业发展专项资金资助

国家出版基金项目
NATIONAL PUBLICATION FOUNDATION

国际视野中的贵州人类学·水学辑

水家节庆与社会组织

张兴雄◎著

贵州大学出版社
Guizhou University Press

图书在版编目（CIP）数据

水家节庆与社会组织 / 张兴雄著 . -- 贵阳 : 贵州大学出版社 , 2021.12
（国际视野中的贵州人类学 . 水学辑）
ISBN 978-7-5691-0376-2

Ⅰ . ①水… Ⅱ . ①张… Ⅲ . ①水族－民族节日－研究－中国②水族－社会组织管理－研究－中国 Ⅳ . ① K892.1

中国版本图书馆 CIP 数据核字 (2021) 第 250291 号

水家节庆与社会组织

SHUIJIA JIEQING YU SHEHUI ZUZHI

著　　者：张兴雄

出 版 人：闵　军
策划编辑：王印娟
责任编辑：潘莎路　田静莹
装帧设计：陈　艺　申　云

出版发行：贵州大学出版社有限责任公司
地址：贵阳市花溪区贵州大学北校区出版大楼
邮编：550025 电话：0851-88291180
印　　刷：深圳市和谐印刷有限公司
开　　本：710 毫米 ×1000 毫米　1/16
印　　张：23.75
字　　数：366 千字
版　　次：2021 年 12 月第 1 版
印　　次：2021 年 12 月第 1 次印刷

书　　号：ISBN 978-7-5691-0376-2
定　　价：98.00 元

作者简介

张兴雄，男，水族，云南富源人，华东师范大学社会发展学院2016级人类学专业博士，黔南民族师范学院教师。从事水族文化调查研究16年，参与国家社科课题3项，主持、参与省部级及以下课题10余项，发表学术论文10余篇，参与撰写《贵州省志·民族志》《贵州苗族芦笙文化研究》《贵州传统学术思想世界重访》等著作的部分章节内容。

编者的话

中国的文化地理，可以进行多种解读。以秦岭-淮河线为界，北为北方旱地小麦文化，南为南方稻作文化；以瑷珲-腾冲线为界，东为农耕文化，西为游牧文化；以地方特色为名，又有齐鲁文化、巴蜀文化、岭南文化、吴越文化等。

上古时期，巫官文化与史官文化并立庙堂，而后独尊史官文化传统的儒家文化呈一统天下之势，“巫”的处境每况愈下，退出庙堂，而居于西南一隅，在世居民族中残存。如此看来，西南世居民族中保有的巫文化，恰是中华文明的渊源之一。

贵州现已建省600余年。昔以中原为中心的儒家文化依“五服制度”分野，贵州地处“要荒”，位列边缘。但若以“巫文化”视之，贵州却正是“巫文化圈”之中心，所谓“西南之奥区”。在中原未得到重视的巫文化体系，恰好在贵州得以保存。

从人类学的角度来看，贵州本土文化研究有100多年的历史。19世纪末，人类学的研究方法传入中国，贵州成为重要的研究对象。从早期的传教士、西方学者到中期的国内学者，再到近期的本土学者，文化人类学在贵州大致经历了三个重要阶段，并取得大量成果，成为研究贵州省情和地域文化特征的重要视角。

我们期望，《国际视野中的贵州人类学》丛书能成为研究贵州文化史和少数民族史不可或缺的重要文库，能推动地方文化史和贵州“原生”精神文明的研究，进而促成“贵州学”和“贵州学派”的诞生。

前　言

人类学对家族、宗族、氏族、村落、部落等的研究，并非仅穷尽这些概念在不同文化中的差异，而是通过分析这些概念的异同及其运作机制来理解其所在的社会。林耀华和莫里斯•弗里德曼等人都是通过研究“宗族”来了解中国的南方文化，以及更大范围的中国地方文化。本书以汉人宗族研究中的学术概念或研究对象的要素作为参照，以西南水家的节庆安排（水语“借”）和亲属关系实践（水语“怀奴”）等为主线，通过梳理他们的日常活动、人生礼仪、节庆互动、通婚规则、群体摩擦及具体行为方式，试图厘清三个方面的问题：一是水家对不同节庆认同的文化逻辑；二是“怀奴”这一基于亲缘的社会组织及其内部规则；三是探究水家“怀奴”逐渐向社会文化意义上更为接近汉人要素“宗族”的转型过程。

在水家个体或家庭的对外交往中，水语“借”（$tsje^1$ 的音译，本义为“吃、喝”）均处于中心位置，可以说“借”是水家社会中个体、家庭、村寨在民间信仰仪式中交往互动的核心。由水语“借”延伸出这一行为背后的一些传统习惯，如待客、节庆、葬礼等日常活动或习俗中，均显示出主客之分的运行逻辑。这种逻辑不但在个体或家庭（核心家庭）中呈现，而且在相应的群体活动中也不断将主人角色所涵盖的范围扩大。

水语“借”用在节庆名称核心词前意译为“过节”。水家的主要节庆有“借端”（$tsje^1\ twa^3$）、“借卯”（$tsje^1\ ma\!:\!u^4$）、“借额”（$tsje^1\ \eta\partial^2$）等。“借端”“借

卯”又分多个批次，“借端”的水家不“借卯”、不“借额”，同是“借端”的水家又形成不过其他批次的“端”，过其他节庆或批次的“端”的水家亦如此，即水家一般不交叉过节，只过属于自己的年节。人们在属于自己的节庆中作为主人负责待客，在不属于自己的节庆则作为客人参与。水语节庆名称中的“借”，于主人而言，有“办”“承办”之意，有主导性；对客人而言，则有“拜访”“走客”或“走亲戚”之意，并且具有流动性。主客之间的互动构成了水家轮流的节庆。

本书从人类学仪式与社会结构的视角出发，通过探究水家“借”背后的主、客逻辑，分析了水家特定仪式中的社会结构。“借端”节庆中村寨内的“邀端”祭祖仪式，其与血缘关系比较亲近，只在相关成员的家庭中“借蒿”(祭祖后喝酒)，水语通常统称这些家庭为“哈姆敢”(haːm^{1} ɣaːn^{2})。丧葬习俗中的“忌油圈”(ndau^{3} ʔɣwa^{5} 或 ndjoŋ^{5}) 通常比“邀端”仪式中的范围大，丧葬祭祀中被绝对禁止吃的肉，水语称为“南得宇”(naːn^{4} te^{3} vi^{5})，其引申意义为不在通婚范围内的女性。不能通婚的群体在水语中被称为“怀奴”(faːi^{4} nu^{4})，其范围较为稳定。水家的传统社会结构大致为“哈姆敢”“忌油圈”和“怀奴”。

“怀奴”通常为父系血缘人群，但不是父系血缘的无限扩大或无限压缩，而是结合通婚规则，进行自我确认、双方互认甚至是分裂等多种因素而形成的父系血缘群体。分裂后的“怀奴”之间是平等的，都可以跟自己的“怀奴”之外的人通婚。“怀奴”分裂并不由父系血缘关系的远近而定，而由通婚事实来确定，某家或某一群体（如村寨）一旦与“怀奴”内部通婚，娶妻一方的家庭或群体将被驱逐出原“怀奴”，让其自立一个“怀奴”或投靠其他“怀奴”，这属于被迫分裂。“怀奴”内部还会因为不同群体间的矛盾走向分裂，水家称之为“撕”“怀奴”，这属于主动分裂。水家生活区域内的“怀奴”很多都是通过主动分裂而形成的，他们能在宗族谱系中找到共同的始祖。因此，使用“同姓不婚”“同宗不娶”“异姓开亲”“改姓开亲”等汉人宗族概念来解释水家通婚规则不能真正触及水家社会通婚实情。用水语“怀奴”一词进行表述，则能简明扼要地解释水家社会中大量存在的同姓通婚事实。

“怀奴”分裂的常态性与“怀奴”之间的平等性，避免了等级性集团的产生和大范围内群体行动的束缚，赋予各群体自由选择与实施行动的权利。这也使得水家节庆具有多样性与多批次的特征。节庆将不同血缘、不同区域的人进行多维度整合，形成超越具体血缘的“怀奴”单线谱系认同。

尽管水家“怀奴”及其社会实践不能简单套用汉人宗族概念来解释，但因族群间的交融与儒家文化的影响，水家“怀奴”正在向有祠堂、有族谱等具有宗族特征的方向发展。就当前水家社会居住特征看，具有聚居、庞大父系血缘群体规模、强烈的认同感等，但缺乏族产、祠堂等要素，同时又是同姓聚居，呈现出“同姓同宗不一家（怀奴）”的特征。当下的水家宗族建设加入了族群共同祖先的雕像符号，正处于乡民与精英共同推进的宗族文化实践过程中。

目　　录

第一章　绪论

第一节　研究缘起

笔者身份证上的民族标识为水族（水家）①，经常会被问及该民族有什么特征。因笔者来自 20 世纪 80 年代初期才建立的云南省唯一以水族命名的民族乡——云南省富源县古敢水族乡，远离了贵州省黔南布依族苗族自治州

① 水族自称“sui^{3}”，其语言“水语”为“lam^{1} huŋ^{1} sui^{3}”，“sui^{3}”在水语中常与人的活动相关，如水家特有的文字系统总称“水书”(le^{1}sui^{3})，重大节日端节与卯节在对外表述时的“水家端节”“水家卯节”分别为“sui^{3} tsje^{1} twa^{3}”“sui^{3} tsje^{1} maːu^{4}”。自然界中的“水”，其水语为“nam^{3}”，与之相关的“水边”“水缸”“水源”等分别为“ȶaːi^{5} nam^{3}”“ʁaːm^{5} nam^{3}”“qam^{4} nam^{3}”。本书水语音标采用调类标法。从自称“水家”到族称“水族”，在交流中易造成歧义，在成立学术团体时采用了自称——贵州省水家学会，参见石国义：《水族历史文化诸领域研究状况述评》，载贵州省水家学会编《水家学研究（一）》，贵州民族出版社，1993，第 13-14 页。潘朝霖指出，1989 年贵州省水家学会成立之后，“水族”“水家”并行使用，参见潘朝霖、韦宗林主编《中国水族文化研究》，贵州人民出版社，2004，第 1-2 页。本书行文使用自称“水家”，但涉及行政区划名称、文献原文引用、地方文件等用原表述方式。

都匀市、三都水族自治县、荔波县、独山县等水家聚居区域，故笔者刚开始对水家文化特征一无所知，不知道水家有自己的语言和文字（水语和水书），更不了解他们的生活习俗。后来通过查阅资料，笔者了解到水家除了有语言文字外，还有“借端”（tsje^1 twa^3，汉译为“端节”）、“借卯”（tsje^1 maːu^4，汉译为“卯节”）等有别于周边苗族、布依族、瑶族、侗族等其他民族的节庆活动。为了切身感受水族聚居区的水家文化，笔者于 2005 年 7 月、9 月至 12 月到三都水族自治县开展相应的调研。① 第一次调研时，笔者在县城停留了几天，走访了三都水族自治县民族宗教事务局，该局“水族文化研究所”赠予笔者很多 20 世纪末期编印出版的水家文化书籍，这些书籍为笔者后来的研究提供了很多线索和帮助。关于水家“借端”的相关论述多集中在民间故事、节日形成年代考等方面，当时新出版的《中国水族文化研究》，很少有关于在“借端”中的人如何开展这个节庆活动的记述。同时，“原始社会的孑遗”“政治组织孑遗”“父系社会村寨”“同宗同源血缘家族”“包含姻亲的宗族”等记载②，与笔者童年所生活区域无明显血缘组织的情况大为不同，于是笔者想进一步了解这些记载的“孑遗”“组织”的具体情况，但书中未能见到详细论述或者案例。因此，笔者决定到水家生活区域进行长期的调查，解答心中的疑惑。

根据 2005 年 9 月至 12 月的调查，笔者了解了一个水家居住区域的“借端”组织情况，记录了一个村寨的“借端”仪式过程，提出“忌油圈”的概

---

① 笔者的硕士专业为民族学，开题前原计划回家乡调查，张建世老师建议要呈现水家文化特征就要深入贵州水家聚居区。在导师杨正文的帮助下联系到了三都水族自治县教育局，并通过县教育局推荐到该县三洞乡民族中学支教。在该中学支教期间，笔者认识了很多老师，部分老师后来成为笔者的好朋友，笔者也成了他们家“借端”的常客。文中涉及学者、时任领导等当地名人的介绍时用真名，其余情况下用化名（个别要求用真名的除外），具体村寨也将用化名。

② 潘朝霖、罗春寒：《水族史话》，载潘朝霖、韦宗林主编《中国水族文化研究》，贵州人民出版社，2004，第 34-39 页。

念来表述水家一个高于家庭之上的血缘组织。[①] 有调查者指出这个概念是一种客位的视角，是借用信仰圈概念进行的边界模糊的划分[②]。这可能是因为笔者用了“圈”字，加上有饮食上的禁忌，这个概念就被归属到信仰圈、祭祀圈[③] 的变体之中。但是笔者的论证并非以某一具体信仰对象或主祭神为中心，而是通过血缘认同和节庆仪式互动而提出的有大致边界的人类共同体。还有学者指出，“有人将这种‘忌油’文化现象称之为‘忌油圈’”，同时认为“‘忌油圈’之内的水族成员不仅拥有共同的先祖，而且还以血缘关系为纽带组成独特的宗族制社会”[④]，暗指笔者只看到血缘团体而未见血缘之外的情形，可能因为篇幅受限，笔者在该文中未找到“独特的宗族制社会”的具体情形。这也促使笔者进一步思考除了“忌油圈”之外，水家的社会结构整体是怎样的情形？“借端”区域的水家社会有“忌油圈”，“借端”之外的水家生活区域的社会结构是否一样？

2016 年 9 月，笔者有幸进入华东师范大学人类学研究所学习，细读了埃文思 - 普理查德（E. E. Evans-Pritchard）的《努尔人——对一个尼罗特人群生活方式和政治制度的描述》。作者以牛为线索来展开对努尔人的世系群

---

① 张兴雄：《水族端节祭祖仪式与“忌油圈”——以贵州省三都水族自治县三洞乡板告村板鸟寨为个案》，《西南民族大学学报（人文社科版）》2008 年第 1 期。

② 何自成：《水族的家——基于永康乡和三洞乡的研究》，硕士学位论文，中山大学，2010，第 13、40 页。

③ 祭祀圈：1938 年，冈田谦将寺庙祭祀活动与社会生活连接起来分析宗教信仰与社会组织的关系而提出这一概念；以共同奉祀某一主祭神的居民的居住地域为祭祀圈，祭祀圈的范围是相互交错重叠的；这一概念和分析方法被多人用于台湾的地域组织研究中。参见庄英章：《林圯埔：一个台湾市镇的社会经济发展史》，上海人民出版社，2000，第 141、177 页。祭祀圈进一步发展为信仰圈。信仰圈范围大于祭祀圈，并且包含祭祀圈，祭祀圈范围较小，属于地方信仰，而信仰圈属于区域信仰；信仰圈只有一神奉祀，祭祀圈可能出现多神共同奉祀；信仰圈的组织活动出于信仰者的自愿，而祭祀圈的活动带有强制性；信仰圈的活动不具有规律性或是周期性，祭祀圈的活动具有周期性。参见林美容：《妈祖信仰与汉人社会》，黑龙江人民出版社，2003，第 1–25 页。

④ 罗春寒：《传统与重构：一个水族村寨端节文化传承与变迁模式的调查与分析》，《原生态民族文化学刊》2016 年第 3 期。

和政治组织的研究并发现：平时有冲突的个人之间或同级世系群之间，在相对于关系较远世系群的对外行动时存在社会文化赋予的情境性认同与归属；战争使努尔人跟其他人群的关系、努尔人内部的部落之间的关系得以维持，世仇制度则维持同一部落内部分支之间的关系。[①] 克利福德·格尔兹（Clifford Geertz）对埃文思－普理查德的努尔人研究总结为“始发于发现我们文化中的某物在另一种社会中是如何缺失的，又是如何替代的：努尔人的研究中，缺失的是我们的国家执行法律和暴力管理的结构，取而代之的是世系组织”[②]。笔者在关于水家的前期研究中，能感觉到水家社会有自己的组织特点，但是一直未能形成一个完整的体系。于是，想借鉴努尔人的研究视角来开展水家社会的研究，在水家聚居区城镇化推进中记录下他们即将淡忘的传统社会结构体系。这种研究带有刻板印象之嫌，但是因为对水家现存社会组织体系的解释还没有一个让笔者信服的版本，常见汉人传统中的姓、宗族、家族、房的名而未见实，以此形成的“同宗同姓不婚”以及补救策略的“破姓开亲”[③]“同一房至今仍不开亲”[④]等表述更是冲击着笔者的田野调查材料，促使笔者寻找一种更适合水家不婚的表达，也是对原有印象的一种修正。同时，受导师黄剑波教授等推动的“修行”研究[⑤]的影响，特别是“在研究对象的真实生活中理解修行者所具有的属性”[⑥]，即凸显特定群体中的个人实践。

---

① E.E. 埃文思－普理查德：《努尔人——对一个尼罗特人群生活方式和政治制度的描述》，褚建芳译，商务印书馆，2017，第 205–281 页；

② 克利福德·格尔兹：《论著与生活：作为作者的人类学家》，方静文、黄剑波译，中国人民大学出版社，2013，第 99 页。

③ 罗春寒：《水族民俗》，载潘朝霖、韦宗林主编《中国水族文化研究》，贵州人民出版社，2004，第 520 页；三都水族自治县史志编纂委员会编《三都水族自治县志》（1978—2013），方志出版社，2016，第 158 页。

④ 王学文：《规束与共享：一个水族村寨的生活文化考察》，民族出版社，2010，第 55–56 页。

⑤ 杨德睿、陈进国、黄剑波等：《修行人类学：中国人类学家的话语构建——修行人类学访谈录》，《新视野》2017 年第 2 期。

⑥ 黄剑波：《“祈祷”与人类学的基督教研究》，《湖北民族学院学报（哲学社会科学版）》2006 年第 6 期，第 15 页。

对于水家的节庆与社会组织研究，除了寻找仪式理论中已有的经典解释外，还需要考虑该理论言说不到的地方。安全的操作是将仪式具体参与者的日常生活融入其中，了解一个较为完整的作为个体的“水家”与作为群体的“水家”，或是作为中华人民共和国多民族体系之一的“水家”，抑或是市场经济一体化下的“水家”。

第二节　文献回顾

一、亲属与社会

黄应贵在总结亲属研究的系谱理论时指出，研究人员根据具体情况提出的系谱有：继嗣理论是由单系（如父系）祖先繁衍往下追溯，排除嫁出者和接纳娶进者之后构成的亲属群体；亲属关系是以自己为中心往上追溯，包括男女两边所能追溯到的亲属；联姻讨论涉及群体间交换婚的关系；命名制度则展示出个体相互间的亲属位置。[①] 埃文思－普理查德关注裂变世系群，努尔人的民族志表明在没有西方文明的政治模式下，努尔人通过地域和继嗣方法构成自己的政治秩序。弗里德曼（Maurice Freedman）将埃文思－普理查德的这一理论用来研究中国“宗族”，指出非国家模式下的“世系群”在有国家的社会治理过程中也得到了很好的发展或者适应。[②] 弗里德曼利用林耀华的义序宗族材料建构的华南宗族结构，存在从特殊个案中推导区域性共同的地方宗族模式之嫌，容易给学者留下中国宗族模式的印象，但过分强

① 黄应贵：《反景入深林：人类学的观照、理论与实践》，商务印书馆，2010，第 105-108 页。

② 王铭铭：《人类学讲义稿》，世界图书西安出版公司，2011，第 36-48 页。

调族产、族田作为宗族的构成要素并不能解释华北宗族现象。[①]沃森（Rubie S.Watson，又名华如璧）指出，用“相对单一的无首领的社会研究中发展起来的继嗣理论模式研究中国，使研究者不敢探索经济和政治不平等的问题”；非洲继嗣理论模式缺乏历史维度，致使研究者在讨论中国世系群的发展时“很少关注世系群赖以建立的各地情况或具体的政治、经济背景”[②]。

陈其南进一步对中国汉人“宗族”进行了区分，宗族为最大一级的血缘组织，之下是大家族或者房[③]，同时还指出弗里德曼关注“宗族”功能性而忽略汉族亲属制度中系谱原则的重要性。

王铭铭总结亲属制度研究时指出，称谓体系是人与人、人与物的关系体现方式，并结合 Jack Goody 关于欧洲与亚洲家庭构成对经济发展、人口控制等的论述，归纳出亲属研究的三个层次的意义：“其一，在分类和识别的层次上，亲属称谓提供了人们理解和体验他们的环境的概念框架，使他们能以拟人式的图景来与所处的周边事物交往；其二，在法权层次上，亲属称谓以分类和识别为方式，构成人们之间权利、责任和义务关系的一般规则；其三，在人的行为层次上，亲属称谓在事实上影响着人们在性别交往、婚姻及团体互动的实践。”[④]还梳理了研究亲属制度的三种主要方式：拉德克里夫－布朗一脉的继嗣理论、列维－斯特劳斯（Claude Lévi-Strauss）一脉的联姻理论、利奇（Edmund Leach）和施耐德（David Schneider）的作为观念的而非“社会实在”或“文化事实”的亲属制度。作者用中国亲属制度中“家”“国”“天下”三位一体的“家天下”观念来对该领域进行对比或反思，强调在探寻亲属制度某种通行的结构时，不应忽略各种表达形式的共存。[⑤]“家天

① 兰林友：《庙无寻处——华北满铁调查村落的人类学再研究》，黑龙江人民出版社，2007，第 24-25 页。

② 鲁比·沃森：《兄弟并不平等：华南的阶级和亲族关系》，时丽娜译，上海译文出版社，2008，第 8、17 页。

③ 陈其南：《房与传统中国家族制度》，《汉学研究》1985 年第 3 期。

④ Jack Goody, “Comparing Family Systems in Europe and Asia: Are there different sets of rules1?”, *Population and Development Review*, 22. no.1(1996): 1-20.

⑤ 王铭铭：《人类学讲义稿》，民主与建设出版社，2018，第 44-61 页。

下”可能正是亲属制度研究中不同的表达。在“家天下”提出之前，列维－斯特劳斯提出了“家社会”的表达，将之视为基本亲属结构与复杂亲属结构之间的特殊类型，这一概念强调日常生活中亲属的实践与运作。①

利奇提醒在田野调查中要留意调查对象的社会中个体行为的三个不同层次：第一个层次是个人的实际行为，或称为实践；第二个层次是由很多个体行为达成的趋同行为，或称为社会的规范模式；第三个层次是当地人对自己及其社会关系的一般看法，或称为理想模式。很多已有亲属关系的结构分析都试图通过第三个层次来再现第二个层次，但是实际情况可能并不对等，结果必然只是对理想行为的讨论，而不是对社会规范模式的讨论。同样，个体的实践与理想模式之间也存在差异。②

施耐德以利奇的视角进一步解构了关注人类学亲属制度的西方学者在自身文化理念下对他者的研究，即西方人类学者亲属研究的三条原则：一是把亲属视为是不证自明的、普世的现象；二是认为亲属关系总是与人的生育繁殖相关；三是在“人类系谱一致性教条”下，欧洲人根深蒂固的“血浓于水”观念，使亲属研究过度强调生物性亲属而忽视文化性亲属。施耐德对亲属制度的批评并非要否定亲属研究，更不是所谓的终结亲属制度研究，而是希望人类学能开展出不同的研究方式，即把亲属关系当作一个经验问题，而不是一个普遍的事实。不能只依靠已有的理念模型来进行假定亲属制度的形式、文化价值和意义的普同性并进行印证，而应该考虑到亲属关系更多的形式及其可能的意义，并提供更多的、更详细的民族志材料来说明研究对象的亲属关系跟已有类似研究的异同。③关于亲属关系是文化关系还是生物关系的讨论，萨林斯（Marshall Sahlins）、蔡华都有相关论述。刘宏涛认为蔡华

---

① 黄应贵：《反景入深林：人类学的观照、理论与实践》，商务印书馆，2010，第 127-128 页。

② Edmund Leach, (*Rethinking Anthropology*, London：Athlone Press,1966), pp.30–31, pp.52–53.

③ David M. Schneider, *A critique of the study of kinship*,（Ann Arbor：The University of Michigan）, 1984, pp. 187–200.

象与事件的仪式价值”①。

特纳系统发展了范热内普的过渡仪式理论，特别对仪式的阈限阶段做了独特的结构分析。阈限、交融和结构是特纳仪式过程理论的主要概念，阈限阶段是仪式的核心阶段，将仪式过程的划分为三个阶段前阈限阶段、阈限阶段、后阈限阶段。特纳将社会结构视为文化的一部分，“文化体系是通过人与人的关系和互动、人的意识和能动性得以延续，仪式与社会结构之间是一种功能和相关关系”②。“在阈限阶段，阈限人从固定的文化空间中的‘结构’脱离，从而具有某种不确定性……人与人之间形成了一种特殊的关系，即平等、简单、一视同仁的关系，达到了一种精神的、灵魂的、情感的交融。”③交融是对原有结构的解构，也是一种社会整合，对于那些看上去充满冲突的社会，这一理论更能提供一个完整的解释模式。特纳认为恩丹布人的村落在结构上存在着固有的不稳定性，并且长期处于解体的过程中，社会充满了对立冲突，人际的结合力也很弱。而恩丹布人的整个社会（不是村落社会）组织基础的结构却是完整的，仪式在其中起着重要的结合作用，即仪式“通过独立于世系群亲属联系所进行的崇拜联合，来建立在不同村落群体之间的联系”④。仪式不仅将内聚力和社会的价值观念、集体情感灌输给人们，而且还夸大社会统治的实际冲突，并且确信尽管存在冲突，仪式还是有维系社会一致的功能的。

利奇认为仪式是表达文化概念与模式的媒介，反过来再引导其他社会行为；仪式促使人在修正社会秩序的同时，也确认了社会秩序的基本范畴。利奇把仪式象征看作社会结构的一种反映，认为仪式是一种象征活动，仪式表

① 史宗主编《20世纪西方宗教人类学文选》，生活·读书·新知上海三联书店，1995，第119页。

② 黄剑波、郑絮文：《仪式过程、社会戏剧与维克多·特纳的学术人生》，《徐州工程学院学报（社会科学版）》2020年第3期。

③ 庄孔韶主编《人类学通论》，山西教育出版社，2003，第409页。

④ 夏建中：《文化人类学理论学派：文化研究的历史》，中国人民大学出版社，1997，第307页。

示了社会结构，仪式活动和信仰同样可以理解成是关于社会秩序的象征说法的形式且使得社会结构更明朗。[①]

台湾学者李亦园对妈祖信仰进香仪式与特纳的朝圣仪式进行比较，指出西方的朝圣者朝拜圣迹是为获得一种神圣的力量，而中国人不但要得到灵力，还要追溯渊源，“妈祖庙并没有圣迹只有香炉，把香炉拿回来，就表示把妈祖的灵力带回到村落来了。进香的目的是能求得我们祖先的根源，这种追求跟中国父系社会的宗族、氏族、派系等社会组织是必然关联的”[②]。从中可以看出，在仪式研究方面，中国与西方可使用相同的理论，但是根本的观念是有所不同的，所呈现出来的也是不同的观念体系。

王铭铭强调人类学仪式研究的本土思想，总结了人类学仪式研究经历的三个阶段：一是跟比较宗教学相近的古典人类学阶段；二是与大量的人类学田野调查及大量对非西方世界观的认识有密切关系的阶段；三是在学理上退回到西方中心主义阶段。王铭铭认为人类学仪式研究需要回归第二阶段，并且还要关注文明社会中的仪式问题，如葛兰言对中国古代礼仪的研究。仪式，而非宗教，可以作为寻找到帝制时期的文化秩序的根基，“中国不是一个宗教文明体，而是一个仪式文明体，这个文明体的主要行动纲领来自行为的规范，而非宗教的整体性，因而如果说有‘正统’，那这个正统主要是通过关系、称呼和举止的‘度’来表达的”。这种仪式文明体表达的是一种多元的、多主体的认同，或者说至少是一种多层次的认同与分层，思想体现着“大杂烩”背景下的“和而不同”，“可能恰恰是因为我们这个社会向来不存在一个干干净净的社会形态，而是多种社会形态永久的混合，而生活在我们这片土地上的人们并没有觉得混合是‘不健康的’”。受西方社会理论影响的中国知识分子才认为传统的“和而不同”的混合是不健康的，并试图借鉴

① 夏建中：《文化人类学理论学派：文化研究的历史》，中国人民大学出版社，1997，第294页。

② 李亦园：《新兴宗教与传统仪式——一个人类学的考察》，载王筑生主编《人类学与西南民族》，云南大学出版社，1998，第227页。

西方模式来进行改造。[①]

在西南少数民族的仪式研究方面，石开忠对侗族鼓楼进行了研究，认为鼓楼是侗族的一种象征，是全体成员共同的行为标准，是社会情感的产物。[②]杨正文对苗族鼓藏节仪式与苗族社会组织进行了研究，指出苗族的祖先崇拜是理解鼓藏节仪式含义的必备条件，也是理解苗族家族、宗族等社会组织结构的重要途径；鼓藏节仪式是联系和整合鼓社内部各父系继嗣集团的一项重要祖先祭祀活动；用苗语词汇中原有定义对相应血缘组织进行表述，如“金等”“金略”“鼓族”“哥纳”等血缘构成情况。[③]张原根据李廷贵[④]、杨正文等对苗族鼓社的研究进一步指出，苗族鼓社血缘组织不能等同于汉人社会里的宗族概念。[⑤]卢晓对苗族超越血缘的政治组织进行了研究，将前人“议榔”研究的立法视角扩展到政治组织的框架中，提出“耶脊制度”不仅是苗族社会单点管理方式，也是苗族重要的社会组织。[⑥]许晓明以云南马关县壮族创办的“三月三”为例，用传统的文化再造讨论族群认同。[⑦]水族跟侗族、苗族、瑶族等毗邻而居，在仪式与社会组织的研究上，除了人类学已有的理论和中国学者的视角外，周边民族的已有研究也非常值得参考和借鉴。

---

① 王铭铭：《人类学讲义稿》，世界图书西安出版公司，2011，第410-414页。

② 石开忠：《象征的起源、隐喻及其认同仪式——对侗族鼓楼的象征人类学诠释》，载王筑生主编《人类学与西南民族》，云南大学出版社，1998，第542页。

③ 杨正文：《鼓藏节仪式与苗族社会组织》，《西南民族学院学报（哲学社会科学版）》2000年第5期。

④ 李廷贵、酒素：《苗族“鼓社”调查报告》，《贵州民族研究》1980年第3期。

⑤ 张原、汤芸：《传统的苗族社会组织结构与居民互惠交往实践——贵州雷山县苗族居民的礼仪交往调查》，《西南民族大学学报（人文社科版）》2005年第2期。

⑥ 卢晓：《大苗山“耶脊”组织与多民族区域共同体生成的制度机制》，《广西民族研究》2019年第3期。

⑦ 许晓明：《群认同与壮族三月三文化再造——云南马关县个案》，《民族艺术》2019年第3期。

三、水家文化研究

（一）整体概况

20世纪90年代初，水族学者石国义对水家历史文化的研究进行了综述，他从五个方面进行述评：一是族称、族源、迁徙等历史方面；二是水书研究；三是民俗研究；四是民间文学收集整理；五是国外水家研究。① 在族称方面，石国义梳理了陈国均对水族的地理分布、族称的研究，指出以前的“佅家苗”“佅家”对水家的表述是错误的。② 水家族称由“佅家蛮”“佅家”等发展为“水家族”“水族”，造成水家族称产生歧义，极易跟“水族馆”相混淆，石国义建议用“睢族”。在水家族源方面，岑家梧提出疑似殷商之一支的说法③，张为纲提出殷之遗民的假说④，除此之外还有江南迁来说、龙潘后裔说、广东广西迁来说、土著说等。有关水书的研究，多集中在收集整理、翻译出版方面，其次是水书与水家族源的讨论。在民俗研究方面，石国义认为水家以年为周期的节庆是以血缘为特征的。⑤ 在民间文学艺术的收集整理方面，已出版的水族民间故事选有《石宝马》《水族民间故事》《水族文学史》等。国外水家文化研究在当时主要指对日本东洋文库藏有水书原件的研究。目前国外学者对水家的研究主要集中在水家语言方面。⑥

2004年，潘朝霖、韦宗林主编了《中国水族文化研究》一书，该书的

① 石国义：《水族历史文化诸领域研究状况述评》，载贵州省水家学会编《水家学研究（一）》，贵州民族出版社，1993，第12-21页。

② 陈国均：《水家的地理分布》，《贵州苗夷社会研究》，民族出版社，2004，第86页。

③ 岑家梧：《水书与水家来源》，载《岑家梧民族研究文集》，民族出版社，1992，第123页。

④ 张为纲：《水家来源试探》，载《贵州苗夷社会研究》，民族出版社，2004，第89-91页。

⑤ 贵州省水家学会编《水家学研究（一）》，贵州民族出版社，1993，第18页。

⑥ ames Norris Stanford, "'Eating the food of our place': Sociolinguistic loyalties in multidialectal Sui villages". *Language in Society*, 38, No.3(2009): 287-309.

七位撰稿人都是研究水家文化的专家，该书集成了他们当时在该领域的最新成果，可以说是水家文化研究精英汇集的成果。书中采用了一些新观点、新资料，全书共八卷五十四章，对水家历史渊源、生态环境、农耕文化、水书习俗、水语、风俗、世界观、民间艺术等水家文化现象进行了较为系统的研究，王品魁在该书的序言中称其为水家“有史以来最大容量的研究成果”①。有学者认为，该书在水家族源问题的创新方面，以岑家梧、张为纲等“水书与甲骨文相似”“水家系殷人后裔”的观点为据，并通过民间口述材料、家谱、水书记载、方志史料，结合比较语言学、考古学、体质人类学、遗传学等领域的研究完善了“殷人后裔说”的探讨，把水家文化的历史渊源往上追溯到了殷商文化之时。② 从水家民间谚语中有“nam^3 sui^3”“$zən^1$ sui^3”“nam^3 $ʔnja^1$ sui^3”，结合有关史书记载与“睢”有关的河流、地名等关联，得出水语中的“sui^3”及其族称等跟古水道睢水、濉水相关。加上这些区域出现过睢州、睢宁、睢阳等州、郡县名，并且河南《睢州志》有“睢民”记载等，进而得出水家族源的结论：发祥于中原睢水流域及“豕韦”一带，处于殷商文化圈中。③ 关于此结论及其后面的推断，冯英在学术探索的层面上给予了充分的肯定。他指出，殷商灭亡之后，水家先民举族南迁融入百越族群，成为骆越的一支，在百越之地近千年的生息，留下了百越文化的特征；秦代发兵岭南，水家先民又大规模地溯流迁到龙江、都柳江上游一带生息，历经八百余年的发展，为唐代在水族地区设置都尚县、婆览县、莪州、抚水州奠定了基础。抚水州的建立，标志着族称为“睢”的族群得到中央王朝的确认，从此族称以“水”代“睢”，标志着水族作为单一民族的形成。这一结论尽管还有待从多维的角度进行更深入的探讨，寻找更多的支撑点，但研究者在研究族源的过程中，表现出来的探索精神和学术视野，是值得肯定的，也是值

① 潘朝霖、韦宗林主编《中国水族文化研究》，贵州人民出版社，2004，第 2 页。

② 韦忠仕：《水族传统文化研究之集大成作品：简评〈中国水族文化研究〉》，《民族杂志》2004 年第 9 期。

③ 潘朝霖、罗春寒：《水族史话》，载潘朝霖、韦宗林主编《中国水族文化研究》，贵州人民出版社，2004，第 11-16 页。

得我们学习的。

2019年10月16日，“贵州省水家学会开发水族文化资源•助力脱贫攻坚暨水书抢救保护30年论坛”在三都水族自治县召开，潘朝霖向论坛提交了自己编印的小册子《水家学研究30年概述（1989—2019）》，该作品由两部分组成：第一部分为已经公开出版过的《水家学研究20年概述》[①]，主要是1989年至2009年水家研究相关的活动、成果等；作者表示第二部分是应急之作，是2010—2019年的内容。[②]两部分内容基本按照时间顺序对水家学研究近30年来开展的研究活动进行了8个方面的归类概述，即举办学术会议、参加学术交流、文化遗产项目与科研项目申报、主要著作成果、人才培养与论文成果、影视戏剧与网络成果、主要表彰项目与获奖成果、水书抢救成果与历程。关于主要著作成果，于2009年7月出版的《中国少数民族》修订版认为：“水族自称‘睢（sui^3）’，因发祥于睢水流域而得名，故民间有‘饮睢水，成睢人’之说。对于水族的来源，民间和学术界有殷人后裔说、百越（两广）源流说、江西迁来说、江南迁来说等说法，都是针对水族发展史上某一时段或某一分支而论，都有一定的历史性与合理性。……水族社会保留着殷商文化圈和百越族群的浓郁文化遗存。水书是夏商文化的孑遗，属水族的精神支柱。”作者指出2007年版的《三都水族自治县概况》中也是类似的表述，以及在《贵州世居民族迁徙史》中的水家族源、族称也有相似的表述路径[③]，“是水家研究‘主客位失衡’逐步得到调整的成效，研究成果正确地解读了水族历史文化本源”[④]。作者还指出水家研究的不平衡性：系列性研究、专题性研究比较少，应急性、随机性的研究较多，深度剖析的研究少。

---

① 潘朝霖：《水家学研究20年概述》，载邓光华主编《走向世界大潮的艰苦历程：贵州民族文化研究20年》，中央文献出版社，2011，第52-66页。

② 潘朝霖：《水家学研究30年概述》，“贵州省水家学会开发水族文化资源•助力脱贫攻坚暨水书抢救保护30年论坛”会议交流小册子，无页码标注。

③ 韩荣培：《水族篇》，载李平凡、颜勇主编《贵州世居民族迁徙史》（下），贵州人民出版社，2011，第435-485页。文中提供了大量DNA证据方面的讨论。

④ 潘朝霖：《水家学研究20年概述》，载贵州省水家学会编《水家学研究（六）》，贵州省水家学会，2015，第217页。

2006年，水书习俗[①]被列入国家级非物质文化遗产名录之后，水书研究逐渐成为水家研究重点，很多政策性的资助都用于水书的研究、翻译出版、影印出版、收集整理、馆藏建设等。在水书研究方面，除了参照岑家梧等与族源、族称相关的视角，还进一步发现了更早记载水书的文献。关于汉字典籍记载的水书文字，目前发现的最早的信息出自晚清西南大儒莫友芝于1860年所著的《郘亭诗钞•红崖古刻歌》。莫友芝在考证红崖文字时提出可以结合水家文字来释读其意："叔重古文换秦篆，十不存一苦斠铨。稍从乘马究虞寽，水书竹历参摩研。"其主要观点为：水书是从竹简过渡而来，水字是在秦朝统一文字之前就存在的古文字。莫友芝提出，可以考证金文、结合水书来释读红崖古字，并从水书来源传说、水书读音、水字笔画等方面进行对照，推测水书是文字统一前就存在且是最古老的文字之一。但这种旁注式的水书研究及其相关观点在面世后的50年间没有再现，即从目前可搜集的1860年至1910年的资料中，笔者还未见相关文献中有关于水族水书的史料。20世纪初期至20世纪中期，在水家现在生活的三都、都匀、荔波、独山等地，其旧方志中已有记载水族古文字的相关信息。[②]刘世彬对莫友芝水书记载及其推断的发现，并结合后来岑家梧、张为纲等的论述来说明莫友芝当时关于水家古文字来源的观点的正确性，促成水书与甲骨文在发现时间上的比较，并扩展到历史渊源方面的勾连。甲骨文于清光绪二十五年（1899年）因王懿荣先生的慧眼而问世，而在1860年，水书就因西南大儒莫友芝先生对它的关注与研究，第一次走出深闺，为世人所知。水书与甲骨文的关系，引起人们的广泛关注，或云"水书是仿照甲骨文编出来的"，或云"水书是先秦文字"，或说"水书与殷商甲骨文有姻缘关系"，或云"水书与甲骨

①"水书"尽管在文献中一直出现，但是没有一个专门的界定，为此，邓应章提出"水文"指称水家文字系统，"水字"指称单个的字符，而"水书"指称水家文字书写的文献。参见邓章应：《水族古文字的科学定名》，《中国科技术语》2009年第3期。

② 刘世彬：《黔南老方志集〈水族社会历史资料稿〉中关于水族古文字的信息》，载祖明主编《采风论坛（7）》，中国文联出版社，2006，第17-26页。

文均滥觞于夏商文化圈”，众说纷纭。[①]

水家研究，整体上如石国义、潘朝霖总结归类的情形，取得了很多成果，开展了不同方面的努力与探索，但是由于整体受制于古典进化论的影响，他们自身也不可避免地在族源、族称上不断推断到更久远的时代，寻找水语读音与汉语同音字的关联、DNA 证据的血缘关联等，对莫友芝、岑家梧、张为纲等关于水书渊源的疑是、可参阅的论点进行补充完善，形成了水家、水书源于殷商文化圈之说。将不同语音系统的同音词或相近音词进行关联比较，所比较之词的意思相同或相近甚至不同；DNA 的血缘考证久远的文化源头，并且是族群文化的渊源探讨，或者是使用缩小版的家族史来指代族群史，个体与群体的相关性与事实之间依然有很多需要考虑的东西。

可能因为水家的现实生活区域与中原地区存在较大的时空距离，水家丰富的节庆文化、可能会淡化的社会组织等尚未得到足够的、系统的关注。

（二）节庆与社会组织

水家社会组织、节庆等方面的研究，主要偏向历史渊源方面的讨论，或者以汉人社会的宗族社会的概念进行对应解释。韩荣培对水族古代社会基层组织进行分析，认为水族地区除了土司政权外，内部还用“洞”“水”“榔”等基层组织及其派生的“阿卡”“瓮”等内部社会基层组织来实现自我管理[②]，文中重点推断了由“洞”发展到“水”“榔”的过程，未见“阿卡”“翁”等方面的讨论。“水”组织，特别是水家“十六水”，潘朝霖认为“十六水”是古代组合成水家的十六个部落，后来演变为用“十六水”泛称水家群体聚居区域，用法如同以“九州”指代全中国一样；此外“十六水”与“十六埲”“端十六”等无关，它们是不同的概念。[③] 韩荣培的传统社会组织概念，

① 潘朝霖、唐建荣主编《水书文化研究》（第一辑），贵州民族出版社，2009，第 1 页。

② 韩荣培：《古代水族社会基层组织和土地、山林的管理方式》，《贵州民族研究》1999 年第 4 期。

③ 潘朝霖、罗春寒：《水族史话》，载潘朝霖、韦宗林主编《中国水族文化研究》，贵州人民出版社，2004，第 19-25 页。

还引出了政治生态学下水家传统自治方式变迁的讨论。[①]“洞”“水”“榔”等组织现在已无法确定其是否真实存在或具有普遍性，抑或就是当时水家的传统政治组织，类似现在对人类社会“母权社会”阶段论一样存疑。[②]

蒙爱军对水族的宗族观念体系进行了分析，认为以父系血缘为主干的观念是水族宗族观念的核心，是建构水族宗族体系的思想基础，并指出水家宗族与古代氏族的根本区别，有的自然村寨本身就是一个宗族（家族），也有几个村寨同属一个宗族的（水家人把同属一个宗族的村寨称为“兄弟”）。当然也有一些大的村寨同时居住着几个不同的宗族。水族的这些宗族虽有古代父系氏族制的痕迹，但在本质上与父系氏族有差异，其以从事小农业生产的个体家庭为其构成的细胞或组成部分。[③]“以父系血缘为主干”的血缘组织论述是无可争议的，但是否能用汉人宗族、家族进行注解，并将韩荣培的水家地区土司制度下的“洞”“水”“榔”和由“榔”派生的“阿卡”“瓮”等组织用于探讨水家社会的国家化进程，有待进一步考证。[④]

宗族、家族的概念还牵涉到“姓”的问题。有学者在探讨水家习惯法时特意标注了这一特性，如“一个典型的单姓宗族村落”[⑤]，并列举了许多习惯法的表现，但没有明确习惯法背后究竟是一些什么样的血缘组织或联盟组织，而血缘方面的强调是明确的，如“宗规族约”“家族利益”“三家六房”“兄弟寨”等的使用。

21世纪之前，水家节庆文化多在某些著作和文章中被提及。水家简史、简志、方志、民间故事等文献中有对水家“借端”的概述：“端节是水族地区

---

① 戴建国：《水族自治方式的变迁——政治生态学视角的审视》，《云南行政学院学报》2008年第3期。

② 吴飞：《母权神话“知母不知父”的西方谱系（上）》，《社会》2014年第2期。

③ 蒙爱军：《水族的宗教观念及其影响》，《贵州民族学院学报（哲学社会科学版）》2001年第1期。

④ 蒙爱军：《国家化进程中的水族传统宗族社会》，《西南民族大学学报（人文社科版）》2010年第5期。

⑤ 文永辉：《水族习惯法及其变迁——以贵州省三都水族自治县塘党寨为例》，《民族研究》2006年第4期。

范围最广，人数最多且历时最长的节日。源于以血缘为纽带的人们群体的原始宗教庆典活动。端节是辞旧迎新、庆贺丰收、祭祀祖先和预祝来年幸福的盛大节日。端节的主要活动为祭祀和赛马。”① 黄桂秋从民间故事的角度对水家节庆文化的内涵和特征进行了总结，水家最初只在三洞有一个“端”，因人口增加而向外迁徙，为了兄弟间的来往，而逐渐增加批次，“借端”文化的内涵也是水族民间宗教祭祀活动，“以原始宗教祖先崇拜为主要特征，兼有图腾崇拜和娱乐、竞技、民俗等文化内容，旨在以团结自强，尽情欢乐为目的的综合性文化现象”；“借端”是“部落联盟的祖先信仰”，“借卯”则为“农耕社会的自然崇拜”；提出“端文化故事圈”与“卯文化故事圈”。② 石国义从起源上认为水族“借端”分批次是原始民族的遗迹，源于以父系血缘为纽带的人类共同体，并提出了“借端”的社会功能：“有超脱社会经济发展变化的相对稳定性和独立性，有其独立的外观，它的社会功能是起着团结本族人民，抵抗外来的歧视与压迫，有利于维护民族自尊和自立。但它产生于以血缘为纽带的人类共同体，所以又具有浓厚的保守性和排他性”③。潘朝霖对水家“借端”批次安排，特别是第三批次的政治因素进行了分析，“第三批‘借端’是水历新年的真正标志。原因和唐贞观三年在水婆（恒丰）之地建立婆览县有关”④。也有学者关注到水家“借端”的变迁，如罗春寒谈及某些地方的水家“借端”时，祭祖的“素祭”改为“荤祭”。“借端”“借卯”由祭祖的庄重性到娱乐性、社交性的变化，此外从民间传说的角度，探讨了水家两个传统节庆“借端”和“借卯”形成的社会历史背景、本质区别及变迁情况，并指出这是两个性质完全不同的民族节日；⑤ 唐显良对水家村寨民族文化变迁的调查，考

---

①《水族简史》编写组编写《水族简史》(修订版)，民族出版社，2008，第150页。

② 黄桂秋：《水族故事研究》，广西人民出版社，1991，第9、13、15页。

③ 贵州省水家学会编《水家学研究》(一)，贵州民族出版社，1993，第19页。

④ 潘朝霖等主编《中国水族文化研究》，贵州人民出版社，2004，第24页。

⑤ 罗春寒：《从民间传说看水族的端节和卯节》，《中央民族大学学报（哲学社会科学版）》2000年第4期。

查了水家婚姻变迁、人口流动和传媒发展带来的新观念；[①] 梁传诚也谈及端节赛马马道的更改、某些比赛方式的引进，如赛场（马坡）改到平坝或公路上，起跑发令用军用步话机与终点计时联络，成绩采用计时办法录取名次等。[②]

总体上看，过去对水家的“借端”“借卯”等岁时节庆的研究倾向于其根源、历史、政治因素等的宏观性探讨，缺少个案研究和“借端”“借卯”等群体的互动，缺少人的具体行为，对现实生活中节庆变迁的原因关注不够全面。节庆研究仍偏重对现象的概括或描述，相关的田野调查有待深入，一些研究缺少翔实个案资料的支撑。

十多年来，水家节庆研究开始用人类学仪式理论进行仪式与象征及社会结构方面的探讨：考察散居区水家“借端”仪式，展现远离聚居区后“借端”的变迁历程及其原因[③]，但调查对象是散居在广西的水家，其解释不一定适用于聚居在贵州的水家；考察“借端”中游端仪式与村落组织[④]，但没有进一步延伸到更大的层面，比如整个水家节庆文化体系，以及提出的“忌油圈”概念存在模糊性，易模糊“祭祀圈”和“信仰圈”边界；端节仪式考察社会结构与象征表达[⑤]，指出从地域间“分期、分批”有序“过端”，到血缘家族内的“游端”仪式，再到个体家庭间的相互走动，“过端”仪式在“游动”中完成了社会秩序与文化的展演，但是进一步扩展出水家社会组织是二元、三元的社会化结构时，缺少形象化的展示，或者说除了水家“借端”“借卯”“借苏宁喜”形成的二元结构与三元结构外，是否还存在超越两者

---

① 唐显良：《三都水族自治县延牌乡经济社会发展与民族文化变迁调查报告》，载吴正彪主编《黔南民族调查》(第二集，内刊)，2001 年 12 月，第 86 页。

② 梁传诚：《三都水族“端节”民间赛马述评》，《黔南民族师范学院学报》2002 年第 3 期。

③ 刘涛：《水族端节的人类学考察——以南丹县龙马屯为例》，《铜仁师范高等专科学校学报》2006 年第 6 期。

④ 张兴雄：《水族端节祭祖仪式与“忌油圈”——以贵州省三都水族自治县三洞乡板告村板乌寨为个案》，《西南民族大学学报（人文社科版）》2008 年第 1 期。

⑤ 龙胜阳、柏贵喜：《水族“过端”仪式的社会结构与象征表达》，《云南社会科学》2014 年第 1 期。

的可能性（比如四元结构、五元结构等），毕竟水家社会中还有不过上述三个传统岁时节庆而单独过其他岁时节庆的群体，其岁时节庆有“借霞”“借额”“借荐”（春节）。

除了节庆仪式象征研究，有学者从人类学礼物与权利研究的视角、民间信仰的个体信仰实践等来考察水家社会结构。三都水族自治县九阡镇扬拱“借霞”与荔波县水丰“借额”（亦写为艾节）的权力实践研究，从节庆中展示权力互动模式：节日—家族—地域权力。[①] 权力研究关注到水家社会节庆的区域性，并将节庆传说的“偷神”、仪式情景等与区域群体的权力关联，对话了马塞尔·莫斯开创的礼物理论，部分仪式环节展现了维克多·特纳的仪式分离与整合。水家石卜信仰研究，指出石卜所关注的社会身份，与念鬼仪式中牵涉的社会环境、社会预期和社会秩序，构成在鬼师和公众之间的社会共识，其核心是各民族用独特的文化形式展现出来的社会性本身。[②] 这一分析路径可以用于分析水家节庆仪式与社会象征的个体和村寨，但是，个体的鬼师与求助鬼师者的解释是否适用于超越村寨的区域甚至到“无鬼怪”的区域有待深入探索。

此外，荔波县玉屏镇水利村也是水家“借卯”区域之一。1942 年，李方桂就在水利、水岩等地开展了水语调查[③]；2007 年，王学文对水利大寨进行整体性文化事项的调查研究并出版了《规束与共享：一个水族村寨的生活文化考察》一书，该书讨论族群认同文化构成，但在研究使用汉族语境下的“家族”“同宗”等概念，“吴姓家族是从何时何地迁到大寨，已经没人能说得清楚”，“水利大寨的吴姓与水各等寨吴姓是同一房，所以不能开亲”。[④] 单

---

① 张小军、李建明：《权力互竞交换共同体——贵州水族霞节、艾节和善节的个案研究》，《民族研究》2013 年第 2 期。李建明：《扬供水族霞节：家族的当代实践与地域权力重塑》，《节日研究》2015 年第 1 期。

② 张帆：《黔南水族的石卜与社会共识的达成》，《贵州民族研究》2017 年第 12 期。

③ 李方桂：《莫话记略·水话研究》，清华大学出版社，2005。

④ 王学文：《规束与共享：一个水族村寨的生活文化考察》，民族出版社，2010，第 55-56 页。

个村寨的民俗能否构成个案背后的族群认同是存疑的，因为对于“借卯”群体的批次而言，荔波县水利“借卯”区域的参与人员的数量远不及三都水族自治县水各“借卯”区域，更何况想要涵盖水家群体，水家节庆的“借端”也需要考虑，但其很少考察村寨以外的互动，特别是节庆方面的互动情况。此外，余珍关注了水利大寨的公共性与社会秩序①，指出公与私的边界随着时间、空间和场景的转变而变化，公共性既受外部世界的冲击又受到内部世界的影响。人们以道德的尺度使不断涌现的矛盾始终处于平衡状态，水利大寨集体为大的观念体系，决定了个体不能超越社会（公共性）而单独行事。有些高校组织队伍到水利大寨调查，但是笔者未查阅到公开发表的以水利大寨为调查点进行的研究讨论或者扩展讨论。

本书以水家“借卯”区域的M寨为长期的居住调查村寨，M寨在很多层面上具有水利大寨的特征，传统文化、现代治理、政府组织、非政府组织、学术团体、学者等均在村寨内得到不同程度的接纳。以水家文化共享的主要节庆及其群体性的“借”为主线，重点描述村寨的祖先信仰与“借卯”文化，这里不仅仅指信仰对象的祖先与“借卯”仪式，还指村民生活中与祖先相关的整套理念与仪式态度以及“借卯”相关的组织、参与、仪式等与节庆相关的整个事件过程。同时在村寨互动中考察水家的“借端”等其他水家传统节庆文化，关注水家内部差异与行动者的仪式实践，重点以M寨外出参加相关节庆活动为主线，将水家相关节庆文化与日常生活的某些“规则”进行关联与分析，试图展示一个与水家自身表述比较贴切的传统社会组织概貌；同时展现个体、群体、地方、区域等在当地日常生活中相互联系的概况。M寨是笔者的调查点，而将感知生活的点滴融合到水家文化逻辑的启示，则得益于水家建立的多个微信群中的相关讨论。

① 余珍：《水利大寨的公共性与社会秩序研究》，博士学位论文，西南民族大学，2018。

第三节　田野调查概况

一、调查地点选择与资料来源

笔者于 2005 年 7 月到全国唯一的水族自治县——贵州省三都水族自治县进行过水家社会文化方面的文献搜集，三都水族自治县民族宗教事务局赠予笔者大量研究水家的内部资料，如水家学会编印的《水家学研究》《水家学研究通讯》，三都水族自治县十大文艺集成志书办公室编《中国民间故事集成：贵州省黔南州三都县卷》《中国歌谣集成：贵州省黔南州三都县卷》，三都水族自治县文史研究组编水家民歌《岛黛瓦》。笔者在文献整理过程中对水家“借端”产生兴趣，于是在 2005 年 9 月至 12 月到三都水族自治县做了为期 3 个月的调查，调查期间正是水家岁时节庆“借端”时节。调查成果成为笔者的硕士学位论文的主体和一篇田野调查论文的主要内容。[①] 当时选择某中学作为田野调查的居住地，是因为综合考虑了三洞的历史、水语方言代表特征、水家“借端”批次较多、中学师生来源广、中学所在位置交通便利等因素。[②]

从斯大林有关民族共同体特征[③]的论述来看，水家除了共同语言、共同地域、共同心理认同等方面具有同一性外，不同的节庆归属亦可以视为水家认同的一个特征。水家没有统一的岁时节庆，主要传统岁时节庆有“借端”（tsje[1]

---

① 张兴雄：《水族端节祭祖仪式与“忌油圈”——以贵州省三都水族自治县三洞乡板告村板鸟寨为个案》，《西南民族大学学报（人文社科版）》2008 年第 1 期。

② 张兴雄：《水族的端节与社会组织——以三洞乡为例》，硕士学位论文，西南民族大学，2006，第 5-7 页。

③ 李绍明：《民族学》，四川民族出版社，1986，第 65 页。

twa^{3})、“借卯”(tsje^{1} maːu^{4})、“借额”(tsje^{1} ŋə^{2})、“借苏宁喜”(tsje^{1} su^{3} njen^{2} hi^{5})、“借荐”(tsje^{1} tsjəng^{1}，即春节）等，其中“借端”和“借卯”是水家居住区域内范围广、人数多、持续时间长的两个重要节庆，“借端”分 7 个批次、“借卯”分 4 个批次按地域依次进行。各节庆群体以主人的身份承担节庆时个体家庭或一定区域内集体活动的接待开支，客人则没有相应的义务，这是水家社会节庆区域性特征的表现。在水家社会中，各种节庆及其批次不重叠，主人不重叠，客人流动，主人亦有机会成为客人，反之亦然。

笔者前期已对水家“借端”进行了相应的田野调查，还需要对水家另一较大节庆“借卯”进行调查，同时兼顾“借霞”“借额”等节庆，方能全面了解水家社会节庆的结构特征。为此，笔者对水家聚居的“借卯”区域进行田野调查点筛选。首先被纳入的田野点为三都水族自治县九阡镇水各“卯坡”(“节庆与‘坡’”，下文有详细论述）所辐射区域的一些主要村寨，但是考虑到“借端”调查点为三都水族自治县，加上水各“借卯”以全县之力进行打造，同时荔波县的很多水家村寨也是这一批次的“借卯”，调查所涉及的范围较为复杂，于是转向寻找三都水族自治县之外其他批次的“借卯”区域。根据文献记载，水家“借卯”分 4 批次，被排除的水各“借卯”属于最后一批，其他三批均在荔波县内，并且其范围不断“萎缩”或被并入其他批次甚至改过春节①，笔者实地考察后发现水利第一批“借卯”活动还在持续开展中。于是水利“借卯”区域成为笔者此次调查点的最佳选择区域，加上水利大寨已有相关研究人员涉足，水利大寨及其周边村寨成为田野调查居住点的理想之地。

笔者将水利村 M 寨作为田野调查的长期居住地，参与村寨的日常活动。本书的资料来源除了已有研究文献外，其余资料均来自田野调查所见与所感，文献部分均进行引用标注。

① 罗春寒：《水族民俗》，载潘朝霖、韦宗林主编《中国水族文化研究》，贵州人民出版社，2004。

（一）“借卯”调查点

现在水利村所在区域在明朝时为蒙石埲、瑶台埲地，1736 年至 1936 年属于瑶台里；1937 年至 1949 年为瑶台联保和水利乡；1951 年水利乡属于二区；1958 年 9 月，水利乡与时来乡、城关镇合并为超美公社，同年 12 月，水利辖区属黎明公社；1960 年属荔波公社；1984 年建立水利水族乡，辖水利、水龙、水丰、水岩、水丙、洞托、尧棒等 7 个村。[①] 水利水族乡是荔波县三个水族乡之一，位于县城北面，距离县城 18 公里，水族人口占全乡总人口的 80%，民风淳朴，文化习俗保存较好。民族节日有“借卯”“借额”“借端”等，其中“借卯”最为隆重，“借卯”被誉为“东方情人节”，由于水利“借卯”是第一批，所以其被称为“中华水族第一卯”。

图 1-1 “借卯”文化项目概况

水利村在 2011 年被列入全省 500 个民族村寨，围绕“中华水族第一卯”、水书传承地的文化底蕴和大寨古树林的优美自然景观等，以突出水族民族风情特色为中心进行规划建设。规划设计涉及“借卯”文化园（见图

① 贵州省荔波县地方志编纂委员会编《荔波县志》，方志出版社，1997，第 71 页。

1-1)、水书习俗体验区、道路硬化、村庄整治等建设工程，拟通过项目实施，将其建设成一个集水书、水语、水族建筑、水族服饰、水族生产习俗传承展示与体验于一体，具有休闲度假、娱乐、文化传承与交流、互动体验等功能的民族文化旅游点。

2014年4月，根据《贵州省人民政府关于同意荔波县部分乡镇行政区划调整的批复》，撤销水利水族乡建制，将原水利水族乡所辖区域划入玉屏街道。现在水利村辖包括水龙（分为6个组）、水利（分为2个组）、高寨、旧寨、老街、纳莪、孔庭、抵瓦、抵朵、岩寨、洞的、板头、板达、拉打等14个自然村寨20个村民小组。

2018年7月《玉屏街道水利村网格管理汇总统计表》数据显示（笔者得到时间为2019年4月），全村农业人口共548户，2175人，农业人口2164人；贫困户有193户，共计721人；M寨有81户，323人。[①]2011年规划建设的"借卯"文化园、水书习俗体验区、水家"借卯"民居及其展示馆位于M寨附近。2014年10月M寨碑刻文字显示，M寨获得荔波县2013年一事一议示范村寨项目，建设项目14个，分别为：M寨至洞的村道路硬化、寨内人行步道硬化、移动垃圾箱、公共厕所、人畜分离圈舍建设、太阳能路灯、寨门、古井整治、环境绿化、民族图腾、文化长廊、健身器材、文体活动场所、花池和球场看台建设。总投资232.76万元，其中财政奖补资金207.28万元，群众投工5097个，折资25.49万元。

关于"借卯"调查，除了水利的第一批"借卯"，笔者还参与了M寨外出"借卯"的过程，主要参与了水尧的"借卯"(属于水家第四批"借卯")，前期还多次参与了目前水家"借卯"活动最为隆重的三都水族自治县九阡镇水各的"借卯"(属于水家第四批"借卯")。因20世纪60年代至80年代的"借卯"区域生活条件较差，承担第二批、第三批"借卯"的村寨较少，无力开展传统时间段内的"借卯"活动，逐渐并入水利第一批"借卯"或第四

① 文中相关数据，如源于文献或公开出版的统计数据，将进行注释标注；来自笔者的调查数据或由地方行政部门提供的统计数据（含初稿），则不进行注释说明。

批水各“借卯”中。目前水家“借卯”实际上只有两个较大的批次，近些年也有原来第二、第三批的部分村寨恢复原来的“借卯”时间，但是没有达到原有规模并长期坚持（后文对通婚节庆归属统计时按原批次统计）。而荔波县内的水利村“借卯”与水尧、永康、瑶庆等地的“借卯”不属于同一个批次，1987 年具有行政性质的统一“借卯”倡议曾一度执行，但是不久又恢复了原来的分批次传统。①

（二）“借端”调查点

前期的“借端”定点调查点主要在三都水族自治县原三洞乡（2014 年属中和镇）板告村②，流动调查点主要集中在三洞周边的村寨以及都匀市水家聚居的原三个水族乡（2014 年，基场、阳和、奉和，这三个水族乡合并为一个水族乡，以当地的归兰山之名将其命名为“归兰水族乡”）。笔者以水利村 M 寨为主要调查定居点，对“借端”的调查采用流动调查的方式，以 M 寨村民外出“借端”为起点，返回村寨为终点；根据村寨内村民的亲属、朋友关系网络以及对应的“借端”批次进行的多次轮流“借端”考察。调查点有本行政村内的自然村寨（现行政区划下的村民小组）、荔波县管辖的水家“借端”村寨、三都水族自治县水家“借端”村寨，并且多数流动调查点属于三都水族自治县管辖范围。

（三）参与群聊

田野点的调查信息具有较强的区域性，就如同水家语言一样具有明显的地方性，并且各种方言在某些关键词上可能还不太相同，多数情况下只有语音语调方面的细微差异，不影响正常交流。水利的水家经常跟笔者谈到其与三都水族自治县的水家在语言交流方面有障碍，但是能正常交流，且在水利

---

① 贵州省荔波县地方志编纂委员会编《荔波县志》，方志出版社，1997，第 184 页。

② 张兴雄：《水族的端节与社会组织——以三洞乡为例》，硕士学位论文，西南民族大学，2006，第 6-8 页。

的通婚关系中，有很多娶进或嫁出的对象是三都水族自治县的水家。为了验证调查信息的可适用度，笔者加入了相关的水家QQ群、微信群，并将文献和调查中的一些信息发到群中，征求大家的看法，部分群成员很热心，对相关话题也发表了看法。①

二、田野调查过程

本章第二节已提及水家没有统一的传统节庆，从承担节庆开支的群体数量上看，水家可分为“借端”集团、“借卯”集团、“借额”集团、“借苏宁喜”集团、“借荐”集团（这一集团内含有“借霞”集团）等。就参与人数与涉及范围而言，“借端”集团最大，其次是“借卯”集团，因此很多时候水家居住群体的节庆划分常被这两个节庆文化所指代，如黄桂秋从节庆故事的角度将水家文化归为“端文化”和“卯文化”以及相对应的“端文化故事圈”与“卯文化故事圈”。② 笔者前期已开展过水家“借端”区域的定点调查，本次调查一开始就确定了要选择水家“借卯”区域，以弥补笔者前期只有“借端”区域的生活体验而可能造成的某些不足；同时，前期的关注点为现在水家生活聚集区的核心区域，而水家“借卯”区域相对而言属于水家聚集区的边缘，同时关注中心区域与边缘能够较好地理解相应的“借卯”过程及其变迁。从确定调查区域到选择定居调查点以及最后开展调查的大概过程如下。

2017年8月下旬，笔者到贵州省黔南布依族苗族自治州的三都水族自治县、荔波县进行初步的田野调查，先后走访了三都水族自治县九阡镇水昔村、荔波县玉屏街道水利村、三都水族自治县中和镇三洞社区，最后选择了

---

① 2019年8月至10月，“借端”时间的讨论在不同区域水家人组成的QQ群、微信群中常见，参与的人员有贵州省水家学会的理事、秘书长等。如微信群“水家人XX论道”有农历八月首批“借端”出现不统一的情况，有人说是水家前人不懂数学，不知道每个月如果首亥日在初五（小月）或初六（大月）以内就会有3个亥日。文中部分信息源于不同交流群。

② 黄桂秋：《水族故事研究》，广西人民出版社，1991，第1-15页。

水利村 M 寨作为长期调查居住点。

2017 年 9 月下旬，笔者正式入住村寨。借助体力劳动，笔者开始在村子里被宣传。笔者入住的第一天刚好遇上主人家收割水稻，就去帮忙；加上有两天帮另一家收割被风吹倒在田里的糯稻，很多村民看着倒下的水稻都摇头，看到笔者连续两天都在火辣的太阳下帮忙，于是笔者吃苦耐劳且颇有雅致的名声就慢慢传开了。① 初期，基本是漫无目的地闲聊、瞎逛，争取对村子有大致了解。此次入住，除了进行体能锻炼，笔者还参与了一次村里土地使用权互换、买卖的过程，帮忙起草了协议并作为协议参与人签字。

2017 年 11 月 8 日，笔者到三都水族自治县中和镇参与“借端”，中午在三洞社区弯寨“走端”（thaːm^{5} twa^{3}），晚上在中和街上“走端”②。水利周边村子几乎家家可见的娘娘座（娘娘神）在三洞、中和等水家的屋内很少见，或者说不那么明显。“借端”区域与“借卯”区域之间的差异开始引起笔者的关注。

2018 年 4 月底至 12 月底，除了 8 月份没有住在村寨内，笔者基本每个月都有 1 至 4 个周在村里或者跟着村子里的人到寨子外。调查期间正好是村子的整个农业生产周期：4 月至 6 月是当地农业生产的播种、栽插时节，同时还伴有建房、外出打零工等劳动，笔者参与相关活动并理解他们的处事方式；9 月至 10 月是水稻收割季节；11 月至次年 1 月，村子多数中老年剩余劳动力组织到广西砍甘蔗，部分劳动者在春节过后继续去砍甘蔗，直到 3 月底。这期间因调查时间较长、内容较多，不便一一列举说明，用列表的形式进行简要说明，并将整个调查期间的时段与大致内容列入其中（见表 1-1）。跟村子里的人熟悉之后，笔者的调查依然进行，只是多数情况下住在寨子里

① 近些年，该村寨的主要劳动是外出打工挣钱，村里农活相互帮助或换工的情况已经很少了，仅限于关系较好且无其他劳动或确实无法劳动的情况下才会出现栽种和收割等帮助、换工或是联合劳作。村子里某家来了客人，通常情况下，吃晚饭时会邀请村子里关系较好的一些村民来陪客，喝酒自然是少不了的。

②“借端”“借卯”“走端”等为水语核心词，内容和具体表现形式在文中相应章节进行论述。

的时间只有 3 天左右，基本是寨子有婚嫁、丧葬、节庆等活动才回寨子。网络咨询与讨论因不确定时间段，将不进行列表说明，文中涉及网络聊天的内容时笔者会进行相应备注。

秋收之后到春节前，也是当地开展民间信仰活动的高频时段，笔者跟村子里的民间信仰的仪式操作者（当地称之为“鬼师”）在村寨内或周边村子以及周边县、乡镇等考察相关民间信仰活动（观看仪式、理解其意义、关注仪式操作人的日常生活等）。

2018 年 4 月至 2020 年 1 月，笔者参加了村寨 5 位离世老人的相关丧葬活动。其中，有 3 场在殡葬改革前，有 2 场在殡葬改革执行之后；还跟村民一起作为客人外出参加 2 次丧葬活动；除此之外，笔者还参加了 2 次老家的亲戚去世的活动，作为仪式参与方，跟贵州荔波水利水家丧葬中的仪式旁观者进行比较，个中滋味，实难究宣。

表 1-1　田野调查时段与主要内容

时间	天数	主要内容	备注
2017.8.21—2017.8.24	4 天	三都水族自治县九阡镇、荔波县玉屏街道等地寻找田野调查点	
2017.9.23—2017.9.30	8 天	住寨子里，参与劳作、拉近与村民的距离，参与土地使用权置换与买卖	
2017.11.8	1 天	三都县中和镇三洞社区“借端”	第五批“借端”
2017.11.24—2017.11.28	5 天	住寨子里，嫁女儿活动	第一次参加嫁女婚礼
2018.4.25—2018.5.11	15 天	住寨子里，参与耕地，闲聊分家“随娘无份，抱养平分”；建新房	劳动节中的 2 天离开
2018.5.23—2018.5.27	5 天	住寨子里，观看耙田、参与插秧等，了解“借卯”筹备工作	
2018.6.25—2018.7.3	9 天	住寨子里，参与整个“借卯”过程；官方项目“集体经济”访谈；失子老人赡养及其亲属关系分配方案；“借卯”走亲戚	第一次“借卯”

续表

时间	天数	主要内容	备注
2018.7.19—2018.7.31	13 天	住寨子里，闲逛，关注组织、请人吃饭；外出“借卯”、参加葬礼；跟进村扶贫人员逛寨；政府项目留村人撤走	第一次外出“借卯”；第一次外出参加葬礼
2018.9.15	1 天	都匀市归兰水族乡“借端”	第一批“借端”
2018.9.16—2018.9.30	15 天	住寨子里，劳作、立碑；非政府组织留村人员的朋友进村	
2018.10.9—2018.11.5	28 天	住寨子里，染布、烤酒，“借端”时外出“找端”“走端”；“借额”；丧葬活动；新生婴儿“三朝酒”（看婴儿）；民间信仰活动；嫁女；挖地基；贫困户脱贫评议会；县委书记进村看望正在建房的几户贫困户	第一次参加葬礼；第二次外出参加葬礼；第二次参加嫁女婚礼；外出“借端”
2018.11.25—2018.12.15	21 天	住寨子里，失子老人赡养及其亲属关系分配方案重新调整；修缮古井；搬砖建房；外出砍甘蔗；办结婚酒（娶媳妇）；刮腻子；民间信仰活动	第一次参加娶妻婚礼
2018.12.19—2018.12.29	11 天	住寨子里，两位女性老人相继去世	第二、三次参加葬礼
2019.1.22—2019.1.24	3 天	住寨子里，一家进新房办酒席，两家简单进新房不办酒席	第一次进新房、进火
2019.2.18—2019.2.20	3 天	住寨子里，元宵节	
2019.3.29—2019.4.8	7 天	都匀市归兰水族乡基场社区大田村丧葬活动	其中 3 天没有活动，离开该村
2019.6.11—2019.6.13	3 天	寨子里殡葬改革的第一个案例，也是调查期间寨子里第一位去世的男性老人	第四次参加葬礼，曾在田野中和逝者一起喝过一次酒
2019.6.21—2019.6.26	6 天	住寨子里，6 月 23 日水利“借卯”	第二次“借卯”
2019.8.15—2019.8.17	3 天	云南省富源县古敢水族乡扯查村葬礼	第一次作为仪式参与者
2019.12.13—2019.12.15	3 天	云南省富源县古敢水族乡补掌村葬礼	

续表

时间	天数	主要内容	备注
2019.12.28—2019.12.30	3 天	水书先生的葬礼，当地殡葬改革第二位被执行者，第二位男性死者	第五次参加葬礼，下葬后参与“扫家”仪式
2020.1.3—2020.1.5	3 天	云南省富源县古敢水族乡热水塘村葬礼	第二次作为仪式参与者
合计	170 天		

第四节　研究方法、研究意义和概念界定

一、研究方法

本书主要研究方法有历史文献研究法、田野调查法、比较研究法等。

文献方面，以人类学亲属制度研究、仪式研究等理论视角，分析田野调查中的相关资料；梳理田野调查所属群体（水族）的亲属制度、节庆仪式、社会组织等相关前期研究；结合田野观察所见、所闻以及感受到的生活体验，对相关文献记载进行相应的补充完善。

田野调查持续时间较久。2017 年的几次进村居住基本在调查初步了解阶段；2018 年 4 月至 2019 年 1 月属于田野调查的主要集中阶段，住在一户村民家中，除了参与所住村民家庭的部分劳作与节庆活动，更多的时间是用于与到村子里其他家庭的一些劳动与集体活动中，也抓住机会跟村民们外出参加一些节庆活动、婚礼、葬礼等，常参加村里的水书先生、鬼师等在村里或者村外做的相关民间信仰活动。2019 年 2 月至 2020 年 1 月，田野点的调查主要集中在几次丧葬和当地的节庆时，网络群聊的内容集中在这一时间段，涉及的内容有水家部分文献记载中的族源研究、家族史与地方史研究、水书习俗

研究等，以及现实生活中的水家婚嫁习俗、生育习俗、节庆组织等。

整个田野调查期间参与了调查点 5 位老人的葬礼，除了主要时段内的 3 次传统土葬习俗活动，还参与了殡葬改革后（当地执行时间为 2019 年 1 月 1 日）的 2 次葬礼活动。葬礼活动有逝者独子承办的，也有多子共同承办的，村民自愿参与筹备相关的活动，他们对具体丧葬活动的看法、行动、理解等多与主办者平时的处事有关；参与田野点 4 次葬俗活动后，笔者老家有年老的亲属去世，笔者作为丧葬仪式活动中的一方，组织了 2 次作为客人的活动，[①] 客方的参与积极性也跟丧葬主办者平时对亲属的态度有关。

调查期间，除了关注调查点传统日常生产生活的劳作与习俗，还留意到政府组织、非政府组织在当地开展的相关活动以及村民们参与的程度和看法。笔者参与了扶贫工作人员的登记走访、村民组的贫困户脱贫会议以及部分贫困户房屋改造的劳作，咨询了经济作物种植、土地出租规模等；某个项目部留有 1 人驻村开展指导活动。2018 年 7 月，常驻人撤离，留下建筑和一些美好的设想，项目方也会偶尔回村子看看，笔者参与了该项目的“集体经济”意见征讨会，旁观了有关牛班制度、烤酒等“集体经济”设想的采访。[②] 中国红十字会在当地留下了一栋建筑和部分宣传介绍，（笔者调查期间）基本没看到什么活动，建筑租给当地进行基础建设的工人或到附近租地搞种植业的人士，部分用于存放村民们的一些集体常用物；另一个不愿宣传自身的非政府组织则常年留有 1 人参与到当地的日常生活中，并寻找对当地经济发展、教育帮扶、留守儿童教育等有利的相关措施，开展相应的具体行动，如带领村民种植黑糯米，提供寨子内小学至大学在读学生的经济补助，组织儿童在周末开展手工活动、体育运动和晚上提供小学生一起学习与做作业的空间。笔者旁观了村民打包黑糯米的过程，了解了政府土地规划中黑糯米土地的让渡情况和村民对该项目开展活动的看法，常跟项目常驻人一起在村子里

---

① 笔者父辈兄弟 5 人、姐妹 4 人，笔者辈堂兄弟 9 人，父辈姐妹姻亲关系中的一方去世，笔者辈的 9 人就得承办作为“老外家”的仪式。

② 参见：《新闻调查》20180929 乡村 • 2018（四）三个村庄的探索，CCTV13，http://www.cctv13cctv13.com/xinwendiaocha/45364.html。

闲聊。

笔者在理解调查点的所见所闻时可能存在偏差甚至误解，所以笔者加入了不同区域水家人组成的QQ群、微信群中，将一些不确定的素材放到群中咨询。多数群具体讨论较少，提供地方民俗活动的信息较多，少数微信群则对不同的话题均有热烈的讨论，有部分讨论与之前文献研究中的细节或表述直接相关，如“怀奴”，“反正我们叫‘怀奴’，你们翻译成汉语爱叫什么我们管不着，叫‘宗’，叫‘族’，叫‘姓’……随便”。此外，部分讨论还引导水家婚嫁习俗改革，如现在水家地区嫁女中的“创业基金”普遍偏高，给女方父母和女方造成经济压力与舆论压力，以及近些年婚礼中的拦门酒、下跪求婚等给男方接亲带来的压力，群聊中有意偏向水家传统婚礼中注重两人情感基础，礼俗中男方没有彩礼与女方没有“创业基金”等。

在田野调查和网络咨询中，笔者时刻留意将水家社会组织相关的表述与汉人宗族、彝族的家支、努尔人的氏族等已有研究进行对照。

二、研究意义

通过田野调查、网络咨询、文献梳理等方式，对水家社会组织研究进行反思，同时从田野对象自身的表述上寻找较为贴切的方式。原有的水家社会组织研究所提及的“洞”“水”等组织，更多的是依据零星的记载及现有地名、传统故事、谚语等进行的“考古”研究，对当下的直接影响有待深入考察；另一种借助“家族”“宗族”“房”“支”等的概念进行的研究，看似不存在较大的问题，与中国的历史文化发展甚至是人类历史发展的宏大文明进程路线基本一致，但是在田野调查时，很多差异性的东西经常呈现在不同的语言中。笔者咨询水家现在借用汉语表述的“三家六房”概念时，很多人就不知道怎么跟笔者解释，“三家”“六房”究竟能否拆分或者划定其范围，基本上没有大致相同的答案，当问及水语中的“哈姆敢”（ha:m^{1} ɣa:n^{2}）、“都挂”（ndau^{3} ʔɣwa^{5}）等时，尽管答案不一致，但被访问人能细数自己的“哈姆敢”（ha:m^{1} ɣa:n^{2}）、“都挂”（ndau^{3} ʔɣwa^{5}）的大概边界。尽管三洞水语与水利水语有差异，并且表述不一样，但是能找到对应的水语进行对接，水利的“奥敢”（ʔau⁴ ɣaːn²）、“奥公敢”（ʔau⁴ qoŋ⁵ ɣaːn²）等可以大致对应；相反，关于“三家六房”，现有这一概念的水语区内，汉语表述上没有差异或者其他代替词，但用汉语解释时却存在很大的困难，因为这一概念进一步牵涉到“家族”“宗族”“房族”“房支”等概念，因此翻译时也需要进一步借助这些词，对外解释起来比较复杂并且存在不确定性。

“家族”“宗族”“房族”“姓”等文化概念在水家社会中确实存在，并且可能与汉族的相关概念相似，但这些概念本身可能是对外翻译与文化交流的结果。做这方面研究的学者，大部分出生和生活在水家区域，熟悉水家生活，但是他们采用的解释体系呈现给水家之外的人，成了补充汉族家族研究解释体系或理论的素材，而水家生活中的社会组织原貌并没有得到较好的呈现。本书的理论意义正是从水家自身的表述来呈现水家社会组织概况，只是一个人类学传统议题研究中的亲属制度、社会组织的个案，也是一个有自身特色的个案，而非仅仅参考源自非洲部落研究、用于汉人宗族研究后并进行借鉴的素材补充。

采用水家语言中的“借端”“借卯”等概念，而不是已经被意译并在水家文化群体中已接受熟悉的端节和卯节，是出于汉字“节”用于水家节庆名称时易造成误解和信息传递的不完整性的考虑。水家“借端”，当用意译的“端节”向完全不了解水家文化的人士解说时，对方的第一反应可能是“端午节”，或者“端午节”的变体之类；甚至有人可能会认为这些“节”跟汉族或者其他少数民族的“节”基本相同，仅仅是多人在某天某地以某个名义集中在一起。水家“借端”“借卯”不仅有“节”的一般概念，还包含更多的东西，只有在其表述中方能呈现其中的特色。

水语“借”翻译为“吃”“喝”“过节”等，节庆时的“吃喝”，似乎可以对等为汉语中的“飨宴”，但是没有凸显水家节庆中承办方的主体性与主客之间存在的轮流性以及节庆主人内部的结构性特征。“三家六房”的概念表面上是水家的社会组织的特色，但实际情况跟端节和卯节的表述一样，并没有完全体现出其在水语情境中的完整意义。汉语情境中的“节”“房（族）”“家（族）”等具有自身的知识体系与概念架构，水家文化研究如果仅仅为了印证这些概念体系在水家社会中的存在情况，并不是真正地对水家文化进行解释，而是用水家的东西去补充解释其他知识体系中的概念，这些概念体系反过来还会造更多的不确定性。从现实意义来说，如果我们用一个外来的知识体系或者概念来直接对译或解释水家的东西，其实是在解构水家本身原有的东西，不仅没有起到积极作用，还产生了不确定的反作用。

三、“借”“端”等水语概念

水语“借”（tsje^{1}）的核心概念是“吃喝”，水族节庆中的“借”或对应汉语“吃喝”，如涉及节庆中的主人与客人之分，“借”对主人而言就具有了汉语语境中的“办”“承办”之意，对客人而言则有“拜访”“走客”或“走亲戚”之意；不区分主客的情形下，“借”搭配节庆名称，则可以用汉语意译为“某某节”“过某某节”。如“借端”期间，客人去多个家庭走动、吃饭、喝酒这一行为，还可以表述为“吃端”；如果“借端”跑马天或之后的两三天，妻子的直系亲属没有走客，特别是身体健康的岳父、岳母没有去女婿家走客，女婿或者女儿则会送一些节庆待客的佳肴或者带其他东西去看望老人，这一行为被表述为“送端”；相似的表述也适用于“借卯”，即女儿或女婿给健在的岳父、岳母“送卯”。

“借端”是水家聚居区内过节人数最多、区域最广、批次最多、持续时间最长的节庆，备受社会各界的关注，在此需要对一些基本概念进行说明或区分：水家的“借端”不是端午节，水语中的“借端”是“tsje^{1} twa^{3}”，端午节在水语中有专属表达，即“借旺”，水语国际音标为“tsje^{1} waŋ^{5}”；“端节”不能理解为或直接等同于汉语语境下的“瓜节”，水语的“twa^{3}”仅仅在发音上接近汉语的“瓜”，有人因“借端”民间故事中因老人上房摘瓜不幸摔死，用瓜作为祭品之一，进而推测“端节”就是“瓜节”，但水语中的“补”（pu^{2}）专指南瓜，也就是祭品中的瓜，故水语“twa^{3}”在任何层面上均没有与植物“瓜”相连的意义，仅指节庆名称。

水语“twa^{3}”构成的词语或词组较少，除了常见水语“借端”（tsje^{1} twa^{3}），另一个较常见的是“塔姆端”（thaːm^{5} twa^{3}），汉语直译为“走端”，相较于“走端”而言没有明确对象，相近说法的另一个词“涛端”（tha:u^{3} twa^{3}），直译为“找端”，在特定语境里，水语“tha:u^{3}”的意思等同于“tha:m^{5}”，如“去过端节”的水语为“pa:i^{1} tha:u^{3} twa^{3} tsje^{1}”或“pa:i^{1} tha:u^{3} twa^{3}”（水各水语中已省略了“tsje^{1}”）。水语“拜”（pa:i^{1}）的本义是“去”，“涛”（tha:u^{3}）为“找”“寻找”，“塔姆”（tha:m^{5}）是“走”的意思，跟节庆“twa^{3}”组合，转换成汉语的“走端”“去找端”等均具有了明确的对象。

“走路”“走亲戚”中的“走”，水语中表达是不一样的，即“走路”为“萨姆捆”（sa:m^{3} khun^{1}），“走亲戚”则为“tha:m^{5} hek^{7}”。“塔姆”（tha:m^{5}）用于走亲戚，指双方原本比较熟悉的往来行为；“萨姆”（sa:m^{3}）常用于“萨姆捆”（sa:m^{3} khun^{1}）。“我们三都水族自治县周覃镇廷牌一带，媒人作为连接男方和女方的一个媒介，用水语‘艾萨姆捆’（ʔai^{3} sa:m^{3} khun^{1}）指媒人，也暗示媒人的两端的男方和女方是陌生人，也可以从这个角度来理解一下这两个水语；‘tha:m^{5}’的两端，或者说（互为对象的）两者之间，他们有一定的联系，他们之间肯定会有一点沾亲带故的关系，他们之间的来往，这种时候就会使用水语‘tha:m^{5}’来表示其行为，能与其构成词组的水语比较少，除了‘tha:m^{5} hek^{7}’（走亲戚），还可以组成一个叫‘都塔姆’（tu^{4} tha:m^{5}），就是相互走亲戚的意思，即你来我家，然后我也去你家，越走越亲；关于‘sa:m^{3}’，我们就有‘走路’的水语‘sa:m^{3} khun^{1}’，‘媒人’的水语‘ʔai^{3} sa:m^{3} khun^{1}’，我们还有一个水语专有名词‘妮龙’（ni^{4} loŋ^{5}），指‘媒人’。‘sa:m^{3}’可以连接方位词，就是可以直接连接‘东’‘南’‘西’‘北’，以及‘前’‘后’‘左’‘右’。‘tha:m^{5}’可以直接加一个人称代词或者一个表示人名的专有名词。”① “塔姆”（tha:m^{5}）和“萨姆”（sa:m^{3}）都可以跟水语“拜”（pa:i^{1}）一起搭配，跟“tha:m^{5}”搭配时，一般“pa:i^{1}”要在它的前面，如

① 本段中的内容为聊天内容，聊天对象为贵州民族大学文学院2017级中国少数民族语言文学专业的硕士韦星娥，关于该内容的最近一次聊天时间为2020年12月2至3日。本文中的很多水语核心词的提供者还有潘明江、潘小慧、潘安威、潘树鼎、蒙耀远、韦述启、韦学纯、王炳江、张加菊等，其中，韦星娥、蒙耀远、潘小慧、韦述启、韦学纯等帮忙标注了大量水语音标，分散出现的地方均未做具体说明，在此统一表示感谢。

“paːi^{1} tu^{4} thaːm^{5}”（去相互走亲戚或走客），“paːi^{1} thaːm^{5} ʔai^{3} n̥u^{1}”（拜访谁）；“saːm^{3}” 则用在 “paːi^{1}” 之前，如 “saːm^{3} paːi^{1} to^{2} n̥u^{1}”（拜访谁），“saːm^{3} paːi^{1} ʔna^{3}”（去前面）、“saːm^{3} paːi^{1} lən^{2}”（去后面）。

除了上面提及的“tsje^{1} twa^{3}”（借端）、“thaːm^{5} twa^{3}”（走端）、“thaːu^{3} twa^{3}”（找端）、“paːi^{1} thaːu^{3} twa^{3} tsje^{1}”（去过端节）等与节庆互动相关的水语词汇外，还有一个水语“游端”（ju^{5} twa^{3}），译为“邀端”，其有两层意思：一是作为主办“借端”的主人邀请一些可能不了解水家节庆时间的好友到家里过节；二是指“借端”各家供祭祖先时的一个多人参与的仪式环节，即“忌油圈”或“哈姆敢”内的“借端”祭祖活动，仪式活动中“邀端”还译为“喊端”，笔者在仪式部分直接用音译的“游端”（详见第七章）。

此外，关于水语“端”twa^{3} 相关的词组，贵州省水家学会副会长蒙耀远提及都匀市归兰水族乡一带“借端”，当天如果是阴天的，水语“ndam^{5} twa^{3}”（阴端节）指“借端”那天是阴天；当地“借端”时期，其他民族的一些人（非“借端”村寨内任何家庭或个人的亲属或朋友）来吃糯米饭的这一行为，水语为“hue^{1} twa^{3} ”（乞讨端）；“借端”期间吃糯米饭积食或者吃其他食物过饱，水语为“tjaŋ^{5} twa^{3}”（饱端）。还有“pe^{1} twa^{3}”（卖端），如“pe^{1} ke^{4} twa^{3}”（卖端场），指的是借赶“端场”人多的时候溜走、脱身，含有教唆他人去做，而自己却悄悄溜走、耍滑头之意。

第二章　水家称谓与“家”

第一节　亲属称谓

前期“借端”区域的定点调查，接触的对象多为中学的老师和学生，他们跟笔者交流时尽量用汉语，给笔者介绍他们的亲属关系时也用汉语概念，偶尔用水语称呼是忘记笔者在场或者在场的人中水家居多，笔者只能听出称谓的关键词，并不能确定具体情境中的文化表达关系。这一时段的调查基本是以当地中学为依托，主要是依靠学校内的当地老师，笔者跟他们一起去“借端”，观看“借端”的仪式，偶尔参与到仪式活动中，之后再咨询当地老师关于仪式的一些常识，并结合部分文献记载完成“借端”的部分调查。观看、参与仪式时直接跟村民用语言交流的内容、时间等不多，基本都是仪式中有关吃、喝的水语，亲属关系方面的交流基本没有，故没有引起笔者的关注。

此次对“借卯”区域的调查，笔者采用直接住在村民家中的方法，平时常跟村民们一起闲聊或听他们聊天，尽管在多数情况下，村民们用水语交流，笔者听不懂聊天的内容，但是根据一些常见的关键词以及笔者知道的部分村民的名字，就能推测出他们在说某家或某人遇上的一些事，再根据适当的情况用汉语咨询确认，很多情况下推测到的谈论对象是基本属实的。这种推测得以成立，并非笔者记住了村子里很多人及其名字，而是记住了大多数家庭中的长子、长女或长孙的名字，再根据他们日常称谓体系的表达，将其成员进行了关联，也就能在交流中知道他们谈论的对象。

一、水语常见称谓

水家称谓体系涉及以己为中心的上四代与下四代，即高祖、曾祖父、祖父、父亲、本人、儿子、孙子、曾孙、玄孙。日常用语常用到的是自己上下三代的称谓，即曾祖父（qoŋ^{5} pa:k^{8}）、曾祖母（ja^{4} pa:k^{8}），祖父（qoŋ^{5}）、祖母（ja^{4}），父亲（pu^{4}），母亲（ni^{4}）；儿子（la:k^{8} mba:n^{1}）、女儿（la:k^{8} ʔbja:k^{7}），“la:k^{8} ha:n^{1}”与“la:k^{8} hən^{3}”分别是孙与曾孙的统称（“mba:n^{1}”表示“男”，“ʔbja:k^{7}”表示“女”）。姻亲关系的称谓、平辈的称谓等见（表 2-1）。

表 2-1 水家常见称谓表①

汉语称谓	水语称谓国际音标	汉语称谓	水语称谓国际音标
高祖父	qoŋ^{5} pa:k^{8} paŋ^{8}	高祖母	ja^{4} pa:k^{8} paŋ^{8}
曾祖父	qoŋ^{5} pa:k^{8}	曾祖母	ja^{4} pa:k^{8}
祖父	qoŋ^{5}；qoŋ^{5} ʔnam^{1}	祖母	ja^{4}
外祖父	qoŋ^{5}	外祖母	ja^{4}
父亲	pu^{4}	母亲	ni^{4}
哥哥	fa:i^{4}	嫂子	fe^{2}；fe^{2} ɕa^{3}
弟弟	nu^{4}	弟媳	nu^{4}；nu^{4} ɕa^{3}
姐姐	fe^{2}	姐夫	fa:i^{4}；fa:i^{4} ha:u^{4}
妹妹	nu^{4}	妹夫	nu^{4}；nu^{4} ha:u^{4}

① 本表只列举水语中对应的汉语称谓体系中的称谓。汉语称谓体系，参见胡士云：《汉语亲属称谓研究》，商务印书馆，2007，第 40-42、48-52、65-68、86-87、94-98 页；水语音标部分参考曾晓渝、姚福祥编著的《汉水词典》（四川民族出版社，1996），部分音标由贵州民族大学文学院 2017 级中国少数民族语言文学专业的硕士韦星娥提供。

续表

汉语称谓	水语称谓国际音标	汉语称谓	水语称谓国际音标
儿子	laːk^{8} mbaːn^{1}；laːk^{8}	儿媳	laːk^{8} ɕa^{3}
女儿	laːk^{8} ʔbjaːk^{7}	女婿	haːu^{4}；laːk^{8} haːu^{4}
孙子	laːk^{8} haːn^{1} mbaːn^{1}；haːn^{1}	孙媳	haːn^{1} ɕa^{3}；laːk^{8} ɕa^{3} haːn^{1}
孙女	laːk^{8} haːn^{1} ʔbjaːk^{7}	孙女婿	haːn^{1} haːu^{4}；laːk^{8} haːu^{4} haːn^{1}
外孙	laːk^{8} haːn^{1} mbaːn^{1}（hek^{7}）；haːn^{1}	外孙媳	laːk^{8} ɕa^{3} haːn^{1}（hek^{7}）
外孙女	laːk^{8} haːn^{1} ʔbjaːk^{7}（hek^{7}）	外孙女婿	laːk^{8} haːu^{4} haːn^{1}（hek^{7}）
曾孙	laːk^{8} haːn^{1} hən^{3} mbaːn^{1}	曾孙媳	laːk^{8} ɕa^{3} hən^{3}
曾孙女	laːk^{8} haːn^{1} hən^{3} ʔbjaːk^{7}	曾孙女婿	laːk^{8} haːu^{4} hən^{3}
玄孙	laːk^{8} hən^{8} mbaːn^{1}	玄孙女	laːk^{8} hən^{8} ʔbjaːk^{7}
伯父	pu^{4}+ 排行；pu^{4} laːu^{4}	伯母	ni^{4}+ 排行；ni^{4} laːu^{4}
叔父	pu^{4}+ 排行；pu^{4} ti^{3}	叔母	ni^{4}+ 排行；ni^{4} ti^{3}
姑母（长于父）	pa^{3}	姑父	luŋ^{2}（姑母长于父）
姑母（幼于父）	ni^{4} ti^{3}	姑父	pu^{4} ti^{3}（姑母幼于父）
舅父（长于母）	luŋ^{2}	舅母	pa^{3}（舅父长于母）
舅父（幼于母）	tsu^{2}	舅母	fai^{1}（舅父幼于母）
姨母（长于母）	pa^{3}	姨父	luŋ^{2}（姨母长于母）
姨母（幼于母）	fai^{1}	姨父	pu^{4} ti^{3}（姨母幼于母）
堂哥、表哥	faːi^{4}	堂嫂、表嫂	fe^{2}；fe^{2} ɕa^{3}

水语“qoŋ^{5}”（音译为“公”）是“爷爷”“外公”之意，日常生活中还用于面称爷爷辈及以上辈分男性，奶奶、外婆都叫“ja^{4}”（音译为“牙”），还表示对奶奶辈及以上辈分女性的尊称。“pu^{4}”（音译为“布”）、“ni^{4}”（音译为“伲”）分别是父亲、母亲的面称与背称，水语“laːu^{4}”与“ti^{3}”分别表示“大的、长的”与“小的、幼的”，“pu^{4} laːu^{4}”（音译为“布老”）则是面称自己的伯伯，“pu^{4} ti^{3}”（音译为“布低”）是面称叔叔，如果父亲有多个兄弟时，第一个与最后一个用“pu^{4} laːu^{4}”与“pu^{4} ti^{3}”，中间的用水语基数词

进行排行面称。① 面称父亲哥哥、弟弟的妻子时一般是“ni^{4} laːu^{4}”“ni^{4} ti^{3}”，有多个伯母、叔母时用伯父、叔父的排行来称呼。父亲的堂兄、堂弟等则用“luŋ^{2}”（音译为“隆”）、“pu^{4} ti^{3}”面称，水语中的“luŋ^{2}”与“pu^{4} ti^{3}”分别用于表示父辈男性的尊称。

姻亲关系的称谓中，称呼长于自己母亲的舅舅用“luŋ^{2}”，幼于自己母亲的舅舅用“ʦu^{2}”，对应的舅母分别为“pa^{3}”“fai^{1}”；称呼父亲的姐姐用“pa^{3}”，妹妹用“ni^{4} ti^{3}”，对应的姑父分别是“luŋ^{2}”“pu^{4} ti^{3}”。当日常生活中出现多个同称谓时，面称与背称时会加上所指对象所属地名、在兄弟中的排行等进行修辞说明，或者看谈话者的身体语言，如交谈时看的方向。

水语“fe^{2}”表示“姐姐”“堂姐”“表姐”等，对她们的丈夫称谓则在水语“faːi^{4}”（哥哥）的后面加表述女婿的水语“haːu^{4}”，即“faːi^{4} haːu^{4}”表示水语中的“姐夫”“堂姐夫”等。“妹夫”“堂妹夫”“表妹夫”等则是“nu^{4} haːu^{4}”，日常面称中不常用“haːu^{4}”，而是直接用“怀”“奴”来称呼。

水语中“laːk^{8}”是“儿”“小孩”“儿子”等意思，“laːk^{8} ti^{3}”是“儿童”，对于儿子的背称常用“laːk^{8} mbaːn^{1}”，女儿则用“laːk^{8} ʔbjaːk^{7}”，这两个水语词也常统称“侄儿”“侄女”和“外甥”“外甥女”。水语“hek^{7}”是“客人”的意思，加在“laːk^{8} mbaːn^{1}”“laːk^{8} ʔbjaːk^{7}”后面时特指“外甥男”“外甥女”。同样的用法也用在对外公、外婆的称呼上，但是现实生活中水语面称很少会这样用，这样用是对外公、外婆的不尊重，背称说明时可以这样用。部分借用汉语词汇表达外公、外婆的水家村寨中，水语“qoŋ^{5} hek^{7}”“ja^{4} hek^{7}”具有疏远感，但是在水语借助汉字的“外 qoŋ^{5}”与“ja^{4} 婆”不经意地被用于日常交流中而忽略了其中的亲疏感。

关于长辈的称谓，面称与背称基本相同，现实生活中常用“公”（qoŋ^{5}）

---

① 根据韦星娥提供其老家——三都水族自治县廷牌镇廷新村的称谓情况看，部分水家居住区域“布＋排行”是对直系的称谓，即对父亲的兄弟的称谓，“布低”则是对旁系或姻亲关系中幼于父亲或母亲的堂弟的称谓。韦星娥老家的水语属于三洞土语、西部次土语，水语语音跟新仰村的语音一样。水语语音差异参见康蔼德、潘兴文：《水语调查研究》，贵州人民出版社，2014，第 300 页。

对称爷爷辈及以上辈分的男性。对称中常用核心词“公”而不用修饰词，有时甚至是在最近血缘的称谓上进行修辞说明，而不用已有词对较远称谓进行面称。比如曾祖父、祖父在一起时，当面谈到他们之一时，水语交流中用“公”指代曾祖父，而没有使用“公爸”（qoŋ^{5} paːk^{8}），当别人不太确定究竟是曾祖父还是祖父并进行确认而提问时，说话者会用“公纳木”（qoŋ^{5} ʔnam^{1}）来面称爷爷。用“公”来对称曾祖父以示对曾祖父的尊重，显得说话者与曾祖父之间不那么生疏。

实际用语的对称中，长辈的面称称谓较明确，而平辈或者幼辈的面称称谓较模糊，幼于自己（不同年龄看辈分、同辈分看年龄）的面称常用统称，但是背称时较为明确。对晚辈的称谓基本都是背称，现实生活中的面称要么直接用对方名字，要么用“奴”（nu^{4}）代替；讲究的人不直接面称晚辈姓名，而一般用对方长子或长女的姓名来指代，在笔者调查的卯节区域的村寨中，这种用法在对称和背称中均较为常用，即长子、长孙的名字在村子里就代表着这一家在一段时间内的日常交流的话题指代符号（下文详述）。

平辈的称谓中，“faːi^{4}”（音译为“怀”）用于面称自己的哥哥以及堂哥、表哥等，日常生活中还表示对同辈中比自己年长的男性的尊称；而用“nu^{4}”（音译为“奴”）来称呼弟弟、堂弟、表弟、妹、堂妹、表妹等，在日常生活中用“nu^{4}”来称呼比自己年幼的同辈甚至晚辈，不分性别与亲疏，当背称需要说明时直接用对方名字或者在“nu^{4}”后面加“mbaːn^{1}”或者“ʔbjaːk^{7}”表示“男性”或“女性”。“怀”“奴”除了用于亲属称谓中的“哥哥”“弟弟”“妹妹”外，还可以与水家自称“sui^{3}”组合成“faːi^{4} sui^{3}”“nu^{4}sui^{3}”来统称“水家男性”“水家女性”。“水家女性”没有用水语“fe^{2}”（姐姐）进行组合，而用了“奴”来指代，对此笔者还特意进行了网络咨询。

大雄（笔者的微信昵称）：@潘明×怀虽（faːi^{4} sui^{3}），水家男人，可以类推“fe² sui³”虽吗？[①]

张加×：“奴睢”（nu⁴ sui³）。

潘明×：不能类推。

大雄：@张加×“奴”好像没有性别之分吧？

张加×：@张兴雄 水家男人不是“怀睢”（fa:i⁴ sui³）吧。

大雄：年纪小的，都统称为“奴”，并没有性别表述。

潘明×：与年龄无关。

潘阿×：也许。

大雄：与年龄、辈分都有关系吧？

潘明×：统称时没人去管那些。

大雄：水家女性的统称就是张加×说的“奴虽”（nu⁴ sui³）？

潘明×：二十多岁的阿水和七十多岁的霖哥在一起（两人均为群成员）时，可统称。

潘明×：女性统称“奴”（nu⁴），表示一种体贴。

大雄：男性统称“怀”（fa:i⁴）？可以这么认为吗？

潘明×：可以。

大雄：谢谢！

“怀”“奴”用于称谓中，组合成“怀奴”（fa:i⁴ nu⁴）时指“兄弟”“弟兄”“兄妹”，并且称为“怀奴”的这个群体是一个不通婚的群体。虽然面称中的“表哥”“表弟”或“表妹”在水语中同样用“怀”（fa:i⁴）、“奴”（nu⁴），但组合后的“怀奴”不包含“表哥”“表弟”“表妹”等。

① 微信群聊天记录，水语音标、部分标点符号等为后来添加，水语“sui³”在译成汉字时，目前常用的有“水”“睢”“虽”等汉字。聊天时间为2019年12月1日，当时群成员有121人。注：本书引用的微信群聊天记录在不影响原意的基础上略有修改。

二、M 寨的水语称谓

M 寨中常用到的称谓是“公”(qoŋ[5])、“牙”(ja[4])、“布”(pu[4])、“伲”(ni[4])、“奴”(nu[4])，这几个词在面称、背称中使用的频率远远高于其他词，这主要源于村寨的长子（孙子）或长女（孙女）名的表达称谓的方式，这种表达对于直系家庭成员之外的人，没有明确的面称与背称之分，特别是人多时的面称，就是使用从长子（孙子）或长女（孙女）名的称谓来直接表述。

以某家有个名为“豪”的长子为例①，背称时，“豪”的爷爷则为“公豪”，奶奶为“牙豪”，“豪”的父亲为“布豪”，母亲为“伲豪”，而他的弟弟、妹妹则为“奴豪”；如果第一个孩子是女孩，名为“琼”，则她的家庭成员的背称是“公琼”“牙琼”“布琼”“伲琼”“奴琼”，分别指代她的爷爷、奶奶、爸爸、妈妈、弟弟和妹妹。当谈话中涉及爷爷、奶奶与外公、外婆时，则用“公豪加地名”表示具体指外公还是爷爷，“牙豪加地名”来区别外婆还是奶奶。

什么时候开始用长子或长女的名来背称，没有明确的规定，村民们会在日常生活的交谈中逐渐达成一致。继续以“豪”为例，假如“豪”长大结婚，生小孩取名为“迪欧”，在小孩还在七八岁之前，“豪”的家庭成员的称谓还是以“公豪”“牙豪”“布豪”“伲豪”“奴豪”为主，中间可能会用“公迪欧”“牙迪欧”“布迪欧”“伲迪欧”来称呼“豪”的父亲、母亲、他本人及其配偶，随着孩子长大，以“迪欧”名进行称谓体系逐渐代替其父“豪”的称谓体系。

如果第一个孩子是女孩，以“琼”为例，假设“琼”是长女，她家的称谓体系以她的名字进行表达，并且这个称谓表达不会因为她的外嫁而改变，

---

① 寨子内一般以水语给小孩起名，背称时用的基本是水语名。因为入学、身份证的普及，很多人在给小孩取名时尽量使用汉字能写出来的语音、近义词方言等，所以乳名与学名基本相同意思相近（如学名潘 × 泽，称呼他的家里成员时则用近义词“池”），也有少部分水语名与汉语学名不一样的。学名中有姓、字辈，水语背称中多用最后一个字，少数连同字辈一起用，这主要根据各家平时怎么称呼自己孩子的习惯而定。

除非她的弟弟结婚有小孩了，她父亲、母亲作为爷爷、奶奶时的背称才会改变，而她自己的爷爷、奶奶、父亲、母亲的背称不会改变，也不会因为她有孩子而改变。即“琼”出嫁了，假如她的弟弟还没有结婚生小孩，对她的爷爷、奶奶、爸爸、妈妈的背称还是“公琼”“牙琼”“布琼”“伲琼”，特别是其父母的背称不会因为她已经离开村子而改变。①

从父辈变成祖父辈的背称，主要依据长孙子或孙女，这个孙子或孙女不一定是长子的儿子或女儿，只要几个儿子之一的孩子出生并取名，背称基本就固定了。以前背称时没有名字的弟弟、妹妹在结婚生子后用他（她）的孩子名来称呼。

每个孩子都有自己的名字，现在多为学名，一般比较熟悉的人才知道长子或长女之外的弟弟或妹妹的名字，大多数人知道其是谁的弟弟或者妹妹。笔者进入村寨时，刚开始村民尽量用学名给我介绍这是谁家的田、谁家的地，如“吴明 ×”“吴建 ×”，但是更多的情况是用“布 ×”“公 ×”来交谈，并时不时地加上学名。他们在日常生活的交流中，基本是以长子或长女命名式的称谓，部分出生于本村寨且不太在村寨里到处走动的初、高中学生也不一定知道自家周边比自己年龄较大或较小的同村人的具体名字，但是他们知道叫不出名字的人是某家长子或长女的伯伯、叔叔或者是弟弟、妹妹。

笔者：今天你们放假，我想跟你们了解一下寨子里每家的人员情况。②

秀 ×：我们也不太了解，你应该问我爸爸他们这个年龄段的人。

笔者：我看他这几天也很忙，不好意思打扰他，知道你们休

---

① 父母背称的更改，只出现在长子或长女不幸离世的情况下。

② 闲谈整理，闲谈时间为 2018 年 7 月 25 日。秀 ×，高二；凤 ×，初三。文中名字系化名。笔者是在调查很熟悉的情况下（2019 年 2 月中旬）从村组长处得到的“×× 村人口情况统计表”登记初稿和（2019 年 4 月初）从部分村干部处得到人口数据、基本情况汇总等电子版。

息，就过来了解一下情况，你们知道多少就说多少吧。我到寨子边上的山顶拍了全寨子的照片，你们帮我一起看看，讲讲具体每家的大概信息。

凤×：我们了解每家的位置，但不清楚每一个家庭成员的名字。

笔者：就按寨子里的平时说法，至于具体名字，如果用得上，我之后再问其他人。

秀×：我只知道我家周边几家的大概情况。

笔者：知道多少就说多少。你们看看图片，从进寨子的大路右边开始，第一家是谁家？

凤×：艺家。

笔者：他家有多少人？怎么称呼他们？

秀×：牙艺、布艺、伲艺、艺、他老婆、奴艺，好像有一个小孩了，有7个人吧？

凤×：有7个人，有一个小孩，我不知道叫什么名字。艺的弟弟好像叫“正”。

笔者：公艺是去世了吗？

凤×：公琪是去年才去世的？

笔者：公琪？

秀×：就是公艺，但是他在琪家住，所以一般都叫他公琪。

笔者：琪的父亲大？还是艺的父亲大？

秀×：布艺大。布艺有三兄弟，除了布琪，还有住在寨子下面的布莲。

笔者：好的，先按居住顺序来，稍后再问他们家的情况。艺是什么时候结婚的？他老婆是什么地方的？

凤×：我不太清楚他老婆是什么地方的。他们好像还没有办酒（举行婚礼）？

笔者：没有办酒的话还不算结婚吗？

秀×：一般认为办酒了才算结婚，条件差的家庭也要请亲戚吃饭告知大家了才算结婚。

笔者：他家房子看着还比较新，是才建的吧？

凤×：应该有几年了，具体是哪一年建的就不清楚了。

笔者：搬进新房住要办酒吗？

秀×：还没有办酒，一般就是“进火”，请亲近一点的人吃一顿饭。办酒是要收礼的，房子如果没有装修好的话一般是不办酒的。

笔者：现在到小路边的这一家了，怎么称呼？

凤×：这是布枝梅家，就两个老人：布枝梅、伲枝梅。

笔者：枝梅住在什么地方？

秀×：我们也不知道枝梅嫁到什么地方了。

笔者：枝梅没有弟弟或妹妹吗？

秀×：有一个妹妹，也出嫁了。

笔者：她妹妹叫什么名字，大概多大了？

凤×：我不知道她叫什么名字，她比我们大，估计30多岁吧。

笔者：假如她回寨子里，你们遇上了，该怎么称呼她呢？

秀×：她比我大，是同辈，当面叫她就直接叫“fe^2”，谈论她时就称她为奴枝梅。

笔者：布枝梅家旁边是谁家？就是你家后面数过去的第四家。

秀×：莉家，她家人多，有布莉、伲莉、莉，莉还有几个妹妹和弟弟。

凤×：还有一个布低（叔叔），只是他常年不在家。

笔者：莉的第一个“奴”是谁，叫什么？

秀×：莉有两个弟弟和两个妹妹。大的弟弟叫“林”，我不清楚后面的三个叫什么。平时遇上或者要叫他们当中的一个，直接叫其奴莉，对方也就知道了。

笔者：莉大概多大了？

凤×：跟我差不多大，现在也读初三了。

村寨里的这种称谓表述，年龄差距较大的人不知道对方的具体名字，但是背称、面称时用“奴＋其哥或姐的姓名”没有违和感，所以并不影响交流，大家在一段时间内只需要记住某家的长子或长女的名字，就能很方便地谈论这一家之间的关系及有关的信息。①

水家面称中“公”“牙”“隆”“fe²”等称谓中，并没有明显区别爷爷或外公、奶奶或外婆、伯伯或舅舅、姐姐或嫂子。水语“奴”的统称则更多，只要是比自己小的（辈分或年龄），都可以用“奴”称呼他们，有时甚至没有明确的性别指示。从水家称谓体系可以看出水家称谓多为普遍原则的统称。

陈心想在新说费孝通“乡土社会”中关于签字画押、称呼现象时，结合他小时候生活的乡村，指出熟人社会的称呼是各不相同的，而陌生人的社会是基本相同的，并进一步借用列维－斯特劳斯的“普遍化与个别化”②，总结出“熟悉的是‘个别’，不熟悉的就必须抽象出个‘普遍原则’来”。③ 水语称谓词较少，多为概括性的，分类性称谓不多，但是这并没有影响到村寨或村寨周边人与人之间的熟悉程度，即称谓的分类式与概括式并非熟人社会或陌生人构成的社会分类依据，或者说称谓的“个别式”与“普遍式”并非熟人社会或陌生人构成的社会的区别与依据。

---

①M 寨的这种表达用于熟人之间，当面称时，年长的可以直接用“奴”来称呼对方；在不熟悉的情况下，一般不直接用“奴”来称呼看上去年龄跟自己相仿的人。

② 列维－斯特劳斯：《野性的思维》，李幼蒸译，商务印书馆，1987，第 182–216 页。

③ 陈心想：《走出乡土：对话费孝通〈乡土中国〉》，生活·读书·新知三联书店，2017，第 73–74 页。

第二节　水家生活中“家”的概念

麻国庆从中国的家的情景性或者无边界性中思考家与中国社会结构的关联，通过对家族纵式结构与运行机制、横式扩展与社会结合和变迁的分析，指出家族运行机制是与整个社会和文化相连在一起的，进而总结出以家、家族、地方势力和政治等在中国社会结构运行中的特点：大传统投射到小传统与小传统文化折射大传统（大家庭观念与分家）；大家庭、小家庭、家族等分、继、合体现在不同的结构内和结构之间，是形式上的分离与实际运行中的统一；结合费孝通的“差序格局”，家的情境性、地方家族、传统国家权力等在人际关系的思考与运用上的具有的“类”与“推”的特征；理想的家、身份认同的家、血缘的家、拟制的家等存在一种有关联的名与实的分离过程，这是中国家文化所具有的特殊性，名、实分离还扩展到中国社会结构的差异性、中日生活构成的差异性等方面。[①]麻国庆关于家的理论是从家的关联性上进行中国社会结构方面的讨论，何自成借用这一理论来研究水家社会的家，以水家自译转化成汉语的“三家六房”概念来讨论家的联合模式，这尽管出自水家，看上去也是来源于本土观念，但其概念本身存在着“家族”“宗族”“房”“支”“族”“姓”等一系列潜在的隐形概念，所以文中也存在着“支”类似于家的情境性一样的伸缩性。[②]庄孔韶在对“房”“宗族”的关联讨论中也看到最小范围的房及伸缩或延伸认同情景中的房，最大范围中的“房派”即为“宗族”，某种情形下的大家族（家庭）可以构成宗族内的

① 麻国庆：《家与中国社会结构》，文物出版社，1999，第 211-225 页。

② 何自成：《水族的家——基于永康乡和三洞乡的研究》，硕士学位论文，中山大学，2010，第 6、109 页。

一个支系或者房族，并对中国文化中的家族（家庭）类型与人类学家庭（家族）类型的定义进行对比，提出中国式－准组合家族。① 如果从家的情境性进行对照，水家的家在特定的情形下都能归入“家”“房”“支”“家庭”（家族）、“宗族”等相应术语中，本书不想过度关联家的包容性②，想从生活区域中人的具体生活来探讨水家自身语境下所表达的“家”，并试图找到一定时间段内或行为规范内“小家”与“大家”的边界及其可能的关联。本章主要涉及的是“小家”，更多的是指当前行政概念下的户主及其成员。

从水家称谓体系来区分水家的“家”，可以分为以养育为主的共同生活的家与承担赡养责任的家；从调查村寨的参与传统文化活动的情况来看，可以进一步区分出有户籍归属而无情感归属的“家”。

一、日常共同生活的“家”

水语“ɣa:n^{2}”是“家”“房”的意思，指作为一个整体的以居住人为主的房子，这些人与房子构成一个家或者家庭，所以谈论房屋、家时使用的水语都是同一个水语词“ɣa:n^{2}”。这在《汉水词典》的相关词条中均有表现，如“房子”“房顶”“房架”“房基”等的水语分别为“ɣa:n^{2}”“qum^{4} ɣa:n^{2}”“ȶa:k^{7} ɣa:n^{2}”“ha:k^{8} ɣa:n^{2}”，“家”“家庭”“家产”“家底”“主妇”等分别为“ɣa:n^{2}”“ɣau^{5} ɣa:n^{2}”“ni^{4} sau^{3} ɣa:n^{2}”，而耳房、牛圈则为“hum^{4} ku^{3} sja^{3}”“ɣuŋ^{6} po^{4}”（kui^{2}）。③ 此外，多地水语土语语音句子中的“家”“房”也为“ɣa:n^{2}”。④

从笔者田野调查的村子中看，每一个“家”或者“家庭”，均与有居住的

① 庄孔韶：《银翅：中国的地方社会与文化变迁》，生活·读书·新知三联书店，2000，第268、290、330页。在庄孔韶主编的《人类学通论》（山西教育出版社，第284–289页）中所用的名称为家庭，尽管家族要比家庭大些，但是也没有明确边界定义。

② 除了中文语境下家的包容性外，还有移民研究、流浪者研究等涉及的有家与无家、居所与个体跨国主义等“家”的去边界的包容性，均不在本研究关注范围内。

③ 曾晓渝、姚福祥编著《汉水词典》，四川民族出版社，1996，第51、55、90、142页。

④ 康蔼德、潘兴文等：《水语调查研究》，贵州人民出版社，2014，第245–280页，中文材料句子14、20、34、40、41，并附有各土语区文本水语直译对照句子。

房有直接关联，家庭成员平日里共食，多数家庭的重心是抚养下一代，少数家庭是供养自己以减轻下一代的负担。若向村民询问某个房屋的所有者时，可以用子女之名称为某某家，有时用长孙子或长孙女的名字，这个时候的家庭成员就可能包含曾祖父、曾祖母、祖父、祖母中活着的双方或其中一方，父母、父亲的未成家兄弟、姐妹，被称呼者的弟弟、妹妹。这种情况下的家或者家庭，对应的学术分类可以根据具体情形列入核心家庭、主干家庭、扩大家庭之中的一种，具体分类又可以从家庭成员的构成上进一步区分。

以上一节的“豪”为例，当问别人他家的房子是谁家的时，得到的答复是豪家，问及成员构成时的答案则明显反映出家庭结构类型：（一）当回答的成员是布豪、伲豪、豪、奴豪（可能有几个弟、妹）时就可以将其归为人类学的核心家庭；（二）在核心家庭成员的基础上加上公豪、牙豪，或者其中之一，则成为主干家庭；（三）在主干家庭的基础上加布低豪（布豪之弟）、伲低（布豪之妹），少数家庭还有曾祖父（$qoŋ^5$ $pa:k^8$）、曾祖母（ja^4 $pa:k^8$）或者其中之一，则为扩大家庭；（四）在核心家庭的基础上如果没有布豪或者伲豪之一，表示其中之一不幸去世或离婚之后离开（将其离家或改嫁），则可将其归为单身家庭。

当回答不是豪家，而是公豪家或者牙豪家时，该家庭则可能为核心家庭，即日常生活的家庭成员主要是豪的爷爷、豪的奶奶，还包括未结婚的豪的叔父、姑姑，或者只有爷爷、奶奶其中之一（这时又可以归为单身家庭）。当未婚的伯父或叔父变成主要劳动力或者原生家庭的主导者时，原生家庭的背称会逐渐变成布低豪家[①]（豪的叔叔家）或者布老豪家（豪的伯父家）；当豪等成家有小孩了，而豪的伯父或者叔父仍然未婚，豪的背称已变成自己的小孩名字的代称时，豪的伯父或者叔父的背称在多数情况下直接使用他们的姓名。

当原来的兄弟几个都成家，并且分家单独过日子，但未各自在外新建房

① 在笔者所调查的 M 自然村寨，对具体某人所属之家的背称中，未见以侄儿或侄女名代称姑母的家的情况，表明村子里从未结过婚的单身人士主要是男性。

子，而是在父母的房子内分出属于各自的空间开启新建家庭的生活时，这种情况下，则可能用已经成家兄弟之一的长子或长女的名来指代该房屋，并在后面加上适当的补充，如“这个房子是豪他们家的”。这个时候用“豪他们家的”而不是“豪家的”，就是表示跟“豪家的”还有类似的其他家庭，即多个核心家庭生活在这一栋房子内，并且各个核心家庭的日常生活与待人接物是独立的，每个核心家庭在分给自己空间所属范围内进行各自的空间改造。

寨子里有几栋木制的老房子，已经无人居住，有人想合理利用这些老房子，就从老房子的主人处以租的形式对老房子进行改造与利用，计划做民宿，以备旅游接待之用。2018 年 5 月 5 日，笔者刚好看到施工的人员在某一老房子内进行装修，又在屋内遇到承租人张哥，就向他咨询了一些问题。

笔者：这是谁家的老房子？

张哥：这个老房子是布涛他们家的。[①]

笔者：我对寨子还不太熟悉，对布涛家还没有印象，他家现在的新房在什么位置？

张哥：涛家就在进寨子处的右前方。

张哥：布涛有几个兄弟，这个老房子就是他们几兄弟的。

笔者：意思是这个老房子现在属于不同的人了，没有协商后给他们兄弟的某一个了？

张哥：估计是这个位置离主路远，没有谁愿意留在老房子，也就都搬出去新建房子了。

张哥：这个老房子整体保持得比较好，稍微进行装修改造，就能作为民宿。在进行装修前，这个老房子的一些布局很有意思：某

① 承租人张哥并非本寨子里的人，而是外地人士，但是已待在村子 8 年多，比较了解村子里的情况，也学会了用寨子的背称方式，听寨子里的人说，尽管他不会说水语，但估计能听懂很多水语。“布涛”即“涛”的父亲（吴金 SHBZ），“涛”系化名。吴金 SHBZ，即参见附表一。

些房间的地板是水泥地板，某些地板就是原来的土地板；某些房间搭建的灶台、木板隔断等都很好，而有的房间就只有一个火坑，房间内的隔断也很简单；内部有明显的差异，但是整体的房子没有改动，房子周边的公共地方也没有明显的差异。

笔者：这可能就是分家后各个家庭自己处理的结果。

张哥：这个太明显了，房子内部出现很大的差别，而不是大体一致。

…………

儿子结婚生子、新建家庭后，如有女儿也外嫁后，成家的儿子如果新建了房子，则会出现父母单独在老房子过日子的情况，并且日常生活的开支也由父母自己负担，直到父母没有劳动能力为止，成家的儿子才进一步分割或继承父母原有的土地、房屋、钱款等，体力不支的父母方进入被赡养的状态；如果父母身体健康，还能自食其力，也不愿跟新建的核心家庭一起生活，则一直等到他们自愿放弃劳动为止，与年龄段划分没有必然的关系。村子有一户老人家庭，男性老人 83 岁，女性老人 75 岁，他们都还种地、养马等。对于老人单独居住并保留户口的家庭，户籍登记上称之为老人户，这类家庭在笔者所调查的村子中有 6 户，包括单人老人家庭 2 户（60 岁以上）。

从日常生活的吃住、家庭经济的共同负担等方面对水家的家的结构进行区分，从学术概念对应的核心家庭、主干家庭等方面能进行对比，最直观的归类是从户口成员构成上进行相应归纳。村子里关于“单身”的概念在多数情况下以年龄来论，一般将 30 岁以上还未结过婚的男性归为单身汉，但他所在的家则不一定归为单身家庭[①]，某些家庭中存在不止一个 30 岁以上还未婚男性的情况，可能父母或者弟、妹都还在一起生活，如果以家庭内只有一组夫

① 庄孔韶：《银翅：中国的地方社会与文化变迁》，生活·读书·新知三联书店，2000，第 291–294 页。庄孔韶也注意到未婚男性单独立户或者寄宿的情况，并对单身的原因进行了分析。本书意在展示水家社会组织，结构背后的深层次因素将是另一个主题。

妻关系来定义核心家庭，这些家庭则是标准的核心家庭（统计时将此情形统计到核心家庭之类）；少部分是夫妻中的某一方已经离世或者离异，剩下的一方带着一个或者多个孩子生活，此种家庭则可能存在3代人，但家庭成员内无任何夫妻关系组存在（家庭成员有3代人及其以上的直系亲属关系而无夫妻关系组的为不完整主干家庭[①]，统计时将其归为主干家庭，如果家庭成员为2代人但只有夫妻中一方和他们的未婚子女构成的不完整核心家庭，统计时归为核心家庭）；单人立户的单身家庭，户主均为男性，没有并入其兄弟家的户籍中，也没有并入其被赡养的家庭中，他们独自生活；只要有一对夫妻组存在，没有任何家庭成员，即没有子女或孙女在户籍上，也没有在一起生活的，且夫妻之中至少有一方的年龄超过60岁，则将视为老人家庭；家庭成员只有一组夫妻关系，且家庭成员构成中有3代及以上的家庭视为主干家庭。如果家庭直系亲属成员由3代人及以上组成，有2组夫妻存在且每代只有1组夫妻，则统计为主干家庭，如果其中一组夫妻的夫方有未婚兄弟姐妹则为扩大家庭[②]；有2组夫妻而只有2代人，每代只有1组夫妻的则统计为主干家庭，一组夫妻及其子女和丈夫的未婚兄弟姐妹（或者已婚但是其户口还保留在一起）组成的家庭统计为主干家庭。

从现有户口信息的成员构成上看（见表2-2），调查村子共计81户（323人），其中核心家庭50户，户数百分比为61.7%，人数百分比为57.6%；主干家庭15户，户数百分比为18.5%，人数百分比为25.1%；小型扩大家庭与老人家庭均为6户，户数百分比均为7.4%，人数百分比为12.4%；单身家庭有4户（2户为60岁以上的家庭），没有同辈中有2组及其以上的夫妻及其

---

① 余光弘、杨晋涛、杨洁琼主编《闽南山河人的社会与文化》，厦门大学出版社，2015，第100–105页。从户主及其成员构成上区分了村子内家庭的结构类型，不完整主干家庭、不完整核心家庭均有一定的比例，本研究进一步细化。将相应的家庭结构都归到其大类之下，同时将家庭成员只有户主及其配偶且至少有一方的年龄在60岁以上的归为老人家庭，而非不完整核心家庭。

② 庄孔韶：《银翅：中国的地方社会与文化变迁》，生活·读书·新知三联书店，2000，第290页。扩大家庭与主干家庭相同，有一对夫妻及其子女和丈夫的父母，则视该家庭为小型扩大家庭。本研究统计中的扩大家庭均为小型扩大家庭。

子女构成家庭，即没有中型扩大家庭、大型扩大家庭与联合家庭。

表 2-2　2018 年 12 月 M 村家庭结构统计表（以户籍成员构成来划分）

	核心家庭	主干家庭	小型扩大家庭	老人家庭	单身家庭
户数（户）	50	15	6	6	4
户数百分比（%）	61.7	18.5	7.4	7.4	5
人数（人）	186	81	40	12	4
人数百分比（%）	57.6	25.1	12.4	3.7	1.2

以家庭成员的日常起居为依据进行划分（节日、来客等偶尔集中在一起做事、吃饭等除外），寨子里基本没有扩大家庭，而房子内多个独立核心家庭联合起来的家庭，则可被视为扩大家庭。核心家庭在日常生活、经济收支、空间归属上是独立的，房子的整体格局保持原有整体状态，整体形态似一个完整的扩大家庭。此外，分室 / 分房居住、分灶 / 火坑[①]烹饪的独立核心家庭，在赡养老人以及在一些仪式环节中又能呈现文化理想型的扩大家庭、联合家庭的形态。

二、承担赡养责任的“家”

老人家庭在收入、体力等方面无法维持独立时，其直系的赡养人的（少数为旁系赡养人）核心家庭就要在吃、穿、住、就医等方面履行相应的责任。如果只有一个直系赡养人，老人的背称跟平时一样是用其长孙子或长孙女的名字来指代；如果有多个直系赡养人，两个老人没有单独由谁承担赡养两个老人的责任，而是用轮值或反哺的赡养形式，其在村子里的背称也没有改变；如果两个老人被分开并由各自的直系赡养人来赡养，两个老人的背称

① 某些情形下（如分家的前期），可能是共用一个灶或火坑，但是在灶或火坑上烹饪食物的时间是分开的。因此，“共爨”作为家庭分合的参照需要进一步细化。此处用分灶或分火坑烹饪意味着灶、火坑是独立的，或者共用灶、火坑而不在同一时段烹饪各自家庭的食物。生活条件变好之后，就用电磁炉代替灶。参见何自成：《水族的家——基于永康乡和三洞乡的研究》，硕士学位论文，中山大学，2010，第 20 页。

则由其赡养人的长子或长女的名来代称，这时候两个老人的背称是不一样的。由旁系亲属来赡养的，老人的背称依然是其长子、长女的名，而不是其外孙子、外孙女的名，亦非其旁系赡养人的长子、长女的名。

笔者在咨询各家人员的构成情况时，部分是夫妻关系的老人在背称时无法显示，只有进一步了解才能发现是因为赡养关系变化导致的，上文的案例已经涉及此情况。

笔者：从进寨子的大路右边开始，第一家是谁家？

凤×：艺家。

笔者：他家有多少人？怎么称呼？

秀×：牙艺、布艺、伲艺、艺、他老婆、奴艺，好像有一个小孩，有7个人吧？（看着凤×）

凤×：有7个人，有一个小孩的，我不知道叫什么名字。艺的弟弟好像叫“正”。

笔者：公艺是不在了吗？

凤×：公琪是去年才去世的。

笔者：公琪？

秀×：就是公艺，但是他在琪家住，所以一般都叫他公琪。

笔者：琪的父亲（吴圣QBN）[①]大？还是艺的父亲（吴升XBL）大？

秀×：布艺大。布艺有三兄弟，除了布琪，还有住在寨子下面的布莲。

如果没有被分开赡养，老人的从他称谓（从其孙子、孙女的名）一致，如公艺、牙艺；而实际情形是两位老人被分开由其直系赡养人单独赡养后，

---

①行文中均为化名，他们家庭间的部分关联可参阅附表一相应编号。吴圣QBN，即对应到附表一中的户主吴圣QBN。

其称谓就会自然过渡到各自赡养人的长子或长女的名上，即公琪、牙艺。这种情况下的分家就较为彻底，除了要明确老人的赡养责任，也要明确老人所拥有的财产（如果有，如土地、老房、地基、存款等，有时候还包括分家前的共同债务）归于相应的赡养人，如果有一方不太满意之前的安排，还可以经过协商后再次进行责任划分，直到大家都没有太多意见时就基本固定下来。没有直系赡养人的，由侄子等旁系赡养，如果有多个旁系赡养人，则由他们承担赡养义务与均摊财物（被赡养人的从他称谓没有发生改变）。

2018 年 6 月下旬，村子里一位年仅 28 岁的未婚男青年在外地打工，在休息时不幸因病去世，而其在世的父母身体欠佳且都已 60 多岁，所以死者的堂兄弟们来料理其后事。死者下葬后一个星期左右，几个堂兄弟就叫上死者已经外嫁的姐姐、妹妹回村子里，共同商量老人的赡养问题。事先已咨询过两个外嫁的姐妹，她们均没有要求赡养老人，于是赡养老人的均是死者的几个堂兄弟，姐姐、妹妹只是参与他们协商的整个过程。

死者的父亲有三兄弟，因他尚未成家，所以他父母的赡养问题就由在世的三位堂兄弟来负责。通过抓阄来定各自的赡养义务，并形成文字协议，让参与的人都签字确认协议的有效性。协议内容如下：

老人赡养义务及老人女儿归属协议书

今有荔波县水利村 M 寨吴桂 YBYX、蒙 HDNYX 二位老人及二位老人的两个女儿，吴玉 ×，伲 ××（已经有小孩，用从他称谓）。由于二位老人的独子吴 ×× 因病早逝，二位老人的赡养义务及二位老人两个女儿的归属由二位老人的三个侄子——吴玉 GBP、吴玉 BBJ 和吴玉 NP（吴得 WBP 的儿子）负责（这几家的关系见附表一）。二位老人的赡养义务包括照顾老人、安葬老人和承担相关开支。二位老人女儿的归属包括今后女儿婆家与外家的礼尚往来的安排及费用。经过吴玉 GBP、吴玉 BBJ 与吴玉 NP 及“家族”[①]的沟通协商，决定用抽签的方式来决定二位老人的赡养方式和二位老人女儿的归属。抽签后，由吴玉 GBP 负责二位老人女儿的归属，吴玉 BBJ 负责吴桂 YBYX（男）老人的赡养义务，吴玉 NP 负责蒙 HDNYX（女）老人的赡养义务。此协议由吴玉 GBP、吴玉 BBJ 和吴玉 NP 签字按手印后生效。“家族”人员吴得 WBP、吴玉 ZHBX 与吴纯 ZHBN 作为见证人，见证整个过程真实，有效。此协议一式四份，吴玉 GBP、吴玉 BBJ 和吴玉 NP 各一份，见证人一份。

吴玉 GBP（签字按手印）：

吴玉 BBJ（签字按手印）：

吴玉 NP（签字按手印）：

见证人（签字按手印）：

这个协议内容在执行 3 个月后重新进行了调整。因为照看老人需要人力，特别是男性老人身体不好，走路都需要人扶着，并且需要定期到村子卫生院进行检查治疗，而照顾两个老人的侄子也常年在外务工，因此觉得需要重新调整赡养义务的安排。最终协商为不进行责任划分，而是按照时间段照顾两个老人，3 个侄子每个人照顾他们 4 个月，刚好每人每年照顾一次，同时共同负责老人的两个女儿的亲情来往、老人以后丧葬安排与费用。当然，老人的土地、儿子意外死亡补助等在第一次协议时就划分到 3 个赡养人手中，两个外嫁的女儿没有参与划分土地等资源，也没有意见，并且在赡养协议上签字认可。

赡养义务的重新划分，使人们注意到赡养老人不仅是给钱解决问题，还

① 引号为笔者所添加。文本内容由张哥输入打印，内容由在场的所有人共同协商拟定，几经修改后才打印出来。因为水家没有文字，相关协议内容均用汉字书写，所以某些概念也在借用汉字已有词汇。借用汉字的“家族”“三家六房”，某些情况下，两者的意思好像都是一样的，但有时候又不一样。后文将进行详细论述，也可参见文后附表三的部分水语对译。

要注意陪伴老人。村子里的某个女性老人被划分到其两个儿子之中的长子家中赡养，而赡养人的核心家庭成员常年在外务工，只是给其在家的弟弟寄些钱转给老人。时间长了，两兄弟都觉得不愉快，外出务工的兄长觉得给钱就行了，某些时候还可能会特意多寄一些钱，平时则将较少的开支记下，年底回来再与在家的弟弟结算。而在家的弟弟觉得不是钱的问题，而是陪老人的问题，他已经赡养了父亲（父亲去世后，赡养工作基本结束），母亲归哥哥赡养。哥哥外出务工，而丢下母亲，以为钱能解决一切，这也是他对哥哥不满的地方，因此既不记账也不主动开口向哥哥要钱。在家的弟弟不仅意识到老人需要陪伴，也注意到小孩同样需要家长的陪伴，他有 3 个小孩，上学、日常生活等需要不小的支出，他还是坚持在附近务工，早出晚归，就为能在家陪孩子。“尽管陪伴给不了他们学校教的知识，但是能给他们心理安慰，如果受委屈了，他们能得到父母的帮助；我明确问过在读四年级的大女儿：‘你希望爸爸、妈妈外出打工挣钱来建大房子住，还是就这样在附近打工陪你们？’她明确要我们陪她。”这是几次在一起吃饭聊到村子里很多问题青少年时他常说的话，也是他看到村子里很多家长忙着挣钱建房子、买车子等而忽略对孩子的陪伴与管教的自我醒悟。同时，尽管其母亲由其哥哥赡养，但不意味着他就什么都不管，平日里他还得照看老人，只有在需要用很多钱的时候才会跟在外务工的哥哥说一声。

独立生活的核心家庭（或者主干家庭），在赡养义务的履行上，经常会不定期地、无意识地进行联合。庄孔韶从轮值户数、住处、伙食、耕种、口粮、钱、家务等方面进行分析，提供了详细的轮值家庭和反哺家庭的统计案例，同时也对来自台湾的联邦家庭研究进行了归纳和对比，将内地的轮值家庭、反哺家庭、联邦家庭等地方类型的家庭形式统称为“中国式准 - 组合家庭”，与现有的家庭术语（核心、主干、扩大和联合家庭）相协调。[①] 胡鸿保等进一步总结指出，“中国地方性家庭形态很难简单划入切割式家庭类别中

① 庄孔韶：《银翅：中国的地方社会与文化变迁》，生活•读书•新知三联书店，2000，第 323-336 页。

（核心、主干、扩大和联合家庭）”[①]。下文将从仪式方面分析田野调查点反哺家庭、分割式家庭的情境性联合。

2019 年 12 月 27 日，调查点一位精通水书知识的老先生仙逝，其从他称谓为长孙子名，即称其为“公达”，但是其户籍信息在其幼子“布邦”（吴期 WBH）的户口上，如果按分割式的赡养方式，其从他称谓为“公邦”。在其丧葬仪式上，相关开支由其四个儿子均摊，收到的礼金也均分。老先生在世时，独自居住在老房子，四个儿子都新建房子（或在城里买房）搬出去住了，生活开支由其儿子们均摊。笔者调查期间，其幼子的儿子留在村里读书，成为老人的陪伴者，可能还算不上老人照顾孙子，因为老人本身已经行动不便，且其幼子晚上也常在家中，白天其孙子到学校上课。老人早已不耕种土地，也没有留下自己的土地，而是均分给了其儿子们。从赡养方面的实际操作看，老先生和几个儿子的核心家庭之间属于典型的“中国式准－组合家庭”中的反哺家庭，在其丧葬的仪式活动上，几个儿子均摊开支，共同参与仪式中的相关环节和获得村民根据日常来往进行的劳动互助。

前文案例中的“公琪”“牙艺”两位老人的赡养方式属于分割式的，尽管他们有三个儿子，两个老人的赡养任务被分给第一和第三个儿子，其日常开支均由赡养自己的儿子全权负责，另一个未参与赡养的儿子则不需要出资。

2018 年 12 月 26 日，“牙艺”（韦 CYYL）仙逝，其丧葬的经费开支全由其赡养人“布艺”来承担。“牙艺”去世的时间刚好在当地殡葬改革之前（2019 年 1 月 1 日起实施火化、统一公墓葬），所以还按当地土葬传统找墓地，而死者的儿子“布琪”（非赡养人）了解一些水书知识和风水知识，于是就帮着找安葬的墓地，根据当地习俗，找墓地需要给一些米和钱（数量没有明确规定），找到安葬之地后，“布艺”也按习俗给其弟“布琪”米和钱。丧葬仪式上的守夜、超度时的绕灵柩、挖墓穴等则是三个兄弟及其家属共同参与或分工合作。

① 胡鸿保、周燕：《婚姻、家庭与亲属制度》，载庄孔韶主编《人类学通论》，山西教育出版社，2003，第 287 页。

丧葬活动中买牛、买猪、买米、买菜，以及请附近民间道士团进行超度等一切开支则由赡养人“布艺”承担，收到的礼金、牺牲等也由“布艺”处理。

麻国庆的分家制度研究指出，经济上的“家”和文化上的“家”存在分与合的过程：经济的“家”是分了，但文化的“家”是永远分不开的；分家实际上是分中有继也有合，“继”一则表现为“继人”，即对老人的赡养义务，一则表现为继宗祧，即对祖先的祭祀义务；……分，出自农民的现实生活需要；合，则是儒学价值的一种实现方式。[①] 田野调查中赡养关系的旁系个案给笔者的提示：文化概念中的“家”是居于能自理的前提下，无法自理时，不仅有文化“大家”的经济资助，也还需要血缘关联中经济概念中的“小家”来照顾。在三个侄子赡养老人的案例中，就老人的生活开支而言，三个侄子几乎不用出钱，因为两个老人属于“民政兜底”户，但是照看老人、陪护老人则需要他们抽出时间、精力等来应对。此外，对于赡养时进行分割式划分的，“合”则仅仅表现为人在场及其出体力、时间等，而祭祀义务上的经济开支则由具体赡养人承担。

三、无归属感的“家”与各种项目的“房”

关于村寨生活，村民除了平日里各自为日常生活的小家拼搏外，还需要无规律地参与到村寨中的一些共同日常活动中，特别是丧葬中的自愿出工、出力，如果有人不参与日常活动，大家会记在心里，到自己有事的时候村民也会“礼尚往来”。因此，部分村民在荔波县城买了房并长期居住于县城，或者因婚姻关系，举家到其他地方生活，遇上村里有人结婚、老人去世的情况，男主人基本都要回村子帮忙。对于这部分男主人而言，村子里还有他们的牵挂，村子还是他们可以暂住或将来居住的家，部分人在村子里建了房，没有建房的土地、宅基地等都保留在其名下；但是他们的子女甚至是配偶，则常年不回村子，就算是当地隆重的民俗节日“借卯”活动时，他们也

---

① 麻国庆：《分家：分中有继也有合——中国分家制度研究》，《中国社会科学》1999 年第 1 期。

很少回村子里，村子里的房子对男主人的子女和配偶而言，成了没有归属感的家。

对于户口属于村子里，而人不在村子里生活的这部分人，村民们并没有什么实质性的应对措施，况且男主人还常回村参加活动，但是在村子里进行帮扶的非政府组织则可以在一些实质性的帮扶方面给予限制。

通过跟该组织的留村帮扶成员张哥交流，得知他们对生活在村里的初中至大学的在读学生给予每人每月 50 元至 300 元的现金资助，每学期分 5 次发放，初中生每学期的资助金额为 250 元，高中生每学期为 750 元，大学生每学期为 1500 元。2018 年 3 月至 7 月，该组织帮扶在读初中生 11 名，支付 2750 元；在读高中生 6 名，支付 4500 元；在读大学生 10 名，支付 15000 元。

该资助的一个原则就是受资助人在村里生活，而不是依据户口的所属地。张哥对此的解释是：不在村里生活，就远离了村里的传统习俗；村子里有什么事，他们也不到场，不感受自己生活的文化习俗，就意味着他们的心思不在村里，以后也不会对传统习俗、村子的发展等有什么帮助。具体而言，以大学生的资助为例，2018 年 3 月至 7 月的资助名单中，村里只有 10 名在校生获得资助，但是当时村里的在校大学生有 13 名，其中 3 名未获得资助，是由于“其中一位男生就读于军校，学校有资助，就不再资助，另外两位是女生，因为她们的整个核心家庭长年在外，基本不参与村子公共事务，所以未给予补助”。①

常年在外的核心家庭基本是村子里善于经商的家庭，除了男主人偶尔回村子外，其余家庭成员几乎不回村，只有当他们的“中国式准－组合家庭”中的长辈去世的时候才回来，而村子里其他老人去世时他们则很少到场。如果村子是一个大家庭，他们可能对这个大家庭没有任何认同感与归属感，尽管部分家庭在村子里建有房子，但在实际情形中仅仅是男主人回村的居所。

① 该解释的文字版由当时在张哥手下工作的小韦提供。2018 年 5 月 4 日，笔者在村里遇上小韦到资助对象家发放资助金，于是向她咨询村里的学生资助概况，后来她提供给笔者的统计表中，在大学生资助统计表下注有该解释。张哥的解释为平时闲聊材料的整理。

同时，部分核心家庭常年在外务工，因为路途远，村子里有婚事、乔迁、丧葬等需要人手较多的活动时，这些核心家庭的成员（甚至男主人）也基本没有参与其中，但在当地的“借卯”民俗节庆时则至少有一位主要家庭成员回村里的家中待客（部分家庭可能因为自己的主要亲戚、朋友等都外出远方务工，则会根据可能到家“借卯”的客人量来考虑是否需要回村子），有时是一家人回村子过节，节庆之后返回务工之地。对这部分常年务工的家庭而言，他们只是暂时离开了村子，心中的牵挂还留在村子里，除了“借卯”时回村子的家中，全家老小会在春节回村子。村子里有“房”而无归属感的“家”的那部分人则基本不在村子里露面，就算在春节期间也不回村子里。

村子里还保存政府相关部门、非政府组织等留下的房子，有的房子常年定期有人开展活动，有的房子是村子里“皇宫”一样的存在，有的仅仅是一栋建筑，有的努力保存现行概念下的“危房”并进行修缮利用。村子作为一个大“家”，也在逐渐接纳村外到村内寻找“家”的项目落户，只是有的项目开展时把当地当成“家”看待，开展活动时听取来自不同村民的声音；有的项日则因实施者的理想愿望而一直处于空想状态，组织起来的“家”聚少散多，甚至有解散的可能；有的现在就仅仅是一栋房子或是村民的一间库房。

第三章　水家村寨日常活动

第一节　人生礼仪中的互助

人的一生并不是一个简单的关于衣食住行、生老病死的生理过程，而是融入了社会赋予的各种文化意义的过程。个体从出生到死亡，其所在的社会文化均有不同形式的人生礼仪。

费孝通在《乡土中国》中的“礼治秩序”部分指出，礼是中国乡土社会公认的合适的行为规范，礼治（礼仪）在维持传统乡村社会秩序方面具有重要作用。[①] 中国文化传统中，“人生礼仪是中国传统社会礼仪制度、儒家思想和民俗生活互动的产物，一方面联结着寻常百姓的人生追求和需要，一方面联结着受儒家文化支配的传统价值观念，千百年来始终发挥着规范人生和统一教化的作用。人生礼仪是传统礼仪文化内涵、价值以及运行机制的集中体现。”“冠婚丧祭等彰显人伦的人生礼仪是传统礼仪的重要组成部分，也是最

---

① 费孝通：《乡土中国》，生活•读书•新知三联书店，1985，第 48 页。

具有生命力的部分。”[①]

作为中华民族的成员之一的水家，也注重人的人生礼仪，诞育礼、婚礼、丧葬礼、祭祀礼仪等，表现形式上更倾向于当地人所说的“轻生重死”，即看重死亡时的相关礼仪而不太注重出生时的礼仪，以及葬礼比其他礼仪重要。有学者已注意到水家“轻生重死”的现象，“水家对婴儿的出生尤其是对女孩子的出生不太重视，与之直接相关的人生礼仪除满月酒外，其他礼仪因人而异，有的礼仪甚至忽略不办。但对吊唁活动非常重视，有的甚至要倾其所有，不惜负债累累为老人举办吊唁活动。”[②]根据笔者的调查，水家除了不重视出生时的相关礼仪外（与葬礼相比），还不太重视结婚、新房乔迁等仪式。从村民们对待各种通过仪式的态度、劳动力参与程度就能更好地体现出其中的差异，也可以从中看到个体、家庭、村寨之间的互动情况。

从笔者所调查的M寨及其周边的水家居住的村寨看，传统文化中个体经历的第一道人生礼仪是三朝礼，而没有满月酒、周岁生日等；之后经历的重大人生礼仪是婚礼；最重要的人生礼仪是丧礼。

一、三朝礼

对人生礼仪中的诞生礼比较重视的地方会有求子、孕妇忌讳、催生、做产、报生、坐月子、三朝、满月、百日、闹周、取名、寄拜等一系列民俗事项及其相应的仪式。[③]水家的诞生礼中，少有与新生婴儿相关的一些禁忌，三朝（水家称为三朝礼）在部分区域流行，以字辈取名的方式先在一些具有汉文化知识的家庭中使用并逐渐推广，而满月、闹周等基本没有。

---

① 萧放，何斯琴：《礼俗互动中的人生礼仪传统研究》，《民俗研究》2019年第6期。

② 罗春寒：《水族民俗》，载潘朝霖、韦宗林主编《中国水族文化研究》，贵州人民出版社，2004，第532页。

③ 周亦涛主编《杭州市富阳区非物质文化遗产大观》（民俗卷），浙江文艺出版社，2016，第43-53页。

银 ××（女）：@ 潘 ×× 想了解关于水家新出生婴儿的三朝礼和命名礼这方面的资料。[①]

潘 ××：这个不普遍，太特殊了，但是可以讨论。

银 ××：把你知道的说一说。

潘 ××：这种仪式其实是某些开明人士借用汉族的，我族传统上不存在。

银 ××：我家那边有三朝礼，在我的印象中，三朝礼和命名礼是重合的，只有还没有想好名字的个别家庭等孩子大点了再取名或者是由其干爹或者干妈来取名。

潘 ××：我族传统上连生日概念都没有，怎么会有这么个“四不像”？

潘 ××：说明你们廷牌（贵州省三都水族自治县廷牌镇）比较开明，接受族外观念。

西 ××（女）：三朝礼是水族传统就有的。

银 ××：@ 潘 ×× 也许吧，但不能否认其存在，这个是件严肃的事情。三朝礼一般是母亲来看姑娘，为她带来马尾绣背带。

潘 ××：板南人（贵州省三都水族自治县水龙镇三洞社区[②]板南村）更严格，普遍不允许取多个名字。

×× 永（女）：三朝礼是有，但没听说命名礼。

银 ××：包粽子时，里边（一般为火房，也常是娘娘神所在

---

① 微信群聊天记录，聊天时间为 2019 年 5 月 20 日 11：30 至 14：41，因群聊人多、聊天内容不连贯等，所以内容有调整和删减。文中多数群聊的内容均来自“水家人 ×××”微信群，成员有 130 人左右，水家研究的学者、大学生、水家各区域的人员均在群里。聊天成员均进行了相应的匿名处理。

② 学界对“社区”一词使用泛滥的反思，参见彭兆荣、张进：《“社区”的维度与限度》，《思想战线》2019 年第 1 期。

的地方）桌子上的东西不能带出门外，只能在家里吃，堂屋里的桌子上的粽子和鸡蛋可以带出去。

××永：我们寨子取女孩名，根本没有什么文化可言，能听到音调和不与寨子上的其他人重名就行。

××永：所以我们三姐妹的名字都没有对应的汉字，用谐音，而且那时候用的还是方言的音，现在就尴尬了。

××圈：我有两个小名，没有一个是跟汉字对应的。

××财：给出生的孩子起名字，有些人家是很讲究的。

××永：那是有文化的家庭。

潘××：我家讲究，有字辈的。如我的小孩这一辈，“潘世”是固定的，只有第三字可选。

银××：我们这种家庭，都是取个符号而已。有些名字着实有意思。

××财：在本村，名字尽量不要重复。还有的是根据他的生辰八字和五行来取名字。

韦永：@××财 你说的不是普遍现象，是那种很有文化的世家才有的。

西××：我也没听过命名礼。

银××：命名的估计是偶然时间点了。

潘××：（三朝礼、命名礼）都没有的。

潘××：关于水家生育，有较为普遍的习俗：满月出门，即孩子出生至少30天后，才能带着去别的家庭，否则别的家庭认为你带去了霉运；还有“先发言”，带新生孩子出门，路上遇到人需要自己主动打招呼时，对方不会先发言。

西××：水家不办满月酒，但三朝是一定要做仪式的。

银××：@潘×× 现在都在医院生孩子，三天，人还在医院呢。

银××：@潘×× 我们那里就只有三朝，没有什么满月。

余××：@银×× 孩子在医院，但是很多家庭都在家杀鸡供奉祖宗的。

从讨论的内容看，其中的“文化”“知识”等多指汉文化，“这种家庭”多指在日常生活中以水语交流为主，较少接触汉文化的家庭。命名的过程中，用水语进行的命名在水语语境中可能有明确的性别标识，但是转换成相近谐音的汉字时，就模糊了性别边界，甚至是转换了性别标识。当下以字辈命名的方式在水家生活区域较为普遍，但是能明显地感知这是受儒家文化影响的结果，特别是再过几代人都接受这种命名模式后，水家就可能忘记原有的水语命名。

在M寨，现在小孩户口上的名字基本采用了“姓＋字辈＋名”的模式，少数孩子的水语名字，常用于在村子的日常交流中的从他称谓中。就算是用字辈模式命名，现在的操作也相对自由，没有“潘世×”这类只能选一个字的情形。同一家庭的子女，男性用一个字作为字辈，女性用另外一个字作为字辈，如男孩取名为“吴荐×”，男孩的姐妹们取名为“吴秀×”；有时堂兄妹之间的命名也不一样，一部分堂兄妹用某个字做字辈，而另一部分堂兄妹用另外一个字；特殊的情形是几个亲兄弟的名字不用字辈，他们的小孩名字也是如此，且这种家庭的长辈还是懂水书的，也熟悉五行相生相克的知识，没有遵循字辈命名模式。

M寨的三朝礼在小孩出生的第三天上午举行，主要是供奉家里的娘娘神（也叫娘娘座）和祖先。相同区域内的娘娘神的制作、代表的神明、供奉方式、包含的文化意义等已有调查梳理[①]，笔者此处主要考察一个新生婴儿三朝礼时的供奉情形，同时根据平时的观察、体会来展现与前人调查存在的差异。

---

① 王学文：《规束与共享：一个水族村寨的生活文化考察》，民族出版社，2010，第94-97页。

2018 年 9 月 29 日，一个新生女婴出生的第三天，其所在的核心家庭办三朝礼，杀了一公一母两只鸡，将其剖开洗净后煮熟以供奉娘娘神和祖先。供品除了鸡，还有粽子、红鸡蛋、红糯米饭、刀头肉、鸡血做的稀饭、米酒。娘娘神的前面放着小桌子，因此有时用小桌子来指代娘娘神，堂屋奉祖先的地方叫香火（水语叫“娜干”，见第六章“游端”祭祖部分）。供奉“小桌子”与香火的供品存在一些忌讳：小桌子只能供奉母鸡，不能供奉公鸡，平时也不能放牛肉、狗肉、羊肉等，即只能供奉母鸡和猪肉；供奉香火则只能用公鸡，除了狗肉之外，其他的常见肉都能用来供奉；供奉的肉有要求，其他供品则不做具体限定，如粽子、红鸡蛋、糯米饭等。在准备供奉的相关供品时，也还要准备做代表娘娘神的剪纸，做好的剪纸在供奉娘娘神的时候直接挂上，旧的纸符一直留在上面让其自然老化、风化，新纸符都在旧纸符的上面。祭祀没有专人负责，娘娘座的供品摆放多为新生婴儿的 69 岁的奶奶完成，新生婴儿父亲的堂兄摆放了多数香火的供品，没有专门的祭祀词，负责祭祀的人在祭祀中小声祈祷，多为保佑小孩健康成长、家庭顺利之类的祈求。

当天还有一家在操办嫁女儿的酒席，要筹备杀猪、杀牛及切肉等工作，寨子里面的人基本都去办喜酒的人家帮忙了。办三朝礼的这家有 7 个家庭的男女来帮忙，外加村子里一中年男子和笔者在场打下手。从参加帮忙的 4 个家庭看，他们都是一个爷爷的后代的家庭，直系的家庭有其爷爷奶奶与堂姐构成的核心家庭、其父亲的哥的核心家庭，这些家庭成员构成水语中的“巩敢”（koŋ^{5} ɣaːn^{2}）或“哈姆敢”（hɑːm^{1} ɣaːn^{2}）（详见第七章）。另外一个男的平时跟新生婴儿的父亲关系较好，笔者刚好在这段时间一直跟这个中年男子相处，就被顺带叫去帮忙。三朝礼祭祀结束后就一起吃午饭，供奉的鸡被砍小供食用，供奉的糯米饭、粽子、刀头肉、酒等则一直放在供奉的桌子上。吃过午饭后，大家就去办喜酒的那家帮忙了。

图 3-1　娘娘座

关于娘娘神上三挂纸符与四挂纸符的差异，王学文的信息提供者给出的解释是："大老婆的后代子孙娘娘座有四挂白纸，二老婆的后代子孙家户里娘娘座上只粘有三挂。由此初步区分出家支。"[①] 根据笔者随机抓拍的 16 家的娘娘神图片（见图 3-1、图 3-2），四挂的有 10 家，五挂的有 3 家，看不出具体数的有 2 家，明显看出只有三挂的没有，而由 4 个独立三小挂组成的完整娘娘神的有 1 家。笔者认为娘娘神纸符挂数随机的可能性更大，而用三挂、四挂来解说"家支"区别的观点有点牵强。王学文调查的村寨中，除了一夫多妻促成的后裔的团结外，其实还存在部分后裔的入村始祖是随母而来的外村人的情况。这在现实生活难以区分，只是偶尔谈及部分人的始祖时会提及，也没有在娘娘神的外形上表现差异。从强调村寨血缘传承的理想模式来看，本村始祖的后裔与后来外村始祖后裔之间更具自我与他者的间隙。如果从多妻及其后人的角度进行解释，过去并非仅仅有大老婆、二老婆，可能一个男的在一生中会有 2 个以上的妻子，并留下后代，则第二任以后的妻子之男性后代所用娘娘神的纸符挂数无法在上述的解释框架的范围内。一个嫁到 M 寨的女性给笔者提供了她娘家那边的情况："我外婆就是二老婆，我几个舅舅家的娘娘神也是四挂；我有两个外婆，大外婆和我的亲外婆，只是分

① 王学文：《规束与共享：一个水族村寨的生活文化考察》，民族出版社，2010，第 95 页。

开住，但是各自的小桌子上的东西是一样的；我一个堂爷爷娶了两个老婆，她们都还健在，有各自的小桌子，但是娘娘神都是四挂，我没看到谁家有三挂。”①

图 3-2　娘娘座的纸挂（4 个独立三挂组成的娘娘神）

目前娘娘神在水家生活的水利、水尧、水丰等“借卯”区域较为常见，而在三都水族自治县三洞片区、都匀市归兰水族乡等地则不易观察到，据说有的娘娘神是放在女主人的房间里，所以一般看不到。还可能是因为这些区域多数家庭已经不再供奉娘娘神，笔者在水家组成的群里咨询时，就有人说在很小的时候看到自己的太奶奶做过娘娘神的纸符，而现在没人做了。

从参加小孩三朝礼的家庭互动看，绝大多数成员是小孩父亲的亲叔叔和堂兄弟的家庭，同时纳入了个体关系建立起来的非血亲、非姻亲的关系好的村民。如果从户口登记的人口构成看，新生婴儿的家庭为核心家庭，其爷爷的家庭为隔代核心家庭，其父亲的哥哥的家庭也是核心家庭，其余 3 户均为核心家庭。日常生活时均以核心家庭为中心，超出核心家庭的帮助，限于曾祖父的男性后人建立的家庭之间，更多地体现在体力的帮助上。

M 村寨及其周边均有满月酒，但就水家的满月酒而言，不限于小孩满月之时办，也不是所有出生的小孩都有机会办。一般情况下，一个女人只有一次办满月酒的机会，就是在她的第一个孩子出生以后，以第一个孩子的名义

① 信息源于网络咨询，时间为 2020 年 8 月 23 日 20：24。

办满月酒；办满月酒主要看新生婴儿的外婆家要不要送马尾绣背带（当时价格在 1000—5000 元）和一些衣服、玩具之类的东西给小孩，如果要送，新生婴儿的父母就会筹备办满月酒，否则就不办满月酒；女方为二婚、三婚且已经生过孩子再嫁后生的小孩，尽管是新家庭出生的长子或长女，也依然没有办满月酒的机会（除非头婚生孩子后一直没有办满月酒）。现在很多年轻夫妻，部分已经领证，也有很多没有领证的，但是双方的父母都认可他们的关系，他们的孩子可能已经有数月甚至几岁了，如果没有在双方出生的村寨办结婚酒，女方父母则会在他们办结婚酒的时候同时办满月酒，送两份礼，一份是送给新娘的，另一份则是送给已经出生的小孩。

云南省富源县古敢水族乡的“水族”（当地还没有“水家”的概念），没有贵州水家特色语言文化与习俗，即没有水语、水书，也没有地域差异与时间错开的长时段的节庆，在新生小孩满月前后办满月酒的情况则较为普遍，并且均为每个出生的孩子办满月酒，除了外婆家送普通的背带、鸡蛋、衣服、学步车、钱等外，夫妇双方的亲友和村民也会送礼金或小孩成长中能用到的东西。

在 M 寨，个体的诞生礼中，三朝礼多涉及父方的亲属，参与满月礼的人更多的是母方的亲属。一般的村民或关系好的朋友，如果在小孩出生后不久带礼物去看小孩的（2018 年，多数村民给有新生婴儿的家庭送一些鸡蛋、婴儿衣服等，总价在 100 元以内），小孩的父母不会等到满月后统一请大家吃饭，而是在有人送礼后的一周内的某天把前后几天送礼的人同时集中请到家里吃饭。对新生婴儿的家庭而言，婴儿出生后的一个月内，要断断续续地邀请人到家里吃饭，招待的饭菜基本由男性负责。

二、婚礼

水家青年男女的婚姻缔结较为自由，多为男女青年相识到恋爱关系确定后再走相关程序，“婚前的说谋、吃订亲酒等仪式实际上是讲究‘明媒正娶’的表现，是受汉文影响的结果”[①]。当然这个自由的前提是遵从水家文化规则中的“‘怀奴’禁止通婚”(见第六章)。有时候双方有好感，也经常在节庆、赶集时见面、对歌等；但是没有明确恋爱关系的话，男方父母则采取到女方家下聘礼的方式进行确认，女方父母则根据情况给予答复，某些情况下，男方下了4次聘礼都还没有得到明确答应或拒绝，双方形成“是包办还是自由恋爱”之间下的“自由恋爱与父母包办往往交织在一起”[②]。如果没有经过自由恋爱阶段而由父母先出面进行的婚姻缔结，男女青年从认识到组建家庭，应按照传统礼仪完成相应程序，在20世纪90年代前，大致有择偶、放口风、提亲、开亲、订亲、迎亲等[③]步骤。现在水家男女婚姻以自由恋爱为主，并且多数情况下的婚姻的缔结程序已经简化到提篮子（提亲）、小酒（订亲）、大酒（婚礼），少数婚礼仪式上还融入一些现代元素，如从影视剧上或外地朋友的婚礼上见到的伴娘团，男方带花或戒指给女方下跪并表达爱意，而水家传统婚礼中，新郎没有迎亲，更没有给新娘下跪的先例。

在婚礼的礼金方面，根据笔者调查的M寨的3场婚礼（2场嫁女、1场娶妻），男方给女方的礼金数额普遍低于女方嫁妆。男方的礼金多用于女方家购买办酒的酒肉等物资，而嫁妆（女方陪嫁的现金、物品，见图3-3）等由女方自行出资购买，如果女方父母没有经济能力给女儿提供创业基金，通常则由新娘在出嫁前打工积攒。

2017年11月的一场嫁女的婚礼中，男女双方是在外省务工后相遇、相识、相爱，结婚时男方仅出了6000元的礼金，而女方家办酒杀了两头200斤左右的猪价值约4000元和一头价值4800元的黄牛，其他办酒用的烟、酒、粮食等不折现，已经远远超过男方家给送的礼金。女方家之前好像还帮男方偿还玩游戏产生的债务，在婚礼时依然有陪嫁的创业基金5000元，还有很多陪嫁的东西，并且女方父母还说办酒所收的礼金之后还会给出嫁的女

---

① 罗春寒：《水族民俗》，载潘朝霖、韦宗林主编《中国水族文化研究》，贵州人民出版社，2004，第522页。

② 杨庭硕：《三都水族人家　水族》，云南大学出版社，2001，第36页。

③ 何积全主编《水族民俗探幽》，四川民族出版社，1992，第201-215页。

儿，但是先由父母代她保管，等小两口真正懂得过日子了再给。男方家不属于水家生活区，听说在其家乡结婚时女方要彩礼 10 万起，但是来这边只用出 6000 元，还是小伙打工所挣，他的父母几乎不管，因此女方的父母谈及此事感觉很委屈，也很担心女儿的未来，毕竟远嫁，对方又不是水家。

笔者在 2018 年 9 月参加的嫁女婚礼中，听说女方的开支、创业基金等都为女孩自己打工所得，创业基金为 13116 元，全部排列粘贴在一个大床单上；2018 年 12 月的男方娶妻的婚礼中，发亲时，嫁妆是经过喝拦门酒、水歌对唱、发红包等闯关后才一件件地从房间里交给男方接亲队伍，所以当时笔者没有看到创业基金的具体数目，接亲到男方家后将陪嫁的东西整齐放在一起，看到了创业基金是 88800 元，还有陪嫁的一辆新的小货车。

图 3-3　嫁妆

当前水家婚礼中女方家陪嫁的创业基金，在水家生活的大部分区域都流行，条件好的还会陪嫁房子、车子、创业基金，而男方家的礼金则普遍低于女方的嫁妆之价值。婚姻中的创业基金并不是必需的，是近些年才兴起的，并且有上涨的趋势，以前的嫁妆都是很简单的一些生活用品，经济条件好一点的人家会陪嫁耕牛。

潘××：昨天的娶亲很有气势，是板南（三都水族自治县中和镇三洞社区）的精神呈现。[①]

×× 菊：得创业基金了？

潘 ××：得了！这次接亲，板南人很有气场，那些闺蜜刁难之类的基本没有效果，（女方）有 8 个所谓闺蜜，无用，男方一路突破。

修 ××：反正你们不在乎创业基金，但还是要说“得了”！

×× 水：我在乎。

潘 ××：我们也要。但我们不会给别人。

修 ××：说不在乎就不应该要，然后以后也不给创业基金才行。

修 ××：反正已经定性了，你们到时候也照办。（之前群里就讨论过创业基金，潘 ×× 一直主张现在的创业基金就是女方家不自信而进行的某种变相补偿。）

潘 ××：因为其他寨子的人去娶老婆，新郎会拿着一束鲜花，去敲门、去给新娘下跪，说一大堆的好话。我们见到的都是这样啊！但是，我们板南人不会这么干，至少不可下跪，这是绝对的！

潘 ××：他都没有给自己的父母下跪过，怎么跑去一个陌生人家里乱下跪呀？这是底线问题，要坚守传统！

大雄：其他寨子去接亲时，男方也要下跪表达爱意吗？这么“洋气”的仪式感也在水家乡村流行了。如果是城里、小镇之类的，那还想得通，乡村怎么都这样了。

潘 ××：这仪式已经在农村流行了。本来是没有的，传统上是没有的，现在不晓得是哪个去“抄袭”一些外来的东西，搞得不伦不类、“四不像”的。只是我们比较传统，比较保守，我们没执行而已，人家都纷纷执行了。

---

① 微信群聊天记录，聊天时间为 2019 年 11 月 3 日 20：47 至 22：54，内容有调整和删减。

大雄：看来板南是传统的最后守卫者！

潘××：板南呢，其实也发生了松动，像20世纪80年代之前呢，娶妻基本上是自己去谈，就是“两口老”（两个恋人），他们自己好了就来家里了。现在还可以，没有那么厉害了，现在还慢慢去讨好、慢慢去摆门子，拉长战线。

潘××：那时候呢，两个男女青年谈拢了，带到家里，然后就生活在一起了，好一点的派几个人去跟女方家通知一声：“你姑娘来我家了。”是去通知，而不是商量。对方能讲什么哦，姑娘都去人家的家里了，要回来也是丢脸的事情，（所以）要回来也是个累赘，不了了之。有些女方家长会说：“既然这样了，你还是给我点面子吧，你就拿点钱来，我们还是过一下那些程序，什么喝酒啊，什么订亲……”这种呢，那就看男方的情况，有经济实力的也可以答应，没有经济实力也就直接不理睬，闷起头过日子，两种情况都有。（有小孩后）补办那些手续的也有，那是经济好的；经济不好的都不补办，一辈子都没去走那些程序。

潘××：像上面说的这种情况呢，在20世纪七八十年代比较流行，甚至是板南的主流。之前的情况不太清楚，因为我还小，特别是20世纪60年代以前是什么样，我只是听说，好像以前也比较温和，还是请媒人去好好说，你两个人的感情再好，（男的）也不能（把女的）带来家。但是（20世纪）七八十年代，板南的青年人非常“生猛”，谈好了就带来家里。过去他们认为不能带回家的，也还慢慢去提亲呀，找媒人去说，那也还是比较和谐的。最“生猛”的，还是我看到的（20世纪）七八十年代的这种情况。

潘××：2000年以后，又发生另外一种情况。青年男子不是带女孩来家，而是去外省打工的时候与某个姑娘相识相爱，某些青年甚至已经在异乡生育孩子，男方家也是去通知那家人（女方家），告诉对方他家姑娘过来了，只能这样了（仅仅告知一声）。但是，现在经济比较好了，绝大部分还是答应去补办那些手续（程序）的。

潘××：底线是在努力地守，但是守不守得住，这个很难说，毕竟这个社会日新月异，变化快得很，还能坚持多久，是否守得住，还能守多久，搞不好也说不清楚。

大雄：双方有真感情的情况下是否就不谈彩礼了？

潘××：真感情！男女双方有真感情了，你这个程序走不走，他们两个都是夫妻了，都恩爱了，有小孩了，而且他们很朴素的，就是真的很想两个一辈子在一起，女方的父母干涉他们还有什么用呢？提出的条件，男方觉得合理，他也许还是答应的；不合理，他直接转身就走了。

大雄：婚礼中参与刁难的应该是年轻人吧，双方家长的博弈应该在婚礼前就基本搞定了？

潘××：双方家长多半都是通情达理的。所以为什么出现一些拦门酒、红包之类的，其实那些并不是给女方家，而是给那些闺蜜的，索要红包、喝拦门酒纯粹是一些节外生枝的事，所以只要你足够强硬，力量足够大，你都不用理她们。这不是双方家长博弈里面提到的内容。

潘××：双方的老人谈判，双方都心知肚明，主动权在谁手中，如果我的姑娘已经在你家住了，已经跟你的儿子爱得“死去活来”了，主动权肯定在你手中啊，我作为女方家长，我知道这个情况呀，不好意思去跟你提高要求，要是提高要求，你都不用理我。女方家这个时候已经很小心了，因为主动权已经在男方家手中了。如果男方的家里有 100000 元，男方可能就说：“那行吧，我给 10000 元行不行啊？”女方代表就说：“行、行、行，你们说了算。”基本上就是这样的。如果是另外一种情况，比如像男的和女的根本就不太熟悉，是男方主动上门求婚，那个时候女方家可以“狮子大张口”，这也很正常。

××菊：8000 元？10000 元？你们也真拿得出哇！还不如

不给。

潘××：所以看情况。比如我作为女方的家长，如果我姑娘稳稳地在家，也不了解那个男方是什么品行的人，他突然就请媒人来提亲，那我可以“狮子大开口”的。但是反过来，我还敢“狮子大开口”？我家姑娘都跟人家的崽（儿子）相爱了，都去人家里生活了，甚至都有小孩了。我都还担心人家不要她，人家把她撵走了，我才丢脸嘞，如果人家的态度很强硬，我都还去求人家娶她嘞！

××菊：说真的啊！难道你们三洞片区给别人的彩礼就8000元或10000元？

潘××：嗯。主动权在手的情况下，通常是8000元。

××菊：给8000元赚80000元。（之前群里贴出女方陪嫁的创业基金是88888元。）

潘××：没赚钱。女方家也没有给钱的义务！

××菊：但是人家给88888元的创业基金了。

潘××：但是你遇到了你解决不了的问题，如对方是脸皮厚的人，你讲什么对他都没有用，他就“死皮赖脸”的，没有用的嘛，他不会因你这句话而感到难过，那你就没招儿了吧。

××菊：之前你可是说要是女方给创业基金，你调头就走，看不上。

潘××：那是我自己，但是代表不了别人。若是别人，你给他肯定还是要的。我是不要的。

潘××：那个钱就是“搂草打兔子——捎带活”。反正他就是要人，人已经在他家中，他就不在乎其他的了，女方家的钱，要硬塞给他，他肯定要的。我肯定不要。

潘××：我的观念就是，结婚是那两个家伙的事，他们在一起生活、共同去打拼就行了，不要去考虑人家的钱。不要去指望男方家给多少钱，女方家陪嫁给多少钱，这就是我的核心观点。今后的日子是靠两个年轻人去磨合、去经营，钱靠他们自己去赚，不能眼巴巴地望着两个家庭给钱。

潘××：反正是两个当事人今后的日子，靠他们去经营，经营得好，他们就好；经营得不好，他们可能就会离婚，这都是司空见惯的事，也是可想而知的事情。哪一边都没有义务去处理这些事情，两边的家长都没有义务去提供经济支持。

潘××：有些插曲也是正常的，但是核心的东西不能丢，核心还是刚才讲的那些，就看那两个家伙怎么去经营感情，这才是核心，其他都是小插曲，可有可无。

潘××：现在水家的婚姻已经很荒唐，偏离核心、偏离主题。一场婚礼，大家谈得最多的就是女方家出了多少钱，男方家出了多少钱。根本不会有人再像以前那样去谈这两个人的感情如何，这两个人是否合得来，今后的婚姻是否幸福。

大雄：以前说媒只是走程序，并没有谈创业基金之类的东西？

潘××：不谈。

××菊：我们那边还是传统的，少见创业基金。

2019年10月某天的群聊中，两位已婚的女性也谈到自己的传统婚礼情况。一位是在2000年前后结婚，当时没有彩礼，也没有创业基金；一位是刚办婚礼，她嫁给一个汉族男青年，男方家不知道水家婚礼习俗，迎新娘时送了数万彩礼，结果女方父母在婚礼时没有给创业基金或对等的嫁妆，而是在婚礼过后才退给小两口。群里还谈到当前水家婚礼中流行的彩礼多数在15000元左右。

从M寨当前的婚礼情况看，总体而言，女方家在钱财方面的付出远高于男方家。女方家要的礼金仅用于在女方家办酒时买烟、酒、肉等招待前来贺喜的亲朋好友，告知他们以后经常去女儿家走动。一位年长的村民说："（女方）办酒要礼金，就是用男方的钱请亲戚朋友、父老乡亲热热闹闹地吃顿饭而已。"因此女方家要的礼金通常在10000元左右（2017—2019年），而嫁妆、创业基金等折现后远高于男方的礼金数额。笔者还听说，在前几年，村子里一户人家嫁女儿时没有要男方一分钱的彩礼，女方家除了自己负担办酒的开支，还陪嫁了 100000 元的创业基金（女方父母经商，家庭条件好）。

女方的嫁妆全由女方家庭承担，如果男方家庭拿不出办酒席的礼金，女方家还负担办喜酒的开销。女方亲戚在婚礼上单独给出嫁女性的钱由女方保管，不记入收礼的礼簿，也不在创业基金范围内，且数目也不大（笔者在一次婚礼中帮忙登记，女方父方亲属单独送礼，4 个亲属中，1 个给了 200 元，其余的均送 100 元和一套床单）。

婚礼的开支上全由出嫁的家庭、娶妻的家庭来承担，但是招待客人吃喝的具体劳作则由村民们协助完成（图 3-4）。女性劳动力负责做饭、洗碗、蔬菜的准备及清洗等。多数男性劳动力杀牛、杀猪，通过去毛、破肚、肢解后切成肉片，他们是根据肉的总量除以预估的桌数得出大概一桌需要多少重量的肉片，并逐一过秤后装袋；由总管分工，一些男性负责做一些配菜、安排桌子、送酒水和肉等。所以，需要的人手多，所有帮忙的人都要积极主动投入任务中，才能按时准备好相关的主要食材。

图 3-4　婚礼酒席前的准备

水家有“婚丧不邀客”的习俗。水家在节庆和平时会邀客人到家做客，但在红白喜事之时反而不会邀客（有索礼嫌疑），当然直系的亲属是要告知的。“水家‘婚丧不邀客’的习俗，初衷很纯朴美好，但也存在一个问题。

我弟弟于 1993 年结婚，因为没有邀客，随后一两个月内客人稀稀拉拉地来，接待成本非常大，特别是造成时间上的浪费。”[①]

“婚丧不邀客。”除了不主动给远亲、一般朋友说婚礼日期、丧礼时间外，一定程度上还包括邀请帮忙的人。在 M 寨婚礼、乔迁等酒席的帮忙中，如果事主家庭没有提出正式或非正式的邀请，村民一般不会去帮忙的，因此事主家庭一般会在办酒席前的不同场合提前通知村民前来帮忙，村民也会在办酒前一天自觉去帮忙，到场后等待主管安排具体工作。一般情况下，留在村子的和平时在附近务工的各家劳动力都会被邀请来帮忙，但基本见不到长期外出务工的家庭和平时不在村子生活的家庭。

并不是每一对夫妻都必须办婚礼，有些家庭条件差的可能就不办了。M 村有几个女青年跟外面的男青年相爱并以夫妻之名生活在一起，甚至领了结婚证，生了小孩，有的小孩已经 10 多岁，但是因为双方父母的家庭或者其中一方的家庭经济条件不好，或者完全甩手不管，年轻的夫妻就没有考虑办酒席。寨子里部分从外村带进来的媳妇中，也存在已经生活多年但因各种因素未办婚礼的情况。对于部分夫妻来说，在不能办酒的条件下，人生礼仪中的婚礼是可以在短期内免去的，随着时间的推移，甚至可以一生都不再办婚礼，其子女也不会协助补办他们的婚礼。

M 寨的新房乔迁办酒的概率更小。多数情况下，新房乔迁办酒，需要粉刷好新房的墙面、铺好地面和楼梯的砖、备齐常用家具，至少装修好新房才能办酒，如果只是建起毛坯房就办酒，村民会说这是为了收礼才办酒。现在村里自建房地基面积普遍在 80 至 120 平方米，多数建 2 至 3 层，建毛坯房就花了一个家庭多年的积蓄，还可能因此欠债，这种情况下能简单装修好的家庭较少，多数人都是简单装修后举行进火仪式就搬进新房居住，没有办酒席收礼。举行进火仪式时，还有点结余的人家会买一头猪、几只鸡鸭，将其杀了祭祀祖先（条件困难的就买点肉），并用于招待可能来庆祝的村民，而

① 微信群聊天记录，2020 年 8 月 12 日，一位贵州省三都水族自治县九阡镇的水家说的原话。

直系亲戚不会送礼。村民图个热闹，多数家庭会每家出20元，由一人登记并保管好，然后买一些鞭炮、礼炮之类的去燃放，最后把剩下的钱给主人家，出钱的这些家庭中，每家让一个人去吃饭、喝酒，热闹一下就算新房进火和入住新房。2018年12月3日，村子里一家办乔迁酒，两家进火，进火的两家分别有44人（家）、45人（家）给出了进火的份子钱，每人均出20元。

村子里很多已经入住的房子都只办了进火仪式而没有办乔迁酒，当然如果后期经济条件好了，装修好之后可以补办乔迁酒，村民是认可的，并且办酒的规模跟婚礼差不多，村民们要帮忙杀牛、杀猪、做饭、备菜来招待客人和村民，主家的直系亲戚也会送礼来庆贺，通常情况下姻亲的直系亲属送礼的情况较多。

三、丧礼

“轻生重死”是水家人生礼仪中的重要表现，对于个体生前的“通过仪式”，很多可以从简甚至不举行，唯有葬礼是需要隆重对待的，死者的直系赡养人或协定的旁系赡养人均会按照水家习俗厚葬死者。经济条件好的赡养人在死者下葬前后数天的时段内就举行葬礼的相关仪式，给死者献祭牺牲；经济条件不好的赡养人，特别是直系赡养人，则会在死者下葬后数年甚至数十年后再补办葬礼仪式。水家聚居区将隆重的葬礼仪式称为“开控”，又根据祭祀牺牲的数量和吊唁持续时间分为“小控”“中控”“大控”和“特控”。通常而言，“小控”持续2天左右，用一头猪作为牺牲；“中控”持续3天左右，主要牺牲为一头牛或一匹马；“大控”持续3至5天，主要牺牲为3至5头（匹）牛、马；“特控”所用牺牲的牛、马为10头（匹）及其以上，吊唁持续时间更长，举行相关仪式更多。[①] 死者下葬时举行的“开控”称为“控

---

① 罗春寒：《水族民俗》，载潘朝霖、韦宗林主编《中国水族文化研究》，贵州人民出版社，2004，第533页。

鲁”，安葬数年之后补办的葬礼仪式称为“控拟”。[1]“控鲁”的参与成员范围较大，除了事主家的直系亲属、本村村民外，事主家庭成员的一般朋友、同事、同学等在知道消息的情况下均可前去吊唁。参加“控拟”的人员主要为事主的直系亲属，关系较一般的远亲、朋友、同事等则不被告知（即使他们从其他途径知道此事），也就不会参加“控拟”葬礼仪式。“控拟”的牺牲也主要是猪、牛、马。

以前交通不方便，出行基本靠步行，亲戚之间在婚礼、葬礼等的礼尚往来中，绝大多数客人都要留宿事主方所在的村寨，加上闲时较少走动，相处较好、关系亲近的亲属则会利用婚丧活动之机在事主家多待几天。因此，过去老人去世到下葬结束期间的忌油[2]（除鱼外的所有动物油）习俗包含了所有参加葬礼活动的客人，牺牲的宰杀也是在下葬之后才进行，客人和事主所在“忌油圈”[3]的家人（不论老幼）均是在亡者下葬之后才能吃肉，也就是献祭的猪、牛、马等肉都是下葬之后才用于祭祀和食用，之前祭祀过程中供奉的祭品也没有含鱼之外的一切动物肉及其油的食物。交通越来越方便之后，多数客人基本是当天来就当天返回，加上葬礼时间普遍压缩在人死后第三天，“忌油”习俗也随之发生变化，客人在第二天下午吃完晚饭就离开，所以第二天客人与“忌油圈”的成员分开吃饭，客人吃牛肉、猪肉等荤菜，而“忌油圈”的成员则只能吃鱼（见图 3-5）和豆腐、酸菜等素菜。招待客人和献祭所用的牛、猪等也发生分离，部分牛、猪等不经过绕棺材或新坟的程序，就直接将其杀了用于招待客人，仅在宰杀之时用纸钱粘上一点牺牲之血，等下葬之后在新坟（公墓墓穴）前焚烧。

---

① 刘剑：《在死亡中追求永生——水族“控拟”葬仪的人类学考察》，《贵州民族研究》2007 年第 5 期。

② 水家葬礼中的忌油或者忌荤，是指除鱼和植物油之外的所有肉或动物油做的菜、汤等食物，均不能在葬礼期间食用。

③ 张兴雄：《水族端节祭祖仪式与“忌油圈”——以贵州省三都水族自治县三洞乡板告村板鸟寨为个案》，《西南民族大学学报（人文社科版）》2008 年第 1 期。近 10 年的一些变迁见第六章。

图 3-5　葬礼中“忌油圈”成员的主食

笔者在M寨参加的6次葬礼中，从吊唁持续时间和牺牲的数量上看，均为“中控”，待客和祭献时杀黄牛2头的有2次，只杀1头黄牛的有3次，杀1头黄牛和1匹马的有1次。笔者在水家另一区域的一个村寨的一场葬礼中看到杀了2头水牯牛（斗牛）和1匹马的“大控”。

两地在献祭牺牲上用黄牛、水牯牛的区别可能与仪式中宰杀牺牲的操作过程有关。M寨的献祭之牛在仪式中仅仅由死者儿子（多为负责赡养的儿子）牵着绕棺材三圈，之后就择地而杀，牺牲死亡过程的持续时间较短。水牛的祭祀仪式则相对复杂，从牛圈迁出到要宰杀的地方一路都有仪式，由孝男、孝女走在前面，死者的长子牵牛走在后面，并由专门的仪式主持人担任司仪。同时，在仪式地点的准备和牵牛出圈、宰杀的时间点上都有相应的要求。在杀牛的地方还要举行多次祭祀活动，牛就被牢牢地拴在祭祀木桩上，目睹全过程。牛并非在三五分钟内被一两刀结束生命，而是有一个相当痛苦的过程，短则十多分钟，长则半小时以上，献祭之牛被一刀毙命认为是不洁（具体过程有点血腥，不宜表述）。部分当地人告知，多数情况下，水牯牛能在长期的痛苦死亡的过程中不下跪，斗牛甚至不会叫，黄牛则容易下跪，下跪则预示着事主之家将来容易受欺负，没有吃苦耐劳、誓死不屈的奋进精神。因此在这一区域，条件好的家庭在祭祀用牛上首选水牛，其次才是黄牛，笔者近些年参加这一区域的3次葬礼中，只有1次用了2头黄牛（1公1母），其余的都是用水牯牛。

除了献祭之牛品种选择不同外，宰杀牺牲的时间点和宰杀之人的选择上也有差异。M 寨的献祭之牛在棺材抬到山上后就可以杀了。在 2019 年 1 月 1 日之前的土葬习俗中，M 寨的村民将棺材抬到下葬之地后，留下一部分男性培土垒坟、立碑等，其余人则返回寨中，男性负责宰杀绕棺材的祭祀之牛，杀牛人没有特别讲究，只要会杀牛就行；女性则煮饭、准备蔬菜等。实行殡葬改革之后，遗体被殡仪馆的车拉出寨子后就可以宰杀祭祀牺牲了。使用水牯牛作为牺牲的区域，祭祀牺牲的宰杀是在棺材下葬埋好之后，人员全部返回村子才进行，观看杀死献祭之牛的过程是葬礼仪式中人员最集中的时候。观众没有性别、年龄等明显的区分，仪式执行者为男性，且是孝男的舅舅一方的成员或者舅舅家请的专人。马的宰杀在两地差不多，均是在短时间内结束其生命。

此外，在三都水族自治县中和镇三洞社区部分村寨的丧葬祭祀中，所用牺牲与死者性别相关，男性用公马，女性用母水牛，献祭牺牲的死亡过程所需时间越短越好。部分村寨丧葬祭祀牺牲的限制主要针对女性亡者，即死者为女性时，祭祀牺牲只能用牛不能用马，男性则可以用牛也可以用马，条件好的家庭则马和牛都用。前文的“中控”案例中，死者为男性，祭祀牺牲是 2 头水牯牛和 1 匹公马。

丧葬活动中，特别是土葬时，备食、找柴、接待客人、挖井（墓穴）、砍路、抬棺材等均需要多人协助完成，其中食物的准备需要绝大部分的劳动力，这些劳动力多限于本村成员，是义务性的，大家是自觉自愿去事主家帮忙。在 M 寨，老人一落气，其赡养人就放鞭炮，村民们听到鞭炮声就知道谁家老人不在了，便会自觉前去帮忙。事主家会在前来帮忙的人中选一个人来当主管，由他统筹安排帮忙人员的具体工作，之后买蔬菜、买牛、买猪、买鱼、杀牛、切肉等均由主管安排人去完成，事主只负责给主管操办一切所需要的钱、大米、米酒等。

理想状态下，来帮忙的人主要来自事主家男性血缘关系较亲近的几家，会先到场、先帮忙事主家处理相关前期工作，在后期的相关劳动中也是积极带头做事的主力，其他村民多半会根据前面几家人的劳动表现来调整自己的劳动强度。这种理想状态要实现，必须依赖事主家庭平时的表现，要其在平时也是积极主动地帮助其他人家，反之则得不到他人的卖力帮助。极端情况下，事主家父系血缘亲近的几家人会从始至终都不在场，其他村民即使在场也不会主动做事，还会在待客方面使事主家难堪。

××梦：莉的爷爷今天去世。几个小时前就放鞭炮了。[①]

大雄：这次我去不了，我没有在贵州，已经到上海20多天了。

××梦：哦。现在都没有一个人去他家。

大雄：寨子里没有人帮忙吗？你要去吗？

××梦：有人去，我才去。没人去的话，我都不知道怎么去。

××梦：布莉（莉的爸爸）的人品不好，没有人去帮忙。

大雄：现在寨子里在家的人应该不少，几个小时了都没有人去，看来是有原因的。

××梦：别人家有事，他不主动去，而是在饭点才去。现在大家也这样，男的在外面下棋、聊天，都不去。

大雄：男的下棋、聊天，女的也在观望吗？

××梦：也没有去。女的都在家里不出来。

大雄：寨子里老人去世，村民一般都自觉去帮忙。结婚、搬新家的帮忙要主人家请才去。

××梦：嗯，大家听到放鞭炮就去了。

大雄：我想随礼。他家的这种情况，我随礼之后大家会不会有看法？

××梦：不用随了。

（过了半个小时左右；后面的聊天间隔时间少于半小时的省略说明）

××梦：还没有人去她家。

---

① 微信群聊，聊天开始时间为2019年8月24日18：30，另一村寨丧葬互助情况，内容有调整和删减。涉及隐私，不进行相应附表的参照。

大雄：你去现场看了？

××梦：嗯。都没有人。

××梦：现在只有我、伲A（A的妈妈）、伲B、伲C，4个女的在场。

××梦：我们觉得伲莉可怜，她又是后妈，我们4个不忍心，还是去了。

××梦：连煮饭的人都没有，只有布莉已经嫁出去的姐姐在煮饭。

21：45

大雄：现在帮忙的人多吗？

××梦：现在有人来吃饭了，男的来守夜了。

大雄：吃饭时间到了，男的才来吗？

××梦：嗯。之前有三四个男的来杀鱼。

××梦：现在有十几个男的来了。

大雄：明天、后天杀牛，需要的人多，看看有没有人帮忙了。

××梦：嗯，就是担心这个。

大雄：听说寨子里办大事，基本没看到布莉切肉。

××梦：所以就造成今天这种情况。他都等差不多要吃饭了才去，去了什么都不干，坐那里玩手机。寨子里的男人都很生气。

××梦：切肉要20至30人，人少的话在吃饭之前根本切不出来。

大雄：他平时那样做，现在到他家了，如果都跟他一样到吃饭时间再去，明天、后天连吃饭都成问题了。

××梦：寨子里的人也没那么无情，只是他每次都那样，人家心里不服气。明天应该有人去帮忙的，只是没有那么自觉。

大雄：跟他家关系比较亲近的几家去了吗？

××梦：没有去。秋家跟他们是一个公（爷爷），都不去。秋的公（爷爷）跟莉的公（爷爷）是亲堂兄。

2019.8.25 08：16

×× 梦：今天来帮忙的人很多了。女的也来了很多。

大雄：几个经常担任红白喜事的主管去了没有？如布 E、公 F、公 G 等，还有布 J，他可能是寨子里未来的主管。

×× 梦：平时大家都自觉去找烧火做饭的柴，今天没人去。伲莉（莉的妈妈）去说了才有几个年轻人去。

大雄：还没有确定主管吧！如果有主管，昨天晚上估计就把找柴、买菜等事情都安排了。

11：04

×× 梦：我都没看到写什么，也不知道谁是主管。反正今天都怪怪的。

12：00

×× 梦：叫作什么都没人响应，没主管、没有安排。现在叫作什么都没人积极主动去做，即使有几个做事的，看起来也很勉强。

12：36

大雄：这样下去，客人吃的晚饭都成问题了。

×× 梦：有几个做事的人，但是大部分不自觉。

大雄：都在学布莉平时帮人的行为方式了。

×× 梦：嗯嗯。他家老人还没死时大家都说了，以后轮到他家，也跟他一样。

×× 梦：看到伲莉无助的眼神，觉得她有点儿可怜。

大雄：伲莉平时帮忙其他人吗？

×× 梦：她来的这几年都去帮忙的。

×× 梦：现在看到布莉也很无助的样子，看着也怪可怜，但是平时他又太气人了！

13：18

×× 梦：都有客人来了，饭没煮、菜没弄，麻烦了。

大雄：这么早就有客人来了。是不是知道没人帮忙，特意来早一点帮忙。

××梦：我看男的倒好，都坐在凉亭那里聊天。

14：04

大雄：现在都下午了，也不杀牛吗？

××梦：不知道，我在××家煮饭。

17：03

××梦：现在那些男的还在凉亭聊天，客人来了也不管（不接待）。

××梦：看着真的有点可怜！没有主管，没有人安排，也没有人去摆桌。多数寨子里的男性连戴孝帕都不戴（人死后，特别是辈分高的，村民去事主家看的时候，不论男女老幼，都发孝帕，大家戴在头上，除了睡觉取下外，去事主家帮忙时，一直戴到死者下葬后才摘下）。

××梦：今天客人吃的牛肉是布莉自己去集市买的。

××梦：现在客人都在那里讨论说怎么没主管，煤气都是布莉自己去找的。

18：28

大雄：公莉在寨子里辈分高呀，但多数男的都没有戴孝帕。

19：13

××梦：他们都不戴孝帕，也不干活，也不计划要干什么。

××梦：客人没地方吃饭，安排到广场上吃了（平时都是安排在具体村民家内），并且多数吃好就走了，只有几个到事主家坐了一会儿。

大雄：意思是客人少吗？

××梦：客人也很多的。

××梦：客人也没人管。可怜的客人没有被好好接待。

19：35

××梦：现在蔬菜也没有了，有些后来的客人也没有肉吃了。

大雄：意思是买的肉不够？故意买少了吗？

××梦：不知道。（相同的问题我咨询另一个人，其给的答复是男主人怕别人在帮他买菜、买牛的途中赚他的钱，其实是说他有点儿小气。平时寨子里主管安排去采购食物的人都是几个，并且每一笔开支都记账，最后还要算账，多退少补。）

大雄：寨子里的好像今晚不能吃肉呀，牛肉主要是用来招待客人，客人没有吃好，以后客人会看不起他的。

××梦：我们吃鱼。

大雄：寨子里的吃鱼，够吗？

××梦：鱼肉还有，牛肉不够。

大雄：他们家准备明早杀牛了吗？

××梦：明早有一头牛、一头猪。

大雄：看看明天早上有没有人帮忙了！

××梦：应该有帮忙的了，因为都是自己吃，没有客人，不杀的话吃什么！

大雄：自己吃就主动点了！

××梦：就怕抬出去的时候没有人帮忙抬棺材。（当地执行火化、公墓葬后，之前老人备的棺材用来装遗体至殡仪馆的车拉去火化，之后再单独抬棺材到公墓。）

××梦：昨天和今天的鱼是男的主动去杀的！

2019.8.26 07：56

××梦：我起晚了，都没看到抬出去的情况，不过也还是有人帮忙抬到寨门口的。

大雄：已经抬到寨门口了吗？

××梦：嗯。七点就听到鞭炮声了，也就抬去寨门了。等了一会儿殡仪馆的车来了再把遗体抬出来拉去火化进公墓。

大雄：看来大家还是帮他把关键的事给办妥了。

08：52

××梦：今天大家都积极了，分配杀牛的杀牛，杀猪的杀猪，今天没人闲着了。

大雄：有人临时代理主管了？布E（平时的主管）去了吗？之前他就说过布莉家有事他不去帮忙的。

××梦：他前晚就去了。叫公F做主管，公F说没空；叫公G担任主管，公G说自己老了，退休了不做了；叫布E做，他直接说不做。

××梦：今天大家都自己分配工作，自己擅长什么就去做什么，平时别家办事时谁杀牛、谁杀猪都是主管安排，现在都自觉去做了！

大雄：前晚几个平时做主管的都去了，但是都不愿意做，估计知道做了会得罪大家。今天就是没有主管安排，也自觉根据自身的优势来找事做了。

大雄：昨天他家杀猪了吗？

××梦：没有杀。买的肉都不够吃。

10：01

××梦发了两张村民们正在切肉的照片。

大雄：谢谢！

××梦：偷偷拍了两张，我怕那些男的说我。赶紧乱拍两张，你看他们今天都很积极！

12：09

大雄：谢谢你了，像做地下情报工作一样！

大雄：今天跟着去殡仪馆的人和车多吗？

××梦：可能一两个车吧。听说只有死者的两个女儿、女婿去了，布莉、伲莉都不去，寨子里好像没有一个人跟着去。

大雄：独子都没有陪最后一程。

××梦：嗯。两个女婿也看出来他的为人了，但也没办法。

个体日常生活的家庭是其人生礼仪的承办的最小组织，并承担全部的开支。从水家个体的诞生、婚礼到葬礼的人生礼仪中，参与其中的人员逐渐增多，由日常生活的家庭扩大到其父系血缘关系较为亲近的几个家庭，如男主人祖父现存男性后裔的几个家庭。如果祖父传承下来的现存男性建立的家庭较少，则可以向上追溯数代，直至所追溯男性祖先的现存男性后裔的家庭数在 5 户左右或更多且可用劳动力为 10 人以上，组成一个日常生活中的父系血缘家庭互助体。某些父系血缘家庭团体为了体现人多、团结等，所追溯的始祖较久远。另外一种情形的祖先在溯源上属于一个团体，但因平时生活中很少来往或有矛盾等，在日常生活的来往中呈现进一步的团体划分，甚至小团体内各家庭各自为政，互不来往；这种由祖先溯源的男性后裔构成的家庭团体，在实际生活中更多表现为独立的核心家庭、主干家庭或扩大家庭，能应付家庭生产、三朝礼等方面，但是在婚礼、丧葬等则需要考虑事主家平时待人处事的行为，为人好则自愿并主动地帮忙的人就多，否则就算是父系血缘关系很近的几家也不会到场。以血缘纽带家庭为主建立起来的互助团体，借助于具体事主平时跟其他人建立的私人感情，因此，这种互助团体的组合也存在易变性（详情见第七章所述的“哈姆敢”“忌油圈”等）。

第二节　闲暇与待客

对留在村里务农的村民而言，过了农作物的栽种与收割时节，就算是闲暇时段，在附近务工的村民则很难有大致统一的闲暇时段，但是他们可以在务工时适当调整休息日或者在某天提前收工回家办其他事。外来客人在这一时段到访，普遍能得到热情的招待。M 寨的“借卯”和春节期间，水家接人待客普遍热情大方，内部各家之间的走动也频繁。鬼师操办民间禳解仪式也主要集中在农闲时段，特别是秋收后之后到清明前，举行民间禳解仪式的较多。接人待客、禳解仪式等又与“借”分不开，或者说，“借”是个体、家庭、村寨之间甚至通灵等交往互动的核心。

一、“借”与待客

水语“tsje[1]”（音译为“借”）为汉语“吃”“喝”，如吃饭、吃菜、喝稀饭、喝酒、喝水等，跟节庆名称核心词“N”组合时直译为“吃N”，即“tsje[1]+N”译为“吃+N”，意译为“过N”“N节”，用水语音译为“借N”，本研究的水家节庆名称采用水语音译。尽管“tsje[1]+N”表示过N节，但不是所有的节日名称前都能加水语“借”（tsje[1]），如“清明节”，前面就不能加水语“借”，“清明是祭祀死者的，不算什么喜庆节日，不吃（‘借’），清明这样悲伤的节日前不能加‘借’”①。水语“借”译成“过××节”时，至少是要带有喜庆氛围的节日，如中秋节，水语“借”就可以直接加在前面，“借中秋”表示过“中秋节”。

水语“借”还有“浸透”“讽刺”“挖苦”“占便宜”“贪污”“挤兑”“指桑骂槐”“侵犯”等意思。本研究中的“借”主要考察其核心概念“吃”“喝”在水家社会生活中的行为方式及其文化认知。待客的“吃、喝”，涉及接待的主人与被招待的客人，因此水语中的“借”，于主人而言还具有汉语的“办”“承办”之意，对客人而言则有“拜访”“走客”或“走亲戚”之意；不区分主、客的情形下，“借+×××（节庆名称）”，则可以意译为汉语的“过×××节”。

家庭生活离不开吃、穿、住等基本的物质条件，不同家庭成员之间的互助与交往也不能忽视其中待客之“借”，就算在把劳动力折算成现金补偿后，适当地招待已付现金的劳动者吃饭，也是必不可少的。如现在新建砖房的活动，基本都是主人家只出材料不包伙食，村寨里的建筑队包工建好，建筑队的成员每天都是回各家吃饭，建房的主人家极少会在建房的过程中

---

①2019年3月7日，11：32，“水家人××论道”微信群的聊天记录，潘明江提出此表达规则且未有人提出异议。

请建筑队在家吃饭。平时亲戚、朋友的到访，美食招待与热情陪同是待客态度好的依据。节庆时，主人家在村子里的好名声与其招待的客人数量呈正相关关系，节庆时待客可计算的最大支出是食物、烟酒的筹备，还有无法具体核算的家庭成员全心全意付出的时间成本和人工成本。农闲时节的人与灵（神、鬼）的交流，通过鬼师的祭祀仪式，用特定的牺牲进行献祭，牺牲先给被献祭对象吃（意念），之后仪式参与人共食。水语“借”的核心概念“吃”在水家社会中具有重要作用或功能，个体生活、家庭互助、群体互动、人灵（神、鬼）跨界交流等，“借”必不可少。

个体所在的家庭是“借”的承办主体或“借”的食物供应主体。在出生、婚礼、葬礼的各个通过仪式中，事主家均要准备充足的食物招待参与其中的亲戚朋友和本村来帮忙的村民。水语“借”的相关准备就在人生礼仪中得到了体现，事主家是“借”的一切钱财的承担者，而跟事主家关系较好的各家主要劳动力则义务提供劳力帮忙筹办。平时的接人待客、农闲时的禳解仪式，“借”的承办开支亦全部由所涉具体家庭单独完成，加上几个人义务陪伴或帮忙；节庆时候的“借”的经济支持与劳动付出几乎全由节庆区域内的各个家庭完成，因为节庆时，每个家庭都是独立的客人接待单位，各自家庭负责维护好家庭成员平时建立起来的亲戚、朋友、同事、同学等私人关系网络。

水语“$tsje^1$ $ʔau^4$”（音译为“借奥”）为吃饭的意思。平时待客时会叫村民去“借奥”陪客，或某家拾到或买到平时较少吃到的美食佳肴，也会叫上平时关系好的村民一起“借奥”。如笔者刚到村寨里的第一天，尽管当天下午笔者住的那家还在收割水稻，男主人在准备晚饭的时候，还是打电话邀请了几个平时关系好的男性村民来“借奥”，来得早的就帮忙洗菜、切肉、炒菜等，最后吃饭的时候来了 5 个村民，没有一个是男主人的亲兄弟或堂兄弟。男主人后来的说法是他刚做完手术，不能“借蒿”（水语音译，意为喝酒），所以找了几个平时能“借蒿”的村民作陪。在后期的调查中，某家邀请笔者去“借奥”（通常是吃晚饭），或者笔者白天跟着某家男主人打下手了，吃晚饭的时候，笔者去“借奥”的这家男主人都会邀请几个男性村民来吃饭。他们说人多“借奥”“借蒿”和摆门子（聊天）才有意思，当然也会打电话邀请笔者住的那家的男主人和女主人，他们有时会去，多数情况下不去。大家会因身体原因不能“借蒿”而自觉远离“借蒿”的场所。

喜欢寻野味的村民，如钓河鱼、捞田螺、捉螃蟹、找野生菌等，弄到这些平时不经常吃到的东西，会叫上平时经常来往的村民过来一起分享，刚好来家里串门的也会被邀请。特别是某家从田里弄到很多田螺后，一般会提前两天告知被邀人到家里吃田螺，因为要把刚拾到的田螺用清水和几粒花椒泡上一天，才能使田螺将里面的泥巴吐干净，这期间遇上想邀请的人就会跟他们说一声，到约定的时间，他们有空的话就会前来聚集在一起“借奥”“借蒿”。

平时村民互邀到家中“借奥”，并不以血缘关系为基础，而是以个人平时交往圈而定，有血缘亲近的，也有非血缘关系的。有的情况下，各自成家的亲兄弟家庭间因分家或其他利益分配造成矛盾，彼此不来往，相互间的待客、日常互助也极少，各自转而经营好跟堂兄弟或没有血缘关系村民之间的关系。调查村寨 80 多户以血缘亲疏关系可划分为 4 个互助团体（有人用“家支”①），而日常生活中经常见到以血缘纽带的非祭祀性的“借奥”，只有 1 个团体（约 14 户）中的次级团体（10 户）中的 8 户常集中在其中的某一家“借奥”。节庆时中邀请的“借奥”成员多为村外之人，部分节庆有祭祀仪式时，则会邀请所属团体的家庭代表参与。

二、“用鬼”

水家聚居区民间信仰的禳解仪式大致由 3 种人员来操作：水书先生（只有男性）多进行关于生死的禳解仪式以及婚嫁、建房、丧葬等仪式时辰择吉，主持其中的祭祀仪式等；女性通灵者“妮喉”（水语音译，有时汉译为“过阴婆”）多进行过阴通灵相关的问答及其禳解仪式，且多为女性请求“妮

---

① 王学文：《规束与共享：一个水族村寨的生活文化考察》，民族出版社，2010，第 89-91 页。

喉”进行相关民间信仰活动；男性鬼师或水语音译的“埃幕”(部分自称水书先生）多进行一些关于日常生活中异常现象的禳解仪式，统称为“用鬼”。从水家民众给予的声望的排序看，水书先生的被认可度远高于另外两类民间信仰操作人员，鬼师与“妮喉”的认可度差不多，村民认为他们多与“鬼”打交道，处理的均是在不吉之事发生之后的安抚或补救。而水书先生除了处理不吉之事出现后的补救，还能通过仪式操作提前规避不吉现象的发生，某些声望好的水书先生还能结合事主的生辰八字在吉日良辰选择、男女命柱婚配、宅基地方位选择、墓地朝向选择上进行综合分析而择吉，期望事主家日后一切顺利，期望事主家庭成员或后人能够升官发财。

> 某一区域的水家丧葬活动中[①]，如果下葬的时辰好，墓地风水搭配死者八字和死亡时间均处于最佳时，加上死者下葬后1小时以内有异常天象（下葬前数小时内或数天内无雨，顺利下葬后短暂下雨，雨越大越好，伴随雷声更佳；或者是一直下雨，下葬后半小时内有阳光照射到新坟、事主所在村寨等），则认为葬得好，会对后人产生积极的影响。某些情况下的非异常现象的发生也被认为是积极的，如死者下葬后数月或数年内，死者的直系后人升职、家业顺、考上好学校等，一定程度上均可以归因为上一次长辈死者葬得好。

多数情况下，鬼师用鬼的咒语、祭祀操作等，水书先生都会，但是水书先生较少去做单一的解鬼仪式，更愿意通过其掌握的水书知识进行推算，找到产生不吉现象的更多关联。鬼师不懂水书知识，即使个别鬼师懂一些水书推算知识，但也不精通，就谈不上使用水书知识体系的东西进行禳解仪式。如果鬼师自学并精通水书后，民间会自动将其归到水书先生之列，而不是继

① 案例可能给当地造成不确定影响，故不提供具体区域名称及其故事中的人名。后文亦如此。

续用“鬼师”来称呼他们。部分水书先生像鬼师一样在仪式中“用鬼”或操作“念鬼”仪式，但不意味着水书先生是鬼师，鬼师也不能轻松变成水书先生。“贵州当地政府和研究者多把民间习惯称呼的‘鬼师’改称为水书先生”[①]，是因对当地民间水书先生与鬼师的边界不了解而造成的误解。水家民间能清楚地知道谁是水书先生，尽管他经常“用鬼”；也能判别谁只是鬼师，因为他不懂水书知识，尽管在某些场合他会向村寨外的人宣称自己懂水书。

精通水语、熟知水家知识的研究者的已有研究中，尚处于概况介绍、鬼神暧昧、亦祖亦鬼的边界模糊的相关探讨中。[②]笔者不会水语，难以通过找人翻译来理解水家民间信仰较为深层次的地方性知识体系及其内涵。外来研究者借助翻译与文献研究的再研究对比，在核心问题上亦无法超越水家精英的前期研究，当然，相关仪式操作详情、仪式过程、灵验案例的补充完善，鬼神的世界体系与人的生活世界体系之相互映射等值得参考借鉴。[③]鉴于此，笔者将关注点放在仪式中互助与共餐的“借奥”行为上。

因笔者受性别身份的限制，没有具体观察“妮喉”的通灵过程和之后相关的禳解仪式，仅参与了数次鬼师操办的“挡鬼”仪式、招财仪式、“解羊刃煞”仪式等。调查期间，村寨里唯一的水书先生年事高、耳背、行动不便，因此未向其咨询问题，也没有机会看他主持任何仪式。因此笔者此处呈现的禳解仪式中的“借奥”情形仅限于鬼师的“用鬼”仪式。

不吉现象发生后，村民找鬼师帮忙禳解，鬼师会通过蛋卜、石卜[④]等方式找出由什么鬼、煞所致并采取何种规格的祭品进行供奉禳解。M 寨还将找鬼师占卜的过程称为“拿米去看”，事主一般会用容器或袋子装上一斤左右

---

① 张帆：《贵州水族的念鬼仪式及其文化逻辑》，《民族研究》2018 年第 1 期。

② 潘朝霖：《水家原始宗教鬼神观念浅说》，《贵州民族研究》1990 年第 2 期。潘朝霖：《水家招魂巫术初探》，《广西民族研究》1991 年第 4 期。潘朝霖、韦宗林主编《中国水族文化研究》，贵州人民出版社，2004，第 559–563 页。

③ 王学文：《规束与共享：一个水族村寨的生活文化考察》，民族出版社，2010，第 100–129 页。

④ 刘剑：《水族蛋卜探析——以姑引村石氏蛋卜为例》，《怀化学院学报》2007 年第 1 期。

的米，里面放一个鲜鸡蛋、一个16元或36元的红包，然后拿到鬼师家请鬼师帮忙占卜并给出解决方案。

2018年5月7日，M村一家男主人（吴宇DBFG）请村寨里的一位鬼师在村外约一公里的水塘边“解鬼”。原因是他家老房子前两天进蛇，他的母亲还住在老房子里，于是便拿米到鬼师家看。鬼师占卜后让其准备一条10斤左右的狗、一只4斤左右的公鸡、1斤左右的刀头肉、一些纸钱、香、自酿米酒、半斤左右的大米、一些糯米饭，拿到村寨外面进行“解鬼”。8：20左右，吴宇DBFG和他哥哥、鬼师、另外两个50多岁的男性村民、笔者，就从他家拿着鬼师让准备的东西——一口烧柴的汤锅、一口烧柴的炒菜锅、一箱啤酒、10多副碗筷、菜板、菜刀和油、盐、酱油、味精、辣椒等，到水塘边进行“解鬼”仪式。2个人在附近找柴生火烧水，鬼师用镰刀割了一些杂草和灌木简单地铺在地上当作祭祀供奉平台，另外2个村民听候鬼师的吩咐进行点香、摆放供品等，其中酒只能用自酿的米酒，不能用带去的啤酒。供奉品摆好后，吴宇DBFG和他的哥哥先后各自放了一些零钱到装米祭祀的袋子里，鬼师念咒几分钟，便让帮忙的村民杀鸡、杀狗，将纸钱粘上一些鸡血、狗血，继续念咒几分钟，仪式暂停告一段落。在场的几个人就将鸡和狗烫好、去毛，剖开洗净后，狗则砍成块备炒，鸡则煮到九分熟，再用容器装了放在祭祀台上。鬼师再次念咒，并不间断地扔出米粒、饭粒，每个祭祀的酒杯都倒几滴酒出去，念咒的时间比之前长，其间不断扔其自制的牛角卦。帮忙的人则在仪式进行时炒狗肉。仪式快结束时，鬼师让吴宇DBFG和他的哥哥去烧纸钱，并将供奉的食物每样都弄一点点扔到地上。

仪式结束，狗肉也差不多炒熟了，鬼师就让帮忙的人把供奉的鸡砍成两半。一半九分熟的鸡、刀头肉、仪式用的米，在仪式全部结束后，鬼师要拿回家供奉他在家里所供奉的神灵。剩下的鸡肉则

> 砍成块供大家食用，主要还是鬼师食用，因为水家社会中的水书先生、鬼师等有一项饮食禁忌就是不吃狗肉，吃狗肉是对他们所供奉之先师或神灵的不敬，食之会造成今后操作仪式的失效。参与人员则根据个人口味、民间信仰要求（寄拜石菩萨、树神等的人不能吃狗肉）自由选择吃狗肉还是鸡肉，没有特别偏好的则两者都吃。

除了鬼师带回家的仪式供奉品外，拿到村外进行仪式的供奉食物最好是仪式结束后就在仪式地点吃完，如果人少吃不完，又不想扔掉，不能直接将其带进家中，也不能将其携带穿寨而过，携带者要绕道寨边小路回到住地，用锅或其他容器装好置于住房之外，待到要吃的时候也只能在住房之外吃，总之不能带进屋内。狗血流淌在纸钱上并烧给了“供奉之鬼”，因此狗肉也属于不能带进屋内的肉。而带去的没有喝完的啤酒和没有倒出来祭祀的米酒则不受限制。

2018 年 12 月 9 日至 12 日，每天都有“解鬼”仪式：10 日到离 M 寨 2 个小时车程的邻县的一个集镇上的一家餐馆举行招财禳解仪式，绝大多数仪式在屋内进行，主要参与人员是餐馆老板和老板娘；其中 3 次在离村寨 1.5 公里左右的一个溶洞内进行；且 1 次仪式事主都没有在场，他将仪式需要的一只鸡、一头小猪和其他东西拿到鬼师家，由鬼师请村子里的几个男性帮忙把祭祀仪式做了。

2018 年 12 月 9 日上午的禳解仪式所用牺牲较多一头 30 斤左右的小猪、一只公鹅、一只公鸡，因此前去帮忙的人也多，仪式结束吃献祭的小猪肉、鸡肉、鹅肉、喝献祭酒时，一共有 11 人，涵盖了村子里 4 个血缘集团的人，但是都是男性，年龄在 28 岁至 66 岁。仪式中需要用血稀饭供奉，就将用牺牲的血煮成的一大锅稀饭，加上祭祀牺牲的肉以及带去的酒，11 个人从 12 点吃到 14 点，根本吃不完仪式供奉过的猪肉、鹅肉，最后只好用带去的锅装了带回事主家并置于房外。18：30，鬼师打电话邀请白天帮忙的人前去吃供奉之肉。他们在事主家屋外放一个火盆，将装供奉之肉的锅直接放在火上加热，大家围着火吃肉喝酒，此时与事主家关系好的几个家庭的女性也加入其中。尽管白天参与的人有几个没有去吃晚饭，但是吃晚饭的人比白天还多，围在一起吃时很挤，可是也不能将供奉的肉装了放在桌子上分给部分人去吃，因为在外面用的肉不能上桌。

从日常劳作、人生礼仪中的互助以及部分民间仪式中的交往中，可以看到M寨以日常生活的家庭为主进行社会生产与民俗活动，在超出家庭劳动力承担时，则逐渐扩大日常生活家庭的交往圈子，以单个家庭为中心向外展开社会关系。理想模式是血缘关系的亲疏再现，但实际情形是多变的，特别是从参与相关活动的“借奥”成员归属来看，超越血缘限定的情境性组合也是常态。

第四章　水家节庆与“坡”

第一节　水家节庆

水家传统岁时节庆主要有“借端”（ʦje^{1} twa^{3}）、“借卯”（ʦje^{1} maːu^{4}）、“借额”（ʦje^{1} ŋə^{2}）、“借苏宁喜”（ʦje^{1} su^{3} njen^{2} hi^{5}）、“借荐”（ʦje^{1} ʦjəng^{1}）等，人们一般不交叉过节，只过属于自己时间段内的节庆，特别是“借端”和“借卯”，传统上“借端”的不能“借卯”，反之亦然，这两个群体也不过其他水家的周年节庆。同样是“借端”，第一批“借端”的就不过第二批以及其他批次的“借端”，其他批次的“借端”群体也一样只过属于自己批次的“借端”。韩荣培指出：“水族没有一个统一的全民族的节日。（从过节群体数量上）相对说来，水族主要分属两大节日集团，即端节集团和卯节集团。端节集团主要分布于都柳江流域的中上地区。端节分布区域广阔以及过节时间较长，端节成为水族地区最大的传统民族节日。”① 本节简要介绍

① 韩荣培：《水族“端节”》，载贵州省民族事务委员会编《贵州省民族传统节日进入旅游市场的文化条件分析》，贵州教育出版社，2009，第 168 页。

一些传统节庆，重点梳理目前“借卯”研究中存在的过度推理问题，考察春节（水语音译“借荐”）、七月半（水语音译“借十四”）融入水家节庆的概况等。

一、“借端”

“借端”（tsje¹ twa³），汉语译为“端节”，是水家“借端”群体的岁时性年节，是水家生活区域内参与人数最多、持续时间最长的节庆。贵州省黔南布依族苗族自治州三都水族自治县、荔波县、独山县和都匀市等地的绝大多数水家集镇或村寨都过这一节庆。“借端”总体上分7批次，从水历[①]岁末的十二月（农历八月）到岁初的正月或二月（农历九月或十月），主要以当月亥日划分节日批次的时间，其中的第四批以午日、第六批以未日为节庆开始时间（各批次时间及其大概区域详见第五章）。此外，因方言差异，“借端”的水语表达还有“tsje¹ to³”“twa³”“to³”的水语读音接近当地汉字方言“端”“瓜”的读音。同一节庆名称有不同方言，黔南布依族苗族自治州境内的三都水族自治县、荔波县、独山县、都匀市等的水家用“tsje¹ twa³”，而从三都水族自治县、荔波县等地迁徙到黔东南苗族侗族自治州从江县、榕江县的水家用“tsje¹ to³”，对应的汉字音译为“借端”“借瓜”，意译为“端节”“瓜节”。

水家“借端”在同一年内各批次不重复，在相应的时间段内由所属区域作为主人主持节庆和开展活动，其他区域的人则作为客人参与，同时也欢迎非水家的亲戚朋友加入节庆活动。个体家庭是“借端”活动的具体场所，参与的人数越多，获得的声誉就越好，这种“声望资本”亦会传递到节庆送礼、新建“端坡”或重启已废弃的“端坡”等活动，一定程度上会造成浪费，也会增加普通民众的经济压力。

作为承办方的“借端”常开展村寨内的祖先祭祀、游端和组织端坡跑马等集体活动，对去“吃端”的客人而言就是走亲访友、放开吃喝（水语

---

① 潘朝霖、韦宗林主编《中国水族文化研究》，贵州人民出版社，2004，第503页。

“借”的本义），或者骑马到端坡参加跑马比赛。

民俗节庆的起源故事，特别是西南地区的少数民族节庆，很多都源于具体族群的迁徙史、定居史，并借助一些神话元素进行合理解释。水家“借端”起源故事讲述了“借端”群体的祖先在广东、广西无法生存而群体迁徙时，中途跟随一只神鸟“诺仙术”（水语鸟名，可能是传说中的凤凰），沿河迁徙到了现在水家主要聚居的三都水族自治县中和镇三洞社区一带。迁徙始祖定居三洞，其余分散定居于不同地方，且相距较远，但约定在三年之后的水历年底到三洞团聚，长年周期性的团聚逐渐变成了现在的水家传统节庆“借端”。之后因为人口增多，不断往外迁徙的距离越来越远，于是商议分区域、分时段进行不重复地各批次独立过节（分批次的故事见本章第二节），其余不过节的就到过节的地方走动，这样就将各个分散居住的群体都密切联系在一起。“借端”故事的起源中，也就是第一年的三洞团聚，还加入了官兵与水家的战争，并将节庆中的赛马、素祭（水产动物除外）等融入了故事之中。①

二、“借卯”

（一）“借卯”区域及其民间故事

水语“tsje^{1} maːu^{4}”（“借卯”），汉语翻译为“卯节”，水历九月第一个卯日开始过节至十月内的卯日（对应农历五月、六月）分四批过节（丁卯日除外），是水家“借卯”区域预祝稻作丰收的重大节庆；因“卯坡”鼓励或默认青年男女对歌（甚至已婚的男女节庆当天在“卯坡”对歌，丈夫或妻子不得干涉），在开展民俗文化旅游的过程逐渐被宣传为“东方的情人节”。水家“借卯”区域唱：“第一卯 / 水利的卯，第二卯 / 洞坨的卯，第三卯 / 水扒

---

①任虽：《端节的由来》，载祖岱年主编《黔南民族节日通览》，黔南布依族苗族自治州文化局，黔南人民印刷厂，内资，1986，第 76–80 页。

浦卯，第四卯 / 九阡卯。九阡宽 / 吃卯殿后”。[①] 前三批“借卯”分布在贵州省黔南布依族苗族自治州荔波县的水利、洞托、水浦等地，规模最盛大的第四批“借卯”是黔南布依族苗族自治州三都水族自治县九阡镇的水各“借卯”（水各已成为水家“借卯”文化旅游中心）。第二批、第三批“借卯”区域小、人口少，逐渐并入最后一批“借卯”群体，但是第一批与第四批“借卯”大概时间不变。民间用“五月水利卯、六月水各卯”确认节庆时间（农历月份），因此水利“借卯”时间选在农历五月的一个卯日，辛卯日最佳，没有则避开丁卯日，不必确定为农历五月的第一个卯日；水各“借卯”时间择吉类似水利，在农历六月就行。“借卯”以祭祀祖先、祭祀土地神灵、祈雨、对歌为主要内容。三都水族自治县水各村的卯节、卯坡，已成为重要的旅游文化开发资源。

“借卯”传说中，水家“借卯”群体的先祖拱恒公带领人们迁移到现在的三都水族自治县、荔波县一带的“岜威”（传说中的地名，水语“岜”pja^1指各种大小不同的山），把当地的尖头王赶走，经过数年开垦和仙女的帮助，将山变成了土壤肥沃的盆地，逐渐在当地过上了恬静的田园生活。但没过几年又遇上虫灾，后经六鸭道人托九姑娘转告拱恒公，让大家收集房屋灰尘撒到田地里灭虫，最终战胜了蝗灾，五谷丰登，人畜兴旺。“拱恒公决定每年水历十月辛卯日，摆设酒宴，击鼓祭天，以表示对六鸭道人的敬仰和崇拜，并叫九姑娘邀约后生和姑娘们到卯山聚会唱歌，表示庆贺”[②]。

罗春寒将“借卯”民间故事压缩[③]，只保留了定居后灭蝗虫的部分，“借端”的故事从迁徙部分开始保留大部分情节。由两个节庆比较可知“端节产

① 陈显勋：《水族卯节调查实录：贵州三都九阡镇水各村水各大寨调查个案》，《黔南民族师范学院学报》2014 年第 4 期。

② 蔡中运、张巢收集整理：《卯节和宝剑的故事》，载祖岱年主编《黔南民族节日通览》，黔南布依族苗族自治州文化局编辑，黔南人民印刷厂 1986 年 12 月印，第 91–93 页。

③ 石国义、潘朝丰收集整理：《卯节的传说》，载祖岱年、周隆渊编《水族民间故事选》，上海文艺出版社，1988，第 164–166 页。这个版本的故事尽管也只保留了灭蝗虫的部分，但是始祖拱恒公依然全程参与族群的迁徙、定居、确定节庆等。

生于水族先民刚刚结束大规模迁徙，开始过上定居生活之后。……水族社会形态仍然处在以血缘作为纽带的氏族部落阶段，水族作为单一的民族尚未形成。而卯节则产生于水族进入农耕社会之后，当时水族的农耕经济已完全取代渔猎经济，水族氏族部落的社会形态已瓦解，水族作为单一民族已正式形成了。……端节历史比卯节更悠久”。① 从完整的“借卯”民间故事看，迁徙、抢地盘、灭虫等一系列事件，迁徙始祖拱恒公均全部参与了，说明“借卯”的产生也是在迁徙开始定居之后，并不能看出节庆产生之时的社会发展所处的文明阶段。如果人类社会线性发展阶段预设成立，特别是从母系社会发展到父系社会的推断，那么女性的相对自由程度越高，其所在的社会文化发展阶段应该越久远。

从水家“喜菲”（水语 ɕip⁸ fai¹，汉译为“姨娘歌”）实情看，“借卯”区域内的未婚女性能公开主动找寨子里做客的未婚男性对歌，而“借端”区域内的女性则不被允许这样做，只允许未婚男性找寨子里做客的女性对歌，“借卯”区域内的对歌中，男找女或女找男都没有文化限定。“借端”区域内的未婚女性，如果遇上了情投意合的情郎，想要私下会面，先要摆脱跟踪。一位于20世纪70年中期出生的水家女性说道：“当年我们去跟男的见面，很累，要先摆脱我们寨子里‘怀奴’男人的跟踪，才能顺顺当当地会面。”② “借卯”时的卯坡上对歌，只要是节日当天在坡上对歌，不论女的婚否，她可以跟自己“怀奴”之外的任何人对歌并且不能被干涉，就算丈夫看到妻子在坡上跟其他男性对歌，他也不能干涉，男性所属“怀奴”的成员也不会干涉。因此，人类社会进化线性进程的母系社会到父系社会的推断如果成立，从水家女性对歌的实情看，可能的情形是“借卯”群体文化的社会发展阶段要早于“借端”群体文化所处的社会阶段，“借端”群体形成早于“借卯”群体的推断就值得商榷。

---

① 罗春寒：《从民间传说看水族的端节和卯节》，《中央民族大学学报（哲学社会科学版）》2000年第4期。

② 2020年11月10日，群聊内容整理，该话题还在多个水家人组成的微信群被讨论过。

（二）节庆之“卯”

“借卯”现代展演的群体性祭祀活动中，主持者是男性长者，家庭祭祀由家中男性长辈或成年男性主持，田间祭祀与稻田戏猪、稻田捉鸭的主持者与实际行动者都为男性。卯坡对歌传统上是青年男女，现在卯坡对歌减少，爬坡观光的男女老幼皆有，当然，各个仪式活动都有大量女性参与其中。从仪式本身展示的角度看，女性没有直接参与到仪式展演的暴力或血腥部分，虽然男性在仪式中出尽风头，但是仪式背后有女性的大力支持，女性并没有被排斥在仪式之外。

卯字在水书中有对应的水字，并且其相应的异体字多达30个。水字中“卯”的主体字为“◀▶”，常见异体字有“[水字]”“[水字]”“[水字]”“[水字]”“[水字]”“[水字]”“[水字]”“[水字]”“[水字]”“[水字]”“[水字]”“[水字]”“[水字]”。水书中的“◀▶”（卯），“地支的第四位，常与天干（双数）相配用以纪年、纪月、纪日和纪时，……表方位（卯方在乙，酉方在辛）”[①]。水书中的卯，主要用于时间方位，结合相应的推理，在水家日常生活中进行择吉。

关于水家“借卯”及其水字“◀▶”，李义海从节庆的内容、形式、时间，结合汉字“卯”的文字考古，得出：“水族卯节与汉族首卯合独，在时间、地点、契机、形式、目的、祭祀对象诸多方面的高度一致，说明二者有一个共同的来源；加之水语‘卯’与汉语卯之本义均为女阴，如果以水族卯节的得名为视角，水族与汉语当具有同源关系。”[②] 水汉同源是主体，但是为了水汉同源，推导出水字“◀▶”等同于汉字“卯”，并具有汉字“卯”全部的意义，并得出水字“◀▶”是女性生殖崇拜，这种推理把水家的“借卯”及水字“◀▶”的意义扩大并复杂化。“借卯”的称呼仅仅是借用时间的称谓来代替节庆称谓而已，“借卯”的内容也并不是水字“◀▶”所代表意义的展

① 韦世方：《水书常用字典》，贵州民族出版社，2007，第16页。

② 李义海：《就水族卯节的得名看水汉同源》，载《中国·水书文化国际学术研讨会论文集》（会议交流，未出版），2007年1月，第168–170页。

现，更不能等同于汉字“卯”所暗指的意义。此外，相同的女性生殖崇拜观点，有不同的分析路径：卯坡“卯”字供奉。[①]这种分析方式其实最先用在水家“借端”文化起源的考证当中。水家“借端”之中的水语“twa^3”在水字中没有对应字，但采取的考证方式为时间节点与节庆意义结合，将水家“借端”关联《说文解字》中的“年，谷熟也”，进而推及水家的“借端”在意义层面上至少跟汉字“年”的古义属于同时期，或者直接将音译的“端”等同于“开端”。[②]

水家“借卯”祭祀的对象不是所谓的“卯”或者水字“◁▷”。现在三都水族自治县水各卯坡看到的带有“◁▷”的所谓图腾柱（艺术柱更恰当），是旅游开发中新建构出来的艺术品。旅游开发后的水各大寨，仪式表演的中心是村寨中新建的小广场、卯坡山脚下的稻田，但是卯坡上的柱子、小广场不是祭祀的主要场地，而是地方化加工所供游客观看或休闲的观景场，可以理解为设计者想告诉参观者此地就是卯坡，同时展现一下水字“◁▷”。其他地方的“借卯”活动也会搭台表演，背景图上也有硕大的水字“◁▷”，但这并不是暗示“借卯”祭祀的对象就是“◁▷”，其主要的意图是给媒体人或观光者展现水家文化符号，迎合各方寻找潜在视觉冲击的需要。

“借卯”祭祀的主要对象跟“借端”一样，首先依然是祖先（水家民间信仰认为，水族的祖先化作神附在自然界的某些物象中，其灵魂可以护佑他的后裔，没有得到供祭的就可能成为鬼），其次才是祭稻田、水井、卯坡或神树等。集体祭祀某个祖先或者祖先群体的做法是旅游文化冲击、对外媒体

---

① 梁光华、蒙耀远：《卯节：水族女性崇拜的节日》，《黔南民族师范学院学报》2015 年第 1 期。

② 罗春寒：《水族民俗》，载潘朝霖、韦宗林主编《中国水族文化研究》，贵州人民出版社，2004，第 504 页。

宣传、集团冲突引起重要领导视察等相关需求综合下的结果。① 在 21 世纪前，节庆之中的祭祖都是家庭祭祀，即使有多人参与祭祀祖先，也是在屋内祭祀某一具体家庭的祖先，而不是在屋外祭祀超越日常生活家庭成员的集团共有的祖先或祖先群体。他们祈求各自家庭祖先的庇佑，方能进一步祈求各种自然神。

三、“借额”“借苏年喜”“借荐”

水家以年为周期且只过自己区域内的节庆，除了上述“借端”“借卯”所涵盖的节庆成员及其居住区域外，还有部分水家只选择“借额”（ʦje^1 ŋə^2）、“借苏宁喜”（ʦje^1 su^3 njen^2 ɕia^5）、“借荐”（ʦje^1 ʦjəng^1 春节）等其中之一作为他们的节庆，当前这几个节庆没有批次，各节庆所覆盖区域和人口数量均不及“借卯”与“借端”，节庆时间持续 1 至 3 天。

（一）“借额”

“借额”在水历正月（农历九月）的第一个酉日，节庆时间一般有 3 天，即酉、戌、亥三天。水书记载，丁酉属火避之，犹如卯节避开丁卯日类似。“借额”祭祖多在半夜进行，以素食上供，以鱼类为主祭品。据说，很早的时候，过额节还举行跑马活动，后来演化为对歌。“借额”与“借端”类似姊妹关系。荔波县永康乡一带的水家，以前“借额”“借卯”“借荐”（春节）都过，2018 年改革，终止“借卯”活动。② 笔者在 2018 年 10 月 20 日至 21 日参加了水丰的“借额”活动，20 日为农历九月十二乙酉日，有客人，但是

① 水家户外集体祭祖展示可以追溯到 2004 年，省里为了给某个区域内两个“怀奴”之间的冲突降温，资助了当地的“借端”活动，邀请各地水家代表参与组织的“借端”祭祖（详情见本章第二节“端坡”部分之“姑稔端坡”）。此外，除了室外的集体祭祖展示，陈显勋还留意到祭祀对象的人为插队，如供祭拥有单独祭祀时间的“霞神”，参见其所著《水族卯节调查实录：贵州三都九阡镇水各村水各大寨调查个案》，《黔南民族师范学院学报》2014 年第 4 期。

②“借额”时间与区域的介绍，内容源于潘朝霖编辑的资料图片“端节的姊妹节——额节”，他于 2020 年 9 月 1 日分享到“贵州省水家学会工作”微信群。

很少，也没有看到祭祖留下的痕迹；21日为戍日，客人才多，基本能看到每家的桌子上还供奉着的祭祖供品，额坡活动也是在戍日举行。此外韩荣培认为，“借端”“借额”是两个独立的节庆，有明显的区别：“‘借额’的祭祀时段在半夜，这跟‘借端’不同；‘借额’祭祖时祭席上有蓑衣、拐杖，‘借端’没有；‘借额’还设有专门招待乞丐的叫花祭席，‘借端’也没有。”①

据荔波县黎明关水族乡（原永康水族乡，2014年撤销）德门村、母早村出生于19世纪90年代前后的老人介绍：传说水家先民原在广西邕江一带居住，以农渔为业，鱼是人们生活中必不可少的珍品，最早的长者殁于当年农历九月酉日；后来兵荒马乱，为了求生存，先祖们溯江而上，来到荔波县定居；为了怀念祖先，定酉日为“借额”，并以鲜鱼为上等供品供奉祖先。从节庆分布来看，德门、母早等周边“借额”的村寨比较多，文献显示有26个村寨（少部分只列了行政村的村名）；另一个“借额”的区域在荔波县玉屏街道水丰村，只有水丰大寨、小寨和水碾寨，这个小区域内的“借额”传说加入了龙女的故事情节。②但在水家民间的口述叙事中，龙并非吉祥之物，也非类似救苦救难的神灵，更多的是带来灾祸的、可被战胜的怪物。“水龙（地名）的故事中，水族是正统龙的传人，水族聚集区是龙的地盘，龙头在三都水族自治县中和镇水龙，龙尾在九阡镇水龙”。“水龙那个扯了吧，从小听的水族神话传说中，龙都是不祥之物，老水牛斗龙，铜鼓斗龙。怎么可

---

① 2020年9月3日，19：30至20：20，韩荣培在“贵州省水家××”微信群的聊天记录，他的信息来自贵州民族研究所陈国安在1983年的调查。此外可参见陈国安：《荔波县水族来源及原始宗教调查报告》，载贵州省民族研究学会、贵州省民族研究所编《贵州民族调查之四》，贵州省民族印刷厂印刷，1986，第195页。

② 蒙绍秋：《水族“借额”节写真》，载何羡坤主编《荔波水族》，中国文史出版社，2008，第214-216页。但是根据水家民间信仰的口述叙事，龙并非吉祥之物，也非类似救苦救难的神灵，在更多的叙事中是带来灾祸的可被战胜的怪物。

能用龙当成标志？龙不是带来洪水的不祥凶兽吗？”① 后来的调查加入了民间节庆故事的偷神传说，将“借额”的起源归为“因祭祀艾神——一块具有神性的石头而得名”②（“借额”又汉译为“艾节”“借艾”“吃艾”等），但根据“霞神”“艾神”“善神”与对应的“的丁”所列举的分布村寨看，杨拱“敬霞”的“的丁”模式并不能套用到“善神”村寨中。“我们水响是从其他地方搬过来定居最早的三个寨子之一，一个是水梅，一个是水响，扬拱在我们后来才搬过来；我从小喜欢学水歌，喜欢跟大家聊，喜欢听老人讲我们寨子的历史故事，从来没有听说我们跟扬拱一起过‘霞节’的事，也没有听说我们寨子过‘善节’；据说，以前我们水响跟扬拱杨姓不和睦，他们过‘霞节’时，我们故意过另外一个节叫‘liang 节’（第一声）去作对，水话叫‘借 liang’。过‘liang 节’时不准九阡一带的人路过我们水响的地界，理由是在过节那天，如果有人过我们的地界，会让庄稼不好，后面不知道什么时候不过了；‘借 liang’不供菩萨、不供祖先，就是不允许外人踏入我们的地界；“的丁”或“公”只有在过‘霞节’的村寨有这种说法，我们那边没有这种说法，我们用水话表达时常用‘怀奴’‘哈姆敢’这些说法”。③（第六章详细介绍相关概念）。

（二）“借苏年喜”

“借苏年喜”（ʦje[1] su[3] njen[2] ɕia[5]），也译为“苏宁喜”“苏黏喜”“苏年喜”“苏年喜节”，水语“苏”（su[3]）即丑日，“宁喜”（njen[2] ɕia[5]）指水历四月（农

---

① 2020 年 11 月 6 日，21：10 至 22：20，群聊内容整理。群里谈论水家研究中部分论证中存在字面意思的浪漫主义路径：水家水语地名用汉语发音近似汉字来标注或译名，很多文献的论证中常去考证水语音译中所用汉字的古今意义，于是谈到了现在水家生活区域的一个汉译地名为水龙的今后可能存在的论证。“水龙”地名的水语为“ljoŋ[2]”，而神话之龙的“龙”水语为“ka[1]”。

② 张小军、李建明：《权力互竞交换共同体——贵州水族霞节、艾节和善节的个案研究》，《民族研究》2013 年第 2 期。

③ 先是在群里了解水响的节庆（春节）、迁徙概况，后单独添加当地的陆姓村民了解“善节”情况，咨询时间 2020 年 11 月 11 日 0：22 至 1：03。

历十二月）。“借苏年喜”意思是在水历四月丑日过的节日，通常选用该月第一个丑日过节，部分家庭避开“丁丑”日，认为“丁丑”日供奉“娘娘神”会伤及小孩的眼睛，另行择日过节，所以有时候和勇村“借苏宁喜”的时间并不统一。[①]“苏年喜”主要祭祀“妮杭”（ni^4 haŋ^4），译为“娘娘神”或“生母娘娘”，水语称为“ni^4 haŋ^4”，“ni^4”是母亲，“haŋ^4”是养，即生母的意思。另外，水家的家庭供奉父系祖先时，是在堂屋中柱地方临时设一席位，没有常设的席位，但对于母系祖先，则在堂屋里面一角设一固定席位。水家聚集区多数区域，特别是借卯区域，均有特定时间祭祀“娘娘神”的习俗。荔波县玉屏镇水利村M寨的“娘娘神”供奉，一般是从农历腊月的苏日（丑日）选择其中之一（或者大年三十晚），在家供“娘娘神”，所供的完整牺牲是雌性，如母鸡或者母鸭，猪肉则没有限定。三都水族自治县九阡镇板高村则“和‘苏宁喜’过同一天，祭祀方式、祭祀品都差不多；九阡多一个建桥、祭桥的环节；现在交通好了，小路很少有人走了，建桥的条件和机会也越来越少，祭桥环节也跟着逐步减省了”[②]。“借苏年喜”只有三都水族自治县周覃镇恒丰社区的和勇村部分水家村寨把这个祭祀活动当作年节，而其他地区的水家仅将其作为一个小的祭祀。“苏宁喜”民间故事除了生母娘娘送子女、庇佑小孩健康成长的神圣传说外，作为周年节庆的和勇“借苏宁喜”还有水家民间节庆的偷、骗、买版本。“借苏宁喜”民间故事的偷、骗、买版本，流行于三都水族自治县中和镇三洞片区和周边水家村寨。[③]水族认为，小孩笨或者聪明，只有娘家才能左右；此外还有“聪明在外，笨在心里”的说法。水气（中华人民共和国成立前和勇的名称）过娘娘节、敬娘娘神，希

---

① 韦万举：《我去和气寨“借黏喜”》，载屠旭云主编《水族百年实录》，中国文史出版社，2014，第582页。

② 2020年9月3日，14：33，潘×在“水家人××论道”微信群的聊天记录。

③ 该故事版本由“水家人××论道”微信群的聊天记录整理而成，该主题群聊时间段为2020年8月23日至29日，主要由潘阿水发起，其他人参与讨论。潘阿水不是和勇人，而是三洞的水家。12头白水牛买“端”版本的收集整理者为塘州水家（详见第五章）。

望小孩聪明。

> 据说以前水气水家也“借端”，而塘州水家没有“借端”。水气“借端”时，塘州人来水气的朋友家里过吃“端”，那时候路远，吃“端”过节需要很多天。一天，水气的大人全部出去干活了，只有小孩在家，塘州人就杀牲口祭祖搞个仪式，跟在家的小孩子说把“端”拿走了。水气上山干活的大人回家发现“端”被骗走，只能两眼看空。塘州人骗得“端”之后，对外宣传说他们花了12头白水牛买到了“端”[①]，水气的人怕丢脸，只能默认。塘州水家只偷得“端”，没骗到“借端”的日子，因并不是转让或者买得，所以找不到日子“借端”，就夹在其他“借端”批次的中间胡乱过，并且只能晚上悄无声息地祭祖，也不敢在喝酒高兴时喊“哟”，时间长了就成为传统了。后来已经成既定事实，其他区域的水家也就默认了。水气的水家的“端”被骗，还被说成是卖给塘州了，心里很是憋屈，觉得是自家的孩子太笨了，才被别人骗“端”，那就把“娘娘神”的祭祀当作年节来过，即“娘娘节”，祝福这小孩变聪明，不要那么笨而容易被别人骗。后用过节称为“借苏宁喜”，节庆时煮很多鸡蛋（煮熟后染红）、剪纸，给“娘娘神”供煮鸡蛋，水气的后人就逐渐聪明起来了。尽管现在时代不同了，但塘州很多地方“借端”依然是半夜祭祀，不过白天也喊“哟”了。

水家节庆来源的民间偷神过节版本较多，特别是水家的“借霞”“借额”（也有人写成“借艾”）的节日传说，偷神是民间解释节庆起源的主要内容之一。有学者从偷神的民间故事中探讨水家地方文化的权利认同及互惠模

---

① 任虽：《端节的由来》，载黔南州文艺研究室、三都县文史研究组编《水民族故事选：石马宝》，1981年11月在都匀编印，第185-188页。该文还收录于祖岱年、周隆渊编《水族民间故事选》，上海文艺出版社，1988，第160-163页。

家家庭也开始过春节了，特别是远离水家居住村寨到外面工作的水家人，春节回家也开始祭祖、烧香、放鞭炮等。[①]

一位水家网友谈论水家区域过春节的概况并发出感叹，其内容能体现出春节文化对水家传统文化认知的巨大冲击："传统上，水家过年（春节）的群体，主要在其他民族杂居集镇、县城，比如水家进城一代、二代、三代，以及原本不是水家，或者跟水家血统已经很淡，因某些原因改为水族的；另外聚居区也有部分村寨过年，比如周覃镇阳安村，九阡镇杨拱村（杨姓），九阡镇姑尝村潘姓、水梅村等，他们不'借卯'也不'借端'，这部分大概占水家人口的四分之一；现在同化势不可挡，像我这种坚持不过年、不过端午、不过中秋、不贴对联的顽固分子，反而是奇葩，少之又少。"[②]

四、"借十四"

在贵州水家聚居区，部分水家群体比邻水家第一批"借端"村寨而居，但是他们不"借端"也不"借卯"或过其他水家的传统节庆，而是将"月半"视为他们的年节。这部分水家以黔南布依族苗族自治州都匀市归兰水族乡基场社区的大田寨的村民为主，过节时间为农历七月十四，跟汉族"月半"的习俗类似，祭祀祖先，焚烧大量纸钱、香，"大田寨的'月半'是清代中早期借鉴汉族过的节日，跟汉族基本一样"[③]。大田寨过"月半"时是有客人来家的，大田寨的水家会在"月半"前几天邀请自己的亲戚朋友到家里过"月半"，一般情况下，"十四才插香在门口，但十三就拢客"[④]。亲戚朋友多的家庭，可能农历七月十二至十四都有客人来往，但家内供奉祖先在十四的晚饭前，绝大多数的香、纸、冥币主要在屋外烧，屋内就像平时敬祖一样简单地点几炷香、烧几张纸钱。

---

① 韦学纯编著《中国水族》，宁夏人民出版社，2012，第 145 页。

② 2019 年 2 月 20 日，9：50，"水家人 ×× 论道"微信群的聊天记录。

③ 2020 年 9 月 3 日，18：53，韩老大在"贵州省水家 ××"微信群回复笔者的聊天记录。

④ 2020 年 9 月 2 日，18：46，通过微信咨询大田韩兴 × 的聊天记录。

除了大田寨，其余村寨的水家多数也过“十四”，但内容上可能跟汉族祭祖不一样，也没有那么隆重，而仅仅是一个简单的家庭祭祀而已，并且因区域的不同，祭祀的对象、时间均存在差异，但都用一个水语词“sup^{8} $ɕi^{5}$”对译汉字的“十四”，在“十四”前可以加“借”，即“借十四”，可以直译为“吃十四”，意译为“过十四”。

三都水族自治县中和镇三洞社区板南村有“借十四”的情形，“就是一两斤猪肉，胡乱祭祀一下，开吃，完事；我家是在大门室外一侧祭祀，不烧纸钱、不烧香，没有家庭之间或室外的任何活动”①。三都水族自治县都江镇打鱼社区中坝村的“借十四”在农历七月十三晚上杀鱼、杀鸭供祖先，据说以前没有“十四”，“跟汉族的中元节的风俗相似，只不过我们不会像他们那样烧纸钱、烧香”②。三都水族自治县周覃镇廷牌社区的下务莫村的“借十四”则是供寨子里的石菩萨：“我们‘十四’是供菩萨，整个寨子全部都供一个菩萨，有时候我们去供菩萨都是需要排队的，一家供完另外一家再来供；供菩萨要杀鸭子，先拿鸭子去石菩萨那里杀，第一次是先拿活鸭和一块肉，在石菩萨那里先供一次，先用肉供，然后在那里把活鸭杀了，用碗装好杀鸭的血，放在石菩萨的边上，之后拿纸钱沾点鸭血；拿鸭子回家后，用开水烫、拔毛、清理内脏，处理干净后整只煮熟，同时鸭血也要拿回家煮血稀饭，最后再拿煮熟的鸭子、血稀饭去石菩萨那里再供一次。”③ 笔者调查的荔波县玉屏镇水利村 M 寨，名称还是“十四”或者“借十四”，但是祭祀时间为农历七月十三晚上，杀鸭子、鱼等供祖先，同时还要用猪肉、糯米饭、水果等供奉“娘娘神”，条件好的可以杀母鸡来供“娘娘神”，像平时供奉一样简单烧几张纸钱和几炷香；而到了七月十四这天，有空闲的则可以约人到亲戚朋友家“借十四”(水利水家发音跟三洞水家发音有点差异，接近汉语“加十系”的发音)，或者邀朋友到家“加十系”。

---

① 2020 年 9 月 1 日，14：23 至 14：40，通过微信咨询板南潘老四的聊天记录。

② 2020 年 9 月 1 日，21：09，与打鱼社区中坝村张加 × 的微信聊天记录。

③ 2020 年 9 月 1 日，22：30 至 22：50，根据微信群聊天内容整理。

前面说到，水语“借”用在节日名称前，至少该节日要带有喜庆氛围或有庆贺的意义，而不能用在全程严肃、庄重、伤感、避讳等氛围的节日名称前，如清明节就不能加水语“借”，但七月十四或者说七月半前能加“借”，说明水家文化认知里的“十四”，并不是中国古典哲学阴阳五行下的鬼节[①]，也不是以礼敬亡灵的为唯一主题之中元节[②]。水家将清明节视为礼敬亡灵的节庆，所以不能在清明节前加水语“借”，即不“吃”清明。七月十四前的节庆可以加水语“借”，则表明水家节日在形式上、时间点上与中元节类似，但实质已经不自觉地转换为水家传统节日，具有依托祭祀活动来开展人们互动的特点。人员来往互动中的“借”不可少，因此节日名称前加水语“借”是被认可的。水家引进“七月半”时，在已有水家民族传统节日的区域有各种不同的祭祀对象，有的是祖先，有的是石菩萨，还有的是娘娘神，甚至有的没有明确的祭祀对象，“主要祭祀对象看不出是什么，不知是为了防外，还是为了保内”[③]。这些有各自传统节日（七月十四）的水家区域，“借”主要限于家庭内部，仅有笔者调查的“借卯”区域M寨有明显的外出“找‘月半’吃”(“借十四”的直译)，“主要是十三（供祖先、娘娘神），十四都不怎么供了，都出去找月半吃了”[④]。在没有“借端”“借卯”或者其他节庆的大田寨，则已明确地将“十四”转换为跟“借端”“借卯”同等重要的节庆，尽管有祭祖、烧纸钱、烧香等，但更重要的是以节庆承办者的角色邀请亲戚、朋友到家过节，用美食招待客人。水语的“借”是节庆中最重要的部分，“借十四”(大田也说“七月半”）是他们与比邻的水家“借端”的明显

---

① 高洪兴：《中国鬼节与阴阳五行：从清明节和中元节说起》，《复旦学报（社会科学版）》2005年第4期。

② 萧放：《亡灵信仰与中元节俗》，《文史知识》1998年第11期。

③ 2020年9月1日，14：23至14：40，与板南潘老四的微信聊天记录。

④ 2020年9月1日，21：47，微信咨询M寨村民的聊天记录。

区别之处。①

五、“敬霞节”

“敬霞节”，也称为“霞节”，主要活动是祭祀，并且不是每年都举行，如果以年为周期来定义水家的年节，“敬霞”则不在这一范围内，但是考虑到这一祭祀活动所涵盖的村寨较多，主要由“借卯”“借荐”（春节）两部分群体组成，因此有必要简要介绍一下“敬霞”的民间故事、节日活动等。“霞”是水语“水神”的意思，其外形是一块被视为具有神性的人形石头，也有人认为“‘霞神’并非人形神石，而是猪形神石”②。民间传说很久以前一位水家的长者在河里捕鱼虾，多次未获鱼虾，而总是捞到一块人形的石头，他觉得奇怪，于是捞上岸置于人多之地。当人们围观时，石头显出灵性，告诉人们沿河流而上迁徙可找到平坦的、肥沃的土地种庄稼，不用天天下河捕捞。人们按照神石的意思找到了现在住的地方，过上了比原来好的生活。从此，人们按照不同村寨联合起来，每隔六年或十二年祭拜一次神石，祈求风调雨顺、五谷丰登，逐渐形成节庆。③这个“敬霞”的故事是面向整个水家“霞节”群体而言的，具体到各“霞节”所涵盖的村寨，又有自己的“霞节”故事。三都水族自治县九阡镇杨拱村杨姓村民所举办的“敬霞”就在2009年举办节庆活动时在“霞坡”上立碑进行介绍。

---

①2019年3月29日至4月8日，笔者在大田寨调查，很多村民都说大田水家是从对面水家古村寨翁降村分裂出来的，他们分裂后就不“借端”，一段时期内没有节庆可过。后来一个从都匀王司镇嫁到大田的奶奶引进了“七月半”，就以“七月半”为他们的主要节庆，过节方式跟“借端”类似，只是大田水家人数少，无法承办类似“借端”的“端坡”跑马活动。

②潘朝霖：《猪与水族雨水神“霞”》，《贵州民族研究》1999年第1期。

③文兰、立浩等：《“敬霞”的由来》，载祖岱年主编《黔南民族节日通览》，黔南布依族苗族自治州文化局编辑，黔南人民印刷厂1986年12月印，第102–103页。

扬拱杨氏霞节简况

很久以前，杨纳公带着家小到扬拱定居。纳公生有四子，分别取名为杨雷、杨选、杨留、杨勇。

杨氏家族从事农业生产。当时，气候条件恶劣，连年干旱，庄稼生长困难，纳公一家生活在水深火热之中。一天，烈日当空，纳公长子雷公在山上干活，突然听到“嗡嗡”声，有两颗形似鹅的石头在打斗，雷公想制止，便大叫一声，瞬间乌云凑集，狂风暴雨大作。雷公即将两颗石头视为掌握晴雨的神石（后称霞石）带回家中供奉，随后，扬拱地区就风调雨顺、连年丰收。经商议，最后将其置于霞山上，每逢农历丑年或未年举行一次大型的“祭霞”活动，采取水书“蛋卜”的方式选定日期，开展活动当天即为“霞节”。

“霞节”那天，杨家四支（即雷公、选公、留公、勇公）都分别抬煮熟的肥猪、糯米和酒以及其他祭品到霞坡供奉，并开展一系列的祭祀活动，如龙井取水、路上洒神水、祭师“布希”、霞塘戏水、铜鼓表演、男女对歌等，丰富多彩，喜气洋洋，预示着年年风调雨顺、人和谷收。

正值中华人民共和国成立六十年之际，蕴含着丰厚民族文化的“霞节”封存了六十年后，在得到群众的积极响应和各级党委、政府的关心下，又得以传承和发展。

公元二〇〇九年七月七日

碑文后面还列出了始祖后裔分布的大概情况，以四个分支后裔居住村寨及户数概况进行呈现。有学者从碑文的介绍及举办的操作、仪式概况、民间传说（偷干公后裔十二“丁”霞石的传说）等方面进行分析，指出该区域的

“霞节”为家族权利的实践与重塑。[①]

“敬霞”祭拜活动由参与村寨中的各“的丁”或各股均等出资祭品，最主要的是各“的丁”献祭的猪肉要大体相同，供祭时摆放的高度等也基本一样高，据说在重量、外形等方面的不均衡会造成“霞神”偏心，均等供奉使各“丁”得到相同的恩泽。[②] 2020 年 7 月，三都水族自治县九阡镇母改村等“幹”公潘姓后裔十二“丁”组办的“敬霞”活动中，出资标准以户为单位，每户预收 100 元，各项开支预计为 125000 万元，并非以“丁”为单位集资或采购祭祀用品。该次活动还将有父系血缘关联的村寨代表邀请前来“借霞”，迎接了众多来自三都水族自治县原三洞乡和廷牌乡“幹公”后裔分布的村寨代表，以及黔东南苗族侗族自治州榕江县的“幹公”分布的村寨代表，代表们乘坐而来的车辆中仅大巴车就有 12 辆。

“敬霞”活动除了过节村寨内各“的丁”之间的协调工作外，近些年还开展了超越“的丁”范围的联谊活动、对歌比赛等。“敬霞”的村寨内，十二年祭拜一次的村寨通常以“借卯”为年节，六年祭拜一次的村寨通常是以春节为年节。

第二节　节庆之“坡”

水家主要传统节庆“借端”“借卯”“借霞”“借额”，均有相应的公共活动地点，对译为相应名称的“坡”，如“端坡”“卯坡”“霞坡”“额坡”，超越承办节庆家庭、村寨而无参与成员限定的节庆活动，基本都在“坡”上开

① 李建明：《扬供水族霞节：家族的当代实践与地域权力重塑》，《节日研究》2015 年第 1 期。

② 覃世琦：《水族敬霞节文化内涵探析》，《贵州民族学院学报（哲学社会科学版）》2011 年第 3 期。

展。从节庆承办村寨之外而来的亲戚朋友，会在各自的亲友家吃完午饭后，到节庆的“坡”上看热闹或参与某些活动（20 世纪 90 年代前是先到坡上之后再走亲戚）。

一、“端坡”

“端坡”是“借端”时用于跑马的地方，因此也叫“马坡”，一般是多个“借端”村寨共用一个，开展有奖活动时，这些村寨共同分担相应的开支，[①]如果有私人、企业、政府部门等给予资助，村民承担的费用就相应减少。地方政府未资助“端坡”活动前，民间组织的“端坡”赛马没有奖金，也没有“端坡”大型祭祖活动，因此不需要进行集资，[②]“端坡”赛马开道祭祀由端坡所属村寨进行简单祭祀即可。

民间故事说以前“借端”不赛马，后因某些成员迁离“借端”发源地三洞较远，需骑马才能赶到三洞“借端”。后来，骑马“借端”的亲友一年比一年多，于是有人提出了赛马。[③]在“借端”起源故事中，赛马活动与“借端”同时产生。传说节庆时受外敌攻击，群体全部迁移至荒坡临时避难，马匹不好看管，小孩没事做，始祖拱凳对众人说：“这里有荒坡，你们何不跑马来比个高低？让娃崽们也得个热闹看。”之后每年“借端”都在坡上赛马。从民间故事的不同版本看，“借端”的赛马是节庆的重要组成部分，仅存在赛马起源时间上的差异。当前水家“借端”区域内，“端坡”赛马依然是节庆的高潮部分。“人们吃过年酒（亥日吃过午饭后）便成群结队地从各村寨赶来这里，端坡顿时人山人海，青年人赶端坡不仅为了看赛马，还把这盛大的

① 张兴雄：《水族的端节与社会组织——以三洞乡为例》，硕士学位论文，西南民族大学，2006，第 25-28 页。

② 2005 年 9 月至 12 月，笔者在三洞调查时，正好赶上“端坡”共享的村寨内部想分家，故看到了“端坡”活动经费的集资情况，但后来又合并回原来的“端坡”。

③ 李海玉整理：《端坡跑马这样来》，董一编，三都水族自治县十大文艺集成志书办公室编发，《中国民间故事集成·三都水族自治县卷》，黔南州人民印刷厂，1989，第 178 页。

聚会看成物色情侣的好机会”[①]。

“端坡”赛马在“借端”祭祖亥日的午饭后进行。在赛马前，活动主持人会事先在即将设祭桌的马道上插竹标或草标，表示尚未祭祀开道，任何人不得先行跑马，需要等待“端坡”土地所属村寨举行开道仪式后才能跑马。开道仪式是在“端坡”的马道上或中央设一桌便席供祭，放置鱼、酒和饭，由“端坡”所辖村寨内一位德高望重的长者主持祭礼，祭奠开辟“端坡”的祖先和“端坡”土地神，祭奠前者表示怀念祖先、铭记历史，祭祀后者是祈愿活动顺利开展。祭奠结束，撤掉祭桌，拔去竹标，主持的长者率先骑马开道引跑之后，众骑手方能在马道上跑马。如果有骑手在没有开道前就跑马或试马，可能会引来麻烦，轻则被骂，重则遭打。为此，部分“端坡”在亥日早上天还没有亮时，就举行了“端坡”开道仪式。正式赛马前需要对参赛马匹进行编号，之后分组进行淘汰赛，最后决赛选取一定数量的名次。“端坡”组织者根据当年节庆活动所得捐款的多少进行奖金分配。没有获得名次的马匹，一般在编号时会收到“端坡”组织方赠送的毛巾，用于赛马时擦汗，也作为参赛的纪念品。[②]现代水族地区交通便利，而且很多村寨修通了田间地头的机耕道，便于小型耕地机、收割机等农耕机械进出，现在人们远行乘车，耕作机械化，致使水家村寨喂养以供役力的马匹越来越少，[③]以前多数“端坡”赛马上百匹的盛况一去不复还。笔者调查时注意到部分“端坡”为了吸引周边村寨到“端坡”看赛马，还会邀请一些专业赛马人士前去参赛，只是在参赛时进行两种类型的分组淘汰赛并公布两组名次，即洋马组与本地马组（或大马组与本地马组），各组取前几名进行颁奖。2018 年 9 月 28 日，三都县周覃镇水东村的“端坡”赛马，洋马组与本地马组各取前 5 名，

---

① 韦学纯：《水族》，辽宁民族出版社，2014，第 104 页。

② 张兴雄：《水族的端节与社会组织——以三洞乡为例》，硕士学位论文，西南民族大学，2006，第 25、35-37 页。

③ 根据潘一志 20 世纪五六十年代时的记载：水家视抬活人为可耻，因此普遍养马，将马作为日常出行的交通工具，较少用于运输，水家地区没有抬轿子这一现象。潘一志：《水族社会历史资料稿》，三都水族自治县民族文史研究组，1982，第 424 页。

其中一个职业赛马人士就用车运载5匹马从都匀前来参赛，其中有3匹马获奖。地方政府为了打造民族特色，个别传统“端坡”被移址扩建成专业的赛马城，平时偶尔也进行赛马比赛：2019年5月1日，三都水族自治县马术协会就在三洞赛马场（也是“借端”时赛马的场地，称为“三洞姑稔端坡”）举办赛马活动。邀请全国马友参赛，分为洋马组与本地组，每组又分2000米组和3000米组，各分组里取前三名。2020年12月31日，三都水族自治县马术协会发出同一场地的赛马海报，举办时间为2021年1月2日，以马的身高为标准分为洋马组（1.46米及以上）、本地马组（1.45米及以下）进行比赛，预赛与决赛中本地马跑2圈，洋马跑3圈。奖金取两组决赛中的前六名，两组各名次所设奖金一样，分别为1588元、1388元、1088元、888元、688元与488元。

三洞姑稔“端坡”是目前水家“借端”之中规模最大、设施最齐全的“端坡”，场地由三部分组成：一是专门供祭祖展演的“恩公”雕像和小广场，二是“端坡”文艺活动表演广场，三是宽敞的露天赛马场。姑稔“端坡”赛马场跑道放置10个起跑闸厢后还留有8米左右供马正常赛跑，马道内圈周长1000米左右，建有可供数千人坐的露天看台（见图4-1）。姑稔“端坡”的前身是寨罗“端坡”，2004年，该“端坡”由省里资助开展了盛大的“借端”活动，大型的祭祖开端大典活动源于此，时任省委书记钱运录、省人大常委会副主任杨序顺、副省长吴嘉甫、黔南州委书记林明达等领导亲临现场，“端坡”参赛马匹有600多匹。[①] 以至于后来很多报道水家“借端”盛况的照片均沿用当年拍摄的照片[②]，特别是祭祖的照片，后来的场景难以超越，这估计是目前水家“借端”区域中唯一一个有多位在任省部级领导到场参与的“借端”活动。据当地村民回忆，当时全国各地水家代表都来到了这里，并且当天三洞区域内“借端”的村寨，每户都领到组委会发放的物

① 潘巨汤：《“中国贵州·三洞水族端节”活动纪实》，载屠旭云主编《水族百年实录》，中国文史出版社，2014，第649-651页。

② 佚名：《贵州省三都县水族端节启动 历时49天》，中华民族文化网，2015年9月26日，网址为 http://www.56china.com/2015/0922/106522.html。

资：一斤肉、一斤酒、一斤米。[①]

图 4-1 2018 年 10 月 22 日 姑稳“端坡”赛马场

2018 年 10 月 22 日，姑稳“端坡”赛马场参赛的马有 100 匹，分成 A 组和 B 组，从马的鬃毛处测量，以马的身高分组，高于 1.47 米（含阉马）为 A 组，1.47 米及以下（不含阉马）为 B 组；A 组预赛需在跑道上跑两圈，决赛跑三圈，B 组预赛跑一圈，决赛跑两圈；A、B 组第一轮预赛均有 11 个小组参赛，每小组为 5 至 6 匹马，6 匹一组的取前三名进入第二轮，5 匹一组的取前两名进入第二轮；进入第二轮比赛时 A、B 组均只剩下 5 个小组，A 组有 27 匹马，B 组有 26 匹马，6 匹马一组的取前四名，5 匹马一组的取前三名进入三轮；A 组进入第三轮有 16 匹马，之后分成 2 个小组进行第四轮淘汰赛，最后进入决赛。单从参赛马匹数量上看，2018 年的姑稳“端坡”在有一半马匹是洋马的情形下，总数才 100 多匹。而 2005 年在没有洋马与本地马之分的情形下，该端坡的前身寨罗“端坡”(达便、水根共

① 微信群聊天内容，信息提供者出生于当地一个较大的水家村寨，现就职于三都水族自治县某中学。聊天时间为 2020 年 9 月 3 日，9：40 至 10：30。

用“端坡”）参赛马匹的编号有300多号[①]。十多年后，水家“借端”的马匹只有原来的三分之一，假设2005年全是本地马参赛，2018年参赛的本地马有60匹左右，后者只相当于2005年的五分之一，一定程度上可以看出水家生活区域及其周边的马数量锐减的概况。同一天，姑稔“端坡”还举行了水歌对唱、祭祖大典、马尾绣比赛等活动，这些活动项目都是后来引进“端坡”的。

20世纪90年代前，“端坡”的主要活动就是跑马，没有明显的比赛规则，大家在马道上自由奔跑，偶尔几个人组队相互“挤马”，骑在奔跑的马背上相互推挤，看看谁能一直坚持跑到最后。“端坡”活动引入奖金激励机制后，赛马、唱水歌等的奖金或劳务支出较高，单就从2020年多个“端坡”的宣传海报上看，多数“端坡”的两项活动的支出均超过20000元；虽然赛马奖金高，但参赛马匹数量仍不太理想。[②]

第一批“借端”的都匀市归兰水族乡，当地没有“端坡”，但是发展出在“借端”之前进行集市交易、节庆活动的“端场”。“端场”“端坡”都是水家“借端”集体活动的具体场所，以前多是利用秋收过后比较大的稻田（水家在水稻收割前将水排放干）或相连的几块稻田作为节庆的集体活动点。近十年，条件好一些的村寨开始在荒山或无耕种林地单独规划建“端坡”，没有永久性的赛马便道。“端场”与“端坡”除了具有活动时间上的区别，还

① 张兴雄：《水族的端节与社会组织——以三洞乡为例》，硕士学位论文，西南民族大学，2006，第36页。

② 当前“端坡”参赛马匹少已成常态。2020年10月23日，三都水族自治县周覃镇廷牌社区、恒丰社区的几个“端坡”参赛马匹最多的未超过30匹：恒丰社区板育“端坡”17匹马，恒丰社区板力“端坡”15匹马，廷牌社区高丰“端坡”8匹马，廷牌社区古雷“端坡”13匹马，廷牌社区古考“端坡”26匹马。2020年10月30日，三都水族自治县中和镇唐州社区的塘州“端坡”因同一批次中只有一个“端坡”，参赛马匹相对多一点，当天有38匹马参赛。只有8匹马参赛的高丰“端坡”，参赛大马组第一名至第五名奖金分别是5008元、4008元、3008元、2008元、1008元，小马组分别为3006元、2006元，1006元、906元、806元，赛马奖金共计22770元；有13匹马参赛的古雷“端坡”，请水歌歌手歌唱3小时，向男女歌手共支付12012元。相关数据源于当天的部分群聊内容、宣传海报等。

有一点功能性的差别，“端场”有水家“借端”传统的赛马活动，同时也引进了周边民族的斗牛、文艺表演等活动，周边村寨的人（不分族属）也欢聚在“端场”活动现场，观看热闹或进行小本经营。在“端场”聚集看热闹的过程中，当地“借端”的水家就会邀请前来“端场”的亲戚朋友第二天到家里“吃端”（“过端”），部分住得远的客人就直接留下来。“端场”之后的活动都是各自小家庭的客人流动，没有了人山人海的聚众活动（当然，“端场”活动有时也有唱歌表演、篮球赛等，如果当天没有完成相关活动，则第二天继续，但是观看的人也不多）；其他批次的“端坡”活动跟“借端”是同一天，多数“端坡”只组织传统的赛马，近些年部分“端坡”加入了祭祀祖先、水歌对唱、马尾绣比赛等；“端坡”于客人的功能不是邀请“吃端”，而是在主人家吃饱喝足之后到“端坡”上去看热闹（2000 年之前，是客人先到“端坡”看骑马，等“端坡”赛马结束才到寨子里“找端吃”即节庆期间去“借端”的亲朋好友家吃喝，“端坡”集体活动也只有跑马，集体祭祖、对歌等基本没有）。从整体上看，“端场”“端坡”有一些差异，但实质上仍然是“借端”的组成部分。

“端场”，归兰水族乡“借端”集体活动场所的特有名字，当地人将集聚到端场的活动汉译为“赶端场”，而其他地方的人将“借端”集体活动地点称为“端坡”，还没有普及“赶端坡”一说，更多的是去“端坡”。当然在“赶集”概念的影响下，特别是很多会汉语、能听懂水话但不会说水话的青少年等，现在也会使用“赶端坡”以及其他水家节庆的集体活动点，如“赶卯坡”“赶额坡”，因为这些“坡”上有很多农村小卖铺没有的零食、玩具或其他的新鲜玩意，近些年水家传统节庆的“坡”还出现了气垫游乐场。

二、“卯坡”

“卯坡”是“借卯”时集体活动的主要场所，一般都选择在某一个地势比较平缓的小山坡或荒地上，供前来坡上的青年男女进行水歌对唱。在旅游促发展理念的推动下，地方政府投入资金打造“卯坡”，有的在原来的“卯坡”上建造凉亭、水字图腾柱、祭祀台，修建水泥路或石板路到坡顶等。如现在的三都水族自治县九阡镇水各村水各大寨的“卯坡”，是政府在原有基础上投资扩建而成的，属于“借卯”文化建设的组成部分。“2005年后，水各大寨通过政府引导，资源整合，市场运作，群众参与，精心挖掘，打造民族民间文化，走出了一条旅游带动群众增收致富之路。在这一活动过程中，有了相应的组织机构和组织分工，如水各大寨成立了‘水各大寨旅游协会’。”①

部分“卯坡”由于远离公路或太靠近车流量大的公路，“借卯”时“卯坡”人流量少或人流量大并在路边停放车辆造成交通堵塞，于是选址新建“卯坡”。笔者所调查的荔波县玉屏镇水利“借卯”的水利大寨“卯坡”，因原“卯坡”靠近552国道，节庆时易造成交通堵塞和交通事故，不利于打造升级“借卯”文化，于是改址在水利大寨离村子1公里左右的山坡上。新建的“卯坡”（见图4-2）：中央处建有高高的水字“◁▷”（卯）牌坊柱，上面刻满水字；建有简易凉亭、小型表演场地；斜坡上还立起一块大石头，一面刻有水字“◁▷”（卯）的异体字之一“϶϶”，另一面刻有水家“借卯”的历史文化，落款时间为2012年五月初五卯天；在“卯坡”中心活动场地上方300米左右的树林空地上建了2栋木房子，里面陈列水家的日常生产生活用具，房子的面板上展示一些民俗文化知识和开展活动的照片；2020年初在卯坡上新建了一个稍大的表演场地，受新型冠状病毒肺炎疫情的影响，2020年的水利“借卯”限于过节人家亲朋好友间的来往，没有在“卯坡”举办庆祝活动而致其“无用武之地”。

地方政府组织的“卯坡”活动中，一般先由地方政府主持开幕活动，如领导讲话、村民代表水歌开唱、文艺表演队表演等。多数“卯坡”的群众在代表开唱后就在坡上散开，会唱水歌的男性就邀几个同伴去找异性对唱，不会唱歌的就去旁边听歌。不喜欢听歌的，还可以看文艺表演、魔术

---

① 陈显勋：《水族卯节调查实录——贵州三都九阡镇水各村水各大寨调查个案》，《黔南民族师范学院学报》2014年第4期。

表演等。

图 4-2　2019 年 6 月 23 日 水利大寨“卯坡”

“卯坡”还有一个变体，即“寅坡”。“借寅”时间是在水各“借卯”的前一天，“借寅”地点是在三都水族自治县九阡镇板高村。“寅坡”基本全由民间自由开展，没有政府参与。“寅坡”的人为打造痕迹较少，绝大部分是树荫遮挡下的小山坡、荒坡，周边是已经开垦耕种上农作物的土地；开展活动时没有领导讲话，也没有文艺演出，坡上看到的全是在自由对唱或正在物色对唱对象的大小不一的小团体；规模不大，但是到坡上的人员绝大多数是会唱歌的，观众则较少。

水家节庆中，还有与“借霞”对应的“霞坡”，与“借额”对应的“额坡”。“霞坡”以祭祀为主，祭祀“霞神”（一块石头）和祖先，坡上气氛较为严肃、庄重，没有青年男女的水歌对唱。“额坡”的活动情况类似于“卯坡”，主要是开展一些文艺演出。

近几年，“借苏宁喜”的村寨在节庆当天组织斗牛，如果能长年累月地发展下去，斗牛活动场地周边可能会成为“苏宁喜”的“苏坡”（水语“苏宁喜”中的“苏”对应的地支为“丑”，对应的生肖为“牛”。“苏宁喜”在农历腊月第一个或第二个牛日进行节庆活动）。

九阡镇杨拱社区水响、内高农过春节的水家，在20世纪90年代组织开展了几年的“年坡”活动。“我们水响寨的‘年坡’在一九九几年举办过，后来因为‘年坡’经常有人喝酒闹事，老人就反对了，就停到现在。2020年的春节，年轻人又喊继续搞‘年坡’，让过年热闹点，所有准备工作都已准备好，但是受新型冠状病毒肺炎疫情的影响，就“泡汤”了。”“年坡”上的活动只有对歌和赛马，并没有祭祀活动，以前“年坡”开展活动的对歌、赛马等奖金都不高。“我们今年准备的‘年坡’活动，都是年轻人自愿捐款，老人不用，基本上大家都捐了，也有少数人反对，但是反对无效，反对的可以不参加。”① 杨拱社区过春节的杨拱村也有开展“年坡”活动。“杨拱的情况我基本不了解，我在那边没什么亲戚，基本没有接触和走动。只记得小时候他们过春节，还赶年坡、赛马，1993年，我唯一一次去杨拱赶年坡。至于杨拱霞节，在我离开贵州外出工作之前，还真没听说过。我于1995年到湖南工作，直到今年才被调到贵阳，这期间一般一两年回家探亲一次，都是来去匆匆。”② 过春节的水家村寨，部分已经开始将水家“借端”“借卯”等节庆理念对应的“坡”融入节庆中，新建或重启“年坡”，作为开展节庆时的群体活动场地。

① 2020年10月28日，9：06至11：10，微信群聊，九阡镇杨拱社区水家过春节相关村寨的信息由群成员陆某的聊天内容整理而成。

② 2020年11月19日，微信单独咨询该区域过“霞节”的潘某。

第五章　水利村“借卯”

第一节　基层组织承办“卯坡”活动

政府参与的“借卯”活动，除了维持治安、管制交通外，还主管“卯坡”相关活动的举办。水利“借卯”在时间上属于水家“借卯”批次的第一批，因此在进入“卯坡”的必经主干道上立起“借卯”文化的寨门，寨门横梁的正中刻有“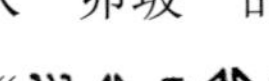”几个水字（旁边汉字注释为“元卯水寨”）。“卯坡”演出的舞台背景宣传上印有“中华第一卯”字样，但除了节庆时间上的第一，该区域的“借卯”在政府投入、群众参与、活动规模等方面，跟其他区域的“借卯”相比，均达不到“第一”。对此，部分人给出的解释是：中国只有水家“借卯”，水家的四批“借卯”中，水利“借卯”排第一，即使中间两批次合并到第四批了，依然没有影响水利“借卯”最先过节的时间排序。因此将水利“借卯”称为“中华第一卯”是说得通的。

从地方政府资助的力度上看，荔波县境内几个“卯坡”活动的资助，均没有三都水族自治县九阡镇水各“卯坡”的活动资助高。因此荔波县境内水家各区域的“借卯”，在人气、名声、节庆活动项目等方面均无法跟水各

“借卯”相比。荔波县水家的“借卯”第一批、第四批均有，并且分为多个相对集中的区域“借卯”，在水利、水尧、永康等地均有“卯坡”，县里的资助相对分散，更多依靠乡镇一级的地方政府资助；三都水族自治县的水家“借卯”比较集中，只有一个大型的水各“卯坡”，县里将之视为民俗文化风情特色旅游点并进行打造，因此在经费投入、建设指导等方面均给予极大的支持，“卯坡”活动每年均能吸引大量游客前去观光。

2018 年，水利“卯坡”活动经费基本由水利村委会自行筹备。村委会、部分村民已经开始意识到，今后地方政府会逐渐退出民俗活动的组织，即使有经费资助，但资助的额度、资助时效等都是未知数。因此，村委会在节庆前找水利“卯坡”所在地水利大寨的村组长进行协商，由组长召集几个村民商讨“借卯”承办情况。当时的初步计划是村委会自筹，筹 30000 元人民币给大寨，让大寨来承办水利“卯坡”的相关活动，组长刚开始觉得应该能办得下来，但是需要召集全寨村民或者至少一半的户主来商量决定；因担心村组承办之后节庆活动规模、人气等严重不如之前的效果，最后村组决定放弃承办权，但是积极参与村委会的相关承办工作。2018 年的水利“借卯”活动全由水利村委会承办，周边有村民“借卯”的村委会也参与筹备、主办等工作。

由于“卯坡”活动经费有限，水利“卯坡”取消了之前请水歌歌手上台主唱的节目。好一点的水歌歌手唱一小时要 300 元至 800 元，一般要请 2 至 8 人（男女均等），4 小时左右，开支在 2500 元至 10000 元。[①] 这对于以 30000 元来预算整个活动的水利“卯坡”而言，如果想要中等规模的歌手人数（500 元 1 小时，4 人），就要花去预算的三分之一左右。因此，村委会只能舍弃这

① 2020 年 9 月底至 11 月初，水家“端坡”活动请人唱水歌：“‘端坡’对唱，一般都是男女主唱各 2000—6000 元，陪唱人 200 元。主唱费用高的主要原因在于编歌难，需要提前一两个月编好并记好。据我接触到的‘端坡’对唱，截至目前，只有今年的地孟‘端坡’费用最低——男女主唱各 660 元，陪唱 200 元。”（三都淮海影视的潘石高在群里提供，2020 年 11 月 11 日，10：40。）

个民俗节目，改为让村寨里的一位歌师[①]单独唱一会儿，如果有愿意上台对歌的，则给予其纪念品。2018 年水利“中华第一卯”的海报上大致呈现了“卯坡”的主要活动。

“中华第一卯”之乡欢迎您！

“东方情人节” 情定卯坡 相约水利

水利村卯节为水族“中华第一卯”，被誉为“东方情人节”，是全体水族的一个重大节日。为弘扬民族文化传统，传承民族文化精神，丰富广大人民群众的精神文化生活，促进社会和谐稳定，实现民族大团结，为打造水族文化旅游品牌，搭建全域旅游和民族文化平台，实现节日经济助推脱贫攻坚，水利村定于 2018 年 6 月 28 日举行水族卯节庆祝活动。欢迎各级领导、各位嘉宾、社会各界人士、广大游客前来共度水族佳节！

活动内容及时间安排：

一、水利民间祭祀活动

水利水族民间祭祀活动于当天 12 点 15 分在卯坡正式举行。

二、大型群众性活动

1. 大型群众性活动于祭祀活动结束后，在卯坡正式举行。

2. 活动内容

（1）水书先生开场、水族歌手开唱。（2）芦笙表演。（3）舞狮表演。（4）大型文艺表演。（5）歌手自由对唱。（6）现场互动：卯坡现场歌手演唱，分独唱和对唱，每次 3 至 5 分钟。当场报名，台上演唱。参加现场互动的人员着本民族服装，整洁干净。尽量着盛装参加。（歌曲内容健康、符合当前国家政策、歌颂脱贫攻坚政策）

① 王学文：《规束与共享：一个水族村寨的生活文化考察》，民族出版社，2010，第 66 页。2018 年、2019 年水利“卯坡”中的水歌歌手，实为王学文 2007 年的调查对象。

（7）奖励：参加自由对唱和现场互动的歌手，到主席台登记后，可以领取纪念品一份。

三、活动要求

1. 前来参加卯节活动的各位领导、各位嘉宾、各界人士、广大游客必须服从组委会安排，驾驶的车辆一律按照交警、交通指挥人员指定地点停放；当天 10 点至 17 点水利纳莪至卯坡路段实行交通管制，管制期间该路段禁止车辆通行，持有组委会发放的车辆通行证和工作证的才能通行。

2. 前来参加卯节活动的各位领导、各位嘉宾、各界人士、广大游客要加强安全防范措施，锁好车辆门窗，随身携带的贵重物品注意保管，注意用火安全，严禁酒后驾车、违章停车。

3. 严禁在卯坡借酒装疯、无理取闹，对不服从组委会工作人员和安保执勤人员劝告者，触犯法律的将强制移送司法机关，依法追究刑事责任。

四、食宿安排

参加活动的社会各界人士、广大游客，食宿自理，需要就餐和住宿的提前与组委会联系，水利村有元卯客栈，可以容纳 70 人住宿，住宿费用为每晚 168 元，就餐盒饭每人 20 元。

五、联系方式

覃 ×× 13×××××××××6　吴 ×× 13×××××××××7

吴 ×× 13×××××××××1　杨 ×× 15×××××××××8

2018 年 6 月 27 日，村委会组织人员进行“卯坡”活动的准备工作。村委会成员、驻村干部等基层工作人员全部参与到“卯坡”活动的筹备之中：从村委会所在地老街至“卯坡”沿途插上彩旗，寨门、显眼的外墙、大树之间悬挂宣传横幅，“卯坡”舞台背景的布置，工作人员、出资旅客、嘉宾等的饮食筹备等。水利大寨和周边自然村寨的村组长、护林员等也被安排跟村委会的工作人员一起清理“卯坡”上的荆棘、杂草、乱石等。傍晚，部分商贩先到“卯坡”用绳索、石灰、纸板等占位以便第二天摆摊（不能摆摊的地方村委会立牌告知），少数驾车远途贩卖小商品的生意人晚上直接将车停在“卯坡”并在车上过夜。

2018年6月28日，“卯坡”上最早行动的是形形色色的商贩，他们忙于准备各自要出售的东西，周边村民或外地游客到坡上游玩时便可购买，商品以饮料、矿泉水、玩具、零食、小吃、水果等为主。商贩们准备得差不多时，村委会也开始在“卯坡”摆桌子、布置音响设备、安排迎宾等。11点左右，周边乡镇、村委会、中小企业等受邀代表前来“卯坡”，在进入“卯坡”展览馆的大门处时受到水歌迎宾①和美酒的热情接待，这部分人员就餐后，随工作人员参加节庆活动。“卯坡”活动如宣传海报所列一一展开：两位水利大寨之外的水书先生在“ƏƐ”（水字“◁▷”，即“卯”的异体字）字石碑前的草地上铺上木板，放上香蕉、苹果、梨、橘子、瓜子、花生、饮料、米酒、啤酒、香、蜡烛（香点了五炷，蜡烛点了一对）、两条煎熟的鲤鱼和一个大大的生猪头，还放了三根茅草，坡上拿专业相机或摄像机的只有两三人，都没怎么关注“卯坡”祭祀，水书先生简单祭祀几分钟后就打包收场了；水歌开唱、舞狮、吹芦笙相继进行；同时自由对唱已经悄然在舞台外面进行了；工作人员忙完舞台上的后勤工作后，就让三个工作人员去统计自由组合对唱的情况，以一男一女为一个完整组合进行统计，一个组合里可以有多个男女进行对唱（但看到工作人员统计时，部分会分散成一男一女组合），统计时要拍照、录像作为证据，并发放纪念品票据给每位对唱歌手，当天最后统计数为38组。统计结束后，每个歌手到台上领一条毛巾和一把雨伞。因为有礼品，部分歌手临时组合对唱，看到工作人员走到旁边统计，就马上叫女同伴打伞遮住脸先唱上几分钟，等统计过后就不唱了；多数组合还是一直唱到“卯坡”散场。

---

①迎宾队伍主要由水利大寨在荔波县城某旅游演出公司唱水家民歌（简称“水歌”）的成员构成，由歌师吴国利带队，其余成员是5位中年女性，“卯坡”迎宾时加入了一位从水利大寨嫁出的中年女性和一位水利大寨的女大学生。因唱水歌的成员越来越少，年轻人不愿意学，村子里遇上有需要唱水歌招待嘉宾时，目前基本上是这些40岁左右的中年女性在负责。

2019年6月23日，水利“卯坡”开展情况大致跟2018年一样，缺少两个节目。2019年没有在“卯坡”展览馆招待工作人员与宾客，迎宾仪式的环节自然被取消；“卯坡”祭祖仪式也没有了。经费投入不足，不接待宾客确实能节省很大一笔开支，但是“卯坡”祭祀的开支应该比请表演团的低，这一环节可以省略，一定程度上可以说“卯坡”上的祭祀活动，可能是有意的对外展演。一般民间祭祀很简单，通常悄无声息地进行，只有知道专业摄影团队、媒体宣传部门等在场时，才尽其所能地操办盛大的祭祀活动。除了“卯坡”祭祀活动有操办之嫌外，部分偶尔的祭祀树神的仪式中动员全寨人参与①，也是某种需要下的操办。

基层工作人员除了在“卯坡”组织活动外，还分配部分人员维持交通秩序、维护社会治安、引导摊主在村寨小广场和道路两边有序摆摊等。2018、2019两年的“借卯”天气均不太好，中途断断续续下了两三次大雨，“卯坡”上未提前准备雨具的人大都提前离开了，绝大多数商贩当天的收入都不乐观。

第二节 水利大寨“借卯”活动

2018年，“卯坡”所在地水利大寨的“借卯”活动主要由两部分构成：一是作为承办方的家庭为客人备好美酒佳肴，这跟同一批次“借卯”的M寨一样；二是大寨在文化和旅游部（原文化部）民族民间文艺发展中心（后文称发展中心）的援助、牵引下成立了“荔波水利大寨生态农业专业合作

---

① 王学文：《规束与共享：一个水族村寨的生活文化考察》，民族出版社，2010，第86-88页。作者已注意到外来因素导致的祭祀树神活动，但依然认为其等同于家庭祭祖仪式的扩展——“家族性祭祖”。

社”(后文称合作社),合作社认为“借卯”流动人员多,可以用于宣传、销售部分特产,部分合作社成员为此忙前忙后。

一、家庭“借卯”待客

因交通便利、村寨私家车多,村民们大都在“借卯”前两三天内才筹备节庆所需东西,很多家庭准备数量较多的是啤酒[①],其次是牛肉、猪肉、鸡肉、鸭肉等食物原材料。因“借卯”处于炎热的夏季,日常家用冰箱装不了过多的东西,牛肉、猪肉多在“借卯”当天的早上购买,人口多的自然村寨当天都会有人杀牛、杀猪卖肉。除了肉类,还要准备豆腐、卤菜、凉菜、蔬菜等。“鱼包韭菜”在水家的“借端”节庆中是必备菜肴,但在“借卯”时除了看到“卯坡”祭祀有鱼外,鱼并不是普通家庭的待客菜肴和家庭祭祀供祭品中的必备食物。当地村民说夏天买的鱼不好保鲜,自家或集体当年投放的鱼苗还不能捕捞,加上“鱼包韭菜”要提前做好,夏天太热,放上几个小时就可能变味了,因此多数人家都没有做“鱼包韭菜”,只是偶尔从集市买一两条来弄成煎鱼。村寨“借卯”时待客的肉类食品基本由男性制作,切肉、腌制、炒菜或制火锅汤主要由男性完成;女性则主要负责蒸煮糯饭(黑糯米饭或用一般的花糯饭)、炸豆腐、洗蔬菜等。

“借卯”前一天,多数家庭都会打扫屋内,清洗桌椅、碗筷等。每家基本都置办3至5套桌椅,每套桌椅可坐10人,碗筷的数量通常更多。这些东西除了“借卯”待客用,平时还用于村寨里的婚嫁、建房、白喜事等,村寨里大型的宴席基本都是安排在事主家及附近的人家的室内就餐,极少安排在室外就餐,事主家只出食材、油、盐等,宴席安排到哪家,桌椅碗筷就地取用,因此,家家户户都会根据自家的室内能够摆席的空间来配足桌椅碗筷。如果某家周边平时没有办酒席,这些桌椅、碗筷等基本就是一年才用上

---

①近10来年,啤酒成为待客的必备酒之一,一般人家都会备有几箱啤酒,笔者见到最多的一家准备了15箱,所住的家庭在男女主人不能喝酒的情况下也备了6箱。尽管大多数家庭均自酿米酒,但是年轻人已不太喜欢米酒,米酒易醉,他们只象征性地喝一两杯就改喝啤酒,老年人则多喜欢喝米酒(均无明显的性别差异)。少数家庭也备有瓶装高度白酒。

一次，因此平时都统一放在一起，在“借卯”前才搬出来清洗，这项准备工作量的大小依据主人估算客人量而定，如果客人较多，则清洗量就大，也就费时，多数家庭都会事先准备 3 套桌椅和更多的碗筷。

现在交通便利，没有过同一节庆或过同一节庆但不同批次的客人，基本都是在节庆的当天早上才从家出发到过节的寨子做客。“借卯”当天的客人，基本集中在 11 点至 18 点过来“借卯”。中午是客人最多的时段，一般就同时安排几桌供客人吃喝；有时候客人是前前后后地来，3 至 5 人一伙的客人就可以安排一桌，后来的客人如果跟前面的客人不熟悉，则另外安排一桌。除了客人之间比较熟悉外，一般情况下，主人家不会让后来的客人加入前面已经在吃的客人之中，均是新安排一桌给后来的客人。有的客人能喝、能聊，那一桌估计可以吃一下午，而其他桌的则吃完就把桌子收拾干净，为下一拨客人准备。因此，客人量大的家庭，在“借卯”前必须准备好足够多的碗筷和现成的食物，否则无法在短时间内做好招待客人的准备。主人家除了忙前忙后给客人准备食物外，还要在空闲的时候陪客人聊家常、喝酒等。如果客人知道主人不能喝酒，也不会让主人喝酒；如果客人是骑摩托车或者是开车来的，主人也不会让其喝酒。

客人的构成上，只要是家庭（家户）成员的亲戚、朋友、同事、同学、战友等，以谁为主的客人一般就由谁来安排和接待。血亲、姻亲的男性亲戚多是男主人为主接待，女性客人则由女主人安排和陪同；其他关系的客人则根据性别和其与家庭成员的关系来接待和陪同，其他家庭成员协助准备食物之类即可。特别是还未成家的男女青年或学生，邀请他们的朋友、同学等来过节时，则由他们接待和陪客。

部分家庭的主要劳动力长期外出务工，因节庆时间短，回家的人较少，主干家庭的“借卯”在多数情况下由在家里的年长夫妇负责，部分核心家庭则是夫妇或其中一方提前几天回家准备，只有少数夫妇均在外务工的核心家庭未回家“借卯”待客。部分村民说因为他们的客人不多，可能都外出打工了，没时间来“借卯”，这些家庭也就不用回家“借卯”和做相应准备。

因这些年农村长期外出务工的村民多，“借卯”的客人量相应地减少，各家基本上能估算到自家主要的客人量。客流量较少的家庭，如果是相邻的兄弟或堂兄弟关系的家庭，平时相处融洽的，则会联合起来一起准备食物来招待客人。

二、合作社展销活动

合作社成立于 2012 年 12 月，合作社的主要资产为“水族生态博物馆”，2017 年 12 月 27 日的碑文中详细记载了选址原因、资助单位、项目始末、项目总投入、营运方向以及资产和收益归属等信息。

生态博物馆碑记

水利乡邑，去城西北三十二里。大寨者，吴姓族村也，计八十户三百四十余人。其沕睢子遗，卜巫过阴，殡葬择地，借卯对歌，皆有古风。子尹诗云，莫作居夷寥落意，此间便恐是桃源。殆谓是欤！

因民风淳朴、文脉绵延，遂为水族研究基地，尔来十有二年矣。己丑岁秋，国家文化创新工程“多民族地区村寨文化建设与社会发展示范项目”确立，大寨亦在其列。旨在依托村寨之自然人文，开展村民主导之旅游，以保育文化、永续发展。

水族生态博物馆建设工程，系由文化部民族民间文艺发展中心、省文物局、友成基金会、澳门基金会、TBI 教育集团及北京文合建筑鼎力相助，合作社具体承办之公益项目。该馆覆地三百平，建面逾九百。上建干栏，下筑砖混。玉础廊柱，实木方台。吊脚围靠，重脊高檐。黄漆黛瓦，茂林修竹。始建于壬辰年癸丑冬。筚路蓝缕，历三载乃成。工程建设所筹，百有六十余万，悉为无偿捐赠，当铭功德以记之。

靡不有初，鲜克有终。博物馆既为村民共享之文化传承空间，复为学术科研平台及旅游接待中心。其土地与建筑产权，全体村民共有，其收益，当惠及全体村民。今择日循制，举寨欢庆，交付村民推选之管委会执掌，勒石为记，以彰其劳。

人事有代谢，往来无古今。特立此碑，永志不忘！

荔波水利大寨生态农业专业合作社

丁酉年壬子月戊子日吉时立

从碑文中可以看出，发展中心从2006年开始，就将水利大寨作为“共享”空间①、“集体”经济②等学术的或经济发展模式的个案实践村寨。2009年，水利大寨被列入“多民族地区村寨文化建设与社会发展示范研究项目”，2012年12月在项目建设的基础上成立合作社，2013年1月开始建博物馆，2017年12月立碑，2018年7月探索可操作的“集体”运作方式，2019年底合作社“火房”（厨房）开建（或许会发展成酿酒房）。这些成就均离不开发展中心该项目负责人的直接领导或方向性指导。2018年，“借卯”的合作社展销则由该社负责发起，成员全部参与，相关工作均完成得不错，但是最终成绩不理想。

合作社负责人、发展中心留驻执行人为“借卯”展销的直接领导，安排成员搬桌子、拿马尾绣工艺品、装运九阡酒、临时买酒坛等，在村寨的小广场上摆摊展销合作社认为有自身特色的工艺品或食品。合作社还制作并打印

---

① 王学文：《规束与共享：一个水族村寨的生活文化考察》，民族出版社，2010，第4页。

②《新闻调查》2018-09-29 乡村•2018（四）三个村庄的探索，视频网址：http://tv.cctv.com/2018/09/29/VIDEDodmeglqNZaSRWI2v1YI180929.shtml。原始视频拍摄时，笔者路过大寨，就顺便旁观，从当时交流中可知，除了考虑将传统牛班制度的一家一户轮流放牛模式移植到现代集中大规模养牛外，他们还设想了在村里建立传统的烤酒房，即在养牛、烤酒的经营模式中探寻或实施当下“集体”何种可能，或者试图对曾经的“集体”生产与消费转变为现在的市场导向模式进行深度剖析，探寻某种程度的回归。部分合作社成员的忧虑是前期投入是否依然像博物馆一样无偿捐赠，或是无息贷款之类的，他们更担忧的是如何解决其家庭的开支问题。

了一块大大的宣传板，宣传合作社的经营范围：水家民宿、水族文化体验、乡村旅游接待；高秆黑糯米、老品种红米、七彩山鸡、散养土鸡等；水家土酒、黑糯米酒（窖藏）、蓝靛膏等；马尾绣、手工皂、竹编等。其实宣传板上的很多东西都没有，即使有，也不是合作社所有，多数是个人的，合作社展销中属于公有的是收购的马尾绣、水家土酒以及提供民宿的生态博物馆；而展销上的黑糯米则是非政府组织发动村民种植并归个体家庭所有的无公害绿色食品，也是“借卯”展销上唯一开张的东西，但是量不大，才卖出几斤。合作社“借卯”首次展销活动收效甚微，多数成员怨声载道，表示以后再也不会参与类似的展销了。

合作社办公地是生态博物馆，非政府组织的办公地为村民以 80000 元出售的老木房。合作社走的是类似地方政府规划、策划之路，想的是大家一起行动、共同富裕并传承民俗文化。非政府组织的留驻人员采取与村民深入交流并吸引村民加入的发展模式。为此，推行种无公害绿色高秆黑糯米的初期，留驻人员从村民手中租田来耕种，从行动上证明不施化肥、不打农药也能种出产量不错的黑糯米，并承诺种出来就帮忙找销路。一斤黑糯米的收购价在 20 元左右，一亩田的收成约有 300 斤米，这样折算下来的收入比种杂交水稻的收入高。之后村子里就逐渐有人跟着种植黑糯米，并自觉不施化肥、农药，只用农家肥，经过两三年的调整之后，土地就能自我修复并很好地促进农作物生长。留驻人员的引导方式是以个体行动来影响群体，并且使个体更能自觉地维系这种相处的关系。在种树商人看中路边成片的良田时，通过地方政府的方式进行征租，多数种植黑糯米的田主均不同意出租，一直坚持种黑糯米。种树商当时说的是连续承包五年左右，效益好了还会继续承包，但是租金是当年付，并不是提前支付，最后的结果是种树商坚持了两年就经营不下去了，村民们只好又去耕自家的田，也幸好种黑糯米的田没有出租，否则又要用两三年的时间来进行土地的修复。除此之外，非政府组织还资助在读学生，从小学到大学分等级资助。正因如此，每年的“借卯”，非政府组织留驻人员会被多数村民邀请去吃饭、喝酒，有的小学生还会用节庆得到的钱请他们吃烤串表示感谢。

除了村干部的前期准备、节庆活动组织及合作社节庆当天的联合展销活动外，笔者留意到在2018年、2019年的水利“借卯”活动中，还有一项由“卯坡”所在村寨进行的集体活动——清扫节庆活动产生的垃圾。“卯坡”活动的第二天上午9点左右，组长就在广播里通知大家自带工具去清扫垃圾。每户自愿出一个劳动力（绝大多数是中老年女性），带上扫帚、火钳（或自制竹片钳）、铲子、垃圾桶、小推车等，到村寨小广场集合，从村寨往外清扫或将垃圾装入垃圾桶或小推车中，之后统一将垃圾倒入村寨设置的垃圾箱内，街道办安排车专门将各村寨（组）的垃圾拉去统一处理。最后要清扫到离村寨1.5公里左右的“卯坡”上，不能焚烧、难以腐化的垃圾带入村寨倒入垃圾箱内，可燃烧的垃圾集中烧掉，果皮等可以腐化的则捡了倒进“卯坡”周边远离便道的树下。村组长全程跟随并一起劳动，还要登记哪些家庭参与了清扫工作，结束之后他要给每户参与人平分行政村提供的有限的垃圾清理补助费。2018年6月29日，有40人参与清扫垃圾，每人分到了20元（前后大概花了1个小时）。除了清理村寨主干道路、“卯坡”等的垃圾外，各家还要清洗节庆待客之后的碗筷等。

三、节庆之后流动“借奥”

节庆村寨内“借卯”当天，各家均忙于招待客人，并没有村寨内家庭（或户）之间的交往互动。“借端”村寨内各家之间的来往互动主要放在“借端”后的两三天之内。

水家传统节庆各批次持续时段理论上是12天，即在每一批次开始至下一批次开始的这一时段内，客人到家均属于节庆范围内的来往。但目前的实际情形是，“借端”各批次客人来往的持续时间约1至5天，“借卯”的各批次客人主要集中在过节的当天。由于交通便利，现在“借卯”的客人当天就回家了，留宿的极少。正因为如此，很多家庭在准备食物时很难把控，预备太多，之后不好保存，并且在“借卯”之后很少有客人来，即使有也是很亲的亲戚或同一批次中有亲戚关系的家庭，客流量少。“借卯”食物原料准备丰盛的家庭和接待客人后剩得比较多的家庭，节庆当天后率先邀请寨子内的一些家庭成员到家“借奥”（tsje¹ ʔau⁴，直译为“吃饭”）。参与进来的人家则会根据情形中途回家准备佳肴与酒水，上一家吃完放下碗筷，跟着就转移到已准备好的下一家。如果在去下一家的途中遇上平时跟大家相处都不错的人，刚好他没有什么急着处理的事，则会临时邀约前去“借奥”。这种没有事先以家庭全体成员相邀的加入者，则不必中途回家准备菜肴。当然，如果在各家流动的“借奥”中遇上一些平时关系好但难得相聚的人，则会根据家中情况（是否有食物原料、家中是否有人帮忙等）权衡要不要回家准备饭菜、酒水等，一起邀请大家去“借奥”。

M 寨内部各家“借卯”之后的互动并没有明显的结构特征，血缘谱系或是行政村组的结构均未在“借卯”之后的互动中得以展示，更多的是单一家庭日常关系的延伸与互动，有亲近血缘关系、跨血缘谱系、拟制血缘谱系、收养过继关系、姻亲关联、日常劳作互助、平时为人处世、情境性相遇等多种关系综合下的流动“借奥”。

第三节　春节——M 寨“借卯”待客的延续

“借卯”时间在夏季，食物保鲜、保质期短；尽管农业生产进入间歇期，但务工并未受影响，主人、客人等均不同程度地要快速地投入到生产中，节庆期能到家“借卯”的客人停留时间短，还有很多亲戚、朋友因出远门上班或务工，无法参与一年一度“借卯”的走亲访友，春节的引入逐渐成为“借卯”的一种补充。村民们说，以前一年内只过一个节庆来热情接待客人，即“借卯”，后来因为交通便利，客人当天来吃饭，聊一会儿就离开，并不留宿，之后也没有客人来往，加上“借卯”的寨子里很多外出务工家庭即使因节庆回来筹备待客，也急需返回外地继续工作，没能好好地招待各方亲戚、朋友，于是逐渐引入春节，并将农历正月初一至十五这段时间视为亲朋好友相互走动的时段。

春节属于全国性节庆，寨子里外出务工的人员也基本全部返家，特别是挣到钱又好攀比的年轻人，他们除了买衣物、烟酒外，还积极开展村寨内的捐资活动，用于整个寨子的春节活动：学着周边过春节的寨子买鞭炮、烟花等来燃放，给小孩、老人发红包，组织整个寨子的人一起聚餐等。以 M 寨边上一个 33 户 143 人的自然寨为例，2018 年春节活动有 46 人捐资捐物，其中还有一个以村委会名义的资助，个人捐款最低的是 100 元，最高的 600 元，有 1 人捐了 3 箱啤酒，村委会资助 1000 元，合计捐资现金为 10800 元；春节活动开支 9608 元（见图 5-1）。

从春节支出中可以看出，水家村寨在组织过春节时，已将春节中的相关元素引入，如烟花爆竹、红包、春联等，但是清单中并没有用于大型祭祀燃烧的香、蜡、纸钱等方面的开支。水家燃放烟花爆竹主要在丧葬活动中，而“借端”“借卯”等民俗活动是不燃放爆竹的，在还没有过春节的水家家庭中，春节不需要供奉祖先或各类神灵，最多就是跟着周边已经过春节的家庭买点烟花爆竹燃放。在 M 寨，春节烟花爆竹的钱绝大部分由外出打工的村民捐资，统一购买，统一在寨子小广场燃放，结余的部分用于开展一些文体活动，如买一些饮料到山上，开展篝火晚会、篮球赛等。

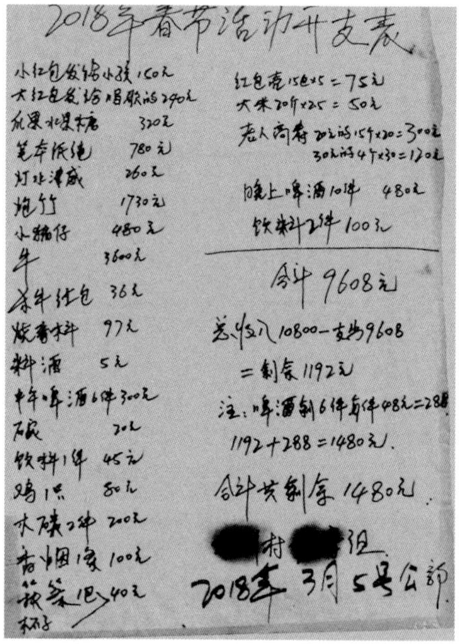
2018年春节活动开支表
小红包发给小孩 150元
大红包发给唱歌的 240元
320元
780元
260元
炮竹 1730元
480元
牛 3600元
36元
97元
料酒 5元
中午啤酒6件300元
20元
饮料1件 45元
鸡1只 80元
木炭2件 200元
香烟1条 100元
40元
红包壳15个×5＝75元
50元
20元的15个×20＝300元
30元的4个×30＝120元
晚上啤酒10件 480元
饮料2件 100元
合计 9608元
总收入10800－支出9608
＝剩余1192元
注：啤酒剩6件每件48元＝288
1192＋288＝1480元.
合计共剩余1480元.
村 组
2018年3月5号公布.

图 5-1　2018 年寨子春节活动开支表

2019 年 2 月 7 日，农历正月初三，M 寨春节活动横幅为“M 寨春节感恩活动会”“感党恩、颂党情 M 寨 2019 年春节活动”，村民直白地表达是“姑妈回娘家”的欢聚活动。这个活动由从寨子嫁出去的部分中青年女性发起，通过网络将全部外嫁且在世的女性都联系上，并将活动相关要求告知。

出嫁的女性相互联系后，跟娘家人、村组长等沟通，最后形成的集资方案为（见图 5-2）：出嫁的女性每人根据自身情况出资 100 元至 300 元，寨子里每户出资 200 元（可自愿多出）；参与活动出资的 95 人集资 23500 元，村寨内部出资家庭 89 户（有少数是个人名义资助）集资 18000 元，合计集资 41500 元。筹集到的资金用于买牛、猪、饮料、酒、烟花等，以及为回寨参加活动的姑妈们人手制作一面锦旗（内容大致介绍了 M 寨的历史）。活动有寨门舞狮、对歌迎接姑妈，寨子里的媳妇与姑妈对歌，组委会为姑妈发锦旗，全寨男女老幼跟姑妈及其陪同家人一起聚餐（午餐、晚餐），晚上跳芦笙舞、放烟花、燃篝火等。活动的相关工作按村寨办红白喜事的统筹方式进行，由内、外总管安排全寨可用劳动力来完成各项事宜：前期准备工作中的搭台、村寨卫生、找柴、寨门装饰等；聚餐准备中的布置饭桌、杀牛、杀猪、收拾桌子、煮饭、洗菜、管菜、发菜等，一些辅助性的工作如安排人唱敬酒歌、维持治安、统一停放车辆等。

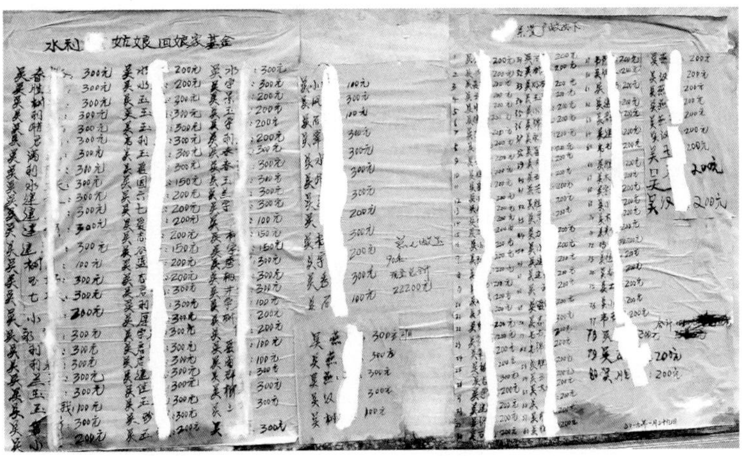

图 5-2　2019 年 M 寨“姑妈回娘家”的集资情况

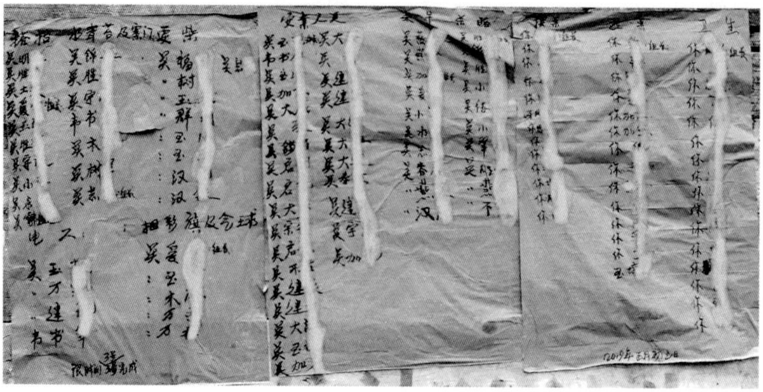

图 5-3　2019 年 M 寨“姑妈回娘家”活动安排

以自然村寨为整体组织的活动中，聚餐，即水语的“借奥”，是开支最大、参与筹备人数最多的一项，一切以招待好客人为主旨，其他的活动都是围绕这一主旨进行。如果客人在基本的吃、喝方面都没有得到较好的接待，其他辅助性的环节则大打折扣。在接待客人的同时，内部的协同劳作加强了以村寨为整体的对内整合，但是也产生了一些攀比行为。“姑妈回娘家”活动是近两年才兴起的，各寨姑妈或姑娘回娘家的主题活动中，除了美食招待外，部分村寨要求统一服饰、购买贵重礼品、邀请专业演出团等，开支的加大自然也要求个人或家庭的捐款数的增加。这一活动的初期是预计一个大概数目，各自根据情况进行捐资，后来各寨为了办出人人称道或与众不同的活动，就变成了带有强制意味的摊派捐款，给很多不富裕的家庭造成了极大的负担。

以整个村寨组织的“姑妈回娘家”活动，多选择在农闲时。笔者调查的水家“借卯”区域多在农历正月初三至十五之间举办，水家“借端”区域的部分村寨则选择在“借端”前后两天，但是均属于首次主办，并未形成周期性节庆，部分已经举办过的村寨或将要举办的村寨都无法确定今后是否能再次主办或多少年后能主办。

“借卯”区域内已经过春节的村寨，如果遇上组织整个村寨活动，则以整体为首完成接待。过了寨子组织的活动，则跟平时春节一样，根据自家情况进行流动“借奥”。除了在寨子内部的“借奥”，还邀请寨外亲友组队来“借奥”，或者寨子内组队去外面，但是无论是在什么情况下的流动“借奥”，都没有呈现出明显的血缘谱系分层。2019年2月19日，农历正月十五，M寨有部分家庭杀鸡供祭寨子的石菩萨或者古井、古树，其中一部分之前拜了石菩萨、古井、古树等为保爷，条件允许的情况下最好每年供祭两三次，多选择在农历八月十五或者正月十五用猪肉或者鸡肉供祭，大年三十晚也可供，但只能素供（酒、茶、水果等），不可有荤食；少数人是找过阴婆、鬼师或者其他民间信仰人士看过之后需要拜石头、树或井而进行的首次供祭，首次供可以在八月十五、正月十五当天，也可以另选日子。

2018年10月13日，19点30分左右，公伟在村寨供奉石菩萨。据公伟介绍，该石菩萨由杨公、王公、覃公组成①，在拿米去看时②，过阴婆或鬼师就会告知要寄拜的石菩萨姓什么，如果是寨子内的石菩萨，杨、王、覃之一就是指该石菩萨；村子里还有两三处有石菩萨，但供祭的人不多，一般不去供祭的人不知道那几个石菩萨姓什么。一旦某人寄拜某个石菩萨为保爷，家庭成员（日常生活的家庭或赡养义务的直系家庭）每年均要供祭石菩萨一两次，正常情形下是农历八月十五、正月十五，或者是大年三十晚，但是三十晚只能供素食，八月十五、正月十五可以供祭鸡、小猪等。第一次寄拜常因多病久治不愈，找过阴婆或者鬼师看米之后确定寄拜对象，常见说法是某个小孩是石菩萨或者其他灵物送给某家的孩子，家人

① 石菩萨由人来代称（或组合），并依附于家外的石头上，这是荔波县水利一带水家石菩萨的普遍现象，而在三都水族自治县中和镇塘州社区的梅偶，2018年10月17日，笔者见到的2个石菩萨已经依附于由红纸或者红布写上“韦潘公菩萨神位”“恭请本地外家菩萨潘公神位”的牌位上，并置于房屋内一面墙上，“借端”时所用供祭品跟祭祀祖先的一样（娘娘神的供祭也如此）。

② 当地民间信仰中称为“问米”“看米”等，即从家中带一碗生米去找过阴婆、鬼师，这些民间仪式主持者通过过阴，一边朗诵，一边看米的形状来回答求助者的疑惑。（韦仕育提供）

未知而没有进行供祭致使小孩（有时甚至是大人）多病、多灾，通过看米确认后进行寄拜并每年供祭，就能获得石菩萨的保佑。第一次寄拜时需要用猪肉、鸡或者小猪，由看米的过阴婆或鬼师跟石菩萨交流后确定，通常情况下小孩子的第一次寄拜需要小猪，如果经济条件不好，可以先用鸡寄拜并供祭几年，等条件好了再在某年供祭时杀猪供祭，作为一种补偿。

公伟在 10 月 13 日（农历九月初五）供祭石菩萨（他孙子小时候寄拜给该石菩萨），是因为八月十五时忙于收割水稻，没有时间来供奉，选在九月初五这天供祭。公伟告诉笔者，能在八月十五、正月十五供祭是最好的，如果某年家里忙，没有时间，则可适当选在后面几天进行补祭。用鸡供祭时一般需要 2 小时左右：先拿酒、香、纸钱、水果等到石菩萨跟前供祭一下，然后将拿到石菩萨跟前的鸡杀了，并用纸钱沾些鸡血先置于一旁；鸡杀死之后拿回家里进行去毛、开剖、清洗内脏等处理；处理好的鸡和可食用的内脏均用水煮熟，同时还要用鸡血做血稀饭；煮熟的鸡、做好的稀饭均要拿到石菩萨跟前供祭，供祭时再次烧三根香，将沾鸡血的纸钱烧之，并将每个盛装供祭品的碗或杯子中的酒、鸡肉、稀饭、瓜子水果等，拾少许扔到石菩萨边上，才算祭祀完毕。但是倒在杯中供祭的酒只能在石菩萨处饮之，不带回家中，如果不能喝或喝不完，则将杯子和酒一起留在石菩萨处，盛出来供奉的稀饭也要在石菩萨面前吃完。如果前期帮忙供祭的人少，在盛稀饭时就有意装少点。鸡一般是拿回家中砍小之后再食，如果参与的人多，则会在石菩萨面前就砍小吃完。第一次寄拜时的供祭品多在供祭对象前吃完，不带回家中。

水家在融入中元节、中秋节、春节、元宵节等节日时，除了各家简单供祭祖先外，更多的家庭将民间信仰活动转移到这些节日之中，或者将自身节庆中的走客迁移到更大范围群体的节庆之中进行。对于石菩萨的供祭，最佳时间是农历正月十五、八月十五，可以根据实情适当后移，小孩寄拜的第一次供祭品也可以之后补上，人们现实生活的走客之亲情来往自然也可择日补上。水家“借端”“借卯”群体在融入春节、元宵节、中元节的过程中，各群体的传统民俗活动还在持续开展中。除了“借卯”活动中已看不到村寨内部明显的社会组织概况外，其他如“借端”活动的部分仪式中还能呈现村寨内部或村寨联合的社会结构，而不需要查阅当下正在建构中的文字书写的谱系文本——族谱。

第六章　节庆时客人流动的 M 寨

第一节　水家“借卯”“借端”区域

水家传统节庆分区域、时段进行，且不重叠，但就 M 寨来说，除了要作为主人承办好“借卯”，还要根据各自家庭亲戚朋友来往的实情出去走客。就节庆中的走客而言，M 寨主要的节庆有“借卯”“借额”“借端”，但现实的 4 批次“借卯”变迁为 2 批次、“借额”由传说的 2 批次变迁为 1 批次。因此本节重点介绍批次多、区域广的“借端”区域，简要概述“借卯”“借额”区域（其余节庆大概区域见第四章）。

一、“借卯”“借额”区域

前文水家“借卯”区域歌唱：“第一卯 / 水利的卯，第二卯 / 洞坨的卯，第三卯 / 水扒、水浦的卯，第四卯 / 九阡的卯。九阡宽 / 吃卯殿后。”20 世纪 90 年代初，水家“借卯”区域分布村寨调查显示：第一批“水利的卯”过节村寨有（当时的荔波县水利乡）水利村的水利、纳莪、低朵、岩寨、大寨、高寨、老寨、的互、古庭，水岩村的水岩大寨、拉干、低和、拉小、上水降、下水降、董红、母达、岜采，水丰村的拉吕，水龙村的岜忙（吴姓）；第二批“洞托的卯”过节村寨有（当时的荔波县水利乡）洞托村的上寨、下寨、漂寨、弯寨（吴姓）；第三批“水扒、水浦的卯”过节村寨有（当时的荔波县时来乡）水浦村的水浦大寨、老寨、板闷、水江（邓、潘、吴姓）和尧排村的水扒（吴姓）；第四批“九阡的卯”过节村寨有（当时的三都水族自治县九阡区）水各乡的水各村、水条村、水昔村，九阡乡的白庙村，（当时的荔波县）岜鲜乡的岜鲜村、水维乡水维村、水尧乡水功村，等等，合计140多个寨子。[①] 各批次“借卯”时间：第一批在农历五月（水历九月）第一个卯日，第二批在农历五月（水历九月）第二个卯日，第三批在农历五月下旬或六月上旬（水历九月或十月）的卯日，第四批在农历六月（水历十月）的卯日。

水家“借卯”前三批分布在贵州省黔南布依族苗族自治州荔波县的水利、洞托、水浦等地，覆盖区域最广的第四批“九阡的卯”以黔南布依族苗族自治州三都水族自治县九阡镇的水各“借卯”最负盛名（详见第四章），此外还包括荔波县的水尧、水维、永康等地的大部分水家村寨。第二批、第三批“借卯”区域小、人口少，逐渐并入第四批中，“借卯”实际上只剩下M寨所属的第一批“水利卯”和第四批的“九阡水各卯”，节庆时间分别在农历五月、六月择某一卯日，辛卯日为上吉日，丁卯日避之。2018年，第一批“借卯”时间为6月28日（农历五月十五，辛卯日），第四批“借卯”时间是7月22日（农历六月初十，乙卯日），六月另一个卯日为8月3日（六月廿二，丁卯日）。第四批“借卯”区域宽，因此有多个“卯坡”开展活动，而第一批“借卯”只有一个水利大寨的“卯坡”。

“借额”以前分两批，后来合并在一起，分批的具体情形已无法考证。荔波县水家用水语概括了境内“借卯”“借额”的大概区域：“更功劳卯，打交劳额”（水语音译）。“卯”“额”分别指水家的“借卯”“借额”，“劳”水语

---

① 贵州省水家学会编《水家学研究（一）》，贵州民族出版社，1993，第141-143页。2014年，贵州撤乡并镇，很多乡被改为社区或行政村，原来的行政村则变成组，但是绝大多数的寨子名称未变。

表示大、隆重的意思，“更”水语指本县（后文同）茂兰镇水庆村，“功”水语指水尧水族乡水功村，“扛”水语指永康水族乡，“交”水语指水尧乡拉交村。[①]“借额”分布在荔波县原永康水族乡的太吉、母早、吉洞、董亥、西竹、尧古、德门等村寨，原水尧水族乡的水扛、拉交村、板央、水扒、瑶庆、水捞、水功、水庆等自然村寨，以及荔波县玉屏街道水丰村。2018 年水丰村的“借额”时间为 10 月 21 日。

二、“借端”区域

“借端”总体上分 7 个批次，从水历岁末的十二月（农历八月）到岁初的正月或二月（农历九月或十月），主要以当月亥日划分节日批次时间，其中的第四批以午日、第六批以未日为过节时间。水家民间故事《端节的由来》[②]讲述了“借端”的起源、批次的大概演变等。传说始祖扶老携幼整体迁徙到三都水族自治县三洞乡一带，后来人丁繁衍，不断向三洞周边迁移定居，为了联络情感，在迁移前商议好三年后水历年底到三洞团聚庆丰收，每年都在水历年底回始祖定居的三洞团聚，逐渐成为传统并命名为水语“端”(twa^3)、“借端”(tsje^1 twa^3)。随着时间的推移，水家向外迁移的距离越来越远，集中在三洞“借端”越来越不方便，于是在某一年的“借端”时有人提议分批次过，该提议得到大家的支持。但是时间先后不好确定，商议后决定采取抓鱼的方式来确定，套头的水家代表抓鱼最多就第一批“借端”，水东[③]、拉佑的

---

① 蒙绍秋：《水族“借额”节写真》，载何羡坤主编《荔波水族》，中国文史出版社，2008，第 214–216 页。

② 参见潘朝霖：《端节的由来》，载黔南州文艺研究室、三都县文史研究组编《水民族故事选：石马宝》，1981 年 11 月在都匀编印，第 185–188 页。该文还收录于祖岱年、周隆渊编《水族民间故事选》，上海文艺出版社，1988，第 160–163 页。

③ 水东主要指 1957 年设置水东乡所辖范围，1991 年，该乡大部分村寨并入周覃镇，群力村并入三洞乡。参见韦绍凯主编《贵州三都水族自治县概况》，民族出版社，2007，第 33 页。水东片区的端节，主要指现在的群力村、水蒙村、板引村、的查村、板党村、新各村等区域的端节；第二批端节的主要区域是水东片区和拉佑行政村，水家在谈论第二批端节时常用“水东拉佑端节”。

代表其次就第二批“借端”，后面依次是廷牌、恒丰、水龙、和勇等过第三批，三洞、中和过第四批，批次确定后再以水历最后一个月的第一个亥日开始轮流过。批次和时间都确定后塘州的代表才到，加上塘州当年收成不好，于是和勇的代表打趣说塘州年景不好也帮不上，但是可以把“借端”卖给他们，代价是要 12 头白水牛。塘州的水家悄悄安排人回去筹备了 12 头白水牛，和勇的代表只好让出“借端”而自己改在水历四月“借苏年喜”，但廷牌、恒丰、水龙的水家不愿跟塘州一起“借端”，最后协商在原来的第三和第四批中间选择午日来给塘州“借端”，因此水家“借端”批次共有五批。后来三洞、中和发展快，又相继发生两次大规模外迁，每迁徙一次就增加一批“借端”，最后大范围内确定了 7 个批次的“借端”。

水家谚语“$toŋ^{2}$ li^{4} twa^{3}, $thaːu^{1}$ $tsje^{1}$ $kuə^{5}$”，其意是“一同过端，套头先过”。按水家“借端”传统，套头地区的水家最先过，即水家“借端”的“开端”（一年一度的“借端”正式开始），亦称为套头端。民间有套头端为“八月头端”的说法，第二批“借端”则称为“八月末端”，在水历十二月（农历八月）的第一个亥日开始“借端”。通常情况下，八月有 2 个亥日，两批“借端”时间正好与民间说法对应。但是在八月出现 3 个亥日时，如果以第一个亥日“开端”，同时第二批“借端”又必须在最后一个亥日，两批“借端”间隔时间过长，因此第一批“借端”会偶尔出现分开进行的情况。

当前水家“借端”各批次的节庆时间、大概区域、主要村寨、参与人数等情况详见表 6-1。为了直观地了解各批次分布，笔者还在三都水族自治县区域图的蓝本上标注了各批次大概分布点，制成“水家‘借端’批次大概分布图”，大致标注了水家“借卯”“借额”等节庆的分布区域。2018 年，笔者参与 M 寨在水家节庆期间外出做客的有“借卯”“借额”“借端”，参与次数较多的是“借端”，主要涉及第二批至第七批（除第四批），跟随不同家庭到不同批次的“借端”区域走客（详见本章第三节）。

表 6-1　2019 年水族“借端”概况一览表①

公历	农历（水历）	干支	批次	主要范围	人数（人）	水语名称及其汉译
9 月 11 日	8 月 13 日（12 月 13 日）	辛亥	一	都匀市归兰水族乡（水家俗称“套头”地区）；三都水族自治县丰乐片区交然村、平寨村、熬寨村、普安片区展望村、巫昔村；独山县翁台水族乡；黔东南苗族侗族自治州丹寨县龙泉镇小羊昌村	4 万	twa³ thaːu¹ 套头端
9 月 23 日	8 月 25 日（12 月 25 日）	癸亥	二	三都水族自治县（表内未标县名皆为三都县）水龙片区拉佑村、马联村；三洞片区古城村新寨；周覃片区群力村、水蒙村、板引村、的查村、板党村、新各村；大河片区苗草村；三合片区夭寨村；合江片区尧吕村	2 万	twa³ ndjoŋ¹ 水东、拉佑端
10 月 5 日	9 月 7 日（1 月 7 日）	乙亥	三	廷牌片区新仰村、廷牌村、化贤村、本托村、甘坤村、上板料村、板奇村、廷新村、新仰村、的空村、古城村、羊楼村、良桥村、板老村；周覃片区板料村；三洞片区良村、板告村、乔村；中和片区庞寨村、西洋村；恒丰片区丰来村、景奎村、留联村、塘党村、板力村、务条村；水龙片区水龙村、独寨村、科寨村；塘州片区阳猛村、安塘村、丁寨村、下岳村、灯光村；合江片区甲岛村、石奇村、甲照村；	8 万	twa³ pjo² 端博、十六端

① 此表根据“三都水族自治县 2019 年少数民族节日时间表”（三都水族自治县民宗局水族研究所收集整理）、韩荣培（《贵州省民族传统节日进入旅游市场的文化条件分析》《水族“端节”》第 171 页）综合而成，水语国际音标由贵州民族大学文学院 2017 级中国少数民族语言文学专业韦星娥硕士提供，文中的部分水语名词亦由她提供，文中水家谚语水语音标由黔南民族师范学院蒙耀远副研究员提供；三都水族自治县下各片区均为 2014 年贵州省撤乡并镇前原乡 / 镇行政区划称谓，三都县之外县市水族乡归并之后用新名称；第一批“借端”因八月有 3 个亥日，第一批“借端”出现分开过的情况，即部分过公历 8 月 30 日（农历八月初一己亥日），另外一些过 9 月 11 日（农历八月十三辛亥日），此表以第二个亥日为首批“借端”制表。

续表

公历	农历（水历）	干支	批次	主要范围	人数（人）	水语名称及其汉译
10 月 5 日	9 月 7 日（1 月 7 日）	乙亥	三	都江片区甲雄村、千秋村、甲找村、怎雷村、交德村、里基村、平甲村、大坝村；拉揽片区拉揽村、懂术村；打鱼片区巫捞村、新龙村；羊福片区塔石村；坝街片区高坪村；九阡片区扬拱村、石板村；交梨片区排月村、野记村；巫不片区高尧村；独山县本寨水族乡天星村；黔东南苗族侗族自治州雷山县达地水族乡；黔东南苗族侗族自治州榕江县三江水族乡、兴华水族乡、水尾水族乡	8 万	twa³ pjo² 端博、十六端
10 月 12 日	9 月 14 日（1 月 14 日）	壬午	四	塘州片区中化村、塘州村、雄寨村、拉下村、水平村、石旺村、高本村、梅花村、枚育村、拉海村、塘赖村；九阡片区板高村、石板村、母改村	1 万	twa³ phaːn¹ 塘州端
10 月 17 日	9 月 19 日（1 月 19 日）	丁亥	五	三洞片区板闷村、下街村、板龙村、板厘村、邑炮村、板南村、梅山村、板劳村、善哄村、水根村、达便村、寨罗村、定城村、古城村；中和片区中和村、姑引村、松寨村、务朝村、拉旦村、姑坡村、姑劳村、甲化村、庙良村；水龙片区地寨村、祥寨村、伟寨村、孟寨村、科寨村；坝街片区中明村、坝辉村、坝街村、羊瓮村、高坪村；都江片区摆鸟村、里基村；羊福片区孔荣村、达荣村、排外村；巫不片区怎雅村、尧排村；三合片区中乐村、牛场村；九阡片区兰懂村、板甲村、甲才村；黔东南苗族侗族自治州榕江县塔石瑶族水族乡同流村；计划乡计划水寨、摆底村；定威水族乡亚勇村	5 万	twa³ toŋ⁶ 三洞端
10 月 25 日	9 月 27 日（1 月 27 日）	乙未	六	三合镇牛场村、三纳村、行偿村	0.5 万	twa³ qe⁴ mi⁶ 牛场端
10 月 29 日	10 月 2 日（2 月 2 日）	己亥	七	三洞乡板厘村兰岭寨、古城村（除新寨）、板龙村姑其寨，九阡镇板甲村姑成寨，扬拱乡水昂村、新阳村姑成寨和细大寨	0.6 万	twa³ ljaːŋ⁶ 端岭

注：2020年10月30日，三都水族自治县九阡镇梅红、板高、井麻、雨岜、系吕、梅高、姑奇、上下板甲、水希（一部分）、上水迭等19个寨子开展"午日端坡"活动；上表中的村主要指行政村，三都水族自治县九阡镇水家节庆最多，某些行政村甚至大一点的自然寨，内部包含不同的节庆群体或同一节庆的不同批次群体，类似的情形在榕江县内的水家聚居村或片区亦存在，三都水族自治县境内的阳安、和勇等也是多节庆共存村寨或村寨片区。

第二节　水家不同节庆时M寨的走客

水家民间亲友之间的走客主要在亲友一方的家庭有结婚办喜酒、建新房搬家、老人仙逝举行葬礼等情形的家庭间义务性的来往走客，节庆则为各村寨的待客主人提供了至少一年一次的供客人来往的机会，水家节庆的多样性与多批次归属又为客人提供了每年可多次选择的走客对象。对于M寨而言，节庆走客主要集中在"借卯""借额""借端"，还有少数"借苏宁喜"，前三个节庆参与走客的村民较多，特别是M寨周边有上述节庆的村寨过节，走客的年轻人明显增多，亲属关系不明显，同学、同事等关系较多。2018年，笔者跟随村民节庆走客情况如表6-2所示，具体细节将分节庆名称进行大致介绍。

表6-2　2018年笔者参与M寨的节庆走客情况

时间	节庆、区域、过程等	亲属关系 （相对于M寨不同村民而言）
6月30日	6月28日水利"借卯"，M寨也属于该批次"借卯"村寨之一。6月30日跟几个村民到附近同一批次"借卯"村寨走亲戚	外嫁出去的亲堂姐家

续表

时间	节庆、区域、过程等	亲属关系（相对于 M 寨不同村民而言）
7 月 22 日	第四批“借卯”，跟村里一家去荔波县玉屏街道水功村走客	女主人的娘家
9 月 27 日—28 日	28 日的“借端”属于第二批“借端”，三都水族自治县周覃镇水东村，27 日晚笔者独自联系当地熟人前往，28 日在端坡上遇上 M 寨几位村民，晚上搭他们的车返回寨子	笔者朋友；村民中有一家男主人的姐姐在过节所在区域，但是笔者提前出发，就未跟村民前往
10 月 10 日—10 月 12 日	10 日的“借端”属于第三批“借端”，当天在很多村寨走客，三都水族自治县周覃镇廷牌社区（采棒村）、恒丰社区（景奎村），荔波县县甲良镇板陪新村；12 日到 M 寨所属行政村——内拉打村	10 日，女主人娘家、男主人很久以前外出务工认识的朋友、同学等；12 日，男主人妹妹出嫁的村寨
10 月 17 日	第四批“借端”，三都水族自治县中和镇塘州社区梅偶村	男主人儿媳妇的娘家和其妹妹家
10 月 20 日—21 日	21 日水丰“借额”，跟村民两次造访过节村寨	20 日，女主人娘家；21 日，男主人母亲的娘家
10 月 22 日	第五批“借端”，三都水族自治县中和三洞社区弯寨、采从等村组	弯寨由笔者组队；女主人娘家，另一女主人的妹妹家

一、外出“借卯”

M 寨属于水家第一批“借卯”区域内的村寨，除了节庆时招待好各方前来走客的亲友外，节庆过后和其他批次“借卯”区域内的亲友过节时，村民会根据自家亲友情况外出走客。因为第二批、第三批“借卯”区域的村寨少，在经济困难时期难以承担节庆开支，已经融入第四批“借卯”之中，目前 M 寨“借卯”走客也主要是第一批和第四批的“借卯”。

2018 年 6 月 30 日，M 寨作为主人待客的第一批“借卯”才过去两天，村子里的村民就有人到同一批次“借卯”的周边村寨去走客。笔者在路边遇上几个成家的亲堂兄、弟、妹组成的走客团（带队的是吴玉 GBP），在他们的邀请下，跟他们一起搭乘三轮车到离 M 寨 6 公里[①]左右的板达寨走客。除了笔者和另一个男性村民是在路上被邀请加入走客的人外，其他走客的人由 3 个家庭的成员构成（相对被走客的女主人而言），堂兄夫妻 2 人，堂弟 1 人，妹妹夫妻 2 人。他们每家均提了一箱礼品，半路搭车的笔者和另一个村民则是空手而去，但是有不成文的任务，即陪着喝酒。

第一批"借卯"的外出走客的主要成员，是上文"老人赡养义务及老人女儿归属协议书"（详见第二章）中的当事人，被走客的女主人是女性老人嫁入寨子时带来的女儿，跟女性老人后来所生的小孩属于同母异父关系。但是从两个老人的独子不幸去世后的相关处理看，这个姐姐并没有受到区别对待，并且在不幸事件后续处理与赡养安排初定之后，借助"借卯"的节庆时段，这边的堂兄弟和其同母的妹妹就一起去她家走客。

第四批"借卯"区域比较宽，三都水族自治县九阡镇、荔波县原水尧水族乡、荔波县原永康水族乡等所辖的"借卯"村寨中，基本每个"卯坡"所在区域的村寨均与 M 寨有直接的姻亲关联。[②]笔者统计了寨子里娶进的 92 位女性与嫁出的 38 位女性，从第四批"借卯"区域娶进的女性有 25 人，嫁到该区域的有 5 人。如果考虑间接的关联，如娶进女性的兄弟数量、姐妹数量及其出嫁分布，则扩展出去的走客范围和基数会进一步扩大。

> 2018 年 7 月 22 日，水家一年一度第四批"借卯"区域内的"卯坡"活动日，早上 8 时许，M 寨多数计划去走客的村民到小广场的古井边闲聊，讨论与选择去水各、水尧或水庆等三个地方的"卯坡"之一所辐射的村寨走客，除了考虑交通，还涉及各自亲戚所在的范围。我走马观花地去过多次水各"卯坡"，想去看看其他地方，也在井边找机会去"借卯"。村子里一个快要毕业的女大学

① 文中两地之间距离小于 5 公里的为笔者估算，大于 5 公里的为高德地图驾车行驶的路程；外出寨子"借"节庆或走客的具体时间依据笔者调查时手机拍照时间推断。

②M 寨通婚情况中的娶进与嫁出分布统计的原始材料见文末附表一《M 寨一、二组姻亲亲属归属地、节庆等》。

生（吴竖N）的同学在水尧，打电话邀请她去过节，看到笔者跟很多男性在一起，不敢直接邀请笔者跟她去，而是让她母亲来问笔者要不要跟她们去。于是笔者到了她家，她问笔者想到什么地方过节，她在水尧的同学邀请她去过节，同时也告诉笔者水各的人更多、更热闹，如果去水各，她就联系水各的同学。笔者告诉她已经去过水各“借卯”，如果她想去水尧，笔者就跟她去。其间听到吴竖N的母亲跟她对话，大概意思是，她们去“借卯”之后没多久还要去过新米节，因为她的几个舅舅家所在的村寨从2016年开始组办了新米节，并且附近只有这个行政村组织过新米节，比“借卯”热闹。她母亲想到新米节时再去，因为现在去了，到时候也还要去，但是听说笔者要去水尧看看后，她母亲也带着她6岁的妹妹跟我们一起去水尧。水尧“卯坡”离M寨有30公里左右，吴竖N的舅舅家离“卯坡”还有5公里左右的距离，需要乘车去，刚好另一户准备到嫁去附近区域的女儿家走客，并且他们家未婚的儿子有面包车，于是我们就搭面包车到离卯坡2公里的地方下车走路进村。没有走多远，吴竖N的弟弟就骑摩托车来接我们。他21号晚上就到舅舅家了，他还叫了另外两个表兄弟，让他们每人骑一辆摩托车来接人。

上午11点左右，我们到村口吴竖N的二舅家里坐了一会儿，之后就去村寨最里面吴竖N的小舅家。先在小舅家吃饭，之后到寨子周边的桑树种植基地闲逛，顺便看了种植基地对面的荔波机场起降的飞机。12点左右，吴竖N的三舅打电话来叫去吃饭。在吴竖N的三舅家吃饭、喝酒的过程中，她的二舅也来陪着喝了两杯，然后整桌人都到了他家；在吴竖N的二舅家吃喝到了下午两点左右，她二舅的嫁出去的女儿开面包车来接她的父母和亲戚一起去过节。笔者跟吴竖N的弟弟也骑着摩托车去水尧“卯坡”看热闹，17点30分去了吴竖N的表姐家。吃过晚饭后，我们就开始找车返回M寨。

吴竖N的外公、外婆已不在人世，他们生育了4男1女。她的大舅已经离世，大舅妈改嫁，留下的女儿住在吴竖N的二舅家，由吴竖N二舅抚养并供她读书。老一辈建造的木结构老房子分给了她，但是老房子在农村扶贫与住房改造的规划中被划定为危房。吴竖N的小舅前几年在村寨附近的山上建小型养猪场，正当他忙于创业的时候，与妻子离婚，女儿跟他一起生活，之后才找了现任妻子。吴竖N的其他两个舅舅家庭条件都还不错，兄弟姐妹之间的关系也融洽，吴竖N的母亲回寨子里走客时也要一家不漏。笔者作为跟随者，自然也得跟随她们的行程，同时也在行走、吃饭、喝酒的闲聊中了解她们的亲属的大概生活状况。

当地大一点的自然村子一般都有小卖部，节庆时会采购大量的饮料、啤酒、香烟等，方便到村寨里走客的客人购买去走亲戚。笔者跟吴竖N的弟弟先进村，在村寨小卖部买了牛奶、椰子汁、红牛饮料各1箱，等吴竖N的母亲赶上我们时再一起进寨，由她选定各家的饮品。下午去吴竖N的表姐家，对方寨子没有小卖部，笔者只好在水尧街上买了礼品跟吴竖N的弟弟骑车带去。

第四批“借卯”的三都水族自治县九阡镇水各村的某个吴姓为主的自然寨，跟M寨的吴姓是不能通婚的，他们属于同一个“怀奴”(第七章详细论述)。两地相距约60公里，听说以前每隔几年两寨互派代表去对方村寨“借卯”，加强两地父系血缘村寨的互动，近些年已经没有人组织类似的节庆互访活动。特别是水各“卯坡”加入节庆旅游开发与接待的地方行政活动中后，水各“卯坡”附近村寨的村民在节庆当天根本没有时间招待自家的客人。M寨一位45岁左右的男性说有一次跟着寨子里的人在水各“借卯”时去走访“怀奴”，节庆活动丰富多彩，到“卯坡”附近民众和外地游客都很多，但是水各的“怀奴”根本没有时间招待M寨的人，家人都被安排到相关活动的具体工作中去了。现在M寨的村民如果想去水各“卯坡”看热闹或去对歌，走客时多选择去离“卯坡”较远的村寨，特别要避开“卯坡”所在的村寨。

二、外出“借额”

2018年10月21日，荔波县玉屏街道水丰村有三个自然村寨过一年一度的“借额”。M寨一位“借额”村寨的女婿（吴孝QBP）在20日早上6点左右就骑车去帮妻弟杀牛，除了牛的内脏和部分牛肉留给自家过节招待客人，其余的牛肉则卖给村寨里的村民。吴孝QBP卖完牛肉后帮忙准备节庆待客的菜肴，牛肉、鱼肉、鸡肉、鸭肉、下酒配菜等，基本都在节庆人流量最大的前一天完成。吴孝QBP的妻子早上还在家里染布，有一些蓝靛染过的布匹要拿到水田里浸泡浓稠的泥浆，浸泡几分钟后用清水洗净泥浆，平整铺放在地上晾晒干，晾干收回家中，用重物压几天再用清水清洗，清洗前要将布匹置于石头上，用木棍均匀地敲打，要反复清洗、敲打很多次才能用于缝制衣服等。吴孝QBP去帮忙的事是他妻子转告的，他妻子下午去县城办事之后直接去其弟弟家“借额”。

> 20日下午4点左右吴孝QBP打电话叫笔者去“借额”，并让他的侄子骑摩托车送笔者去。当晚吴孝QBP的妻弟家安排了3桌菜，前后有20多位客人到访，平时常跟吴孝QBP在一起喝酒的有3位带了妻子或儿女来陪他走客。吴孝QBP邀请去的这部分客人单独坐一桌，吴孝QBP的妻弟在没有陪客人的情形下，也会加入这一桌，招呼大家放开吃好、喝高兴。晚上9点后，笔者跟吴孝QBP的侄子骑车返回M寨，他因骑车不能喝酒，考虑到坐在后面半醉的笔者，他骑车的速度较慢，驾驶也很平稳，10多公里的乡间水泥便道花了半个小时左右。
>
> 21日上午9点左右，寨子很多人相约去“借额”，人们去“额坡”的积极性明显高于去其他节庆的“坡”，主要原因可能在于寨子与附近的水丰“额坡”相距不远和当地亲戚朋友较多。水丰“额坡”距离M寨只有10多公里，步行、骑摩托、开三轮车或找面包车去都比较方便，绝大多数路段属于农村之间的乡村路。从统计的

130位娶进或嫁出的女性分布看，有7位女性娶自或嫁到荔波县永康和水丰的水家“借额”的村寨，而水丰“借额”就占了5位。此外，两地相距不远，个人血缘或姻缘之外的同学、同事、朋友等较多。M寨很多中老年人开三轮车去，每辆三轮车载人3至10人，还有一些年轻人骑摩托车去。笔者搭乘一辆于9：50出发的三轮车，在这之前已经有4辆三轮车载村民出发去水丰“借额”了。

笔者最先跟几位带着孙子或孙女的老人坐一辆三轮车，在出发前换乘另一辆以中年青年为主的三轮车。驾三轮车的吴拥MBS是一位快40岁的男性，跟着一起去的有其75岁的母亲、哥哥和嫂子、妻子和儿子，还有两位20多岁的未婚男青年。当天走客的目标对象就是吴拥MBS的3个表兄弟家。他的母亲跟几个表兄弟的父母是亲兄妹，他的舅舅、舅妈已不在世，节庆期间就带老人来几个表兄弟家。跟随吴拥MBS先后在他的几个表兄弟家吃喝之后，村里一起出发的2个男青年带我去他们的同学、朋友家走客，前后又去了5家，其中有两家跟M寨有直接姻亲关系，但是跟2个男青年的家庭没有直接姻亲关联，刚成家的男主人是他们的同学或是工友。在每一家吃喝一会儿就换下一家，到下午3点半左右酒或饮料等已喝不下，就相约去“额坡”看热闹。下午5点半从坡上返回“借额”的寨子，已经跟早上一起出发的人走散，在路上遇上前一天骑车带我来“借额”的男青年，我们相约去吴孝QBP的妻弟家吃晚饭，吴孝QBP和他妻子还在帮忙或陪客，他妻弟已经喝醉休息了。

水家“借额”主要分布在荔波县原永康水族乡、原水尧水族乡的部分村寨和原水利水族乡的水丰村的三个自然寨。从“借额”的涵盖村寨数量看，其他两个区域的自然寨的数量和人数均多于水丰的三个自然村，但因靠近M寨，所以村民们更多选择到水丰区域“借额”，只有少数跟永康、水尧等“借额”村寨有直接姻亲关系的家庭才到相距较远的当地过节。村民先后聚集在村寨小广场相约去水丰“借额”，发起人多是跟当地有姻亲关系的家庭。没有直接姻亲关联的村民则跟随发起人前往，先陪伴发起人走客，之后就自由走客。这种情形下的走客带礼，多为发起人依据情形而定。平时经常走动的，可能不带礼品，人去就行了；平时偶尔走动的，则多半会带一些牛奶、饮料之类的礼品前往；陪同前去看热闹的，多数不用单独带礼。

“借额”祭祀。[①]“借额”时各家事先须备好鱼、豆腐、南瓜、甜酒、糯米饭等供祭品。这些供祭品必须素做，即不能含有动物油（鱼的供祭品除外）。酉日凌晨两点左右，在堂屋中间设一张八仙桌，然后将备好的供祭品用碗盛满置于桌上。斟六碗米酒，还要放上新鲜水果、一把叶烟、一根烟杆斗以及数匹自织土布，旁边还要放上一只装满碗的提篮，点上香烛，在桌子下面放化香树根并点着火，让其散发出浓郁的清香。楼梯脚的两边还需点香，放一把米草，将火盆或炭火放于草上，再放两根拐棍，以示迎接祖先的到来。古时还要背上蓑衣，在门口放置拐棍和提篮时，故意全身发抖，嘴里不停地念道：“天好冷啊！天好冷啊！”以示当年北上迁徙，颠沛流离、备受苦难之状。供祭到次日天亮为止。民间对“借额”门口摆放的器物和提篮也称为“叫花祭席”，除了节庆专门供奉席位，过去丧葬活动中有叫花子来，也将其当亲戚招待。

> 韩老大：之前看大家讨论额节（“借额”）的问题，说额节是端节（“借端”）的姊妹节，我不认为是这样，额节就是额节，跟端节不一样。[②]
>
> 大雄：“借额”时间在三洞“借端”（第五批“借端”）时间的前一天，由此推出姊妹节，有点牵强。
>
> 韩老大：额节的祭祀时段在半夜，这跟端节不同。额节祭祖时

---

① 文字内容来自水利大寨“卯坡”民俗馆水家文化展板。

② 根据“×× 水家 ×× 工作”微信群聊天内容整理，2020 年 9 月 3 日，19：00 至 23：00。

祭席上蓑衣、拐杖，端节没有；额节还设有专门招待乞丐的叫花祭席，端节也没有。

石破天惊：额节选定的日期是酉日，忌丁酉。

韩老大：谁能准确翻译一下水语“额”的汉意？

石破天惊：@韩老大 我收集的“额”说法是：（荔波县永康一带）他们的先祖名字就叫“额”，原先额公也想跟随“借端”，在准备节庆的酉日这一天上房顶摘南瓜，结果不小心摔死了，所以就在酉日当天就过了，一是过节，二是吊丧，节日也以先祖的名字来称呼了。过节与吊丧，两者兼顾。

潘老四：韩哥对“额”的解读到位，有功。

石破天惊：酉日晚上凌晨即戌日起才能吃肉。

韩老大：那额节为什么要设祭席祭祀叫花子呢？谁能解释一下？

石破天惊：因为当初额公死去，抬上山，叫一帮叫花子抬去。过节时家家户户都很忙，人手不够，叫一帮叫花子帮忙。

大雄：2018年10月21日（丙戌日），水丰的“借额”供品有鱼、南瓜，已经没有韩老大提到那些元素了。

潘老四：@大雄 但在这件事上我相信他，他说的曾经出现过。

大雄：韩老大的观察应该是变迁前的祭祀情况。

韩老大：叫花子抬亡人，这不符合水家文化传统的逻辑。在水家社会中，老人过世是大事，需要整个“家族宗支”或村寨集体来料理，断不可能有因过节家家户户都忙而请叫花帮忙抬亡人的事。

石破天惊：我的考证源于永康学校蒙艳华老师和永康女歌手蒙利。

韩老大：还有一个问题，水家很多地方是“过端不过卯，过卯不过端”，但荔波过额的水家，既过额节，也过卯节！

石破天惊：希望各位专家学者从更深层次去挖掘。

韩老大：所以，过额节的叫花祭席应该是一种独特的文化现象。

大雄：@韩老大“额节祭祖时祭席上蓑衣、拐杖；还设有专门招待乞丐的叫花祭席。”这是在什么情况下看到的？是当地搞大型“借额”活动？还是寻常百姓家“借额”祭祖？

韩老大：这是1983年我所（贵州省民族研究所）老专家陈国安的调查。

A睢：@石破天惊 您的额节版本，和我小时候听老人说的基本一致。

潘老四：理越辩越明。

大雄：调查背景有时候会误导，以水利为例，政府主办的时候，能想到的祭祀可能都有，老百姓自己搞的时候，根本就没有祭祀树神、祭祀“卯”图腾柱或者石头，更不要说人多的集体祭祀了。

石破天惊：再一次电话核实，过去不叫“借额”，而是“王额”，“王”，即祭祀的意思，“借额”是后人的说法。额就是先祖的名字。

水草朝霖：端节和额节是两个名称的节日，但是过节的时令、庆贺的内涵完全一致。日期是酉、戌、亥，一前一后。形象的比喻而已。

润水：我对额节不太了解。但是在水族有一个现象：在我们小时候，叫花子比较多，办丧事的时候会有许多叫花子来混伙食，这时候只要他们来，主人家都招待的。不知何故，那些叫花子的消息非常灵通，无论哪里死人，他们都好像提前知道一样。这是传统，都招待，并且菜品跟招待亲戚兄弟的一样。

润水：我赞同@石破天惊的观点。好像我们三洞水族过“端”祭祖，也是在祖宗忌日。传说现在三洞潘姓的祖先元燕、元仰、元干三兄弟在祭祖时，元燕公食用猪肉（水族祭祖忌荤），所以元燕公后代稀少，现仅有都江燕寨为代表。

哦虽：元燕、元仰、元干发展到今天各自多少人啊？

润水：元仰、元干，后代各超过两万接近三万。元燕后代稀少，目前仅以都江燕寨为代表，三洞板南潘老四的寨子有几户。

三、“邀端”与“找端”

2018 年，水家 7 个批次的“借端”中，笔者造访了其中的 5 个批次的部分村寨，只有最后 2 个批次的“借端”没有机会参与。参与的前 5 个批次“借端”活动均在不同程度上呈现了邀端、找端、走端、走客等节庆互动过程（“端”相关的概念见第一章第四节）。

2018 年 9 月 15 日，都匀市归兰水族乡的水家开始了一年一度的“赶端场”活动，当天刚好是周末，笔者在当地的一位同事就提前几天邀请了部分同事到老家“借端”。同事的父母已离世，几兄弟均在外工作或经商，老房子平时基本不住人，也较少开伙，但同事在当地相距不远的岳父、岳母身体健康，家庭条件也不错，于是同事组织的邀端落脚点就在其岳父家。节庆时，同事在外务工的妻弟也带着妻子回家中跟老人一起准备待客的菜肴以及陪客等。同事的妻子回到娘家自然也忙前忙后地参与到相应的准备工作中。归兰水族乡的“借端”属于第一批，跟 M 寨相距较远，统计的 130 位娶进或嫁出的通婚个案中，没有娶自或嫁入第一批“借端”区域内的案例。

2018 年 9 月 28 日，水家第二批“借端”的“亥日”，M 寨跟第二批“借端”区域内有直接姻亲关系的只有 1 位嫁到当地的女性。笔者想提前去看看，于 27 日下午开始找端，而没有等 28 日和寨里的人一起去走端，联系了三都水族自治县中和镇三洞社区的朋友，让他帮忙联系去“借端”，他自己要去“走端”，于是笔者全程跟随了他在 27 日晚上的“走端”过程。

27 日 16 点 30 分左右，笔者到荔波县客运站，到窗口咨询到三都水族自治县周覃镇或者三都县城的客车，都已经没有了，只好到客运站附近溜达，并发了微信朋友圈，表示想去“借端”，但没有车。有网友说可以通过打车软件等打车，也试了，但没人接单。M 寨的一个朋友说有面包车在出城的路口拉客，于是去路口，遇到停靠在路边的面包车就询问是否到周覃镇或三洞附近。快到 18 点时找到去周覃的面包车，行驶到中途时司机把笔者转到了另一辆面包车，转车后没有多久接到三洞朋友的电话，让笔者到群力村去“借端”。于是问师傅是否经过群力，师傅不太熟悉，说可以去，就继续前行，结果到了水东桥，师傅却说他的车不去了。下车，笔者又在路边问过路的车辆是否路过群力，前后问了 20 分钟左右，遇到了 4 个年轻人，他们也是开车去群力“借端”，也就顺路带上了笔者。19 点时到群力村，三洞的朋友带笔者到他的一同事家“借端”，遇上了 2005 年在三洞中学时认识的 3 位老师。20 点 30 分，离开群力村，之后朋友驾驶他的面包车带笔者去板引村“走端”；21 点 20 分，到他在贵阳某高校工作的同学家“借端”，他的同学也刚到家 3 小时左右；22 点 30 分，到三洞朋友的大哥的好朋友家“借端”，他的大哥已经在广西多年，不常回来，他到了大哥好友的寨子，就代表大哥去看望好友；23 点 40 分左右，到旁边的一个寨子，去了 2005 年时在三洞中学任教务处主任的退休老师家“借端”；28 日凌晨 0 点 40 分，乘车回三洞朋友的单位宿舍休息。

28 日 7 点多起床，但是喝酒后头疼了又在沙发上睡觉。朋友 7 点多到三都县城开会，笔者就在他的宿舍睡到 10 点才出门，到街上吃了一碗粉，10 点 30 分开始走路去水东端坡，卖粉的老板说估计要 2 个小时才能走到。笔者边走边观察从身后路过的车辆，试图搭便车，但是他们的速度都快，所以一直没有开口。走了约 30 分钟，一辆白色小轿车开过了笔者 2 米左右时停下，主动问笔者到什么地方，笔者说水东端坡，他也是去那边“借端”，于是让笔者搭上他的车子一同前往。驾驶员小伙子姓邓，江西人，已经在三洞街上经营门窗销售与安装的生意快 6 年了。一路闲聊，最后笔者在水东端坡的路口下车，简单留了电话，他只告知其姓，没有告诉名，

> 笔者不便问，也就没有主动告诉他笔者的名字，只是礼貌性地说到都匀跟我联系，他说很少到都匀，看来他也不想仅仅因一次搭便车而继续有后期的来往。笔者仅仅在上车的时候发了一支烟给他。昨晚上搭 4 个小伙的便车，下车时天黑，本想发一支烟给他们几个，结果还没有等笔者撕下烟盒的包装纸，他们就直接开走了。12 点左右，到水东端坡，在坡顶跟当地一个摄影老者闲聊，他谈到“借端”政府组织的非真实性、“借端”祭祀不能杀猪牛鸡鸭等，还说到三都水族自治县中和镇塘州社区部分村寨的老人“借端”时不吃除鱼之外的其他肉类，要等到“端坡”跑马结束后才能吃肉。

在水东端坡看跑马的过程中，遇上 M 寨的吴孝 QBP，他和周边寨子的几个朋友在 28 日上午相约驾车来“借端”，在当地的某个朋友家“吃端”后就到坡上来看赛马了。吴孝 QBP 说他喜欢看跑马，他的父亲也喜欢看跑马，并且喜欢骑马，于是他的父亲去世时，他特意买了一匹马作为葬礼，同时也杀了一头牛。吴孝 QBP 和他一起来“借端”的几个人都喜欢看端坡跑马，他们选了环形端坡马道中间的一个小山包作为观看点，能 360 度观看跑马的整个过程。17 点 50 分左右，端坡跑马结束后，笔者搭他们的便车一起回寨子。中途他们也没有到附近“借端”的村寨吃晚饭，而是直接驾驶了 2 个小时左右回寨子。行程为 40 公里左右，多数为 999 县道和 942 县道，5 公里左右是乡村道路，尽管已经硬化，但由于道路附近村寨“借端”，某些路段还穿寨而过。节庆时车辆集中，村寨内的路段窄，会车慢，某些地段还需错开会车，造成了在 5 公里路段上走走停停，消耗了很多时间。回到寨子的第二天，有妹妹嫁到第二批“借端”村寨的村民也称他家到 28 号晚上才去其妹妹家“借端”，也是吃过晚饭就返回寨子。

四、轮流的“走端”与流动的走客

M 寨的 130 位娶进或嫁出的女性中，娶进自或嫁入“借端”区域的有 44 人，各批次分布情况：第二批“借端”1 人（嫁入），第三批“借端”39

人（娶进 33 人，嫁入 6 人），第四批“借端”2 人（娶进），第五批“借端”2 人（娶进），统计中未发现与第一、六、七批次的“借端”区域直接通婚的案例。寨子里“借端”时的走客主要体现在第三批上。

2018 年的水家第三批“借端”跑马日是 10 月 10 日，也是寨子外出走端、走客最集中的一天。笔者提前跟寨子里非政府组织的张哥约了去“借端”，走端的第一个目标是曾经在他手下一起做公益事业的小韦家，小韦还邀请了寨子里的吴玉 GBP 夫妇。10 日上午 8 点 10 分，张哥就驾车载着大家前往 30 公里外的三都水族自治县周覃镇廷牌社区采棒寨的小韦家过节。吴玉 GBP 在车上谈论了他此次去走端的原因：去小韦家是因为她在寨里的时候为人随和，跟他的爱人和女儿相处得好，也一直保持着联系，并且小韦已经连续多年邀请他们去“借端”。此外，还有一个他在广州务工时认识的工友兼好友也属于第三批“借端”，也每年邀请他去过节，但因有事都没有去，此次去小韦家“借端”，同时也可以去这位朋友家走端、做客。吴玉 GBP 对走端的投入与收获进行某种比较而得出：某种情形下，无形的亲情、友情、爱情等情感的维系不能简单用有形的支出数据进行衡量。

吴玉 GBP（对话中用 Z 代替）：小韦和那个朋友连续邀请我们去过节，今年再不去就有点过意不去了。小韦在张哥这里做事的时候，大家是知道我们之间的关系的，就不用多说了。

张哥：小姑娘为人不错，要离开寨子了还特意买菜、做饭，请寨子里平时相处较好的妈妈们吃一餐表示感谢。

Z：我的那个好朋友，在广州打工认识，一起打工多年，相互帮助，不论是他家里或是我家里有事，需要帮忙时都是尽力相助，工厂里上班时遇到困难也相互协作解决。此外，他和我都喜欢喝酒，即使喝醉了也不闹事。

Z 妻：一晃我们离开广州回家里陪孩子（成长）已有五六年，也就没有跟这个朋友见面了，他这几年也回家了。

Z：平时电话联系还是没有见面聊的那种感觉。他家每年“借端”时都电话联系去坐坐，今天刚好小孩都去上学了，我们两个特意抽空去走走。

张哥：等会在恒丰买东西还是到廷牌去买？

Z：过节的时候卖东西的应该比较多，等会看什么地方东西品种多，路边方便你停车时再买。

笔者：过节走亲戚，如果亲戚、朋友多，农村收入又不高，节日走亲戚带礼开支也不小。

Z：去走亲戚主要是维系感情，如果只是去吃喝（或者只看重其中的吃喝所得），完全是得不偿失，甚至是倒贴。以我为例，每天早出晚归离开寨子到县城送货，每天最差也能挣到200多元。我们去过节，就算只去一家，现在不好意思空手去，至少带上30元至50元的东西才不那么尴尬；如果只以吃喝来衡量，我用一天的收入在县城吃喝更好！这还没有算中途可能不断增加要去走动的一些旁系的亲友、出行的车费和我老婆的误工费等，如果这些都明确计算在内，外出过节支出的绝对是吃不回来的。但我们不能这么算，如果这么算，我跟那些亲戚、朋友的关系只能越来越淡！

“借端”区域亲戚或者朋友多，个人去过端节（paːi^{1} thaːu^{3} twa^{3} tsje^{1}）或走端（thaːm^{5} twa^{3}），如果都要走到，那么要走客的家庭会比较多。这种走客对象的增多有两种情形：一种是作为客人的一方主动去走端；另一种则是在主人盛情陪伴下到家里吃端、走客。客人主动去走端的对象，一般都是比较亲的直系姻亲的亲属或者关系很好的朋友，这种情况下一般也会在节庆前接到不同形式的邀请。客人一旦到了寨子，很可能会遇上平时关系不错的姻亲中的旁系亲属，或者因务工、读书等认识且相处和睦的熟人，如果对方跟客人一起在落脚的第一家（或上一家）吃饭、喝酒（哪怕只是象征性地吃一两口、喝一小杯酒），快要结束时，对方就会将客人邀请到家里去“借端”。陪客之后如果客人不去对方家里“借端”便是一种失礼。客人走端计划之外的偶然陪客扩展开的吃端，或者扩大走客，客人不带礼品也是常见的，特别是在同一寨子里的轮流吃端，一个接一个地邀请，有时候客人想去买点礼品也没有时间，同时还可能给下一家想邀请的主人造成不必要的误解。

2018年10月10日，第三批“借端”。吴玉GBP在车上时，他给出的走端目标只有2家，但当天笔者跟他实际上走了3个不同的寨子，共计5家，除了小韦家单独在一个方向并且跟其余的不属于同一个端坡外，其余4家2寨大致在一个范围内，均属于恒丰端坡。在吴玉GBP的朋友所在的寨子就走了3家，先是到吴玉GBP的朋友家，在寨子里遇上M寨的吴舜LBSH和他妻子，吴舜LBSH的妻子就是这个寨子的，他陪我们在吴玉GBP的朋友家吃喝了一会儿，把我们带到了他的岳父家里吃端，中途他岳父的弟弟来作陪，我们喝了几杯之后又到吴舜LBSH岳父的弟弟家吃端。早上10点30分左右，从小韦家吃端离开。11点40分左右，到吴玉GBP的朋友家开始吃端，13点左右，离开寨子。在吴舜LBSH岳父的弟弟家吃饭时，吴玉GBP的亲堂弟来陪着吃，之后带着大家一起到相距10分钟左右车程的另一寨子吃端（除了张哥驾车载的几位，还邀请了吴舜LBSH夫妇一起）。到了吴玉GBP堂弟的亲大舅家，看到刚吃完的两桌碗筷还没有收，吴玉GBP的堂弟帮忙收拾后就重新排一桌给他带来的这拨人，这边才刚摆好，另一拨客人到家，主人家又另安排一桌招待。14点20分左右，离开寨子，大家一起到端坡去看热闹，吴舜LBSH和吴玉GBP还试图在端坡上对歌，结果都没有找到可以对歌的女伴。

16点20左右，吴玉GBP夫妇要回寨子接孩子，孩子17点放学，张哥开车跟他们一起回寨子了。笔者跟吴玉GBP的堂弟则骑着摩托车到回寨子途中的另一个村寨走端，这个寨子走端的第一家是吴玉GBP堂弟母亲的妹妹家。在这个寨子遇上了M寨的几个年轻人，还有水丰额节当天带我去过节的吴拥MBS。他妻子出生于这个寨子，他们是回娘家过节。吴玉GBP路过这个寨子时，吴拥

MBS 被截了下来，只让张哥开车送他妻子回去接孩子，吴玉 GBP 跟吴拥 MBS 的大哥吴拥 ZH 是干亲家（吴玉 GBP 的儿子寄拜吴拥 ZH 为干爹）。当笔者在吴玉 GBP 的堂弟的姨妈家吃饭的时候，吴拥 MBS 也被叫来一起吃，半小时左右后，吴拥 MBS 又把我们几个拉到他大舅子家吃端，吴拥 MBS 的另外两个舅子也来陪客，自然又跟着去了吴拥 MBS 的另外两个舅子家吃端。M 寨有几个 25 岁左右的年轻人是天黑了才开着面包车来这个寨子过端的，笔者跟吴拥 MBS 走完他的亲戚后，在路上遇上几个年轻人，又被拉着跟他们去朋友家走端，可能因为他们这个朋友年轻，交了很多好友，家里客人比较多。20 点 30 分左右，这家两层楼房各安排了 3 桌，每桌人都不低于 5 人。后来得知这一家跟 M 寨也有亲属关系，这家女主人的姐姐嫁到了 M 寨，女主人的姐姐一家可能中午已经来走客回去了，笔者晚上没有遇上他们。笔者在这个寨子吃端期间，中途还去住在大路边的一家，笔者过路时被坐在里面的一个 M 寨的村民看到了，被拉进去坐了十多分钟、喝了几杯才让笔者离开。

2018 年的第三批“借端”是笔者参与节庆活动走客数量最多的。出 M 寨时的计划只有 2 家是目标走端对象，最后笔者前后去 4 个自然村寨的 11 个家庭，有 2 个自然村各走了 1 个家庭，而吴玉 GBP 的朋友所在的寨子走了 3 家，吴拥 MBS 的妻子所在的寨子走了 6 家，笔者前后也只买了 5 家礼，多为路边摊上的饮料。同时，在二十多年前，办端者可能也不期望从客人处得到所谓的对等物（后文有讨论）。在吴拥 MBS 的妻子所在的寨子走客多，遇上 M 寨的熟人也多，除了相距不远（驾车 20 分钟左右），有直接姻亲关系的家庭也比较多，在后来统计的 M 寨 130 位通婚关系中，有 6 位与该行政村有直接关联。

一天要到这么多家吃喝，需要一定技巧来维持不醉的状态，以避免胃胀、胃痛等。一般来说，客人知道要走端的寨子里有多少潜在的陪吃之后的邀端者，在第一家吃喝的时候就要有意控制进食量，不能在第一家就吃饱，否则到后面的几家可能就吃不下了。喝酒一般也是在第一家时稍微喝得多一点，但是要保持清醒，确保休息10分钟至30分钟还能继续喝一点。同时，人多喝酒，一桌人高兴了会一起吆喝“哟”“哟”“哟”三声之后再把酒喝下。吆喝声越大，气氛越热闹。如果主人家同时还有其他几桌在吃喝，见一桌吆喝，其他几桌也会跟着起伏不断地吆喝，要是几桌都有一两个熟人，还会联合起来几桌同时吆喝。喝酒的解释说，这样吆喝有利于酒精的发散。水家村寨的节庆期间，喝酒的吆喝声是人们常听到的单纯、向往而又有点儿害怕的欢歌。

水家“借端”的亥日，水家用春节的初一来进行类似表达，但是要加上具体批次或者批次的代名词，比如第三批“借端”还有“端博”“十六端”的对应名称。如2018年10月10日，水家除了表述成“十六端”的亥日、跑马日之外，还会表述成“十六端”的初一，相应地，10月9日晚则会表述为“十六端”的三十晚。这种类似于春节的农历表述只出现在水家节庆中，而水家历法的表述除了首尾月份上的错开，日子则跟农历一致。笔者除了第三批“借端”的初一走端外，还在这一批次“借端”的初三（10月12日）跟随寨子里的6位已婚女性步行1小时多到旁边一个“借端”的寨子走客（图6-1）。其中1位女性（韦XMNN<8>）是走客对象的嫂子，即对方女主人属于韦XMNN的小姑子，其余5位女性所在的家庭跟韦XMNN家属于血缘比较亲近的几家，韦XMNN属于此次“借端”走客的领队。6位女性都穿上平时干农活时不穿的民族衣服。她们说这些服装不是自己做的，有人专门做民族服装卖，在周边街上或者荔波县城，苗族、布依族、瑶族、水族等的女性民族服饰较为常见，买来只在赶集、吃酒、过节时穿，平时很少穿。

图 6-1 “借端”时组队走客

2018 年 10 月 12 日 11 点左右，笔者在寨子小广场的大树下闲坐，跟几位男性村民无目的地聊天，看到几位穿着民族服饰的女性也来树下相隔数米的石头上坐着闲聊。后来 Y 加入她们谈了一会儿，之后就一起去村里的小卖铺每人提了 1 箱品牌不一的饮品，又在树下闲聊，看样子在等人。笔者好奇就去询问她们去干什么，韦 XMNN 说走路去“借端”，并问笔者要不要跟她们一起去。笔者自然不会放过任何走村串寨的机会，欣然答应并也去买了一箱饮品，第一次加入全是女性组成的“借端”走客队伍中。闲聊、等人至 11 点 50 分左右才从寨子出发，13 点左右才走到韦 XMNN 的小姑子家，10 多分钟后就开始吃饭、喝酒。可能因为客人主要是女性，对方陪客的男性只有男主人，陪客的女性除了女主人，还有几位年长的女性老人和男主人的嫂子。女主人和其嫂子不断向客人敬酒，能喝的多喝一点，实在不能喝的就少喝甚至只喝饮料或者水。其间男主人敬酒，我们这边去的一位女性莫 YQNC41 暂时没有喝，男主人催促，莫 YQNC 直接跟男主人说一口一口地喝太慢，等大家都快要喝完杯中酒时她就一口喝干，并问男主人要不要碰杯，男主人赶紧摇头，她告诉男主人不碰杯就不要催。水家寨子喝酒，没有提前附加条件的情况下，碰杯就是一口喝干（酒杯多为玻璃杯，量跟一次性水杯差不多，有的家庭不想洗杯子也会直接用一次性杯子）。也是在这次“借端”走客中，笔者目睹了M寨部分女性喝酒时的豪迈。当然，男主人不敢碰杯不是因为酒量小，可能因为已经连续几天陪客喝酒，不能快速喝酒，只能慢慢地喝，才能确保不会大醉。

吃饭、喝酒、闲聊到14点30分左右，大家都喝得差不多了，男主人说天气好，可以下小河沟抓螃蟹，于是男主人和他嫂子就带大家走到离寨子3公里左右的河沟下游，沿着河沟往上在河里的石头下或石缝中翻找螃蟹。卷起裤脚，踩着清澈河沟水中的砂石，走走停停地往寨子方向靠近，大概花了一个半小时，但是战果不太理想，8个人徒手抓了50只大小不等的螃蟹，小的太多，估计只有两斤左右。

回到寨子，在韦XMNN的小姑子家停留了一会儿，就被她嫂子邀请去家里吃饭。“挡”（水语tsun³，在吃饭时表示动筷子、端酒杯等）的时候才16点20分左右，当然螃蟹并没有被下锅，而是放在了韦XMNN的小姑子家，怎么处理不得知。17点左右，吃喝结束后去韦XMNN的小姑子家，准备坐一会儿就返回，在路上，一位年长的女性把队伍中的一位女性给拉住了，要大家去她家坐坐。到家里后，老人本想在老房子安排我们几位随便吃点，但是她儿子回来看到后，将已经摆好的酒、菜、碗、筷等收了到新房中待客，也叫了韦XMNN小姑子夫妇。吃了20分钟左右后，我们被另一家女主人邀请去家里坐坐，邀请的理由之一是这家的小女孩跟队伍中莫YQNC的儿子是小学一年级同桌，并且他们在开家长会的时候见过面。这一家的菜肴中有油炸螃蟹、油炸小鱼、油炸马蜂等，主人说螃蟹是小孩前一天在河里抓的，大的螃蟹上桌，小的放回河里了。喝几杯酒后已经18点，天快要黑下来，就赶紧从走客的寨子走路回去，出寨子时已经18点20分，这时才留意到只剩下韦

> XMNN、莫 YQNC 和笔者，其他几位分两批中途就离开了，1 位在17 点左右离开，另外 3 位于 17 点 30 分左右离开。18 点 50 左右，天全黑了，莫 YQNC 突然问笔者带的烟还有没有，有就点燃。她们知道笔者平时不吸烟，只是吃饭、喝酒的时候会偶尔派烟，幸好剩下两支，快到寨子时两支烟刚好烧完。
>
> 19 点 30 分左右，回到寨子，又被刚生小孩几周的一家叫去吃饭，这家在 17 点左右就打电话邀约，并且说要笔者回寨子就去他家，走路期间笔者也接到一两次电话。回寨子吃饭、喝酒的时候，他们问笔者走路回来怕不怕，笔者觉得好奇，就问他们为什么会有此疑问，他们说回来的一段路边全是寨子里非正常死亡的人的坟墓或小土堆，此时笔者才模糊地意识到路上点烟是为了敬鬼，也才意识到两位跟笔者走路的女性在此段路上一定有某种不可表述的心理压力。笔者知道实情后，当时都感觉背后凉飕飕的，何况两位女性是事先就知道的。村民们也说了，要不是笔者在，她们两个也会在天黑前回到寨子，根本不敢走那一段黑路。看来其他 4 位提前回寨子，多半也是这个原因。她们当中有 3 位是没怎么喝酒的，估计想得较为清楚，而韦 XMNN、莫 YQNC 和笔者，均喝了不少酒，某种程度上可能是借酒壮胆，她们才会坚持到天快黑了才离开。

走路去“借端”的这个寨子属于 M 寨同一行政村最后一个道路硬化的村组，走路“借端”的时候只用挖机挖出毛路并搞好了路基，摩托车、三轮车等还不能直接到寨子。2019 年 6 月，笔者回寨子“借卯”，该路已经全部硬化通车。此外，2018 年 10 月 14 日，水家第三批“借端”的初五，M 寨会机修的男性吴佳 RBUH 带笔者去同一行政村的相距 6 公里的另一寨子修车，去之前就说修车之后“借端”，吴佳 RBUH 的两个舅舅在要去修车的寨子。当天 17 点半左右，我们就骑摩托车去那个寨子，19 点左右开始去第一家吃端，4 个小时前后去了 3 家。笔者参与第三批“借端”跑马日之外走端的两个寨子，据说都是从第三批“借端”村寨搬迁而来的，因此 M 寨周边主要水家村寨“借卯”，也有少数村寨“借端”，少数散居在以“借卯”为主区域的“借端”的水家还转向了“借卯”。

2018 年的水家第四批“借端”，也称为“塘州端”，该“端”的“初一”是农历九月初九壬午日（10 月 17 日）。水家“借端”节庆中，只有“塘州端”是午日，因此也有人用“午日端”来指称水家第四批“借端”。第四批“借端”区域整体上离 M 寨较远，因此 130 个通婚案例中只有 2 位女性，并且是 M 寨中的一个主干家庭，嫁出的是男主人吴荐 KBU 的妹妹[①]，吴荐 KBU 的儿媳与对方来自同一个寨子。吴荐 KBU 的儿子和儿媳都到外省务工，因有吴荐 KBU 夫妇在家，所以自家“借卯”、媳妇娘家“借端”均没有回来，自家“办卯”、媳妇娘家“办端”均由吴荐 KBU 夫妇在家承办和到娘家走端。在“塘州端”的跑马天，吴荐 KBU 夫妇带着两个孙子先到儿媳的娘家，吃过饭后，吴荐 KBU 带着小孙子去妹妹家（在儿媳娘家吃饭时，妹夫来陪着吃），在妹妹家吃了半小时左右之后又去妹夫的弟弟家，结束后返回儿媳的娘家。其后，吴荐 KBU 带上妻子和两个孙子一起到 3 公里之外的一个寨子看望吴荐 KBU 的生母（80 岁），同时去生母的赡养侄孙家走端。笔者跟随吴荐 KBU 去走端时看到其生母身体状态不佳，她不幸殁于 2018 年 10 月 31 日丑时，葬礼于 2018 年 11 月 2 日举行，该老人的葬礼是笔者调查期间超越调查定居村寨唯一的案例，笔者在走端活动中了解到与老人相关的亲属网络及其后人的维系情况。

水家第五批“借端”主要集中在三都水族自治县中和镇三洞社区（原三洞乡），因此也称为“三洞端”。2018 年“三洞端”的“初一”或跑马日是 10 月 22 日，但是 M 寨到该区域的距离总体上比第四批“借端”区域还

---

① 吴荐 KBU 的三个妹妹与他的关系存在两种情况：有两个妹妹是吴荐 KBU 才 3 岁左右时生母因被家暴离婚再嫁后所生，再嫁之后的家庭无子嗣，但两个同母异父的妹妹均外嫁，走端的这个妹妹就是其中之一，只剩生母一人住在老房子，生母由其侄子赡养，后来侄子去世，改为去世侄子已成家的儿子赡养；另一个妹妹是吴荐 KBU 的父亲跟继母抱养的同村随娘改嫁的女孩。因吴荐 KBU 一直在维系着她们兄妹之间的关系，笔者统计通婚情形时，也将两个同母异父的妹妹纳入到寨子外嫁的统计之中。

远，因此统计的通婚数量中也只有2人，并且其中1个年轻人属于待办酒席者（这种关系还处于传统文化认为的只属于两人或两个家庭的认同，还存在分开的可能），年轻人当时外出打工了，实际上就只有1家可能去三洞走端。笔者居住的这家的男主人听说三洞端坡很出名，但是还没有去看过，加上男主人刚好要休息几天，于是笔者借助在三洞的朋友，准备了一次自己带队的走端。

10月22日早上，准备去三洞走端的男主人吴荐CBCH问笔者要不要跟他骑摩托车去三洞"借端"。笔者落脚的这家男主人还未到过三洞"借端"，于是笔者准备组织几个人去走端，并邀请吴荐CBCH一起出发。他坚持骑车去，但是他让妻子跟笔者的队伍一起出发。笔者让村寨里两个年轻人从荔波县城以200元一天的价钱租了一辆面包车。寨子里另一家女主人知道笔者租车去三洞"借端"，问是否还能坐下2个人，如果能坐下她想跟嫁来同村的妹妹一起到吴荐CBCH妻子所在的寨子去走客，她们两姐妹，加上给笔者提供免费住宿的房主大哥、笔者、两个驾车的年轻人、吴荐CBCH的妻子，7座的面包车刚好坐满。11点40分左右出发，行驶了50公里左右时路过笔者朋友所在村寨，我们就先去朋友家"借端"，之后又驾驶7公里左右去吴荐CBCH妻子的寨子。一车人先去吴荐CBCH的舅子家吃端，之后又去同车两姐妹的妹妹家。因为笔者的房主大哥和两个开车的年轻人一心想去水家名气最大的三洞端坡看看，不断催促大家不要贪杯，加速走端。把同车人有直接亲戚关系的办端主人家走完后，就启程前往端坡。16点过几分到达三洞"端坡"，一车人开始分散，男性都往马坡走，几位女性则去举办唱水歌、水家马尾绣比赛的广场逛。进入跑马场地还看了几分钟马道上的水家赛马历史文化"地方剧本"表演，之后才观看开始正式的参赛马匹的赛跑。笔者、房主大哥、另一位驾车的年轻人直到17点30分跑马决赛结束才离开，其间另一年轻人遇上熟人就单独行动了。电话联系几位同车的女性集中后，大家建议直接回寨子，回去也要吃晚饭，笔者提议找亲戚或朋友家“借端”，他们在回去路的周边没有亲戚，笔者就带着大家找了另一个朋友家去“借端”。吴荐 CBCH 夫妇骑车先回寨子，一年轻人单独行动，晚上吃端就剩下 5 人，笔者去的寨子只有一个熟悉的人，因此没有到其他人家吃端。

水家第六、七批“借端”村寨较少，且离 M 寨较远，统计中的女性嫁、娶数据没有来自这两批“借端”区域的村寨，笔者跟随村民外出的“借端”活动也没有涉及第六、七批次“借端”承办村寨。村民走客、吃端主要呈现出姻亲关联的亲属走动，如第三批“借端”区域广，并且很多村寨跟 M 寨相距不远，跟这些村寨的直接姻亲关系较多，与 M 寨相距 20 分钟车程的板培行政村，两地有婚姻关联的女性就有 6 人。个人或者家庭的“借端”外出走客，尤其是有姻亲关系的家庭间的走客，第一家的走客是明确的，后面会因为第一家的血缘亲属关系网络，吃端者的血亲旁系或者同一寨村民的姻亲关联的网络，以及吃端者非血亲、非姻亲建立的同学、同事、朋友等社会关系，导致“借端”走客变成无明确方向的、流动的“借”。

第七章　水家社会组织“怀奴”

在日常生活中，了解水家文化的人很容易辨别水家在不同时段扮演的角色。总体来说，独立的家庭开展的一切活动，其成员均以主人的角色全程参与所有活动，一旦活动需要很多劳动力时，主人的范围逐渐扩大，一般根据父系血缘关系的亲疏来划定，特殊情况下，少数姻亲成员也被纳入该范围。丧葬活动中，多数单一的自然寨或多个规模小的自然寨的村民则可能都成为主人；节庆活动中待客与走客，主人、客人的角色更明显。主人与客人的角色是不断地互换的，特定区域内的主人到了其他区域则成为客人，但是特定区域内的主人又有主次之分。这种划分方式在以父系血缘结构为主的谱系上较为常见，但是主人角色的确立则依赖于日常生活中建立的邻里关系或个体、家庭与整个村寨内其他人或其他家庭之间的相处情况。笔者此处讨论的社会组织，是从水家主人的角度出发进行探讨的，某种程度上社会组织是以父系血缘为主划分的依据；另一些要根据社会组织可能以父系血缘为划分的主要依据，但是不排除其他的可能。

随着社会的发展，传统水家社会组织的文化日渐式微，新理念、新观念和其他民族的观念逐渐被纳入水家社会文化的相应表述中，水家社会组织也在新旧观念的冲突中寻找较为贴切的表达方式。本研究将分析水家节庆仪式中通婚规则，结合日常互助，呈现比较完整的水家传统社会组织的风貌；同时，以水族社会组织为主线，挖掘水家文化的深层内涵。

第一节　“游端”仪式中的“哈姆敢”

四海为家：现在走亲戚的难度太大了。走亲戚的话，看着大家都带了礼品，自己就不能不买礼品，而买多种礼品的费用较高，因此部分人只去走亲近的亲戚。一般朋友、亲戚的“三家六房”（汉语），或那些旁系亲属，如果其他第三代以下的家庭成员过多，你根本不敢去走亲戚，因为你去一家（ɣaːn^{2}“敢”）“落”（不去）一家易让别人说闲话。

监督委员：讲真的，送礼品是一件麻烦事。有一些姑娘的经济条件不太好，送礼品或者送红包，像“哈姆敢”（水语 hɑːm^{1} ɣaːn^{2}的音译）的姑娘来，她就要看望伯伯和叔叔，若她都买礼品看望了旁系的大伯、叔叔，她的经济压力是不是更大了呢？其实这个是这两年真正的问题。

四海为家：你说的这个话题很有价值。一个家族（水语 koŋ^{5} ɣaːn^{2}“巩敢”的意译）中的女孩所面临的情况有所不同，有一些姑娘嫁去富有人家，有一些姑娘嫁去穷人家，嫁去富有人家的姑娘回娘家走“三家六房”，一年买一二十盒礼品来走亲戚，她没有经济压力，而那些嫁去穷人家的姑娘，二十盒？她买五盒礼品就会招来麻烦了，而且她还有其他亲戚，要是去了伯伯和叔叔家而不走其他亲戚，也许产生会招来麻烦。

四海为家：pən^{33}nai^{13}ȵi^{31} me^{31}paːi^{13}taːm^{35} hek^{55} jə^{55} pu^{33}xin^{55}, ȵi^{31}paːi^{13} taːm^{35} hek^{55} mai^{55}pu^{33}tɕhi^{55}li^{55}phin^{55}jə^{55}pu^{33}xin^{55}. əm… nai^{13} ȵi^{31} si^{31} uaŋ^{55}uaŋ^{55} tu^{33}tu^{33}tu^{33}tu^{33} son^{13} ȵi^{31} si^{31}əm…ȵi^{31} tsi^{33}nen^{55}paːi^{13} taːm^{13} ku^{33} hek^{55}(ʔdaːi^{33} ha^{13}), iə^{13}pan^{33}kə^{33} dək^{43}

phəŋ^{55}jou^{55} lai^{55}, iə^{13}pan^{33}kə^{33}dək^{43}hek^{55}ȶa:i^{35}lai^{55}san^{33}tɕia^{33}lu^{55}faŋ^{52} a^{55}kə^{33} də:k^{43} phin^{52}uan^{13} qa:u^{35} hek^{55}, sao^{33}uei^{31}ʦha:u^{33}ko^{55}san^{33} tai^{55} le i^{33}xou^{55}leken^{55}ben^{55} ti^{33} me^{35}su^{55}pa:i^{13} ta:m^{13}ha^{13} la^{31}, jin^{33}uei^{31} ʦha:u^{33}ko^{13} san^{33} tai^{13} i^{33}hou^{13}tə, ȵi^{31}, əm… jui^{13}ɕen^{13}qoŋ^{35}ɣa:n^{31} fa:ŋ^{33}, əm…ȵi^{31}ndjai^{33}pa:i^{13}ti^{33}ɣa:n^{31} ʔnaŋ^{13}ti^{33}ɣa:n^{31}, əm, ȵi^{31}ndjai^{33}buȶi^{33}ɣa:n^{31}ə, ȵi^{31}ȵi^{31}iə^{55}fan^{31} pu^{33}tsu^{31}, nai^{13}ȵi^{31} uaŋ^{55}uaŋ^{55}ȵie, tsi^{31}ji^{55}kao^{55}ly^{55}i^{55}ɕia^{33}tsi, ʔnaŋ^{13} la^{33}ke^{33}qing^{55}kuang^{55}me^{31}。

监督委员：thaŋ^{35}lam^{13}mbe^{24} nai^{13}, qi^{55}si^{55} tam^{33} pən^{33}tsu^{35}fa^{55}gou^{35}ȵi^{31}man^{31},əm, fan^{31} hun^{52}lam^{13} li^{55}phin^{55}le。tam^{33}ɣa:n^{31}, kəla:k^{43} ʔbje:k^{35}lietɕin^{55}tɕi^{31}pi^{55}tɕiau^{31}tɕin^{55}tsaŋ^{33}lie, thau^{35}ȵi^{31}si^{31}haŋ^{31} tən^{33} lam^{13} zə^{35}, me^{31} hun^{52} lje^{52}lie, me^{31} hun^{52} li^{55}phin^{55}lie, ȵi^{31}si^{31}kala:k^{43} ʔbje:k^{35}ha:m^{13}ɣa:n^{31}la, ko^{55}faŋ^{55}mian^{31}man^{13}taŋ^{55}la man^{13} taŋ^{13}ta :m^{35} pu^{52} la:u^{52}、pu^{52} ti^{13}、pu^{52}ŋo^{52}、pu^{52}ljok^{42}man^{13}lie。（tou^{13} ni^{42}） mbe^{13} na:i^{13}, ȵi^{31}pa:i^{13}ta:m^{35}pu^{52} ŋo^{52}、pu^{52}ljok^{42}、pu^{52} ti^{13}ko^{55}（njen^{31} ɣa^{31} pja:i^{31},djoŋ^{33} ti^{33} faŋ^{33}）。ȵi^{31} lapje^{31} ɣa:n^{31}fa^{55}gou^{35} ȵi^{31}man^{31},qo^{33}ȵi^{31} me^{31}ȵi^{31}me^{31}ȵi^{31}panȵi^{31} me^{31} khui^{33}luo^{33}le ？ qi^{55}si^{55}lam^{13}pən^{33}ʦən^{33} ʦən^{13} ti^{33} mbe^{13} nai^{13}ȵi^{31} pən^{33}nai^{55} hai^{31} nai^{55}le ？ xiaŋ^{35}nai^{55}pən^{33}lepən^{33}nai^{55}pi^{35}tuan^{35}uən^{35}ti^{52}。

四海为家：na:i^{13}ȵi^{31}sə^{13}si^{31}fən^{31}nai^{55} hua^{33}ti^{55} le, emȵi^{31} si^{13}ȵi^{31} si^{13}kana^{52} la:k^{43} ʔbje:k^{35}ɣa:n^{31} lie, ȵi^{31} si^{1} ti^{33} koŋ^{33}ɣa:n^{31}lieȵi^{31} si^{13} ko^{33} ʔnaŋ^{13}ȶi^{13} koŋ^{31}la:k^{43} ʔbje:k^{35}, em…ta:m^{33} la:k^{43}ʔbje:k^{35}ni^{55}man^{13}ȶa^{35}pa:i^{13}ɣa:n^{13} fu^{35}, ta:m^{33} la:k^{43} ʔbje:k^{35} man^{13} si^{33}ȶa^{35}pa:i^{13} ɣa:n^{31} ho^{33}。la:k^{43} ʔbje:k^{35}ȶa^{35} pa:i^{13}ɣa:n^{13} fu^{35}telo, man^{13}ȵi^{31} si^{13} ndjai^{33} pən^{33}nai^{55} ndjai^{33} ti^{33} ʔba:n^{33} ndjai^{33} ɣa:n^{31} tou^{33} tou^{33} tou^{33} man^{13} si^{31} san^{33}tɕia^{33}lu^{55}faŋ^{52} ma^{55}, xui^{33}i^{33}ndjai^{33}ȵi^{55} sup^{43} ho^{31}me^{31} ŋa:i^{13}。qə^{33} la:k^{43} ʔbje:k^{3}ȶa^{35} ɣa:n^{31} ho^{33}, ȵi^{31} si^{31}ȵi^{31} si^{31}ȵi^{55} sup^{43}ho^{31}, man^{13}si^{31} ŋo^{52} ho^{31} mu^{55} te^{55}u^{55} te^{55} tu^{33}ŋai^{35}kun^{35}nan^{52}ʔnaŋ^{13}, qi^{55}si^{55} man^{13}

bu^{35}paːi^{13} hek^{55} ʔɣo^{31}, em, man^{13} taŋ^{13}, me^{31}taŋ^{13} lo^{31}… qi^{55}si^{55} ɕən^{13} me^{31}taŋ^{13}taːm^{13} pu^{52}ni^{52}, taŋ^{13} taːm^{35} pu^{52}ni^{52} lo^{31}, si^{33} ʔdaːi^{33}paːi^{13} ɣaːn^{31}taːm^{13} pu^{52}laːu^{52}ȵi^{31} si^{31}taŋ^{13}pu^{52}ti^{33} hei^{35}。em! ai, ie^{55}si^{35} ti^{55} xiang^{55}dang^{55} ti^{33} kun^{35}nan^{35}, qə^{33}taːk^{43}kui^{33}zə^{35} ni^{55} ke^{55}lən^{33} ie^{55}xu^{55} uaŋ^{55}uaŋ^{55}a^{55}duaŋ^{55}dəːk^{35} hek^{55}naːi^{13}paːi^{13}pu^{33} ʔnaŋ^{13}。

这是一次关于走亲戚带礼品的群聊讨论，① 谈及走亲戚的范围时，其中谈到“敢”（ɣaːn^{2}：核心家庭 / 主干家庭 / 老人家庭 / 单身家庭）、“巩敢”（koŋ^{5} ɣaːn^{2}：多个家庭）、“哈姆敢”（hɑːm^{1} ɣaːn^{2}：范围比“巩敢”大）。水家文献中使用的汉语“家族”，在不同的情境下均能解释这些水语概念，或者说使用汉语的家族，在水语情境中或水家社会中多指“巩敢”“哈姆敢”，甚至是汉语“三家六房”等。从水语翻译材料或日常生活的汉语表述中，均能体现“家族”一词在水家社会组织的相关翻译上具有极强的包容性，甚至有上千乃至上万人的集团，水语称之为“怀奴”（faːi^{4} nu^{4}）时，也用“家族”进行翻译。林耀华、庄孔韶使用“家族”一词的最小范围可以是单个家庭内的成员群体，且“家庭”“家族”是可以互换的。② 水家在引入汉语“家族”来表

① 群聊时间为 2020 年 10 月 17 日，开始时间约为 20：50，断断续续地持续到第二天 8：00 左右，语言多为水语，其中也有部分汉语，一部分人在某些水语句子中插入汉语词汇。该语音材料的翻译工作由群成员张加菊完成，部分内容的校对还专门咨询了潘明江。此处选取该材料中含有“家族”概念的部分词汇，特意标注了水语（标注音译或水语音标），某些则直接使用汉语词汇（括号标注），某些为翻译的词汇（标注水语词汇翻译）。语音转化国际音标由湖北师范大学语言学研究中心黄芳博士提供，原稿语音语调为调值，此处未进行调类调整。

② 林耀华：《义序的宗族研究》，生活•读书•新知三联书店，2000，第 95、103 页。庄孔韶：《银翅：中国的地方社会与文化变迁》，生活•读书•新知三联书店，2000，第 281–311 页。

达自己的概念时，多指父系谱系上的多个独立生活的家庭成员[①]。

关于“巩敢”“哈姆敢”等概念，除了在带礼品走亲戚时需要考虑外，还涉及水家“借端”祭祖仪式的“游端”（ju^5 twa^3，意译为“喊端”“邀端”）、丧葬习俗的忌食动物油制品（鱼除外）的“忌油”、日常互助或待客等活动。

一、“游端”

水家“借端”跑马的前一天傍晚至当天中午，“办端”的家庭、村寨要进行祭祀祖先的仪式，分为各自家庭内的供祭与数个家庭轮流参与的“游端”祭祀。20 世纪 90 年代之前，水家生活区域交通不便，多数村民在家务农，各批次“借端”的“三十晚”不接待客人，除嫁出去的女儿、女婿和他们的孩子外，其余的客人在跑马的那天才能来“借端”，并且多是在跑马结束后才到“借端”村寨走客（部分来得早的客人也等到中午才走客）。主人多在吃晚饭时招待客人，并让客人留宿。客人往往自觉地遵循在跑马那一天走客的约定，给“办端”家庭和村寨开展祭祀活动留足时间，也相应地遵循着“借端”习俗的相关禁忌，如素祭（鱼、虾除外），跑马前一天晚上至跑马结束这段时间不吃肉或动物油脂做的菜（鱼、虾除外），特别是用于祭祀的碗筷等餐具不能沾鱼虾之外的动物油脂。寨子里多家联合的“游端”基本在跑马那天天亮时进行，主人在仪式结束后才去“端坡”参加活动或看热闹，或者在家等客人前来“走端”。20 世纪 80 年代后期至 90 年代初期，水家村寨开始在市场经济的主导下开展民族村寨旅游，同时村民也开始外出务工，其活动范围大于原来的生活区域，这在一定程度上发展了

---

① 笔者还在网上咨询了 5 位不同区域的水家成员：“在你的实际体验或跟其他水家的交流中，水家在使用汉语‘家族’这个词的时候，最小范围只能包含单个家庭或者一个‘敢’吗（水语 $ɣa:n^2$，意为“家、房”）？”其中 4 位给的回答是超越单个“敢”（其中 1 位说数代单传的情形下可为 1 个“敢”），只有 1 位语言学博士的水家认为汉语“家族”最小范围是“敢”。其中 3 位水家成员有大专以上学历。笔者与 M 寨村民的交流中使用“家族”一词时，他们均表示超越单个日常生活家庭的（核心家庭或主干家庭）。

“借端”客人的多样性，甚至有很多不了解“借端”习俗的客前来“借端”，“借端”走客的提前，即大量走客活动出现在跑马（亥、午、未日）前一天如戌日、巳日、午日（类似春节前一天的除夕）等，如 2018 年 9 月 27 日（壬戌日，第二批“借端”的“三十活动”）晚，笔者跟随当地的一位朋友去了 4 个家庭走客。

“借端”时的家庭内供祭与寨子里的“游端”祭祀，已有水家聚居区内板告村板鸟寨的早期个案，① 以及从“游端”探讨水家社会的家庭结构的板党村古班下组案例，② 笔者在此仅对部分以前没有留意到的细节、变迁等做一些补充，同时也对笔者前期公开发表的与水家生活较为贴切的实情方面部分概念及内容进行修改、调整与重新定位。

水家平时供祭祖先的地方被称为“娜干”（水语 ʔna^{3} qa:m^{1} 的音译），多数家庭仅在那个地方放一张桌子，平时可放小件杂物、零食等在上面，节庆或某些仪式需要祭祖时才在桌上摆祭品进行祭祀，因此也有用“大桌子”表示供祭祖先的地方（用“小桌子”来表示供祭“娘娘神”的地方）。部分家庭用纸或布写上“祖德流芳”、姓氏祖宗之位贴于桌子倚靠的墙壁上，市面上有专门制作这些供祭材料的人，有的家庭直接购买带有玻璃镜框或其他材质的祖宗牌位放置于（堂屋面对大门的）墙上。关于“娜干”的位置，潘一志从水家居住房屋的材质及其结构和当地族群互动等方面观察其中的变化：当房屋为木制楼房时，楼上用于住人，楼下用于关养牲畜，从房屋侧面的大门进入屋中，堂屋一头的中柱为“娜干”和娘娘神临时设席之处，“没有香火神位”；当房屋为平房时，人畜分离，大门设在房屋的正中间，“堂上设香火供祖先神位，地主阶级亦有砖屋，这些都是后来仿效汉族而改变的”。③

① 张兴雄：《水族端节祭祖仪式与“忌油圈”——以贵州省三都水族自治县三洞乡板告村板鸟寨为个案》，《西南民族大学学报（人文社科版）》2008 年第 1 期。

② 龙胜阳、柏贵喜：《水族“过端”仪式的社会结构与象征表达》，《云南社会科学》2014 年第 1 期。

③ 潘一志：《水族社会历史资料稿》，三都水族自治县民族文史研究组，1982，第 423-424 页。

笔者见到的“借端”祭祖极具代表性。在跑马前一天的傍晚或晚饭前，各家开始供祭祖先，将鱼包韭菜等菜肴（必选）、糯米饭（必选）、盛有米酒的酒杯和配套的筷子（必选），以及水果、南瓜、瓜子、糖、饼干等除动物肉及其油制品外的食物（非必选供祭品）放于“大桌子”上，一直供祭到“游端”，将吃、喝供祭的食物、酒之后，视为供祭结束。“游端”由多个家庭组成，一般在20家左右，“游端”有跑马前一日天黑之后开始的，也有跑马天天亮后才进行的。各家在“游端”成员到自己家开始集体祭祖前，于祭祀祖先的房屋正中央放一张大圆桌或者长桌并摆上足够多的杯子、筷子。“游端”成员一到家，则将供祭的鱼包韭菜端到大圆桌或长桌上，多由中年人剪断鱼包韭菜的捆绑线并将其摊开，主人则将酒倒入酒杯。简单祭祀后，众人一起吆喝“哟”“哟”“哟”后喝下杯中酒，每家喝三杯，便开始吃桌上供祭食物。“游端”队伍吃过待客家供祭的食物后，“游端”祭祀结束。

2018年10月27日晚，笔者在三都水族自治县周覃镇水东一带见到的“借端”祭祖中，他们没有在“娜干”的那个位置（或者说“大桌子”）摆放供祭品，而是直接将供祭品摆放到房屋中间的大圆桌或大长桌上，同时大致均等地间隔放满酒杯和筷子，有的杯子装有酒，有的杯子没有酒，这些村寨“借端”祭祀的家庭供祭祖先与“游端”供祭祖先均共用一套桌子、餐具以及供祭品。同样是这一批次的该区域的另一个寨子，笔者“走端”的主人家内未见摆放“游端”祭祀的桌子，但是在村寨的公共场地上却看到几张长桌相连成“一”字摆放，后面的横幅上写着“周覃镇××村××组2018年端节祭祖仪式”，估计是村里将每家流动的“游端”祭祖整合成户外的一次性的集体祭祖了。① 将屋内流动的集体多次“游端”搬到户外进行固定的集体一次性祭祀，这种情形在其他水家“借端”区域也存在，微信群里谈及“借端”集资时，有部分人就谈到“凑钱‘喊端’”“搞全寨综合性‘喊

① 笔者调查时未明确意识到这种可能，因此未停留核实，而是匆忙地参与了晚上作为客人角色的走端活动中；后来在群里聊天有人提及集资“喊端”，当进一步核实时，发言者却保持沉默，另一人提及他所在的寨子举行了一年全寨综合性的“喊端”，花了很多的精力布置场地和摆桌子，气氛特别热闹，但是后来也没有举行过了。

端’”(但均不属于“端坡”活动)。一次关于“借端”祭祖的供品构成的讨论中提到“户外集体邀端”。[①]

大雄：看到现在“端坡”祭祖时有南瓜、鱼包韭菜、豆腐、蒸茄子、甜酒、各类水果等，一般在家里“借端”祭祖会用这些东西吗？

潘老四：有宣传成分。一般家庭没有这么多品种，只会出现其中一部分。

大雄：蒸南瓜、茄子在一般家庭常见吗？

潘老四：罕见。吃南瓜一说有待考证。

西洋湖：这些东西在“借端”祭祖席上都会有，富裕并讲究的人家都会准备齐全。

大雄：@西洋湖 在你很小的时候，是否见到瓜出现在“借端”祭祖的供品中？

西洋湖：@大雄 其他时候没有，鱼和瓜是“借端”祭祀必备供品。

大雄：瓜在水家聚居区应该比鱼常见，而现实的“借端”情境中，鱼却是必须的，我见到的“借端”民众家里用于祭祖的南瓜消失了。

潘老四：鱼必有，多为鲤鱼。

大雄：我目前怀疑瓜是后来引入“借端”之中的，特别是看到地方宣传“借端”时，把南瓜作为一道风景的报道[②]，深化了这一想法。

西洋湖：应该不是，瓜一直都有，只是后来的人懒，就不讲

---

① 群聊时间为 2019 年 4 月 29 日，大概时段为 9：20 至 10：30。

② 张希才：《观赏水书古韵　体验欢乐瓜年　促进民族团结——雷山县达地水族乡万余群众欢庆“瓜年”见闻》，贵州民族报原生态黔东南新闻特刊博客，2016-10-19 16：08。http://blog.sina.com.cn/s/blog_932f64fa0102wq15.html。

究了。

大雄：意思是部分人记忆中有瓜，而鱼在记忆中是一直有的。

潘老四：鱼是标配，其他是“豪华套餐”。

简伊：“借端”时我们家有蒸南瓜、蒸茄子、甜酒和鱼，忘了鱼是油炸的还是水煮的了，就是把整条鱼弄熟，好久没回家“过端”了，印象中好像是这样的。

大雄：@简伊 谢谢提供信息，看来瓜也不是罕见的。

睢媚：@大雄 你有空的话去我们塘州雄海一带做个调查，看看这一片区的水家“借端”祭祀有没有用瓜。

简伊：塘州不大用南瓜、茄子吧？我们那个地方（三都水族自治县都江镇）没有鱼包韭菜，鱼煮熟就行了，用一整条鱼作祭品，吃的时候则用去刺的鱼肉拌捣烂的青椒，味道不错！

大雄：@睢媚 有人说“借端”是吃瓜的节日，你怎么看？

睢媚：在我的印象中，以前“借端”祭祖没有南瓜，现在也没有。没有在私人家庭祭祀时看到，貌似是这两年文化变迁的结果。我们旁边村寨在集体“邀端”活动的主席台放了几个南瓜，我倒没在我们寨子看到南瓜或者其他瓜。

大雄：我到塘州梅偶的家庭“借端”时也没有看到瓜类。

睢媚：我在梅偶长大，印象中没有南瓜，不知是因为印象模糊，还是传统上就没有。但有鱼包韭菜、糯米饭、酒、瓜子、糖果等，“借端”期间恰逢橘子成熟，所谓的水果大多指橘子。现在生活条件好了，什么水果都有了。在一般家庭中，我没看到南瓜，当然我说的仅是我们那里。

西洋湖：比较传统的“借端”，有私人家庭的祭祖席上，摆放了鱼、瓜、茄子、水果、米酒、老人的寿衣、鞋子等，还在桌下放一些农具或杂物。

简伊：@西洋湖 对！

大雄：我在2018年基本把都匀、水东、塘州、三洞的“借端”

走了一圈（从第一批到第五批），在私人家庭基本没有发现瓜。

潘老四：一般家里的常供物品相对真实，摆在广场上的相对虚假。

心瘾：“借端”祭祖时，我们家的“瓜”是“瓜低”，除小嫩瓜、茄子、豇豆、鱼、糯米饭、辣酒（白酒）外，还有甜酒。

为而不争：祖宗喜欢什么，我们就喜欢什么，就供什么，有什么供什么。喜欢喝茶的就供茶吧！

大雄：你的提议可能会影响以后“端坡”祭祖时供品的种类。

简伊：供茶有可能是笑话！潘老四不爱喝酒，百年后，潘老四的子孙拿茶供他。

铜鼓鱼：我们水家“借端”祭祖所用除上述各位所列物品之外，应该还有铜鼓、老人寿衣、干烟叶等，（素食）是三十晚和初一早上至吃午饭后，从马坡返回吃晚饭前先用猪肉、猪头、菜稀饭等祭祀了才可以吃晚饭。

潘老四：铜鼓真的不是一般规律，没有普遍性。

简伊：我们寨子没有一家有铜鼓。

为而不争：干烟叶，估计也只有几百年的时间。

大雄：从讨论来看，关于“借端”供品，各地基本有鱼、糯米饭、米酒。有香、纸钱吗？

潘老四：香、纸钱也是“标配”。

铜鼓鱼：是的！小时候每到“借端”，我们的最大娱乐活动就是打铜鼓了，可是有铜鼓的家庭的确很少，但有铜鼓的人家告诉我们，铜鼓必须拿去祭祀后才能打。

睢媚：@大雄 供奉祭品要烧香、烧纸钱的。

以上“借端”祭祖活动源于水家聚居区的核心区域，且“借端”祭祖活动依然还能见到的“水东端”“端博或十六端”“塘州端”“三洞端”，依次对应第二、三、四、五批次“借端”，这些批次下的“办端”村寨人数约为

160000 人（参见第六章“借端”概况一览表）。这些“借端”区域内的部分“办端”村寨可能已经没有了“游端”祭祖（流动祭祖或者综合性祭祖）活动，但是又不公开对外说已经不开展此活动。[①] 有少数水家村寨如兰伶、姑其、兰懂、水昂等已用荤食祭祖。即使保持素食祭祖的村寨（鱼、虾被视为素食），当下多数家庭在整个“借端”期间待客和自家食用的菜肴已经不忌荤（20 世纪 90 年代前，祭祖素食期间，家人也必须吃素食）。“套头端”，即水家第一批“借端”，用“端场”一词来对应其他批次的“端坡”，节庆集体活动于“亥日”前一天在“端场”开展（近些年已经没有跑马活动，但会开展斗牛活动），村民家内的祭祖也对应这种变化分开祭祀，但已经明确没有“游端”祭祀，而是依据节庆名称转化为对神进行祭祀和对祖先进行祭祀两部分。

大雄：韦老师，套头“借端”祭祖时，是在牌位那里祭祀祖先还是在火塘边祭祀祖先？还有“喊端”活动吗？

韦老师：翁降村“借端”时，祭祀包括两种：祭“端”神和祭祖宗。[②]

韦老师：在“借端”的前一天（“端场”当天）傍晚时分，在房子堂屋大门外祭“端”神，祭品忌荤，无外人参与。供毕，家人围着簸箕分食祭品，气氛肃穆。

---

①此处用“可能”，也如同前面论述中的“估计”，没有得到肯定答复，或者答复者还是不确定这一趋势的可持续性；有时候还表示答复者给予肯定答复，但笔者总是“被错过”证实的机会。笔者曾连续在“游端”前到同一个自然寨留宿，询问“游端”时间，得到的答案为晚上，等到凌晨 1 点左右，答复者说第二天早上，早上醒来说凌晨 3 点左右已经进行“游端”，另一次也是类似的情况，笔者在凌晨 3 点左右起来，看到男主人们在杀牛，问“游端”的事，他们说在天亮以后开始，天亮后，笔者还是“错过”了，加上笔者已在其他地方了解到“游端”的概况，就没有“死磕到底”。

②2020 年 12 月 15 日，通过微信咨询，回复时间为 15：35，韦老师出生于翁降村，曾长期在当地中小学从教。水家的部分专有词，因习俗变迁、居住区域的长期隔离、祭祀活动的弱化、跟周边族群互动等，某些区域内通行的水语词汇在另一些区域可能未被使用。

韦老师：祭祖，“借端”当天临近午饭时分，在堂屋神龛下供祭，祭品与祭“端”神相同，亦无外人参与，分食祭品的场景和氛围与祭“端”神时相似。无“喊端”习俗。

大雄：有文献提及“借端”是在火塘边祭祖先陆铎公①，翁降有吗？

韦老师：没有。

大雄：非常感谢！

关于目前能看到的“借端”祭祖之前的情形，韦友寿试图从十二地支、《周易》十二卦、《诗纬·泛历枢》等考证中进行远古还原，“以前，水族地区过端节时，戌日那天是不准客人来过节的，只准女儿、女婿和外孙来，因为那天晚上全家人要彻底清洗祭器，忌沾荤食，23：00—01：00（传统计时法中的地支法将其称为‘子时’，传统计时法中的物候法将其称为‘夜半’），要摆设祭品，进行夜祭，最迟必须在天亮以前一个时辰（两个小时）之内，把端节祭祀主菜肴——鱼牲蒸熟并上供，天一亮即开始‘邀端’。”“端节祭祀与平时祭祀的对象不同，平时祭祀的对象是已经入土安葬的先祖，而端节祭祀的对象应该是在战争中阵亡而未被收敛尸骨、安葬的部族远祖。很明显，这是水族最高规格的祭祀，是部族公祭，是符合‘斋必变食，居必迁坐’（《论语·乡党》）、‘齐戒以告鬼神’（《礼记·曲礼上》）和‘大祭祀飨食，羞牲鱼，授其祭’（《周礼·夏官·大司马》）这些上古礼制的，只不过是由于受历史条件限制而把祭祀任务分解到各个家庭而已。”② 笔者试图用同样的方法来考证水家聚居区地名“三洞”，“‘三洞’‘四辅’‘十二部’是唐代以来又一次提出的较为完善的新分类方法。‘三洞’和‘四辅’分别代表了不同时期道教体系的建构和整合。根据研究，道教‘三洞经书’的思想与东晋末年问世

① 潘小慧、詹涵笑：《水族家屋的圣神空间与权力隐喻》，《阿坝师范学院学报》2018 年第 3 期。

② 韦友寿在社交平台发表的见解。

的古灵宝经密切相关。”“三洞得名的缘由有可能与此有关，最起码这是一条重要的线索，有待进一步考证。”① “三洞”是水语音译，并非直接等同于汉语“三洞”，因此从古籍找证据来进行“还原”存在风险。笔者曾在群聊中预设用汉语“三洞”进行“浪漫主义”的水家聚居区“三洞”地名的考释，遭到来自相关地区的水家民众的强烈反击。②

大雄：关于三洞的解释，是否可以预设为：一是少数民族居住的地方可以称为“洞”③，三洞是三个地方；二是三洞这个地区在很久以前确实存在三个大地洞或山洞，但是现在找不到了。特别是三洞片区的群友，解读三洞才能真正符合当地的历史文化，或者本身就有这种解释？

潘老四：你对三洞的解释，没有一句是对的。“三洞”就是一个水语音译词，虽然用了汉字“洞”，但是与汉字“洞”的意思没有一点关系。三洞主要是从“toŋ^6”这个音译演化的，“toŋ^6”，并无对应意义的汉字，便音译成“洞”字，然后在前面配一个“三”，就成了“三洞”。（而水语“qaːm^1”方为汉语“洞”的意思。）

潘老四：它的核心一定是“toŋ^6”，至于为什么前面是“三”，

---

① 某位网友给三洞籍人潘某提供关于“三洞”地名来源的信息。

②2019 年 4 月 30 日，群聊时间为 7：25 至 11：10，语音翻译初稿由群内成员张加菊提供，笔者进行后期处理；部分水语核心词的音标由群内成员韦述启、潘小慧、蒙耀远等提供（4 人均为聚居区水家，张加菊为学士、韦述启为语言学博士、潘小慧为博士研究生、蒙耀远为硕士）；部分村寨地名的水语音标为笔者查阅《汉水词典》进行近似音标注。此外，因水家聚居区于 2014 年进行撤乡并镇，很多地名指代的区域已经由原来的乡一级区划范围压缩到行政村的范围，如“三洞”一词，2014 年时指原三洞乡所辖的区域（是一个片区或区域概念），中间撤乡并镇后使用了几年的三洞社区来代替，近几年已经不用社区一词，而是将原来三洞乡指代的区域划为不同的行政村，同时里面有一个三洞行政村，区域仅指原乡政府所在地的较小范围。行文中未做特别说明的地方，“三洞”一词常指 2014 年以前所代表的片区。

③ 有学者认为水家传统社会中曾经存在“洞”组织。参见韩荣培：《古代水族社会基层组织和土地、山林的管理方式》，《贵州民族研究》1999 年第 4 期。

不是“四”、不是“二”呢？翻译者可能考虑到它的片区主要有三大片，有一片姓韦，一片姓石，一片姓潘，于是就在“洞”字前面加一个修饰词“三”！既然有三大片区，就用“三”吧！比较随意地定下来，定下来了大家以后就沿用而已。

潘老四：这种音译词情况用于少数民族的地名、人名是相当多的，既然是音译，就不能扯到借用汉语的意译上啊！就像我们“板南”，你不能说它是南方的木板子，不能这样说！实际上它就是“ʔbaːn^3 naːn^4”的谐音。九阡镇的“板南”也不是“ʔbaːn^3 naːn^4”，而是“ʔbaːn^3 ʔnaːm^2”，水语的发音区别就很大，但是音译为汉语时，两个都成“板南”了。（水语 ʔbaːn^3 为“寨、寨子”的意思。）

大雄：谢谢！

西洋湖：三洞是否之前叫山洞？我们寨子后面的确有个“仰”洞，是否还有其他洞？

潘老四：早些时候叫三洞乡，后来叫三洞里。面积很小，指的就是潘家、石家这一块地方，名叫三洞乡，韦家那一块叫水维乡，以前也是另外一个里，后来政府觉得这两个地方太小了，就把水维和三洞合并成一个里，名字就沿用三洞的，其实也可以用水维的，只是碰巧就用了三洞的名字，因此“三洞”这个词就一直沿用到现在。

苏行标：达便（三洞辖区——自然村寨名）后面有个“干”洞，水根（三洞辖区——自然村寨名）将军坡上有个“根”洞？凑够三个就可以用“三洞”之名进行宣传了。

潘老四：其实根本就没有那么神奇。水语“ljoŋ^2”这个字不能用汉字写出来，就用“龙”来代替，因为两者的发音差不多。最早的定名者仅仅就是偶然地选取而已。

远哥：你搞错“水龙”这个名词了，潘老四，“ljoŋ^2”在水书里面就是“龙”（十二生肖之一），“龙”的一个水语读音就是“ljoŋ^2”（另一个水语为读音 ka^1）。

潘老四：但是水族用汉族的称呼，反过来，一般都是意译的多，比如汉族的“三脚”（三都水族自治县县城原名），水语翻译过来正好就是“三脚”，“三”的水语“haːm^1”，“脚”就是“脚、腿”，水语“pa^1”的意思是“腿”，那么“三脚”就叫“哈姆坝”（haːm^1 pa^1），这种情况就是意译了，也就是说那两个字正好都有对应的水语。

潘老四：对地名的翻译，多半为音译。最终那个统治者将水族地名翻译成汉名的时候，他要的就是音译。

远哥：如果像你这样意译的话，“哈姆坝”应该是“三腿”。

潘老四：哎呀！你以为以前的水族的文化程度有那么高呀，那时候哪里分清什么腿与脚？脚也叫“坝”（pa^1），腿也叫“坝”，受文化的限制，没办法。

苏行标：2000年后流行的水族男装，正面绣着两条龙，一条是中和镇的水龙，一条是九阡镇的水龙，寓意为水族也是正宗的龙的传人。

潘老四：但是“三脚”是人家取好的名字，如果你去翻译，严格来说，应该译为“哈姆定”（haːm^1 tin^1）才对（水语 tin^1 意为“脚”）。明明应该叫“哈姆定”，但是最初翻译那个人却翻译成“哈姆坝”，那是不合理的。

水草朝霖：地名“三洞”的本义为“洞”，水语之意为“长条形”，如“开控的竿洞”。三洞地区有三条长坝子：板南到采丛；达便到下水东；水韦（维）坝子。

潘老四：实际上最早的“三洞”，是最初统治者给我们的汉名，是音译的，“三洞”指的就是三洞街上的这个坝子和板南下面的那个坝子。韦家、乔村、兴华属水维，最后与三洞合并，合并后用三洞的名，只不过是这样。

潘老四：@苏行标 好吧，你赢了，我放你一马。

潘老四：水族总是把我们这个片区称为“toŋ^6”，而在汉语中，

“toŋ^{6}”字写不出来，干脆用一个同音字“洞”来代替！一个字的地名在汉文化中太少了，要用两个字，前面要加一个字，加啥呢？那就要选一个数字，取一个“三”吧！

潘老四：总之，大家也看出来了，以前水族的文化程度不高，连对“三脚”“哈姆坝”的汉语翻译都出现偏差，应该译为“哈姆定”。

潘老四：你们以后完全也可以把“哈姆坝”叫成“哈姆定”，从你们开始，不要叫“哈姆坝”了。

潘老四：水韦（维）当时是另一个里，与三洞并列，两个地方后来合并后，名称沿用“三洞”。

西洋湖：地名多是音译，但是也有例外。潘老四不能说得绝对，我觉得朝霖教授说得对！

潘老四：这种音译的地名很多，其汉语的使用是偶然的，比如“ʔbaːn^{3} ʔum^{5}”，你翻译成“板闷”或者“板本”都行啊！用哪个汉字，在确定的那一瞬间，纯粹是偶然的，你能因为他翻译成“板闷”，后面你就从这个“闷”字去解析——它很沉闷、很郁闷，没有这种说法嘛！它本来就是音译词，就是随机的，当时也可以译为“板本”啊。

潘老四：要是当初给九阡定名的时候，定名的那个人，他就是一意孤行，就要用集市那个所在地“hən^{2} miŋ^{2}”，他就用“恒梅”或者“水梅”这个词来翻译，，他这样给九阡命名，你也没有办法啊，后来变化，这个地名也一样地要沿用啊！（水语 hən^{2} 为“地方、地区”的意思。）

西洋湖：地名多是音译的，这个说法是对的，但是你也不能一棒打死。我觉得朝霖哥对“三洞”的解释也是贴切的，水语“toŋ^{6}”是一个长条状的居住地，用“三洞”来翻译“haːm^{1} toŋ^{6}”很贴切！

潘老四：当然，无绝对，这是常理。如远哥所说，“龙”不仅叫“噶”（水语 ka^{1}），还叫“ljoŋ^{2}”（水语），正好汉族把这个

“ljoŋ^{2}”汉人称为“龙”，“龙”跟“噹”就不是谐音，但是“龙”跟“ljoŋ^{2}”是谐音，汉族定这个地名是从“ljoŋ^{2}”的发音的角度出发的，他就随便喊了个“龙”，在前面加一个字，就是“水龙”。“龙”是核心词，他并不在乎“龙”跟“ljoŋ^{1}”之间有什么关联，但是水族就发现，唉，原来十二生肖中真的有“龙”，水书中正好就叫“ljoŋ^{2}”。

西洋湖：我一直以为我们三洞主要是“仰”和“斡”，但实际上老人古话是这样讲的，“toŋ^{6}根”“仰”“斡”，“根”不是“仰”“斡”的范畴，但是“根”不只是一种人，好像里面有九种人，当然，这个我是从与老人的聊天当中知道的。“toŋ^{6}根”，古时是这样讲的，是不是因为“根”的族群比较多，然后就变成一“toŋ^{6}”了？会是这种意思吗？这个还有待考证。但是我又觉得朝霖教授说的“三洞”是“haːm^{1} toŋ^{6}”的解释也说得过去。

水草朝霖：这是我在1978年搞地名调查时的收获。问题可能有多解，择其善者而从之。

西洋湖：一“toŋ^{6}”就是板南到采丛（村寨名）那一片长条的居住地；然后顺着公路，从达便到善哄，这一边又是一“toŋ^{6}”，就是一个片区了；那么板告到雪花洞那边又是一“toŋ^{6}”。实际上是一个并行的、三个条状的三个片区，叫“haːm^{1} toŋ^{6}”，我觉得这是能解释得通的，而且也是很有意义的。

潘老四：“根”好像有“大潘”的性质。

潘老四：过程精彩就好，对错既无考又无意义。

西洋湖：有一首老歌这样唱：“haːm^{1}ɕin^{1}留，ʈu^{3} ɕin^{1}根”，那么就是“toŋ^{6}根”“仰”“斡”，意思就是“根”的族群比较杂，而且多，所以该族群是一“toŋ^{6}”人，还是什么，这个不太清楚了。

潘老四：也许吧！各抒己见，听众有“大餐”可食就行。

煎饼侠：我觉得“恒toŋ^{6}”（toŋ^{6}一带的地方）是不是应该包括“流仰斡”这些地方啊？然后到三洞这个地方再具体区分“仰”

与“幹”。

煎饼侠：还有板南这一片，一直听老人说这一片一直属于“仰”。

潘老四：版本挺多的。

大雄：水语“diong”（$toŋ^6$）除了朝霖教授说的“长条形”，是否还有其他意思？会国际音标的麻烦帮忙标注一下地名“三洞”的水语音标，谢谢！

潘老四：“$toŋ^6$”没有准确的汉语同音（义）字。“$toŋ^6$”指的就是“一小撮、一拨、一伙、一帮、一片”，带状、面状或者是一群人，都可以叫一“$toŋ^6$”。

大雄：“$toŋ^6$”有“一群人”的意思，跟水语“任拱”①的区别是什么？

雎媚：$toŋ^6$。（前面关于三洞的地名后期处理的音标均用该标注。）

A 雎：“$toŋ^6$”在我们九阡还有一个意思，就是到山里面，就指到比较偏远的地方，比如到山里面去砍柴，去采中药，我们都说：去“$toŋ^6$”找药，去“$toŋ^6$”砍柴。

大雄：@雎媚 请你给我一个“任拱”的音标吧，谢谢！

潘老四：有“偏僻之地”之意。

雎媚：$zən^1kuŋ^2$。

笔者关于地名“三洞”的“浪漫主义”的预设解释就引来如此多的讨论：从水语 $toŋ^6$ 的“带状、面状”意思，引申到地理地貌构成的三个片区；从水语 $toŋ^6$ 的“一群人、一伙人”意思，引申到人群居住格局构成。网名为

① 水语 $zən^1$ 的意思为人，$kuŋ^2$ 意为多、众，$zən^1$ $kuŋ^2$ 意为大众、大家、众人或者芸芸众生。余珍在其博士论文摘要中将其音译为“人共”，视其为“本质是公共性的观念体系”。参见余珍：《水利大寨的公共性与社会秩序研究》，博士学位论文，西南民族大学，2018。只能看到摘要，具体内容无法得知。

“西洋湖”的当地人认为该地名从地理地貌构成的解释比较贴切，同时也认为应该从居住人群的格局去理解。从讨论结果看，与笔者“浪漫主义”的预设解释根本不搭边。水家节庆名称“借端”“借卯”等的无可证伪或证实的远古“本真性”推理亦存在更多的可能。笔者无意考证久远过去，仅对当前能看到或者活着的人经历过、感受到的节庆活动概况与节庆体验等，进行尽可能不过度的“浪漫主义”陈述。关于地名“三洞”的讨论中，又牵扯到族群认同问题，或者说水家社会组织划分的问题，这部分讨论将在后面的“怀奴”一节展开。

二、“哈姆敢”

流动性的“游端”（音译，或者意译为“喊端”），是指寨子里部分家庭联合起来在“借端”供祭祖先时，每家派一个男性轮流参与祭祖、喝酒的仪式活动。如果把“借端”祭祖的这一群人称为“‘借端’喝酒团体”，多数“办端”寨子均有多个“借端”喝酒团体，这样的团体一般由20个左右的家庭的一个男性代表组成。这里的“家庭”大多指日常生活单位的核心家庭或主干家庭，并且与户籍登记归属地村组中的“户”基本重叠；还有少部分“家庭”属于“户”下面的父系临时联合家庭，除了以“户”为单位的村组，临时组合进来的多个核心家庭并未在统计数据中，但在村民的心中，他们在“借端”祭祖仪式中是可以代表所在“户”去参与“游端”的。

老人家庭中，老人有多个儿子，部分留在村里的已婚儿子则可能已经分家立户，同时其他儿子在外地工作并安家（户口也迁出村寨），只在村寨有婚、丧活动时才回来与老人共同生活数天，之后又离开老人，这种老人户关联的数个未在户内信息上的家庭，在“游端”时只作为一个家庭，派一位男性去参与相关活动。这种在节庆时团聚的家庭，在水语中也有对应的字“敢”（ɣa:n^2）。多个分散的兄弟家庭临时组合在他们的父亲名下参与“游端”，中途可以换不同的兄弟中的一个去参加“游端”。在“借端”喝酒团体成员家庭很多的情形下，某些家庭成年男性少，或者中途没有男性去替换参与仪式的家庭，男主人在“游端”结束时基本处于醉酒状态。①

理论上，“借端”时一起祭祖的这些家庭，是父系血缘关系比较亲近的家庭，但是没有明确的某个始祖第几代的家庭之说，主要由平时家庭之间的关系而定，如果父系血缘亲近的这些家庭日常关系很和睦，至少没有因某些激烈冲突而老死不相往来的家庭，这种情形下“借端”仪式上的喝酒家庭跟谱系上的亲缘家庭重叠。现实中，多数成员来自父系血缘关系比较亲近的家庭，有部分则可能来自父系血缘关系较远甚至没有父系血缘关系的家庭，这些家庭构成的集合，水语称为“哈姆敢”（hɑːm^{1} ɣaːn^{2}）。“哈姆敢”还可以进一步分化为“巩敢”（koŋ^{5} ɣaːn^{2}），但并没有明确的划分依据，父系血缘只是谱系上的参考，现实则更看重家庭间的相处关系。“哈姆敢”或者“巩敢”的范围均有很强的伸缩性，依据具体的“敢”（ɣaːn^{2} 家）而定，如果某个“敢”跟寨子里其他的“敢”相处得不错，这个“敢”所牵涉的“哈姆敢”就会以父系血缘谱系来选定，如果还比较富裕，寨子较小，理想状态下的“哈姆敢”与“巩敢”重合。

“哈姆敢”与“巩敢”均以父系血缘家庭为主，在大多数的语言交流中，基本可以替换，如果确实要进行一定的区分，大体上可从三个方面进行：

第一，就各自包含的最大范围而言，“哈姆敢”所包含的家庭通常要比“巩敢”大。

第二，“哈姆敢”的表述潜在指向谱系群体的联合，单一的父系群体或者曾经分裂的父系群体又合并在一起，有时还包括少数居住在同一自然村寨的没有血缘关系的家庭（当前行政划分为“×× 组”，大的自然村为“×× 一组”“×× 二组”等，小的自然村为“×× 组”，“××”均为村寨名）；已经接受上门婚或接纳随母嫁之子的自然寨，“哈姆敢”还包括接纳的这部分姻亲关联的男性后裔的家庭；“巩敢”尽管也看重父系血缘的亲疏远近，但更偏向日常的家庭相处情况，在某些情况下，亲兄弟之间的家庭可能都被

① 张兴雄：《水族的端节与社会组织——以三洞乡为例》，硕士学位论文，西南民族大学，2006，第 18 页。

相互排斥在各自认同的“巩敢”外。

第三，从最小范围看，“哈姆敢”一定是多个“敢”(家)，“巩敢”最小的范围则可能仅指一个“敢”(家)。如上文说的老人有多个儿子在外的家庭，户籍上只有老人的信息，但是在村民的日常来往中，以老人为主轴形成的被视为一个“敢”，即一个联合家庭；连续数代父系单传、儿子结婚后未分家的家庭，相对其很亲近的旁系而言，旁系已经是数个“敢”或多个“巩敢”，而单传的家庭数代后依然保持“巩敢”与“敢”的对等。

从水家现行的“葡萄串”似的父系谱系上看，更能直观地理解谱系上的“敢”集合体。如下图所示（图 7-1），一图拍照于丧葬活动中的读谱仪式（或许用“颂唱”更贴合实际），另一图是与一位他们寨子还没有族谱的水家交流后，笔者根据其提供的信息制作，最后也得到确认的“新谱”中的一部分。丧葬仪式中由数位男性完成读谱，在读的过程中进行添加或标注，两次或多次丧葬读谱期间，如某个核心家庭内的儿子结婚后，生了男孩，一般就会在最近一次读谱的时候将其名字添加到他父亲名字的下面，若某位男性不幸去世且没有男性后人，则在其名字下面标上圆点。

水家“葡萄串”似的族谱只记男性的名（姓名的最后一个字），较早修有谱的村寨（据传三洞片区最早修成的族谱于 1889 年完成），各家祖上的血缘关系比较清楚；没有谱系登记习惯的村寨，则只记住与自己比较亲近祖先传下来的家庭关系，但是会记住大概的较为亲近的范围。这种血缘谱系的亲近疏远关系，从水家的“巩敢”“哈姆敢”的称谓中能较为恰当地体现出。以笔者绘制“借卯”区域族谱的一部分为例，这个谱系是从现在活着的人所在家庭往始祖方向推导，问号均表示未知祖先、未知具体分开时间：“极”“幂”与两个平行的问号属于一辈，他们是堂兄弟（“极”“幂”是亲兄弟），如果从他们开始来划分，其后面各自发展出来的家庭联合则可归为 4 个不同的“巩敢”，而对于“极”发展的这一串，就是单一“巩敢”，水语表述为“巩（敢）极”，“敢”可以省略。

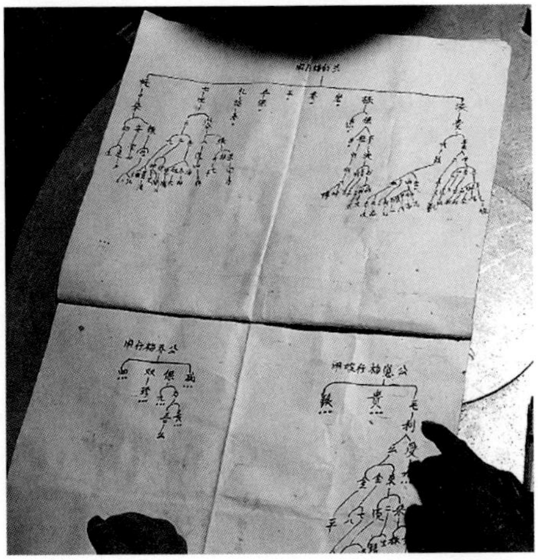

2019 年 4 月 7 日 拍摄于第一批
“借端”区域

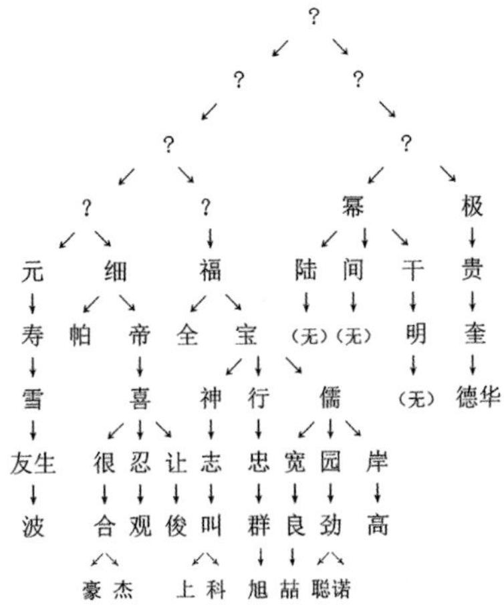

2020 年 11 月 19 日制作
源自“借卯”区域

图 7-1　水家“借端”“借卯”区域族谱

用人名指代“巩敢”时，一般所用之人还在世，此时“巩敢”的范围就具有明显的情境性。具体人名所在的生活家庭与父系关联的家庭之间的来往状态，决定他们是否将对方视为自己所在的“巩敢”。

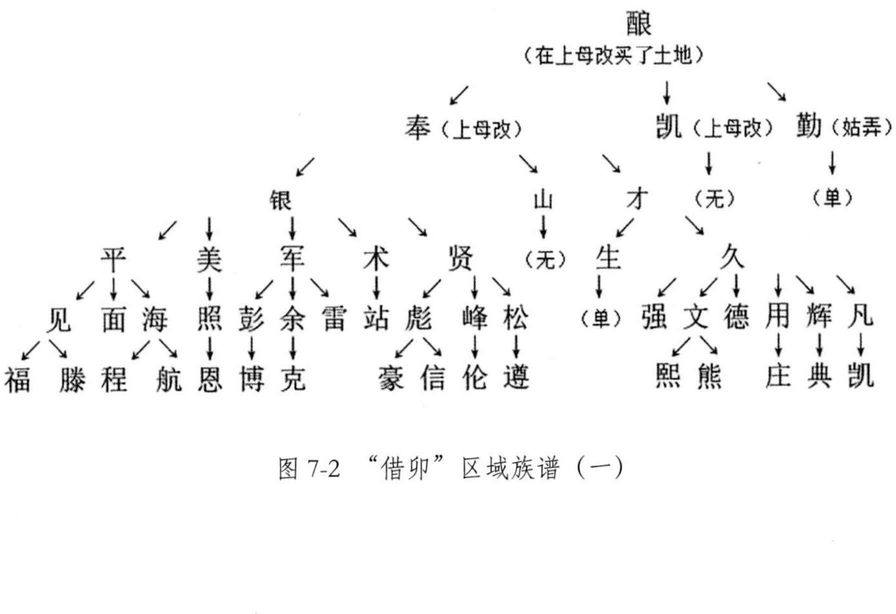

图 7-2 “借卯”区域族谱（一）

图 7-2 中“酿”的 3 个男性后裔只有“奉”延续发展了下来，“奉”的 3 子只有“银”“才”继续发展，如果“银”的男性后裔的家庭跟“才”后裔的家庭相处融洽，则他们的后裔就构成一“巩敢”，此时任意用他们其中之一的名字作为“巩敢”的他称均是可以的；如果关系不好，“银”的后裔组建的家庭构成一“巩敢”，而“才”的后裔的家庭又是另一“巩敢”；极端情形下，“银”的 5 个儿子繁衍下来的家庭又可能进一步分化“巩敢”，假设“贤”发展下来的 3 个独立家庭跟“贤”的兄弟的后裔家庭不和，则会出现“贤”的后人脱离出之前的“巩敢”，独立自成“巩敢”，而“平”“美”“军”“术”的后人们的家庭则依然保持作为大的“巩敢”，甚至可能还与“久”的后裔的家庭保持为更大的“巩敢”，唯独“贤”的后人独立出来，自成“巩敢”。

图 7-2 中，“单”表示单身终老，“无”表示结婚但没有男性后裔，最下面单字的名表示当前未婚的最晚辈。每个名下延续有名的，均已结婚，并且多数情形下是与父辈家庭分家，独立成日常生活单位的家庭，未婚的则保持与父辈在一个家庭（M 寨的案例中，有父母离世后单身成年男性成为单身家庭的案例，并未合并到其已婚的兄弟家庭之中）。“平”有三子，“见”“海”通常情形下是独立出去的家庭或者现在户籍统计中的独立户，“面”未婚则继续在父母的原生家庭生活；一旦“面”结婚生子，如果“平”夫妇年轻还能自理，“面”的小家庭在多数情形下就独立出来，“平”夫妇则成为日常生活中的老年家庭。在之后的生活中，三兄弟独立的家庭会商议如何赡养老人，具体分到个人承担或是均摊要依据相互商议的结果而定，承担赡养义务跟分配到的父母的动产或不动产成正比。

现实生活中独子结婚后也有分家单独生活的，尽管老人最后的赡养、就医、送终等还是由独子负责，但日常生活的吃、穿、住、行等分开，甚至儿子自建新房搬离父母的房子，在户籍统计信息上也是各自立户。以图 7-2 的“美”为例，假设其独子“照”结婚后跟他们分家，则“美”“照”就是两个独立的家庭，或者是水话中的两个“敢”，如果“巩敢”的最小单位从“美”那一辈分裂了，“巩敢”就只包含“美”“照”两父子的家庭。“美”“照”未分家，属于一个“敢”，如果他们跟“美”其他兄弟及其后裔的家庭关系不好，

“美”不认同几兄弟后人家庭的组成的“巩敢”，“美”和儿子组成的主干家庭则称为独立“巩敢”，此时“巩敢”就等同于“敢”。

“哈姆敢”的最小值不能为单一的“敢”，或者说不能是单一的核心家庭或者单一的主干家庭，必须是超越单一核心家庭或主干家庭的多个独立家庭组成。以“酿”的男性后裔为例，通常情况下，“见”“面”到“凡”这一平行的17个男性所建立的家庭构成一个“哈姆敢”，如果里面某些家庭跟其他家庭闹矛盾，则类似“巩敢”一样另寻几家组成“哈姆敢”，甚至联合不是“酿”的后代家庭组成“哈姆敢”也是可以的。

在日常用语表达不同“哈姆敢”的时候，还会用到“近敢”（ȶin^{1} Ɣa:n^{2}）进行替代，这在三洞一带较为常用，其字面意思为“一堆家、一些家”，要加入人称代词进行区分，如“近敢到”（ȶin^{1} Ɣa:n^{2} ndiu^{1}）、“近敢们”（ȶin^{1} Ɣa:n^{2} man^{1}）、“近敢绍”（ȶin^{1} Ɣa:n^{2} sa:u^{1}），分别表示“我们这家人”（我们“哈姆敢”的人）、“他们那家人”（他们“哈姆敢”的人）、“你们那家人”（你们“哈姆敢”的人）。水语“ȶin^{1}”的意思为“一群、一堆、一拨”，因此“近敢到”表达的“我们这些家”，指多家，不一定表示有血缘关系。或者说“近敢”一词没有血缘关系导向，用来指代“哈姆敢”（hɑ:m^{1} ɣa:n^{2}）、“巩敢”（koŋ^{5} ɣa:n^{2}）时，交流者已有各自的血缘关系归属。

三、M寨的“三家六房”与“家族”

上面水家多个家庭关联构成的组织概念“哈姆敢”在“借端”的“游端”仪式中能较为清晰地看到，而“借卯”区域没有类似的仪式，其中的“巩敢”或者“哈姆敢”如何显示，此处简要概述。

在M寨，“巩敢”情境性伸缩如同“借端”区域一样，大概范围主要在日常生活的待客、日常互助、外出走客等方面得到体现。“巩敢”群体内的家庭，某家要是来了重要客人，则会邀请“巩敢”内其他家庭的男主人或女主人前来陪客；此外，还要共同进行农作物的种与收、建新房等，“巩敢”内的家庭会自愿抽空前来帮忙，并且没有换工或付工钱的潜在想法与需求；第五章中，笔者跟6位女主人去走端，这6家均在“巩敢”内，并且带队去的女主人的老公属于独子，所以她家所在的“巩敢”要扩大，只能超越父辈这一起点，但是6家的男主人在父系传承的似“葡萄串”的谱系上均存在关联。

某些生活困难的家庭，在建房子时，“巩敢”内的帮助持续时间较长，偶尔也会有“巩敢”之外的人来帮忙，当然，关系好的亲兄弟之间，亲兄弟属于“巩敢”内更亲近的几家，出力帮助的持续时间就更久一些。如果几兄弟的关系不好，他们会根据情况选择旁系的兄弟来进行日常生产、生活中的相互帮助，此种情形下，父系谱系上的亲近与现实生活中的亲疏关系通常为负相关关系。

水语的“哈姆敢”，汉译的“三家”或“三家六房”，在水家其他区域大致为同一涵义，有时候为了便于非水语交流人员的理解，汉语表达时会用“我们这一宗支的人”“他们那一宗支的人”，来指代各自“哈姆敢”或“三家”的归属。M寨使用汉译的“三家六房”时，其范围一般小于“哈姆敢”（hɑːm^{1} ɣaːn^{2}），而用汉语的“家族”来指代水语的“哈姆敢”。

M寨的日常生活中较少表述“巩敢”，但是由于交往较密切，在口语表述中，超越“敢”（家）的家庭联合体常用汉语表述中的“三家六房”，“巩敢”只有在追问进一步可能的区分时才会用到，并且只有年龄较大的人才使用，30岁以下的人基本直接用汉语说某几家的男主人是亲兄弟，或者他们的爷爷那一辈是亲兄弟，其中哪家跟其他几家关系不好之类，或者直接用“三家六房”的汉语表示在父系血缘上比较亲近的几家，而用“家族”表示超越“三家六房”的更大的家庭联合。有时候还会在“家族”前面加“支”，“我们家族”的表达有时候为了区别寨子里其他的家族，会表达成“我们这支家族”；“支”有时候又用来表示“家族”内的父系血缘亲疏的几家的祖先，跟另外一部分家庭的祖先或各自延续下来的这一部分（或者是祖先分支点各自的后裔组成的群体），“他们那几家是我们家族的，但是跟我们不是一支”，这里“支”的范围大体上等同M寨用汉语表述的“三家六房”，也就是部分水语村寨的“巩敢”（koŋ^{5} ɣaːn^{2}）。

M寨更常用汉语表述中的“三家六房”“家族”，估计与年轻人优先认同汉语作为主要交流语有关，年龄越小，这种认同程度越强。寨子里小学阶段的孩子，回到寨子中的日常交流依然多用学校教育传授的普通话，就算跟年长的家长交流，也优先使用普通话。一位父亲提到他的两个孩子使用语言的情况：大的 8 岁，小的 5 岁，在家里，两兄妹均用普通话交流；他们能听懂水语，也会说，但就是不说，当父母用水语问他们日常情况，他们优先用普通话回答，如果提醒他们说水话，他们也会说；他们与寨子里的小朋友玩耍时也使用普通话。45 岁以下的村民基本都能熟练使用汉语（少数女性除外），因此跟笔者交流时也常用汉语，就算笔者让他们用水语表达家庭之间的父系血缘家庭构成的群体时，他们也坚持用“家族”“三家六房”，只有少数被追问不耐烦了会说“嗷敢”（ʁaːu³ ɣaːn² ①）、“嗷巩敢”（ʁaːu³ koŋ⁵ ɣaːn²）。笔者提供其他区域的“巩敢”（koŋ⁵ ɣaːn²）、“哈姆敢”（haːm¹ ɣaːn²）供他们比较时，他们给笔者的答复是 M 寨的“嗷敢”就是其他区域说的“哈姆敢”，“嗷巩敢”则等同于“巩敢”，还有少部分给出相反的答复。而用汉语表述时，一般情况下，大的范围用“家族”，小一点的范围用“三家六房”，再小的就用“男性户主是亲堂兄弟、亲兄弟”等进行表达。“家族”在 M 寨较为常用，也有相对稳定的范围，如第三章咨询砍甘蔗时，女性直接将自己丈夫所在的父系群体范围与其他群体范围用“家族”来表述：“他们那个‘家族’的男人都勤快、会赚钱。”笔者继续沿用他们当下普遍使用的“家族”“三家六房”来分析寨里的群体构成。

M 寨的“借卯”活动中，已看不到“三家六房”成员间的互动情况，据说以前女儿出嫁的时候，男方家的聘礼中有一部分实物的糖果、饼干或者酒等，是按女方家里的“三家六房”内的户数提供具体实物聘礼的份数。当然，男方家条件好，女方这边会将糖果等实物聘礼的份数扩大到“家族”这

① 水语 ʁaːu³ 意为“内、内部的”，ʁaːu³ ɣaːn² 意为“部分父系血缘亲近家庭的人员群体”，直译为“内家”，这个水语词在部分村寨也等同于“koŋ⁵ ɣaːn²”，并且有指同一祖父之下的家庭的意思。而三都水族自治县都江打鱼一带的水族村寨，ʁaːu³ ɣaːn² 表达的伸缩性更具有交谈对话时的情境性，最小可到一个“敢”（家庭），大的范围可用来指“怀奴”（整个禁止通婚的群体）。

一层面。M 寨在谱系上分成 4 个“家族”[①]，各“家族”下又根据具体情况分成多个“三家六房”，但是“三家六房”没有明确的家庭或户的数目，谱系上的远近并不能直接与生活中相处的融洽程度挂钩，“三家六房”的伸缩性根据具体情况而定，因此没有较为固定的数字。M 寨在用汉语“家族”表述区分时，多数成年人均能指出寨子里目前有 4 个“家族”(以前为 5 个“家族”，其中一个“家族”刚并入另一个“家族”不久，但还能区分出并入的这个“家族”)，并能将不同的家（户）归到各自认同谱系所在的“家族”。4 个“家族”的家（户）情况分别为 28 户 113 人、29 户 120 人、14 户 52 人、10 户 38 人。尽管“家族”有范围，但是也没有明确的代际划分依据，并不存在自己的某代祖先的男性后人的家庭就构成一个“家族”的情况。“家族”成员的统计中，娶进的女性与未嫁出的女性均属于“家族”成员，已嫁出的女性则不归入其父所在的“家族”内。

M 寨共 81 家（户），吴姓 76 户，韦姓 5 户（1 户为单身老人家庭），其中 2 个户数最多的“家族”内包含韦姓，韦姓的这几户又可以跟整个寨子里的吴姓家庭通婚，而吴姓的家庭之间不能通婚。因此 M 寨村民使用汉语“家族”表述的群体单位，不能套用家族外婚的解释，同时也不能用同姓不婚进行辅助，因为寨子里面娶进的女性中也有很多姓吴的。通婚的表述，只能用水家的“怀奴”概念（后文有详述）。

这个统计只针对居住在 M 寨内的村民，对于已经搬迁到附近自然寨去定居的未在统计中显示（大概有 5 户至 10 户），M 寨的户籍信息上也没有这些搬出去的信息，但是日常的婚嫁、进新房、丧葬等办酒席的活动互助中，这些搬出去的家庭也会回寨子里帮忙；他们在居住的寨子办酒席时，M 寨的村民也会去帮忙。如果路程远一点的，则由事主家找车到 M 寨接送，但是 M 寨有事时，他们人少，M 寨不会特意找车去接或送。这种需要成人劳动力多的活动，通常都是超越具体“家族”的，具体“家族”及其“家族”内

---

① 关于 M 寨的家户情况、父系血亲关联、通婚情况、女性嫁出地或娶进地节庆情况等参见附表一《M 寨一、二组姻亲亲属归属地、节庆等》。

比较亲近的“三家六房”在做事时相对积极主动，在没有安排主管分配具体工作前，基本由事主家所在的“三家六房”“家族”来协助完成。主动的劳动互助，也是建立在日常的互动中，如果某家平时不主动帮助别人家，或者只是去走过场，到自己家办事的时候，父系血缘的亲疏并不能促使其所在的“三家六房”“家族”内的成员主动出力帮忙（如第三章中莉的爷爷去世时的情形）。

尽管M寨现在已经习惯用“三家六房”“家族”来进行表达寨子内多个以父系血缘为主的家庭组合，笔者倾向于用水语“koŋ^{5} ɣaːn^{2}”（音译“巩敢”）、“haːm^{1} ɣaːn^{2}”（音译“哈姆敢”）来进行替换。特别是水语“haːm^{1} ɣaːn^{2}”，如果一定要翻译成汉字，笔者还是更倾向于采用音译“哈姆敢”，用直译的“三家”或意译“三家六房”，一不小心就会寻找与“三”“六”等相对应的东西。

水语“haːm^{1} ɣaːn^{2}”直译（字数和字序相同的一一对应汉译）为“三家”，意译为“三家六房”，口语交流中直接使用“三家”“三家六房”，调查人员在不了解水家社会组织构成多变的情况下，即使不会简单地认为“三家”就表示三个家庭或三户，也一不小心就会用上意译的“三家六房”，并可能以数字上的排列来对应人群组合中的亲疏远近，试图给出“三家”和“六房”的边界。葬礼中发的孝帕，“有长短之分，长帕给三家，短帕给六房，其他人不用戴孝。三家子孙儿媳也系长帕，其余有血统关系的六房亲戚都系短帕”①。尽管作者在前文中也一再说明“三家”边界的不确定性，但是在转化为汉语的意译中，就会不自觉地进行有边界的界定，如果加上被

---

① 何自成：《水族的家——基于永康乡和三洞乡的研究》，硕士学位论文，中山大学，2010，第45页。笔者的田野中未特别留意到孝帕的长短，但是笔者留意到不同区域葬礼中的下跪，M寨的孝子不下跪迎客，三都水族自治县三洞、廷牌、塘州、水龙以及都匀市归兰等地的水家葬礼上孝子下跪迎客，而从水龙迁去三都打鱼的水家，已迁出200年左右（据说已经十几代人了），葬礼中并没有下跪的习俗，因此打鱼之外的水家葬礼的习俗估计是与外来文化互动所致。罗春寒亦指出水家吊唁活动中有些是“汉文化冲击下带来的汉族葬俗的内容”（参见罗春寒：《水族民俗》，载潘朝霖、韦宗林主编《中国水族文化研究》，贵州人民出版社，2004，第533页）。

调查者已经具有“家族”“宗族”“房支”“五服”等概念时，就会提供与之对应的解释给调查者。被调查者拿出《幼学琼林》，找出“五服”等条目，解释“三家六房”，并给出“同一祖父的为三家、同一曾祖的是六房、同一高祖的是九族，……我也说不清楚水语中有没有九族相对的词汇”①。可以看出，水语“ha:m¹ ɣa:n²”意译的“三家六房”中“三”与“六”的边界探讨，某种程度上就是水语汉译寻找对应的结果，并进一步提出“同一姓氏的一般都认为是一族的”②。

不同语言的翻译中，为了便于双方的理解，进行对译或大致的意译是必要的，但其中的差异也需要留意。同样以意译的“三家六房”为例，被调查者会从汉译的“三家六房”进行水语的反向对译，于是会出现变相的汉语到水语的对译“ha:m¹ ɣa:n² ŋo⁴ ɣa:n²”，直译为“三家五家”，调查人音译为“含敢我敢”③。水语“ha:m¹ ɣa:n²”是一个名词，表示一群以家（户）男性血缘关系为主构成的人群（有时还包括没有父系血缘的家庭及其成员），并且包含未出嫁和已娶进的女性（有时出嫁的女性也包含其中，特别是在丧葬活动中出嫁女性属于夫家娘家两方的“ha:m¹ ɣa:n²”成员），直译或意译中就变成为数量词加名词，“三”“六”与“家”进行的组合，从意译的词进行探讨，容易将水语中没有明确量化的名词转化成汉语中的数量化名词进行分析。水语表达具体的某三个家庭时，尽管也会用“ha:m¹ ɣa:n²”，但是更常用A家、B家、C家（ɣa:n² A、ɣa:n² B、ɣa:n² C）的模式进行表达。表示三栋房子，水语为“ha:m¹ tiu² ɣa:n²”。水语“ha:m¹ ɣa:n² ŋo⁴ ɣa:n²”的出现，完全是被调查者从汉译概念中进行水语再次对应直译的结果。笔者在一个由80

---

① 何自成：《水族的家——基于永康乡和三洞乡的研究》，硕士学位论文，中山大学，2010，第41–43页。

② 何自成：《水族的家——基于永康乡和三洞乡的研究》，硕士学位论文，中山大学，2010，第44页。

③ 何自成：《水族的家——基于永康乡和三洞乡的研究》，硕士学位论文，中山大学，2010，第40页。

余人的水家成员构成的微信群里咨询该水语时[①]，他们回答说不存在“haːm^{1} ɣaːn^{2} ŋo^{4} ɣaːn^{2}”。

大雄：水语“haːm^{1} ɣaːn^{2}”与水语“haːm^{1} ɣaːn^{2} ŋo^{4}ɣaːn^{2}”可以对等吗？

潘老四：第二个是不存在的，是杜撰的，脱离实际。

大雄：如果有人问“三家六房”用水话怎么说呢？他们绝大部分会说是“三家五家”(音为“含敢我敢”)。从文献看，应该是汉语的“三家六房”进行了水语变相的对译。

潘老四：名词被“半桶水文人”“阉割”成数量词。

大雄：“haːm^{1} ɣaːn^{2}”有明确的边界？

潘老四：应该是“怀奴”基础上的情感团体，边界不确定，通常是情绪化产物；一些不属于“怀奴”的也可能加进去，比如同母、结义……

大雄：文献中同一祖父的为“三家”、同一曾祖的是“六房”、同一高祖的是“九族”，原来是 ×× 运看《幼学琼林》的结果。

大雄：祖父的后人属于三家、曾祖父的后人为六房，这么理解的话，一个寨子可能会有很多“哈姆敢”。

潘老四：水族语言中，从来就只有“哈姆敢”的概念。

大雄：理想模型。

潘老四：音译则可，意译是钻牛角。

① 2020 年 12 月 30 日至 31 日，从 30 日 22:30 持续到 31 日 00:30。群里其他人沉默。关于水语 haːm^{1}ɣaːn^{2} 从血缘谱系进行五服九族的水家自认讨论，将在后文再次涉及，并且从汉译的“三家”扩大到“忌油圈”。

第二节　丧葬习俗中的“忌油圈”

一、丧葬“忌油”

20世纪90年代前，水家居住村寨交通普遍不便，出行基本靠走路，丧葬活动中，多数参加葬礼的主要客人都要留宿事主家所在的村寨。死者下葬前，事主家均以素食待客，供祭新亡者也主要是鱼、素食和水果，祭祀牺牲的宰杀在亡者下葬之后才进行，献祭的猪、牛、马等肉都在下葬之后才用于祭祀亡灵和供人们食用，即下葬前“忌油”(鱼除外)。随着摩托车、小汽车等现代交通工具的普及，多数客人在下葬前一天下午到事主家祭拜，吃过晚饭就离开，“忌油”习俗也随之发生变化。笔者调查的M寨，客人来的当天为客人提供牛肉、猪肉等食物，而事主家人和寨邻则只能吃鱼、豆腐、蔬菜等，并且不能用鱼之外的动物油制菜；而三都水族自治县周覃镇廷牌社区心合村水旧组则在亡者下葬之前，“忌油”的成员餐餐吃鱼、蔬菜、豆腐，据说十多年都是如此。

丧葬“忌油”，除了客人在下葬前可以食用猪肉、牛肉等变化外，部分村寨的个别人家在亡人下葬前还请道士进行开路[①]，道士供祭时会用一块猪肉。2018年12月，M寨的一位女性亡者的葬礼中，道士布置法坛，正中悬挂由众多宗教人物画构成的道场，跟道场中画像平齐处挂有一块3斤左右

---

①笔者调查的M寨周边村寨，近些年葬礼活动中常请道士开路，同时亡人已出嫁的女儿(或亡人亲兄弟已出嫁的女儿)也请民间乐队进行演出，有时候一次葬礼上会出现多个乐队同时段不同台演出，但并没有明显地表现出把丧事当喜事办的倾向。办丧事像办喜事，参见贺雪峰：《新乡土中国：转型期乡村社会调查笔记》，广西师范大学出版社，2003，第17-20页。

的猪肉，道场画前的桌子上的红纸牌位上分别写有“××氏老孺人之灵位”“南无前传后教诸位宗师香位”“南无香花台上演教宗师香位”“南无佛道二门诸位宗师香位”“南无南泉教主普庵古佛香位”“南无西天东土历代祖师香位”，同时桌上别的供品又特别素：6杯酒、1碗白米饭、1个有几块菜油炒制的豆腐碗，桌上及其边上还放有开展仪式的法器。2019年12月，M寨的一位男性亡者葬礼的民间道士开路科仪，道场画为塑封的南无地藏王菩萨，直接立放于法坛的桌上，其右边是红纸牌位写明的亡人灵位，桌上未见其他香位，同样有一块猪肉置于桌上。后来咨询村民得知，这块猪肉是道士敬奉他们祖师的，开路仪式结束后由道士带走。一位水家鬼师给的解释较为复杂，他说猪肉是给道士敬祖师的，但是讲究的道士是不会把猪肉放到供祭亡人的桌子上或者比棺木高的地方，要放在低于棺木的地上，这样才能更好地避免无归属的厉鬼将新亡人带入地狱。

依据水家习俗，亡者下葬前不能用鱼之外的肉，方符合水家葬礼的要求，或者说“忌油”遵从了水家葬礼的“神圣性”。过去葬礼的“神圣性”针对葬礼的事主家人所处的“忌油圈”成员和到场参与葬礼的客人，固定的“神圣空间”为“忌油圈”成员所在的家庭。之后客人可以在下葬前食肉，“神圣空间”内临时划分部分给客人作为“世俗空间”，这种情况下事主家庭内不接待客人，均安排在其他家庭内，事主家的“忌油”要求的“神圣空间”得以保存。“斋醮是道教祭祀仪式的名称”①，水家丧葬活动中民间道士开路属于其中的一部分，《正一威仪经》说：“醮者，祈天地神灵之享也，亦有多种，所有饼果必须清洁，不得肉脯荤秽。”② 道教斋醮科仪要求素供，民间道士在设置的法坛中以世俗方式的敬奉师傅策略将猪肉置于其中，在道教的素供“神圣空间”与水家葬礼忌鱼之外荤食的“神圣空间”中，加入传道师傅的“敬奉空间”。猪肉在这种情形下，如同水家“忌油”的其他肉，处于

---

① 张泽洪：《道教斋醮仪式的文化意义》，《中国文化研究》，2002年第2期。

② 上海书店出版社编《道藏》（第一十八册），上海书店出版社、文物出版社、天津古籍出版社，1988，第257页。

特别的“例外状态”[①]，或许可被视为神圣之物。

水家“忌油”还出现在“借端”祭祖的时段内，供祭祖先的供品与家人食用的均不能有鱼之外的动物肉油。“借端”客人的多元化也促使“忌油”发生变化，供祭祖先有鱼和素食、水果等，而人则不可避免地食用一切用于待客的肉类。有部分人士想重返过去“借端”祭祖时的素祭、素食的“神圣空间”，正在酝酿“神圣空间”复辟方案。以下信息源于某位水家人士于2020年11月24日发表在QQ空间的信息，并获得30多人点赞。

> 自××××年开始，本人决定将“借端”邀请短信修改为：“尊敬的各位领导、各位同仁、各位朋友，××××年××月××日（戌日）至××日（寅日）是一年一度的××地‘借端’，其中××日（戌日）晚上至××日（亥日）中午举行祭祀，忌荤吃素，虔诚祭祖，诚邀您携亲友于××日（亥日）下午至××日（寅日）光临寒舍共庆丰收、欢度水家端节！”
>
> 现将通用短信模板提前发布，希望大家尊重民俗，认真阅读，提前知晓，知行合一，届时若于××日（戌日）晚上至××日（亥日）中午来过节，恕不接待，望互相转告。
>
> 我必须提前说明，否则我父母很不高兴，更对不起那些为了谋求族群生存而亡命天涯、辗转迁徙、出生入死、多灾多难的水族先民！

丧葬“忌油”“借端”祭祖时段的“忌油”细节在第三章“丧葬”和第七章“游端”中有详细陈述。此处仅简要提及，便于开展“忌油圈”的相关论述，仅对“忌油”的一些变化作简要补充。

---

① 吉奥乔·阿甘本：《例外状态：〈神圣之人〉二之一》，薛熙平译，西北大学出版社，2015。

二、“忌油圈”

水家文化中“忌油圈”的概念由笔者首先提出，当时是由于调查村寨“借端”中“游端”仪式的成员刚好与丧葬活动中“忌油”成员基本重合，于是将“游端”的成员构成视为“忌油圈”组织。[①]这种巧合仅适用于少部分水家村寨，有必要进一步补充说明“忌油圈”的多种可能性，以及跟“借端”流动祭祖的游端成员代表组织“哈姆敢”（hɑːm¹ ɣaːn² 音译）的关联。笔者之前关于“忌油圈”的陈述，倾向于调查基础上的结构性、理想型的组织，而现实生活中的“忌油圈”在成员归属与个体行动上均具有较大的情境性。此外，笔者讨论的“忌油圈”并不是信仰圈的变体，通常情况下“忌油圈”是父系血缘关系较亲近的几十家（户），单一始祖发展的自然村寨规模小则等同于整个村寨，规模大的自然寨则分成多个“忌油圈”，极个别情形下是数个有父系血缘关系的小村寨构成一个“忌油圈”。

水家丧葬“忌油”，有的从水书条目中寻找相关依据，指出水书中有4个条目要求“忌油”，只出现在死者死的时辰不吉的某些情况下才会要求一部分人吃素，犯忌者可能会招致厄运，甚至死亡，后面逐渐演化为：“不论亲人去世时是否犯‘歹晚日’，也不管是否涉及婿家，但凡亡人亲属一概忌荤，免得稍不注意，便产生无穷之后患，这是民间共同的心理需要，由此忌荤便约定俗成，积风成俗。”此外，作者还指出水家村寨人死后村民都到事主家帮忙，均到事主家就餐，而过去生活条件差，吃荤菜开支大，“只有通过禁忌的方式控制一部分人忌荤，客荤主素来表示对吊唁客人的尊重，同时又可减少备办荤菜的开支。因而具有血缘关系的群体便自然形成所谓的忌油圈”[②]。“忌油圈”首次是由高于家庭的而又小于血缘村寨的一个组织提出来的，文中并没有对该组织的成因进行探讨，该文还就水家民间信仰典籍的

---

① 张兴雄：《水族的端节与社会组织——以三洞乡为例》，硕士学位论文，西南民族大学，2006，第15-23页；《水族端节祭祖仪式与“忌油圈”——以贵州省三都水族自治县三洞乡板告村板鸟寨为个案》，《西南民族大学学报（人文社科版）》2008年第1期。

② 蒙耀远：《水族丧葬忌荤习俗的文化解读》，《黔南民族师范学院学报》2010年第1期。

水书、人们葬礼操办等分析了“忌油圈”的形成；该文也交代了丧葬“忌油圈”成员的构成，即包括亡者出嫁的女儿、女婿，亡者为女性时，还包括女性亡者娘家的亲属。

更早的文献中也提到女性亡者的娘家需要“忌油”，人死后，要向族中报丧，并向族中嫁出去的女子报丧，全族人一律忌荤吃素；女子死了，娘家夫家两族人都吃素；吃素一直到亡者落土安葬后为止。……女丧杀猪宰牛，男丧杀牛敲马，都是送死者的，属于祭肉，即使开荤后吃素的人也不能吃。按照系统远近将肉分送亲友。[①] 关于葬礼牺牲之肉，笔者近十多年参加的水家聚居区的葬礼中，有部分用于送给参加葬礼的姻亲亲属，多数肉在开荤后就用于招待下葬前吃素的人。当前 M 寨的葬礼中，下葬后宰杀的牺牲主要就是供“忌油”吃素的这部分人，多数客人在亡者下葬前一晚就已离开村寨。

但是文献中的“娘家夫家两族人吃素”，或者娘家亲属吃素，均没有指出娘家亲属的哪一个层次的成员参与吃素。根据笔者在 M 寨的调查，一般情况下，仅有出嫁的女儿吃素，少部分是其所在的核心家庭吃素；如果亡人为女性时，其娘家人是否吃素则不做要求，多数情况下为女性亡者的亲兄弟的家庭或他们儿子的家庭自愿选择是否吃素。但就 M 寨而言，寨子里老人去世，通常全寨人吃素，因为人死后放鞭炮，村民听到鞭炮声就会陆续前去丧家帮忙，即使有事暂时没有去帮忙的，到吃饭的时候也会去事主家吃饭，也要特别安排给放学回来的小学生吃，这种统一伙食的情况下，自然就还在遵循吃素的相关要求。从丧葬吃素要求而言，现在 M 寨的“忌油圈”构成为整个村寨的所有家（户）的现有成员和这些家（户）嫁出去且还在世的女性；具体行动上，“忌油圈”内的个体是否吃素全凭自愿，同时还跟事主家与其他成员的关系好坏有关。

---

① 潘一志：《水族社会历史资料稿》，三都水族自治县民族文史研究组，1982，第 431-432 页。祭肉，水语为 na:n^{4} te^{3} vi^{5}，音译为“南低宇”“南得宇”，水家歇后语中有“南低宇——吃不得”。参见潘朝霖：《水族语言与民间文学》，载潘朝霖、韦宗林主编《中国水族文化研究》，贵州人民出版社，2004，第 489 页。

一些村寨以前是分开“忌油”的，一部分“忌油”的家庭内有老人去世了，只是死者所在的那部分家庭“忌油”，而其他家庭不需要“忌油”，但是他们的主要劳动力要去事主家帮忙，在事主家吃饭时吃素，不“忌油”的家庭成员在自家吃饭时没有忌讳。一些不太大的村寨，就会分成20多户到30多户不等的两个“忌油圈”，一个“忌油圈”内吃素，另一个“忌油圈”无饮食禁忌。特别在过去人死后到下葬，有时需要十多天甚至数月，期间有不“忌油”的客人来拜祭或有事来访，另一个无饮食禁忌的“忌油圈”内的家庭，则可以正常用荤菜招待客人；死者所在的“忌油圈”的成员则保持吃素，就算是他们的客人来了，也将其安排到另一个不需要吃素的“忌油圈”家庭去招待，他们去也不能陪客人吃荤，最多陪着喝一点儿酒就离开。同样，当另一个“忌油圈”内有老人去世，他们饮食无忌讳，则可以用荤菜正常待客。

个别情况下，一个“忌油圈”刚好与“哈姆敢”的家庭重合；多数情况下为一个“忌油圈”下包含多个“哈姆敢”，有些小村寨，可能一个村寨就是一个“哈姆敢”，数个相邻的、有父系血缘关系的村寨构成一个“忌油圈”。“忌油圈”内有时也接纳男性户主为非父系血缘关系的家庭，如现在的M寨，全寨形成一个“忌油圈”，76家（户）吴姓与5家（户）韦姓，任何一个姓的家庭内老人去世，全寨都忌油；而从寨子搬出去的吴姓村民，他们回来帮忙，但是否在他们所居住的村寨忌油则不做具体要求，搬出去的这几家有老人去世时，情形也一样。M寨的老人去世下葬前，在礼节上全寨80多户均要求“忌油”，包括内部可通婚的几户，这样做更多是为了显示寨子比较团结。

部分父系血缘家庭构成的村寨，最初可能是一个“忌油圈”，因人口发展和年代久远，后人的关系疏远，而发展出两个或两个以上的“忌油圈”，分裂后有的一直延续下去，有的中途又会合并为一个“忌油圈”。特别是只有两个“忌油圈”的寨子，人数没有出现显著增减，加上生活条件的改善，近些年的葬礼也普遍接受人死到下葬的时间为3至5天，对于一个几十户的村寨而言，人死后，村民都到事主家吃素（鱼除外），甚至天天吃鱼，大家能接受，事主家也能承受，这种情况下，以前分成两个“忌油圈”的寨子则又会合并为一个“忌油圈”，而“忌油圈”下的“哈姆敢”并不会被打乱重组，仍然维持原有的基本概貌。

笔者以前调查的板鸟寨，现在依然保持着两个“忌油圈”的组合形式。[①]距板鸟寨4000米左右的另一个自然寨，在2005年时是两个“忌油圈”，近几年合并为一个“忌油圈”。一位当地的村民解释了这个寨子“忌油圈”的前后变化过程：很久以前是一个“忌油圈”，后来因为祭祀牺牲“南得宇”（$na:n^4$ te^3 vi^5，祭祀的肉），全寨子都吃不了，所以才分成两个“忌油圈”；现在名义上为了整个寨子团结和亲近，所谓的合并“忌油”（合并成一个“忌油圈”），事实上并未真正合并。他进一步给出了具体原因：其一，哪家属于原来哪个“忌油圈”在现实生活中很清晰；其二，所谓一起“忌油”是名义上的，目的是团结，事实上自己在家并不严格“忌油”了，明显的祭祀牺牲“南得宇”还是被原来的另一个“忌油圈”的人拿去吃了，自己不可能都不吃而送给寨子之外的人！从这个意义说，就相当于不是一起“忌油”；没办法，寨子小。这个村寨分成两个“忌油圈”的情况下，每个“忌油圈”刚好与“哈姆敢”重合，合并成一个“忌油圈”后，则包含两个“哈姆敢”，一个“哈姆敢”内老人去世，名义上两个“哈姆敢”都要“忌油”，但实际情况不确定。该村寨“忌油圈”内的人不能吃被视为“南得宇”的祭祀之肉，合并为一个“忌油圈”后，“南得宇”悄悄地被另外一个“哈姆敢”拿去吃，这又形成事实上的并未合并。

对于绝大多数水家聚居区的村寨而言，“忌油圈”通常都比“哈姆敢”大，有时候包括数个“哈姆敢”。撤乡并镇后的三都水族自治县中和镇三洞社区板南寨，有200多户人家，分成4个“忌油圈”，大的有300多人，小的也有100多人。而潘老四自己所在的“忌油圈”内又有3个“哈姆敢”，他还提供了一个案例：有一家，血统上适合A“哈姆敢”，但实际上他家与

---

① 张兴雄：《水族端节祭祖仪式与“忌油圈”——以贵州省三都水族自治县三洞乡板告村板鸟寨为个案》，《西南民族大学学报（人文社科版）》2008年第1期。

A“哈姆敢”其他家因争财产关系不和，就加入B“哈姆敢”，“借端”时的祭祖“喊端”在B的“哈姆敢”内进行。如果自然寨小，并且一个自然寨就是一个“哈姆敢”的情况下，可能多个自然村寨构成一个“忌油圈”。都江镇打鱼社区中坝村（原打鱼乡巫劳村）的石板寨、门田弯、打孟寨、大坡、大坝等9个具有父系血缘关系的张姓村寨，有100多户，共同构成一个“忌油圈”。这是笔者目前了解到的数量最多的自然村寨构成的“忌油圈”。也存在较为分散的情形，“你们板南那么大的寨子才有4个‘忌油圈’，怪不得你们比较团结，我们小寨子至少有8个‘忌油圈’，圈与圈之间还常有冲突”[①]。

在水家聚居区的多数村寨，老人去世，葬礼中的“忌油”、戴孝帕、绕棺木、穿孝衣等可以大致勾勒出死者所在的“忌油圈”“哈姆敢”以及他的直系晚辈等不同的血缘亲疏关系与日常生活认可的交往层次。当然也有部分水家村寨的葬礼不需要“忌油”，群聊中有人提到九阡镇的板南寨、中和镇的阳乐村，人死到下葬期间没有吃素的习俗。[②]

大雄：@潘老四 水家葬礼中有不戴孝帕的人，是因为他们辈分高吗？

潘老四：是。晚辈才戴，长辈和平辈不戴。

大雄：“忌油”有辈分之分吗？

背影：自古都是子孝敬父，没有父孝敬子的。所以长辈或是平辈都不戴孝的。

潘老四：“忌油”无辈分之分。不知是不是水家特有。

背影：那是石老四他们汉族的习俗。（群成员有意给潘老四改姓）

潘老四：看来汉族没这特征，排除一个。

---

① 群聊时间为2019年4月28日，聊天时段为13：10至14：40。该信息提供者一直未提供具体村寨名字。

② 群聊时间为2020年10月27日，聊天时段为16：40至20：00。女婿是否忌油的讨论源于其他日期，将在文中进行标注。

大雄：我在M寨看到，现在“忌油”也逐渐要有辈分之分了。他们给我的解释是死者无直系后人，刚好通过他的葬礼逐步进行变通：鱼、牛肉同时提供给寨子里的人，让大家自愿去选择。寨子里的是只能吃鱼，但是想变通，就提供牛肉和鱼，在死者下葬前就让寨子里的人自由选择去吃。

潘老四：鱼不算油、肉，这是水家特色。我一直怀疑“忌油”的最初动机是水族智者们的美丽谎言，说是为了尊敬死者，实质是为了节约。如果大家一致认定这个实质，变通就不是问题。

大雄：实际的动机已经无法确定了，进行推测是可以的。

潘潘：“忌油”是因为以前物质比较匮乏，为了好好招待客人，然后主人一方艰苦点吃素的，让客人吃肉，这是一种礼貌。我个人是这么认为的。

潘老四：目前大家没有达成一致，还变通不了。

为而不争：当初肉少，客人先吃；另外，有人去世，伤心，吃不下。

将将：@潘老四 九阡镇板南大寨是吃肉的。

潘潘：现在物资充足，可以改改了。帮忙做活儿就累，谁不想吃肉嘛！

潘老四：@将将 说明九阡认定这种实质并改革了。

为而不争：阳乐不忌。

潘老四：看来九阡人更聪明，阳乐人也聪明。其他的如三洞人较保守。

潘潘：想改革，到自己快死的时候写遗嘱。“谁吃素都不行，只吃肉，而且全部是肥肉”。

大雄：在接受“忌油”习俗的前提下，有意地吃荤也是很有意思的。某牙（奶奶）育有4子，其中2子在外上班，寨子里有丧葬时会回来，其中一个儿子在吃早餐的素饭、素菜时常公然直接说要到街上吃粉，也常这样做。该牙去世时，寨子里的有几桌在吃鱼的时候，有人故意拿牛肉去发给大家吃。这是否可以理解为一种变相报复？

潘老四：这当然是报复或宣布分裂。当然不是分裂出“怀奴”，而是分裂出“忌油圈”。有私仇的多半玩这招，屡见不鲜。

大雄：少数人的这种操作估计无法形成新的“忌油圈”吧？

潘老四：比如你家和他家一直是一个“忌油圈”，但现在有仇了，你决定和他疏远，就可在他家有人过世的时候吃肉……反正就和他家对着干，他家就懂了。以后你们就不是一个“忌油圈”了。

大雄：那个案例中，留在寨子里的两个儿子人缘不错，是负责葬父亲，老头死的时候，据说大家都是“忌油”的。

梦星尘：我娘家不“忌油”，现在夫家“忌油”，我真的不习惯，特别是遇上这种事时，我也是直接回娘家过，也不知道“忌油”的大哥们是怎么看待我的。

潘老四：@梦星尘 不要怕他们，坚持自己的原则。敬不敬，看老人活着时如何对待他们，而不是死后的表演。

梦星尘：有一次，他们在我家摆桌招待客人，煮肉吃，因为是第一次，我没有注意那么多，说小孩还没有吃饭，就去泡了点汤，被他们提醒，我说其实你不用说出来，人活着时对他们好就行了，反正到我自己爸妈百年以后，我也照样吃肉，我自己死后，也可以让后代吃肉。他们说我应该入乡随俗。现在寨子有人去世，在外面的人还不是照样吃油、吃肉？

仲恒：我也好像从没“忌油”过。

寻叶度秋：生不养，死假孝。

梦星尘：对面人多的话，也应该遵守他们的风俗，虽然心里接受不了，只能偷偷地，而不能光明正大地吃肉。

大雄：现身说法，“忌油”习俗慢慢变通了。

潘老四：平时不理不睬，在父亲节那天突击表演，没多少意义。

大雄：@ 梦星尘 你是在聚居区的水家吗？什么地方的水家不用“忌油”了？

潘老四：她是汉族。

监督委员：阳安。

梦星尘：@ 大雄 阳乐，不“忌油”。

潘老四：吴姓？

梦星尘：杨姓。（阳乐杨姓也是水家）

大雄：@ 梦星尘 谢谢！

梦星尘：在我们这边，人一落气，放炮杀猪。我们这边的人还不是照样过得好好的。我家这边的亲戚都是过端“忌油”的，现在还改变了一点，客人可以在锅里有一碗肉。

风中的承诺：其实吃鱼也令人头疼。

（2020 年 12 月 30 日，聊天时段为 16：40 至 17：30）

永姐：在我们水族的观念里，觉得媳妇是自家人，女婿是别家人。所以戴孝的事，媳妇能穿孝衣，女婿只包孝帕。

潘老四：女儿出嫁，是损失劳动力，是悲伤的事。而媳妇是增加的劳动力。

潘老四：朴素的理解！传统上，娶媳妇通常燃放鞭炮，嫁女则无。

大雄：葬礼“忌油”中，女婿好像也不需要“忌油”？

潘老四：女婿，我们那儿不硬性要求，当然，你自愿“忌油”的话人家也欢迎，大概可算作懂礼，对死者有感情。

永姐：我们也是这样，但女婿都不好意思不“忌油”。

潘老四：我家的例子。我舅舅去世，我妈作为死者之妹妹“忌油”，我家其他人不忌。我妈一人溜到厨房去吃素，我和其他人一起在堂屋大块吃肉。

大雄：外人知道的话会说你们不懂礼。

潘老四：应该会。我母亲她老人家挺可怜，灰溜溜的。

潘老四：早些时候，我们也对“忌油”这个事的起因进行了分析推理，我比较赞同的观点是：为了节约！

永姐：古时候应该就是为了节约。那时穷，物资匮乏嘛。

潘老四：也许古代的生活更苦，要命的是还更迷信，说不定停尸时间比现代更长，要是守尸体的人顿顿有肉，成本太高。于是一些智者就想出此招，间接帮助孝家。就当是美丽的谎言吧。不好直接说节约，就谎称这是对逝者的尊敬。

永姐：现在也说，不“忌油”是对不起孝家。

大雄：以后经济发展好了，都慢慢开始不“忌油”了，这个推测应该就是很合理的一个解释。

永姐：反正死者又不知道。

潘老四：现在生活稍好，时间也就三五天，大多数人还是承担得起。

永姐：现在也很难办啊，连续几天全吃鱼、喝啤酒。

潘老四：鱼稍便宜，也算好了，以前就是蔬菜和豆腐。

大雄：@ 永姐 你们寨子现在下葬前每餐全吃鱼？

永姐：十几年前就是了。

潘老四：条件好的家庭吃鱼。说明生活好起来了。

永姐：我爷爷故去12年了，那时“忌油圈”成员在下葬前全部吃鱼（下葬前吃素或吃鱼，均由事主家提供）。

大雄：我在M寨经历的几次葬礼，只有下葬前一天晚上客人集中来时寨子里的人吃鱼（整个寨子一起“忌油”），客人吃肉，人死到来客人之前，村民们在事主家一日四餐（凌晨0点后夜宵、早上的早餐、午饭、晚饭）都是白菜、豆腐、酸汤等。看来你们的条件好多了。

“忌油圈”是从“忌油”习俗的构成中汉译的名称，潘老四说水语里有相应的词：“就是死了个人，大家都不吃油、不吃肉的那一群人，水语叫'都挂''ndau³ ʔɣwa⁵'(包括他们娶进的媳妇与嫁出去的女儿),'都挂''ndau³ ʔɣwa⁵',但是在我们寨子,也可以叫'ndjoŋ⁵',我不知道别的寨子如何称呼,在板南是一回事,别的寨子可能有区别,它的精确定义是'都挂''ndau³ ʔɣwa⁵'。"①"忌油圈"贴切生活,在群里聊天时也开始频繁使用。当然,用汉语表达时,也常见"就是我们这个宗支的要忌油","我们寨子跟他们寨子是一个家族,他们寨子死人了,我们这边去帮忙,也要忌油"之类的表述。

如果不考虑各家庭的日常情感因素,仅从父系血缘的构成上进行"忌油圈"划分:如果一个自然村寨就是一个"忌油圈",则表示自然村寨的始祖男性后裔延续下来组建家庭的所有成员均属于"忌油圈"范畴。两个"忌油圈"村寨则可能以某一代祖先兄弟为划分起点,各自后人的家庭联合为一个"忌油圈"。村寨人丁兴旺,家(户)、人口增多,则可能在某个"忌油圈"内分化成两个"忌油圈",而人丁越来越少的"忌油圈"则可能又合并进其他"忌油圈"。

尽管水家"霞节"村寨不用水语的"哈姆敢"(hɑːm¹ ɣaːn²,汉译"三家""三家六房"),"忌油圈"或者水语的"都挂"(ndau³ ʔɣwa⁵)来表达家(户)之上的更多家庭成员共同体,而用"的丁"来描述一个谱系内本该忌油的群体,因此借用"的丁"村寨的父系谱系,来解说水家的"巩敢"(或"嗷敢")、"哈姆敢"和"忌油圈"等的大致范围是可行的。

---

① 群聊时间为2019年11月2日,聊天时段为00:10至01:20,有人提出水语ndjoŋ⁵还可以表示有人居住的片区或区域之外,群里的其他人并没有提出什么异议。语音聊天初稿由张加菊提供,"忌油圈"水语音标由韦述启博士帮忙标注。

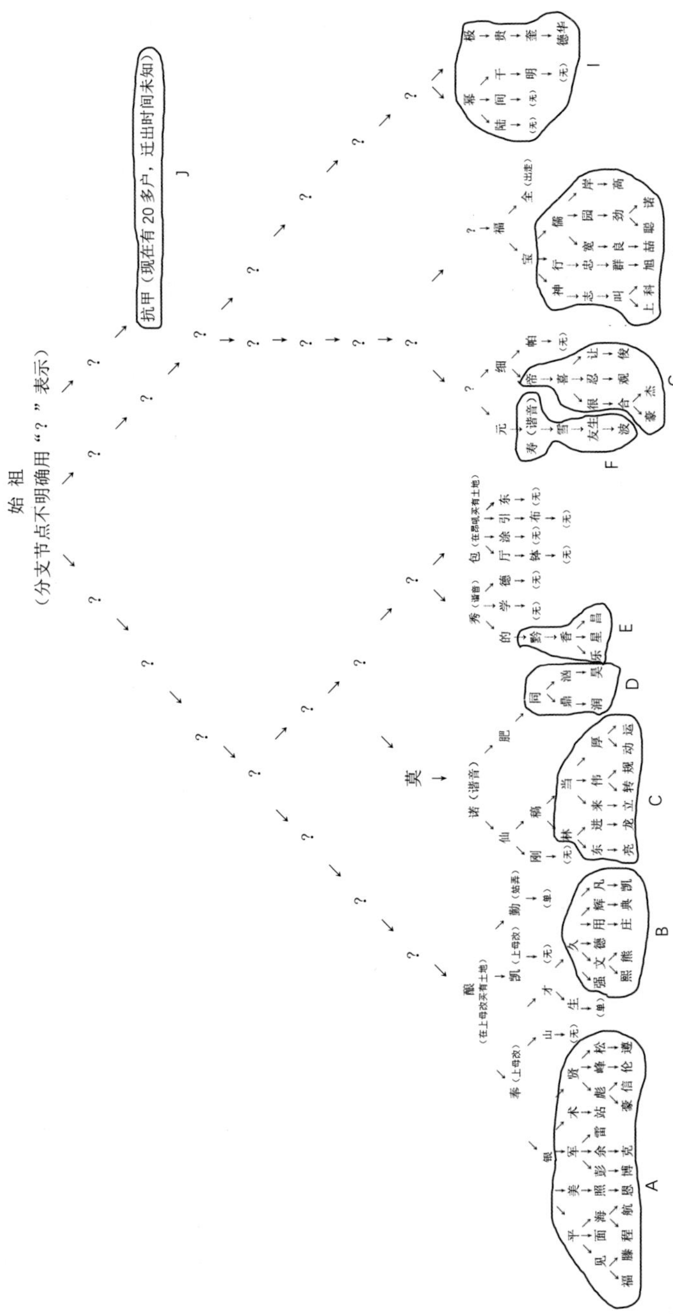

图 7-3　“借卯”区域族谱（二）

图 7-3 中，以 A 部分为例，“平”“美”等五兄弟之一只要有一个在世，A 部分的家庭就构成“巩敢”（koŋ^{5} ɣaːn^{2}）或“嗷敢”（ʁaːu^{3} ɣaːn^{2}），A 和 B 则为一个“哈姆敢”（haːm^{1} ɣaːn^{2}），类似的 C 和 D、F 和 G，构成一个“哈姆敢”，而 E、H 各自较为亲近的父系血缘没有延续下来，按父系血缘则单独成为“巩敢”“哈姆敢”，即“巩敢”与“哈姆敢”等同，I 的部分也可以组成“巩敢”或“哈姆敢”。以上组合是血统上的谱系，但现实的情形可能是 E、I 结合成现实生活中的“哈姆敢”。扩大到“忌油圈”，图 7-3 整个谱系中现在活着的男性后人的家庭以及嫁出去的还活着的女性，均属于理论上的“忌油圈”范畴，即上图的 A 至 J 的现在男性后人的家庭成员和这些家庭嫁出去且还活着的女性。

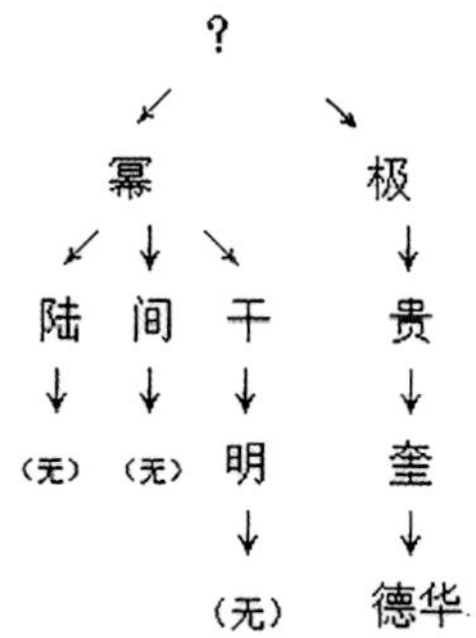

图 7-4 “借卯”区域族谱（三）

在父系血缘划分与边界对应的理想模型中，“哈姆敢”（haːm^{1} ɣaːn^{2}）拆分的“三家”“六房”还有另一种说法：同一父亲所生儿子组建的多个独立家庭联合在其父亲去世后属于“三家”（如果几兄弟的父亲还在世或父亲的其中一个兄弟仍然在世，则其父亲几兄弟的后人组成的家庭还属于“三家”）。同理，同一祖父（祖父及其兄弟均不在世）的多个家庭联合属于“六房”（聊天语音中也有人将 ljok^{8} ɣaːn^{2} 直译为“六家”），用图 7-4 进行说明，即幂与极属于“三家”（“幂”与“极”的父亲不在世），“陆”“间”“干”属于“三家”（这时幂已不在世），而“陆”“间”“干”与“贵”则属于“六房”

或“六家”(幂、极均不在世)。[1]“三家六房”理论模型运用到生活现实，幂延续下的父系血缘没有了男性后人，最后只剩下了极的单传在世，这时极的后人是否意味着不存在量化对应的“三家”“六房”?

当然，还有人认为父辈以下的各家构成的群体为“嗷敢”(ʁaːu^3 ɣaːn^2，直译为“内家”)、祖辈以下各家构成的群体为“噶敢”(ɣa^2 ɣaːn^2，直译为“两家”)、曾祖辈以下各家的构成的群体为“哈姆敢”(haːm^1 ɣaːn^2，直译为“三家”)、祖辈以外至第九代以内的各家构成“荣敢”(ndjoŋ^5 ɣaːn^2，意译为“忌油圈”)。[2]

从水语表达的“三家”“六房”(或“六家”）的模式看，水家社会中的“家”与“房”在表达社会群体结构时，均为具体的一个“家”(ɣaːn^2）的单位，在对应上用某些数字来表达不同区域的群体构成时，再将具体数字与自己不同辈分父系祖先进行对应。而且通常在水语 haːm^1 ɣaːn^2 意译为“三家六房”时（语音聊天中直接用水语“ljok^8 ɣaːn^2”时并没有明确译为“六房”还是“六家”）才有汉语宗族制度中“房”的相近意思。还有学者注意到水家村寨中有关“房”的群体构成时，与多妻有关联，即每个妻子所生的儿子及其后辈所建立起来的家庭联合为一个“房”。[3]

汉人的“房——家族”模式中，“房”是相对于“家族”而言的，“‘房’和‘家族’都可以指任何世代的一位男性共祖所传下来的所有男性后代及其义子。在定义上，一个儿子即构成一个最小的‘房’单位，而在日常用语言中被称为一‘房’(两代以内构成‘基础房’、三代以内为‘基础家族’)。……基础房以上的每个房或家族，相对于其更上一级的家族单位，都

---

① 该解释模型在群聊讨论中得到 ×× 西（女)、×× 永（女)、×× 勐、韦大 × 等鼎力支持。关于水语“haːm^{1}ɣaːn^2”从血缘谱系进行五服九族的水家自认讨论，将在后文关于水家“宗族”理论时再次涉及，并且从汉译的“三家”扩大到“忌油圈”“怀奴”等。

② 群聊时间为 2021 年 1 月 6 日，聊天时段为 17：50 至 18：10，其中“ndjoŋ^5 ɣaːn^2”，在音译聊天中，相对应的水语词汇还有“ndau^3 ʔɣwa^5”(直译为“忌油”)、“ʈu^3 ɣaːn^2”(直译为“九家”)。语音聊天内容由张加菊翻译，水语音标查阅《汉水词典》进行标注。

③ 王学文：《规束与共享：一个水族村寨的生活文化考察》，民族出版社，2010，第 95 页。

仍然可以自称为‘房’或‘家族’。……换句话说，一个男系宗祧单位可以同时是个‘家族’(相对于下一代的房单位而言）和‘房’(相对于上一代的家族单位而言）”①。

如果从相应语境进行比较，三都水族自治县都江镇打鱼社区中坝村一带水语的“嗷敢”(ʁaːu^{3} ɣaːn^{2}，直译为“内家”)，具有谈话者所处场景和谈话内容所涵盖的不同层级的群体单位，小到单个“家”(ɣaːn^{2})，可以逐渐扩大到“哈姆敢”(haːm^{1} ɣaːn^{2})、“忌油圈”(ndjoŋ^{5} ɣaːn^{2}）甚至是“怀奴”(faːi^{4} nu^{4})。

三、“霞节”村寨中的“的丁”

水家节庆中，有部分村寨还进行隔几年举行一次的“敬霞节”，也称“霞节”。各区域“霞节”的间隔年限不一致，荔波县玉屏街道水岩村“霞节”为2年一次，三都水族自治县九阡镇扬拱村所属的“霞节”为6年一次，三都水族自治县九阡镇母改村所属的“霞节”为12年一次。母改村所属的“霞节”中间没有太长时段的中断，因此一直受到学者的关注，该“霞节”由12个父系后裔的集团共同来操办，每个集团称为一个“的丁”或者“丁”。以前祭祀所需物资以“丁”为单位进行摊派，因此，“每个霞通常由十二个不同支系、氏族或村寨组成”②。该模式还用到了1982年才被识别并确定的云南水族文化中，赋予云南水族拥有“霞节”的传统，并跟贵州省三都水族自治县九阡镇母改村模式相近。③罗春寒根据该模式提出通常12个村寨构成的霞组织④，张小军、李建明等在论文中呈现出由1到13个不等“的丁”构成的“霞节”组织概况，10个霞神祭祀对象中，只有2个霞神是由

---

① 陈其南：《汉族宗族制度研究：弗里德曼宗族理论的批评》,《考古人类学刊》1991年第47期。

② 潘朝霖：《九阡等地水族的“敬霞”节》，载祖岱年主编《黔南民族节日通览》，黔南布依族苗族自治州文化局，黔南人民印刷厂，内资，1986，第98页。

③ 文芮：《中国神华故事》，经济日报出版社，1998，第422-426页。

④ 罗春寒：《水族民俗》，载潘朝霖、韦宗林主编《中国水族文化研究》，贵州人民出版社，2004，第511页。

12“的丁”模式构成。①

从九阡镇母改村所属的“霞节”活动看，十多个村寨构成的十二“丁”，各“丁”依然以有父系血缘为主的家庭构成：一些小的村寨就是一个“丁”，或者多个村寨是一个“丁”；大的村寨，则居住着不同的“丁”，但是各“丁”成员熟悉各自的血缘谱系所在的范围。他们内部流传有“十拟店（丁）霞幸怀奴”(sup^{8} ȵi^{6} tjen^{6} ɕja^{4} ɕin^{1} faːi^{4} nu^{4})，直译过来是“十二丁是兄弟”：“十”是汉语中的十；“拟”是水语中的二；“店”或“丁”都是水语借汉字音译，指一个分宗；“幸”是水语借汉字音译，意为形成、是。② 从这个水语表达中，能确定十二个“丁”属于水语“怀奴”内的成员，但只属于“幹怀奴”内父系血缘亲近的小团体。

2020年7月19日至20日，母改村等以“霞节”的名义进行了超越该区域父系血缘关联的联谊活动，邀请该父系血缘团体水语最大范围的“怀奴”(faːi^{4} nu^{4})代表参加活动，因此接待活动的工作部署表格名称为“2020年霞节暨干公后裔兄弟交流大聚会工作部署安排表”(行文中，为了保持民间原始素材的用字，幹公、幹怀奴与干公、干怀奴是相同概念的不同用字，多数情况未做统一用字的调整)，该表就以各“丁”成员分布村寨名进行接待工作安排：第一“丁”，夯合；第二“丁”，上下板闷、下板力，昂吼、务牛、水往、水配、水蒙、下水龙；第三“丁”，老寨、引头；第四“丁”，姑内、大水叶；第五“丁”，大水叶、水达、的哥、岜凡；第六“丁”，姑谭、大水叶、大寨、甘塘；第七“丁”，上母改，大寨；第八“丁”，母改；第九“丁”，姑弄、抗甲；第十“丁”，大寨、上板力、姑牙；第十一“丁”，高农、大寨；第十二“丁”，姑丙、井丰。接待的对象就是该区域之外“干（也写成幹）怀奴”的代表，多数为中和镇三洞社区内不同村寨组的代表，

① 张小军、李建明：《权力互竞交换共同体——贵州水族霞节、艾节和善节的个案研究》，《民族研究》2013年第2期。

② 2020年10月9日，群聊时十二“丁”内的潘某提及这一表述，2020年12月9日，笔者单独向他咨询其中的意思，并从拆分的读音中查阅水语音标进行标音，同时也发语音让韦星娥协助帮忙标注。

此外还列有：周覃镇廷牌社区良桥，黔东南苗族侗族自治州榕江县古州镇高兴村（该县最大的水家村寨）、水洞村、宰省村，榕江县定威乡亚勇村，榕江县三江水族乡故最组，榕江县塔石瑶族水族乡同流村等。

尽管有顺序安排上的第一“丁”、第二“丁”，但是“丁”与“丁”之间是平等的，不会出现第一“丁”是老大，第二“丁”是老二这种等级类推。“丁”作为一个群体，并不会追溯各“丁”始祖的辈分谱系来给“丁”进行等级排序。但平时各“丁”联合办事时，主事者多为有人事实力的大寨子。

老人去世，本“丁”内成员“忌油”，成员分散的“丁”，死者所在的村寨本“丁”的成员基本都“忌油”，居住在其他村寨的本“丁”成员，去事主家帮忙的人员要“忌油”，而在家的不需要“忌油”。

从葬礼“忌油”习俗看，九阡镇“干公”后裔发展出来的十二“丁”，各“丁”的构成跟水家其他区域（包含“干公”大本营——三洞社区达便村）的“忌油圈”相似。但是过“霞节”的水家，从九阡“干公”后裔十二“丁”的实情看，他们极少用“哈姆敢”（ha:m^{1} ɣa:n^{2}）、“忌油圈”（ndau^{3} ʔɣwa^{5}）等水语词汇，而常用水语“丁”（tjen^{6}），但水语“怀奴”（fa:i^{4} nu^{4}）则通用。其他区域的水家，对“丁”则不甚了解，或者说水语“tjen^{6}”是否就是指汉语“男丁”持不确定的看法。①

> 大雄：“十拟店（丁）霞幸（是）怀奴”，麻烦你帮我标一下水语音标（转发群里该水语的语音给她）。
>
> 娥：sup^{8} ȵi^{6} ɕja^{4} ɕan^{1} fa:i^{4} nu^{4}。
>
> 大雄：“丁”是不是没有标出来？
>
> 娥：sup^{8} ȵi^{6} tjen^{6} ɕja^{4} ɕan^{1} fa:i^{4} nu^{4}。
>
> 大雄：水语 ɕan^{1} 有哪些意思？
>
> 娥：成、好、长。

① 2019 年 10 月，群聊提及水语“丁”，2020 年 12 月 10 日，笔者单独咨询韦星娥（聊天用娥指代），并让她帮忙标注音标，同时也咨询了水语 ndjoŋ^{5} 的意思。

大雄：水语 $tjen^6$ 又有哪些意思？

娥：丁。

大雄：“男丁”也用水语 $tjen^6$ 表示吗？

娥：水语里没有男丁这种说法，汉语里才有男丁这个词和说法（在人多的群聊中也有人表示出相同的看法，如网名为阿水、铁嘴、哦虽等人）。

娥：或许是我知识浅薄，说不定年长的人会晓得，就我来说，到目前为止没有听说过（水语里有这个词或者表示汉语男丁意思的词）。

大雄：是的。丁（店）只是一个小的比较亲的分宗。

大雄：所以你标注的水语 $tjen^6$ 是不是表示这个意思？

娥：我是第一次听说这个。

大雄：这是“借霞”（汉译为“霞节”）的那部分水家才有的概念。

娥：从你刚刚说的那个“十拟店（丁）霞幸（是）怀奴”，那么在这个句子里面，它（$tjen^6$）就有上面这个老师说的类似“男丁”的意思。

娥：应该是“借霞”区域流行的概念了。

大雄：“借端”“借卯”的水家可能更多地使用“哈姆敢”“忌油圈”，小一点的寨子可能就等同于一个寨子，来表达寨子里面或者多个寨子里面的血缘家庭构成。

娥：这个“哈姆敢”是什么？

大雄：水语 $ha:m^1ɣa:n^2$，水语借汉字的近似音译；“忌油圈”属于意译了，水语 $ndjoŋ^5$ 找不到与汉字相近的音。水语 $ndjoŋ^5$ 是不是主要指一个寨子的血缘家庭总和？水语 $ndjoŋ^5$ 也是在听到群里聊天后找韦博士帮忙标注的。

娥：可以这么说吧，但是也不是绝对的。如 $ndjoŋ^5$，我们寨子，有“德”（$ndjoŋ^5$）、“务”（$ndjoŋ^5$）、“德”（$ndjoŋ^5$）包括两个有多个血缘家庭的组合体，“务”（$ndjoŋ^5$）也是包括两个有多个血缘家庭的组合体。

娥：这个 ndjoŋ^5 在我们那边也表示寨子片区或者分布区，如同一个寨子会分上寨、下寨，它就有那种方位，可从方位上来区分；ndjoŋ^5 也有像刚刚讲的那种血缘关系组合，就是从多个角度来讲这个水语 ndjoŋ^5。

大雄：麻烦你把刚才说的“德”（ndjoŋ^5）、“务”（ndjoŋ^5），标水语音标或汉字给我一下。

娥：te^3、u^1（ndjoŋ^5 te^3、ndjoŋ^5 u^1）。

大雄：你们寨子分成两个 ndjoŋ^5，是不是两个“忌油圈”？每个“忌油圈”下又分成两个 hɑːm^{1}ɣɑːn^2，能这样理解吗？

娥：我们寨子虽然是两个血缘分支的多个家庭组合，但是由于是在同一个寨子，丧葬时都一起“忌油”。

娥：某种程度上说，我们寨子只是一个“忌油圈”。

大雄：是否可以这么理解？从“忌油”习俗看，如果要分开“忌油”，则可能分为“忌油圈”（ndjoŋ^5 te^3）与“忌油圈”（ndjoŋ^5 u^1）；因居住在一起，实际依然是一个“忌油圈”？

娥：不可以这么说。目前我还理不清楚。

第三节　禁婚规则中的“怀奴”

本章第二节谈到丧葬祭祀中用于供祭的肉或者牺牲。祭肉，水语为“naːn^4 te^3 vi^5”，音译为“南得宇”“南低宇”等。祭肉的本意可能有多种，潘朝霖表述为“同宗氏族家庭吊丧的祭肉”“吊丧所杀禽畜的油肉”。[①]这个表述中的同宗氏族估计等同于前文的“哈姆敢”（haːm¹ ɣaːn²），最大范围等同于“忌油圈”，意思是好像有老人去世了，老人所在的“哈姆敢”或者更大一层的“忌油圈”家庭会共同买肉或者牺牲来吊丧。吊丧所杀的禽畜，范围较广，新亡葬礼中，亡人出嫁的女儿、亡人的外家（女亡的娘家，男亡时有男亡的舅家与其妻的娘家两种）、亡人儿子的结拜兄弟等，均可能购买猪、羊、鹅、鸡等来吊丧，条件允许的情况下，亡人的儿子们会买牛或者马（有时候两者都买）用于吊丧。“南得宇”具体属于哪一种情形，上下文未明确。三洞籍潘 ×× 给的解释较为具体：“‘南得宇’是出丧时在灵堂旁边现杀的牲口，就是出殡的时候刚刚挪动棺材，马上要现场杀一头猪之类的（一般都是杀猪，有的时候也会杀其他牲口）；‘南得宇’在亡者下葬之后，孝家所在的‘忌油圈’也不能吃。”潘 ×× 还说亡人棺木抬出后（通常是下葬之后），献祭所杀的牛、马等不属于“南得宇”的范畴，亡者下葬后，“忌油圈”的成员也能吃。同样为三洞籍的潘老四则认为，“南得宇”那块肉的本意并不重要，其引申义才是该词的重点，尽管现在的年轻人很多不知道这个词了，但是 40 岁以上的水家人，基本都知道“南得宇”这个水语词，并且使用时并不是简单停留在不能吃的肉上，而是强调其引申的更大范围的禁忌——“怀奴”内的女人不能碰，否则会被重罚，甚至有可能被处死。

一、“怀奴”首要规则——禁婚

水家现有文献中通婚规则的划分的依据，由“同姓不婚嫁”逐渐过渡到“同宗”或“同一房”不开亲，以及姻亲关联葬礼吃素的娘家夫家“两族人”的区分。“同宗同姓不婚”以及补救策略的“破姓开亲”[②]，“同一房至今

① 潘朝霖：《水族语言与民间文学》，载潘朝霖、韦宗林主编《中国水族文化研究》，贵州人民出版社，2004，第 493-494 页。

② 罗春寒：《水族民俗》，载潘朝霖、韦宗林主编《中国水族文化研究》，贵州人民出版社，2004，第 520 页。

仍不开亲”[①]，“‘同姓不婚’造成了一些地区已届婚嫁年龄的青年男女找不到婚配对象，于是逐步出现了破姓开亲的现象，但仍然要恪守‘同宗不娶’的原则，即便相距百里之外，相隔多少代之久，也不允许违犯这一禁例”[②]。“有的地区尽管已经破姓开亲，但仍然恪守‘同宗不娶’的禁例。”[③]姻亲关系的丧葬“忌油”表述：“人死后，要向族中报丧，并向族中嫁出去的女子报丧，全族人一律忌荤吃素。女子死了，娘家夫家两族人都吃素……一直到落土安葬后为止。”[④]同一姓、同一宗族、同一房族、（娘家夫家）家族等表述水家通婚规则中的人群组织，或者姻亲关联的丧葬吃素成员组织，总体上能方便不熟悉水家文化的人士快速了解水家人群构成概貌，但又会给人留下这些概念似乎可以等同或互换的感觉。如果用水语进行表达，则相对要精确一些：如丧葬吃素，最大的范围就是死者所在的“忌油圈”，如果亡人是女性，则为亡女娘家、夫家所属的“忌油圈”，即水语“ndjoŋ^{5}”或“ndau^{3} ʔɣwa^{5}”所涵盖的范围。通婚规则，除民国时期九阡一带的部分潘姓村寨外（后文详述），可以用水语的“怀奴”（faːi^{4} nu^{4}）来进行表达，即同属一个“怀奴”内部的男女禁止通婚，父系血缘的同一个“怀奴”，或拟制认同的同一个“怀奴”内部，均禁止通婚。

“怀奴”为父系血缘人群。有文字谱系的“怀奴”则知道具体的始祖，这时候“怀奴”的名称会使用始祖名，如三都水族自治县中和镇三洞社区的“仰怀奴”“幹怀奴”，“仰”“幹”就是各自“怀奴”父系血缘人群的明确始祖之名。某些“怀奴”难以明确单一父系始祖，或者接纳了同一姓氏而非明确父系血缘的成员，但是在共同对抗外来威胁时依然抱团一致对外，以及日常

---

① 王学文：《规束与共享〈一个水族村寨的生活文化考察〉》，民族出版社，2010，第55-56页。

② 韦学纯：《中国水族》，宁夏人民出版社，2012，第117页。

③ 三都水族自治县史志编纂委员会编《三都水族自治县志》(1978—2013)，方志出版社，2016，第158页。

④ 潘一志编著《水族社会历史资料稿》，三都水族自治县民族文史研究组，1982，第431页。

生活的婚嫁、建房、丧葬等活动中自觉出力出工帮助居住较近的同一“怀奴”成员，这种情况下的“怀奴”名称通常会以比较大的自然村寨名称来指代，或者用自然村寨名称和姓氏进行组合。如九阡镇部分村寨同为潘姓，但是村民的始祖来自不同的“怀奴”，从三都水族自治县中和镇塘州社区雄寨迁去的潘姓，用“怀奴”来区分时则为“雄寨潘”，而从三洞社区迁去的潘姓则使用始祖名（某某人属于仰集团或仰人，某某则属于幹集团或幹人）；许多“怀奴”没有具体的名称，相互交流中使用姓氏、村寨名等组合的形式来区别双方是否属于同一“怀奴”。

部分“怀奴”并没有谱系记载，因此没有明确的“怀奴”始祖，但是他们世代相传自家跟哪些家庭、哪些村寨或某个村寨的某些家族属于同一个“怀奴”，内部具有父系血缘的男女属于禁婚范畴，而不属于自己“怀奴”的则可以婚恋。对于没有明确记录“怀奴”始祖的，则难以确定他们“宗”的起点，因此用“同宗不娶”的表述，更难以直接传递出水语“怀奴”明确禁婚范围。

前文讨论“三洞”地名时，就涉及如何在日常生活中传递“怀奴”知识，还谈及血缘人群比较复杂的“怀奴”，如以寨名命名的“根怀奴”（“仰”“幹”“根”三个“怀奴”均是汉字“潘”姓）。[①]

> 西洋湖（女，出生于“仰怀奴”）：开始我一直以为我们三洞主要是“仰”和“幹”，但实际上老人古话是这样讲的：“toŋ^6 根”“仰”“幹”，“根”不是“仰”“幹”的范畴，但是“根”不只是一种人，好像里面有九种人。当然，这个是我从与老人的聊天中知道的。“toŋ^6 根”“toŋ^6 根”，古时是这样讲的，是不是因为“根”的族群比较多，然后就变成一“toŋ^6”了？会是这种意思吗？这个还有待考证。

---

① 2019 年 4 月 30 日，群聊时间为 7：25 至 11：10，语音、文字均有，语音翻译初稿由群内成员张加菊完成，笔者进行后期处理。

……

潘老四："根"好像有"大潘"的性质。

……

西洋湖：有一首老歌唱"haːm¹ çin¹ 留，ʈu³ çin¹ 根"，那么就是"toŋ⁶ 根""仰""斡"，意思就是"根"的族群比较杂，而且多，所以就他是一"toŋ⁶"人。

……

西洋湖："仰"跟"斡"是很清晰的概念，很小的时候就听老人说，"仰"包括哪几个寨子，"斡"包括哪几个寨子，我们从小就知道了，都知道哪些是我们的"怀奴"。

西洋湖：反正小时候因为读书没时间也不怎么走亲戚，但是老人说"仰"有板闷、板南、板留、板龙、采丛这些寨子，然后干独（跟前面板闷等几个均属于三洞辖区内的自然村寨）有一半是"仰"，一半是"斡"，他们都讲得清清楚楚的。这就让我们知道我们跟"斡"是亲戚（这里的亲戚是指不是自己"怀奴"的其他群体），跟"仰"是"怀奴"，"怀奴"要怎么样（男女不能婚恋、禁止通婚），亲戚又要怎么样。我觉得我们的水族文化传承，都是一代代地口口相传，小时候老人就教我们"怀奴"的知识，所以长大后都知道"仰"的范畴是什么。

通常情况下，从小孩懂事开始，家长就在日常生活中告诉小孩，哪些村寨或某个村寨的某几家跟自家属于同一个"怀奴"。一旦同属一个"怀奴"的成员受到攻击，其他成员需要自觉前去抵抗或组织进行反击；而同一"怀奴"内的女性，特别是属于父系血缘出生的女性，男性禁止与她们进行婚恋，即使双方父系血缘代际较远，居住地相隔百里，也属于禁婚范围之内。

二、“怀奴”中的女性

水语“南得宇”(naːn⁴ te³ vi⁵)，其具有两层意思（至少在三洞区域如此）。水家歇后语：“南得宇——吃不得，动不得。”“吃不得”指不能吃的祭肉，“动不得”引申意义为“不能与之交往的女人，特别是指‘怀奴’内有父系血缘关系的女人”①。

水家社会中的女性属于两个“怀奴”内的成员，即父系血缘所在的“怀奴”(出生的“怀奴”）和丈夫所在的“怀奴”。同一个“怀奴”内有父系血缘的女性，对其内部的男性来说属于禁止婚恋的对象，更不能发生性关系（就算女性已经出嫁离开父系“怀奴”，其父系“怀奴”内的男性即使跟其直系父系血缘相隔数代依然不能跟其发生关系），同一“怀奴”内具有父系血缘关系的男女永久禁婚；同一个“怀奴”内男性娶进的女性也属于本“怀奴”保护的对象，原则上同本“怀奴”内有父系血缘的女性一样，除了其丈夫之外，其他男性也不得与其发生关系，但是在某些特殊的附带情形下又得到默认。娶进的女性，如果离婚或者其丈夫不幸离世，女性可以跟其前夫“怀奴”内的其他男性再婚，通常需要远离前夫所在的村寨；如果属于婚内与丈夫“怀奴”内的其他男性私通，则更要远离双方熟悉的村寨。

水语“南得宇”(naːn⁴ te³ vi⁵）是一种引申意义上的禁忌，主要针对“怀奴”内具有父系血缘的男女，而没有父系血缘的娶进的女性，尽管也归为其夫所在的“怀奴”内，但在两性关系上并没有在绝对禁忌之列。对女性而言，水语“南得宇”的禁忌中，她在世时一直属于父亲所在的“怀奴”，因此女性出生时所属的“怀奴”就是她们绝对禁止婚恋的范围，更不能跟出生

① 咨询、核实的综合概括。与潘明江、潘白敬、蒙耀远等微信聊天咨询、核实，时间为 2021 年 1 月 1 日 16：50 至 19：30。潘朝霖在《中国水族文化研究》(贵州人民出版社，2004）第 493-494 页介绍水家“南得宇（或南低宇）”等 7 个歇后语中，有“南低宇”等 5 个歇后语有水语音标，而其中列举“南低宇——吃不得”，“壕中笋——动不得”，而恰巧“壕中笋”没有水语音标，但其给的解释有“其含义与‘南低宇’相近”。用文学性的“壕中笋”来指代了水语“南低宇”的引申意义，“南低宇”仅停留在祭肉的物质层面。

所属“怀奴”内的异性发生性关系，一旦发生，通常男性会受到严厉的惩罚，过去会被“怀奴”内部处死，因此基本没有发生“怀奴”内具有相同父系血缘的异性之间的两性关系。20 世纪 50 年代以前，三洞一带水家部分村寨盛行匪性，但是土匪头目及其成员也不能动自己“怀奴”内出生的女性，“土匪成员为一个寨子内的‘怀奴’成员，而同属一个‘怀奴’但是居住在其他寨的不收，不是本‘怀奴’的成员更不收；‘怀奴’内的一般不抢，也不排除有时急了去抢；‘怀奴’内出生的女人不能碰，就算是如潘汪等匪首，也必须遵循，要是犯规，比他抢劫、掠夺他人钱财的后果还严重，他的手下或者‘怀奴’内的其他人首先就要把他给杀了”①。

如果不了解“怀奴”内女人不能碰这一水家文化，看到很多关于水家土匪行为方面的表述，会以为土匪无恶不作，拉壮丁当匪、强奸民女②，人民深恶痛绝，进而推断出在官方不断剿匪的进程中，民众必然积极支持。但十恶不赦的土匪也遵循相应的规则，拥有在历次围剿之下依然能生存的部分群众基础，即土匪在自己“怀奴”内严格遵循不碰“怀奴”女的底线，在被围剿时不至于四面楚歌。动乱年代，如果土匪首领在自己“怀奴”内不抢劫、还偶有善举等，则会成为“怀奴”内“英雄”一样的存在。

三洞籍人士潘某从群众基础、官方策略等方面分析了当地土匪的盛衰：

---

① 2021 年 1 月 7 日，凌晨 2：00 至 3：50，在网上跟三洞籍潘某了解三洞土匪概况。潘一志在《水族社会历史资料稿》（三都水族自治县民族文史研究组，1982，第 251–253 页）、《民国荔波县志资料稿》（《中国地方志集成·贵州府县志辑 25》，巴蜀书社，2016，第 560 页》）均有 1929 年地方政府与地方势力围剿潘汪的概述。潘某看文献后认为：潘汪杀死潘龙生并非文献记录的因赌泄愤，而是作为村官的潘龙生抓壮丁、收税等特别卖力，被全村群众憎恨，潘汪杀他属于“怀奴”内部除内奸。村官被杀具有造反性质，于是县城的官兵前来镇压。围剿潘汪与潘廷球无关，文献中的潘廷球仅仅是地方政府的一般职员，最多只能算配合上级工作，起到带路的作用，把潘廷球写成剿潘汪大军的领导者有点瞎编。其次潘龙生被杀给人一个信号——潘汪寨子的人急了，连自己“怀奴”内的人都杀。潘汪的队伍作恶多端，他本人很快被仇家暗杀身亡，队伍由他弟弟兰斋带领，直到 1950 年才被解放军清剿了。

② 蔡中运：《震动三洞乡的公审大会》，载屠旭云主编《水族百年实录》，中国文史出版社，2014，第 257 页。

比如在1952年被公审枪决的潘金林等人，在他们的“怀奴”内实际就是深得人心的“英雄”形象（其被枪决，群聊里有人形容为他的“‘怀奴’内哀声一片”），在集团内是有群众基础的；对自己“怀奴”之外的人，他们就无恶不作了，外边的人自然是痛恨他们。国民党军队剿不灭他们，一是国民党军队本来就不打算真的灭匪（因真灭土匪了，国民党军队就没有存在价值，也不能为其政府实施间接掠民政策了），二是在本集团内得民心或有群众基础。中国共产党领导下的剿匪，除了真正开展武力围剿外，主要通过思想教育说服群众不再支持土匪，绝大多数群众被说服对土匪冷漠，这下子土匪连根都没了，彻底土崩瓦解。

三、“怀奴”的血缘基础与文化规则

（一）五父树理念下的大、小潘

根据《仰公后裔分居情况》[①]记载，现在的“仰”“幹”“燕”三个“怀奴”父系血缘的起始点分别为毕王公之后第11代铜钱的3个儿子（即毕王公第12代后裔且三个是亲兄弟），他们的后代现在已有30代左右，各自传承下来的男性后代的子女及其妻子就构成一个血缘集团，水语称为“怀奴”（$fa:i^4$ nu^4）。同属一个“怀奴”内具有始祖父系血缘的男女成员之间禁止婚恋，即“仰”后裔男性后代男女之间，不论他们直系血缘已相距多少代，他们属于“仰怀奴”，就属于“仰怀奴”内相互禁婚的范畴。这一规则同样适用于“燕怀奴”“幹怀奴”内，但是三个“怀奴”之间是可以相互通婚的。如果使用“同宗不娶”来表述，这就牵扯到“宗”的起点划分，“仰”“幹”（也写作“干”）、“燕”是亲兄弟，也全姓“潘”，相对于他们的父亲，他们则属于同一“宗”，但是三个“怀奴”各自只以禁婚范围的始祖起点来区分血缘集团，

---

① 笔者于2005年10月在三都水族自治县三洞中学居住期间调查的复印资料，当时“仰怀奴”正在修订仰人谱系，参与人之一是仰第25代后裔潘某波，从该老师处暂借原始资料去县城复印。2014年修订的“干公系族谱”，也记载“仰”“干”“燕”是亲兄弟（见2021年2月25日，潘安威提供的族谱首页）。

各“宗”的起点为“仰”“幹”“燕”三兄弟。如果其中某个“怀奴”出现分裂，内部集团之间有了通婚，则分裂为两个或多个“怀奴”，此时的“宗”则为原单一禁婚集团内新分裂的两个或多个禁婚集团各自可追溯的父系血缘分裂处的始祖（如果只以父系血缘为“宗”的始点依据，则这些可通婚的集团原属于同一个“宗”）。水家父系血缘关系上的“宗”，从水家部分潘姓的“五父树”理念中可以看出血缘事实与社会情境之间的复杂性。[①]

阿水：水族中心（三都水族自治县三洞片区），仰人（“仰怀奴”）正宗，小潘根据地板南寨，居然被“妖风邪气”侵蚀，也“搔首弄姿”地搞起姑妈回娘家游行活动。

哦虽：小潘？三洞潘光幹（“幹怀奴”）就号称70000人，塘州潘是大潘，也才号称60000人。

阿水：“仰”只是小潘之一。

哦虽：但是你们潘家数据一看就是水分太大，“幹怀奴”“仰怀奴”加起来也没有70000人啊？

阿水：男丁没有那么多吧！“仰”“幹”两个集团，男丁有40000—50000人，有可能更少。“仰”人上报的数据，男丁有20000人左右。

老四：小潘，他们指的不是人数多少，而是心胸，即小心眼、不包容；大潘，即包容。

哦虽：“仰”“幹”男丁加起来也没有40000人啊！

pancoltd：你们中心（三洞）人口也就20000多人，何来70000人之说？

蒙少侠：你们“夜郎自大”，“根基”不稳。

pancoltd：整个大潘区域塘州人口也才20000多人，还有很多王家、韦家、吴家的人。

---

① 2021年3月22日、27日，群聊内容涉及不同“怀奴”的大致人口、认同规则等。群聊内容由笔者进行了调整、删减、匿名等处理。

阿水：数据当然不只包含三洞。

pancoltd：塘州潘家人口顶多 10000 人。

哦虽：以榦人分布为例，男女总人口为中和镇元榦村（行政村）有 5000 余人(户籍)、善哄与湾寨有 800 多人，中和镇元榦人总的有 6000 人左右；九阡镇榦同胞大约为 4500 人；榕江榦同胞预计为 4000 人左右。其他地区的数量很少，加起来也没多少，大致有 15000 人。

阿水：古代打仗，动辄号称百万大军，其实也没那么多，唬人的。

pancoltd：一个村有 5000 人，就算大村了，一般一个村基本人数在 3000 人左右。我对 5000 人的大村表示怀疑。

哦虽：元榦村确实是有 5000 人的大村。

老四：比如，无父系血缘关系的人，只要改姓潘并申请加入，就纳入“怀奴”，这是大包容，大潘；反之，无父系血缘者一律不纳入，这是小心眼，小潘。小潘心胸狭窄、小心眼，认仰不认潘（仰人只认仰，榦人则只认榦），认血不认姓，无包容，没商量，严厉，并且中途违规被踢出“怀奴”后就无法返回。

阿水：中心（三洞片区）达便村（“榦怀奴”）有 2000 人左右；板南（“仰怀奴”）、水根（“根怀奴”）各在 1800 人左右（均为自然寨，多为各“怀奴”的始祖居住后形成的自然寨）。

哦虽：达便、寨罗、定城三个自然寨约 5000 人（“榦怀奴”）。

……

哦虽：@阿水 @潘老四 今天跟一个你们潘家某长官所在的荔波县 ×× 镇 A 寨的青年交谈，他明确说他们是来自“五父树九口田”的塘州潘系列，说某长官认三都水族自治县三洞榦潘是错误行为，并说此窘事源于旁边一小寨某人的不实传言（该寨属于 A 寨的外甥亲戚）。建议以后你们三洞潘（“仰怀奴”或者“榦怀奴”）不要去找人家集资了。

余梦君：当初是榦集团去拉人家的。

阿水：某长官的叔伯数人，来榦人某寨“走端”是他们个人行为，榦人并没有去邀约，是他们自己来某寨过节的。

阿水：荔波县××镇A寨“怀奴”构成比较复杂，有榦人部分，有仰人部分，还有认“五父树”的部分。仰、榦与五父树是并列关系，都一样亲。

哦虽：那个青年人说他们都是塘州潘，字辈也统一的。

阿水：那是塘州部分。谁的人多，谁就想代表全部。

哦虽：呵呵，不清楚，我只负责把他的话传达到位。他明确说他们荔波县××镇没有榦人啊，是不是你们的情报出错了？

阿水：长官家是榦人，就只有他们叔伯兄弟几个。

哦虽：九阡“十二丁”立的榦人分布的霞碑，上面没有荔波县××镇A寨。

阿水：就几个人，不单独列表。他们叔伯兄弟几个，也是老人正大光明地带队来三洞走“榦怀奴”。

哦虽：好，你们不落井下石，人品信得过。

梦君：是榦人××寨邀人家来的，当年还开塘吃鱼。

阿水：即使某长官失势了，他家叔伯等，也一样来“借端”、走“怀奴”的。

哦虽：刚才我问那个青年，某长官是否属于榦人，他再次强调长官跟他们一样，就是塘州潘，那一次只是有人邀约去三洞榦人某寨“走端”。

梦君：三洞某“怀奴”也讲长官是他们集团的，还有长官家祖上的老地基在。

阿水：如果是五父树，那就是雄寨，雄跟仰、榦、燕是并列关系，雄只是五父树之一。

哦虽：那青年也说是雄寨，和三洞某“怀奴”应该不相干。

阿水：五父树，燕、仰、榦、雄、选，五兄弟均为铜钱公儿子，此外铜钱公还有九个女儿，因此用“五父树九口田”来记。选无男性后人，现在就只剩下燕、仰、幹、雄的后人。

阿水：我上次在坝街听说燕已经去找雄了。

哦虽：@阿水 榕江县××大寨潘某壮汉表示他们既不加入你们三洞幹、仰任何集团，也不加入塘州潘集团，他们这是要“起义”啊。

阿水：雄寨天来哥明确表示，五父树生活在400年前，他们是亲密的兄弟。

梦君：是幹集团强拉还是塘州某寨要加入幹集团？

哦虽：@梦君 据说塘州某寨确实是“幹怀奴”，村民加入其他集团了。

老四：九阡幹人主持“霞节”，是尝试霸主滋味？

仲恒：国家法律明文规定，三代之后就可以通婚。你们所坚持的“怀奴”，阻断了多少爱情故事。

阿水：榕江县某大寨的事，以后再谈，就算他们是幹人，也是从九阡迁移去的，与大本营无关，由九阡处理。

仲恒：周覃镇某寨寨内通婚，人家更团结。当初的“和亲政策”，也是为了团结。你们“怀奴”内部更应该通婚，更加团结。

哦虽：覃姓（非水家）同姓通婚多。

……

如果单从父系血缘看，上面谈论到“怀奴”、村寨以及其中的成员，绝大多数均为铜钱公第20代之后的后裔（除了三洞某个自称有潘长官祖上地基的“怀奴”，据说追溯铜钱公之上的几代又有血缘或收养方面的关联），并且多数人认可铜钱公过去的真实存在，但是因人口发展、居住地迁移、通婚等原因，这些可追溯到具有某个共同祖先的在世成员则更多地依据可否通婚来进行水家“怀奴”的社会组织划分。

部分“怀奴”看重父系血缘的传承的正统性和内部禁婚规则的不可侵

犯，不接纳非父系血缘的男性成员和他们后代，哪怕是同母异父成员（生母改嫁的前后丈夫属于不同的“怀奴”）。就算本“怀奴”内娶进的媳妇因前夫早逝或其他特殊情况怀着前夫小孩改嫁过来，生下的孩子依然属于前夫“怀奴”内的成员（现任丈夫“怀奴”不接纳），即生下的如果是女孩，前夫“怀奴”内的男性不能跟其通婚；如果是男孩，则本人及其后代均不可跟其生父（女子的前夫）的“怀奴”成员通婚。如果这个前夫遗腹孩是女儿，后来嫁到了其生父所在的“怀奴”内某家，并形成事实，则娶她的这家及其后人就会被淘汰出原来的“怀奴”(与“怀奴”分裂形成新的“怀奴”集团)；是男孩的情况也大体相同，如果男孩长大成家虽未娶生父所在的“怀奴”女，但他之后的某一代中的某个男性后人娶了他生父所在的“怀奴”女，则他发展下来的男性后代及其家庭成员则都被排斥在他的生父“怀奴”之外；如果他的后代中娶他的生父所在的“怀奴”女的这个男性绝后（即“犯规者绝后）”，其他传承下来的男性后人没有任何一人娶“怀奴”女，这些不犯规的后人依然不被接纳到他的生父所在的“怀奴”内（特殊的随娘男子形成的“葡萄串”人群，即一人“犯规”，全群淘汰）。这种太注重父系血缘传承并严格执行通婚规则的潘姓“怀奴”，在现实生活或群聊里自称或被称为“小潘”。相反情形下，或者容许规则破坏后再接纳，甚至接纳非父系血缘成员，互认“怀奴”后重新内部禁婚，则称其为“大潘”。

此外，在“小潘”的各“怀奴”中，违反通婚规则的淘汰中，针对的是男性所建立起来的家庭及其后人，女方家庭则不受影响。[①]

××睢：××昊，好像是你们仰人。

××强：是的，在水丙被视为外人。

大雄：水丙本身就有“大潘”性质，怎么单独排斥他？

××睢：水丙以前是两个自然组，一个在前、一个在后，不是同一个“怀奴”，后来与对门寨子“摩擦”了，才报团的。

① 2021年4月2日，聊天内容中的人名、地名等进行了匿名处理。

大雄：现在是不是互认“怀奴”了？

××强：报团取暖。现在是互认“怀奴”了。

××虽：××昊家族是水丙的精神旗帜和榜样，你们仰人喊他们家族“斗钱”（募捐），估计他们不会回来了。

××强：@××虽错！××昊的后代经常来询问能不能回到仰这边来，他的血统是仰。我们没答应，虽然他的血统是对的，但他们“犯规”了。

大雄：@××强他们跟仰内通婚了？

××强：是的。我们的铁律是：血统对且不犯规。

大雄：如果××昊的后代没有跟“仰怀奴”通婚，你们就可以接纳他们为“怀奴”了吗？

××强：那当然。“犯规”之前，××昊及其后代就一直是仰啊。

大雄：另外一个让人好奇的问题：仰人内嫁女给××昊后代的这家，会被排斥吗？

××强：仰内嫁女给××昊后代的这家不被排斥。

大雄：仰集团内嫁女给××昊后代的这家不被排斥，意思是在“怀奴”内部通婚的话，只是惩罚男方？

××强：那当然。就算双方自愿。因为女的根本没力气反抗，所以责任全在男方。

××强：@大雄你好天真，以为水族女孩会主动去追求男孩吗？

××强：现在××昊的后代来询问能不能回归“仰怀奴”，主要理由是那个娶仰女的小子死了且断子绝孙，而其他人没有“犯规”。我们没有理会他们，分裂是没有回头路的。

××睢：可以指示他们去找五父树，交钱给××寨。

××强：不管那么多，拒绝了事。

（二）“怀奴”内通婚则分裂，互认“怀奴”则禁婚

关于五父树的谱系群聊中，涉及的各“怀奴”均在血缘基础上认同他们的始祖可以追溯到铜钱公，即血缘认同上，他们均属于一个“宗”。但是在“怀奴”的认同上，某些“怀奴”就只认五父树的分支，而不是他们的父亲铜钱公或者之上的某个祖先。而某些人口较少的“怀奴”，或原“怀奴”排斥的成员，以及常被周边“怀奴”欺负的成员，则会借助父系血缘往更久远的祖先上寻找互认“怀奴”的起始点，形成新的“怀奴”。

正是因为“宗”的起点具有很强的后人划定因素，部分想进一步扩大群体成员或者寻求支援时，就会向已存在通婚事实的独立“怀奴”始祖之上可能的父系血缘谱系进行追溯，同时弱化以通婚划分“怀奴”的实情，甚至试图用同姓不婚的表述，或者用“尽管目前和过去存在通婚，通过血缘谱系的梳理互认‘怀奴’，以后就禁止内部通婚了”[①]，尝试整合形成以父系血缘为主，同时也包含女婿、改姓加入等大融合、大包容的“怀奴”。

阿水：荔波县××镇A寨、榕江县某大寨，说他们是“五父树”完全没问题，但是他们首先要知道五父树的含义及以五父与仰、幹、燕、雄的关系。

弦断天狼（晴天）：我们（盼雄）才是中心，或者说是抢手货。

阿水：说谁是老大、谁处于中心的位置，都没问题，看那些细枝末节的边远村寨怎么理解了。

哦虽：荔波县××镇A寨不光认五父树，还以塘州“雄怀奴”为核心“怀奴”，而不是认仰、幹、柱等“怀奴”。

阿水：雄继承了五父树，仰、幹单干了，所以雄是中心，大潘是核心。

哦虽：@蒙少侠 哈哈，荔波县某乡水族蒙姓想跟都匀市归兰水

---

① 2021年3月27日，群聊内容，引文为聊天内容的综合整理，群聊内容有删减。

族乡某寨蒙姓争夺蒙氏正统，三都县周覃镇廷牌社区夹奶村、高潮村蒙氏在旁边鼓掌加油。

阿水：雄秉承的是五父树理念，燕也去投奔了。仰、幹德行不好，只认仰、幹，不出数年，仰、幹还要分裂。

嘉菊（女）：分吧，不拦着。

老四：大潘认人不认血，小潘认血不认人。各自对号入座吧，自查归于哪类。

弦断天狼：我们讲究格局，我们追寻“天下潘家一家亲”。

哦虽：你们小潘也是“五十步笑百步”，榕江县 ×× 寨、塘州 ×× 寨就是案例。

阿水：分裂出来的部分，只有去投靠雄了，毕竟还可以“五父树”为理论依据。

弦断天狼：你们应追寻“天下水家人”。

哦虽：你们仰人心胸狭窄，难怪你们才号称有 20000 人，“雄怀奴”号称有 60000 人。

老四：那么人们就琢磨了——你堂堂榕江某大寨，兵强马壮，人数上不输于任何一个“怀奴”集团，为何不自立一团，非得去投靠别人？

潘阿水：所以，雄相当于旗帜。

弦断天狼：我们不开除谁。只要认五父树，从此不通婚，可以回来的。已开亲的越走越远了，也没有谁去干涉，那就随他而去。

老四：果然是大潘。我们小潘并非如此，一旦分裂，难以重归于好。这是“怀奴”基本理念之一。

弦断天狼：盼梅育原来跟盼雄属于一个“怀奴”，大家都认同；现在通婚了（分成两个“怀奴”），双方处得好好的，也好呀。

弦断天狼：分裂后想回来，估计难，我们“怀奴”的规定也是这样。现在我们也没包容过谁。认盼雄，至少他们能指出曾经祖上是从哪个寨搬过来的，没有相应的支撑，我们不会认（盼雄、盼梅育，均属于五父树之一的“雄”发展出来的“怀奴”代表寨子。

“雄”发展出来的几个“怀奴”又可以合称“潘盼”，指具体某一个“怀奴”时，用“盼＋寨名”或者“盼＋人名”)。

哦虽：@弦断天狼 九阡潘盼，除了板南，都是雄，就板南一个寨子不是雄，你们忍心把他们排斥在外？

弦断天狼：没办法呀，在九阡，目前我们只认引抗、板高、板甲等。

阿水：要是哪天潘老四被仰踢出来，无依无靠，他首先想到的就是去雄寨认错，大骂仰、幹混蛋，以方便投靠雄。

弦断天狼：大家也支持引抗与板南搞分裂，只要大家开心就好。

哦虽：系吕、梅宏、梅高（可能加入过盼柱)、雨岜、姑鸭、兰懂……呢？@弦断天狼

弦断天狼：是系吕主动加入我们的，其他我不清楚。我没宗志簿，我不是族长，我不管这些。

哦虽：据说板南想加入你们的阵营。

阿水：投靠雄寨的，无一不大骂仰、幹混蛋，乱了法纪。

弦断天狼：九阡板南想加入我们？不想了吧！我都是板南女婿。

老四：仰、幹通婚，不合周礼，“扭曲”水族文化。[1]

---

①“扭曲”水族文化，最先源于某“大师”看到笔者十多年前写当地部分同事之间“借端”时主客之间不拘小节，客人不带礼、醉酒离开时未跟主人打招呼等，看重亲戚、同事、同学、战友等人情关系的维系、建立与逐渐淘汰等。大师认为：“只要认真阅读《周礼》《仪礼》《礼记》等传统礼学书籍，并仔细对照观察水族人民在日常生活中的待人接物之道，人们就会自然而然地觉得，在传承传统礼俗方面，水族虽然不是做得最好，但绝不是做得最差的民族。以点代面，以偶然当必然，把水族民众的道德素质写得如此低下，实在有失公允！”2020 年“借端”期间群里聊天谈到带礼浪费，部分人认为这个年代去“走端”算是给主人面子，不用带礼。2021 年 3 月 14 日，群里有人看到大师当天的言论，于是在群内说道：“不带随手礼还以‘节约’‘不浪费’为理由，还堂而皇之地写入论文，以丢水族人的脸、扭曲我水族文化为荣，真无耻！”随后“扭曲”“周礼”“元典”等词汇常出现于群聊中。

弦断天狼：板南跟盼梅育、水平等好好的（盼梅育、水平同属一个“怀奴”，跟盼“雄怀奴”是可通婚的）。

老四：你是板南女婿，还怂恿板南加入你们“怀奴”集团？

弦断天狼：我不支持回来。我结婚之前，我们聚会确认“怀奴”之后，板高有女的嫁去板南的。我们聚会时认的是板高“怀奴”。

阿水：板南要是投靠雄寨，晴天哥只有脱离出雄寨了。女婿不跟丈人做“怀奴”，否则丢人。如果板南是晴天的“怀奴”，作为女婿他是要被孤立的，因为他“犯规”被逐，管他有意无意，人家就要与他一刀两断。

阿水：五父树是更高级的真理。幹人知道五父树，仰人也知道，大家心知肚明。只是分裂了，只认最近一级别的“怀奴”。如今仰人闭口不谈仰公以上的部分，相关谱系也绝口不提。他们已经有意识地抹掉仰公以上的部分。既然已经成了定局，还提那些做什么？这是小潘的作风。

老四：@弦断天狼 你娶了“怀奴”女，就是“犯规”，“怀奴”把你踢出，执行家规，你就只能自己一人建立新的“怀奴”集团，与其他任何集团均可通婚。简单的道理，你别假装听不懂。

弦断天狼：我当年为什么能开亲？1998年，我的“怀奴”聚会，引抗前来互认，板南去盼水平互认，我到2015年才结婚。貌似2010年时，板高女已嫁板南，我不是第一个与之通婚的人。

弦断天狼：去年板南又有女的嫁到我们雄寨，不存在我开先河。当年板南走水平、梅育认“怀奴”，他们现在常来常往，平时梅育、水平认识我的都叫我“女婿仔”。当年引抗跟板南产生冲突后，他们扬言要“撕”“怀奴”，然后板南走了水平，他们“撕”在先啊。

老四：“撕”吧，方便处对象。

弦断天狼：我们跟梅育原来同属一个“怀奴”，后来认为“怀奴”范围太宽，才特意“趴杭”（pha^{5} haːŋ^{1}）[①]的。双方都认可的。

阿水：你们乱套多。周礼呢？元典呢？

哦虽：引抗和板南是字辈相似，都是认盼而已，所谓“撕”“怀奴”的前提都不成立，民国初期就有板南美女嫁到引抗，此美女的妹妹还是县级干部韦某波的妈妈，他可以证明引抗和板南早就开亲。

大雄：引抗是不是有一部分是仰、有一部分是幹，或者是由多个“怀奴”构成的？

弦断天狼：我结婚后，我们村有个人跟我父亲吵架，骂我父亲娶“怀奴”媳妇，我父亲反问道：“是吗？当时板南跟水平杀牛吃肉时怎么不叫你？”那人哑口无言。

阿水：雄寨跟水平有矛盾在先。当年开会，你们找理由开除水平，故意说他们迟到，其实是为了方便开亲。

弦断天狼：然后在某坡商定“趴杭”，此坡现在铲平了，在塘州三十米大道处。板南看到引抗来雄寨，板南走水平，没毛病啊！现在我们能开亲，不是有理有据吗？

哦虽：@大雄 引抗，只给雄潘集资，不愿给幹潘、仰潘、柱潘集资。

阿水：那你们的五父树旗帜上也爬满虱子。

弦断天狼：现在我们认“怀奴”首先要认“五父树，九口田”。

弦断天狼：难道你叫我退婚？

阿水：你另立门户，以你为始祖建立新集团是唯一对策，尽管是下下策。否则，徒增更多矛盾。

老四：板南和你们寨的故事，让所谓的五父树当场崩溃。

永动：@弦断天狼 你一意孤行。

---

① 水语 pha^{5} 意为损坏、坏，haːŋ^{1} 的水语意思为根、根子，直译为根子坏了，指“怀奴”分裂，重新形成两个或多个“怀奴”。笔者私下咨询潘明江该词的意思。

弦断天狼：可以用“以前我们是一家”。

阿水：崩溃。

弦断天狼：我们跟梅育、水平都开亲了多少代了。

猛龙过江：树大树分丫，人大人分家。

老四：其实就是“犯规”，由于包容不惩罚，就引发更大的笑话，女婿和泰山成“怀奴”。

弦断天狼：这个才是开端，当时管理不善。1995 年，我们雄寨人去教板高、雨岜“借端”。

阿水：老四已经被仰人剔除出来，另立门户了。希望老四加紧生产，把集团人口提上来，与仰集团呈并列关系。

阿水：当然，如果老四集团人口一时提不上来，感觉势单力薄，可以打着“拥护五父树”的口号，跑来投靠雄寨；只要大骂仰人不是人，搞“乱伦”(指“仰怀奴”跟五父树之下各实际“怀奴”通婚)，并充分认识到错误，迷途知返，就会得到收容。

弦断天狼：仰人心胸狭窄。老四卖“端”原来是因为被仰人开除？

永动：@ 弦断天狼 @ 潘老四 你们两个合并“怀奴”。

老四：血缘都不对，不认。不是“怀奴”就可开亲，铁律！

阿水：两个被各自集团清除出来的，可以合并，报团成“怀奴”。

老四：现在晴天（弦断天狼）是“大潘主义”爆棚，要和天下潘家全融合、大包容。他陷入了极度矛盾，一边和身边的潘家水平、板南等相互仇恨、分裂，明确不再是“怀奴”并开心通婚，以身作则娶了对方的女孩，另一边号召天下潘团结做“怀奴”。

某一“怀奴”内部一旦存在通婚事实，则视为该“怀奴”已经分裂成两个或多个“怀奴”，就算后期想重新恢复原来“怀奴”的关系，或者想通过其他文化符号（如“姓”）进行文字表达上的整合，也会存在血缘事实上的难题，其中包含了女婿，同时也意味着有通婚的实情，因此就算形式上已经重新恢复，也难以掩盖“怀奴”内部的分裂，新分裂出来的“怀奴”又形成新的事实上的禁婚范围。水家现实生活的邻里交流，会有意无意地提醒着曾经属于一个“怀奴”的群体，因通婚事实的存在，已经分裂成两个或多个“怀奴”，就算是指责的一方，因为自身并未被其他“怀奴”接纳，遭反问之后也哑口无言。如上面群聊中的案例：“我结婚后，我们村有个人跟我父亲吵架，骂我父亲娶‘怀奴’媳妇。我父亲反问道：‘是吗？当时板南跟水平杀牛吃肉时怎么不叫你？’那人哑口无言。”

当然，某些因迁移距原“怀奴”聚居区较远的成员，多年后他们的后人返回认“怀奴”时，如原聚居区的“怀奴”已经分裂，则可能选择分裂后的其中某个“怀奴”进行互认，也意味着互认为同一个“怀奴”后属于内部禁婚的范畴，同样可以跟分裂后没有被互认为同一个“怀奴”的其他集团进行通婚。

“五父树”下的潘姓水家，不管是大潘或小潘，在当下水族情景中，认“怀奴”之后就意味着禁婚，破裂通婚则意味着“怀奴”分裂形成两个或多个“怀奴”。可以说父系血缘是“怀奴”的基础，但不是无限扩大或缩小，“怀奴”的边界是禁婚。根据“怀奴”的规则，不过度考虑血缘，而以禁婚为最大边界，不论他加入哪个集团，都面临加入之后属于被禁婚的群体。对于某些大包容的“怀奴”，还接纳非父系血缘的群体，某些情况下是跨越血缘、跨越民族归属进行互认，并以“怀奴”禁婚的规则进行后世之间的日常交往。①

哦虽：“五父树九口田”，是什么含义啊？

大雄（笔者）：同问，特别是“九口田”（至于“五父树”，笔

① 笔者对“怀奴”的概括，相关表述均在2021年3月30日的群聊里出现过，谈到的特例一部分在以前的群聊中谈及，跨越民族的互认或者拟制“怀奴”则为笔者实地调查所知，聊天群里也有该调查点及其周边村寨的成员。

者已私下咨询过阿水)。

沧海一声笑：中华人民共和国成立后土地改革分田地时，他家只分到九口人的田。

蒙少侠：中华人民共和国成立后土地改革分田地时，他家只有九口人的田。

大雄：这个解释太没有“历史感”了。五父可是铜钱公的五个儿子：燕、仰、幹、雄、选，现在他们的后代估计已经到第30代了。

阿水：“九口田”寓指九个女儿。“五父树九口田”，指铜钱公有五个儿子、九个女儿。水族水田只有一个缺口放水，九缺田，有九个缺口寓指九个女儿。只有这样传唱，才会世代相传。

大雄：九个女儿在传唱中都有，她们嫁出去的地方有传承吗？

沧海一声笑：这个故事要花点心思去编，突出历史厚重。

阿水：问潘晴天，雄寨继承了五父树。

沧海一声笑：晴天读书少，编不出来的，请老四去编。

阿水：小潘已经单干了，抹去上半部分了，只保留仰、幹以下的部分。小潘不敢提五父树，把五父树写进谱系，小潘就不合理合法了，世代通婚的都要退还。五父树是仰人心头的刺。

老四：预设好一点，应该能蒙混过关。

沧海一声笑：旧的过去，新的未来，不要想太多。

老四：大潘怀旧，不仅想搞天下潘一“怀奴”，还想纳入外人(改姓潘就同意进入)。

大雄：五父树可能也是大潘的心中的刺，接受了同姓不婚、家族血缘谱系，就要以此接纳更多的人加入。但是现实通婚的存在，加上目前水家女性外嫁他族的比娶进他族的女性多，水家大“怀奴”的理想与现实生活中小“怀奴”之间的通婚实际存在的间隙更加难以弥合。

老四：大家真的接受“既往不咎、下不为例”，搞天下潘一

“怀奴”?

永动：只要一确认“怀奴”就不能结婚，在未确认之前无知者无过，但未确认之前你通婚了，过后你发现你再找理由说不是“怀奴”，那你就是大逆不道。

沧海一声笑：同姓不婚，找老婆难度加大，以后的寨子里会不会有一大堆光棍?

永动：谁说同姓不可以通婚？只是说同“怀奴”不可以通婚。

阿水：绕开五父树和继承五父树，几个集团都乱成一团。

永动：结成“怀奴”不是心血来潮，更不是投靠，而是通过族谱走访、比对寻找血脉。关于这项工作，有识之士专门走访，要有证据说明。

永动：同姓不结婚是因某些人的玩性大，不想跟对方结婚，这就是推托对方的一个借口。某陆姓男子跟白姓女子交往数年，最后男性以“陆白是一家”为不能结婚的借口，跟女方分手。

梦君：@潘老四 你改姓石了，以后你的下一代可以娶姓潘了。

老四：也许吧。

大雄：同姓不婚的类似变体，如同宗同姓不婚。

老四：同姓不婚的说法本身就欠推敲和实地调查。

大雄：水家“怀奴”一词就搞定的东西，借用同姓不婚、同宗同姓不婚、破姓开亲等，越弄越复杂。

大雄：不管是大潘或小潘，在当下水语情景中，认“怀奴”之后就意味着禁婚，破裂通婚则意味着“怀奴”分裂形成两个或多个“怀奴”。我这个不懂水语的假水家，这样理解是否扭曲了现在“怀奴”的本意?

老四：理解得基本正确。举一反三，此刻聪明。

大雄：@潘老四 谢谢，获得你的肯定实属难得。

老四：哈哈哈。

大雄：十年之后是否扭曲就另说了。

老四：要有多种心理准备。

阿水：如晴天娶了“怀奴”女，他就得独立出去，另组集团，从此新集团可以跟任何集团世代通婚，并且也不好意思跟后代提分裂之前的事。潘晴天目前还赖在本集团，且看他何去何从。

老四：提之前那个干啥，没意义了。

阿水：雄寨已经有人骂他了，目前他还能怼回去，往后就不知道了。

大雄：如果不受同姓不婚的思想影响，而换成水家“怀奴”，分裂之后是平等的，相互之间没有什么优越感之类的，则不存在“不好意思说之前的事”这样的想法。

阿水：@大雄 晴天分裂出雄寨后，他哥哥继续在雄寨集团，若干年后，他哥哥的后人在外发展为另一个集体，那么这个集体该认雄寨好，还是晴天寨好？目前很多边远村寨，在认“怀奴”上都面临着这样的困惑。

老四：余梦君认殷公（一个新立的雕像）做始祖。请专家帮助余梦君预设殷公距今年代及合理代数。

书函：树有根，水有源，那你说其从何而来！可百家争鸣？

阿水：荔波县××镇A寨潘长官的家族，就陷入这样的处境。如果认晴天寨为“怀奴”，血缘近亲；如果认雄寨为“怀奴”，大义上合理。

大雄：@潘阿水 根据“怀奴”规则，不过度考虑血缘，而以禁婚为最大边界，不论他们加入哪个集团，都面临加入之后属于被禁婚的群体这个问题。

大雄：“怀奴”以血缘为基础，但不是无限扩大或缩小，其边界是禁婚。

阿水：类似的还有黔东南苗族侗族自治州榕江县的高兴寨，黔南布依族苗族自治州三都水族自治县九阡镇的水昔、板南等，都面临互认“怀奴”抉择上的困惑。

大雄：如果父系血缘追溯无限扩大，则出现天下潘姓皆是“怀奴”的局面。

永动：有依有据的“怀奴”不是一统潘天下。

阿水：所以塘州潘盼、三洞潘斡或潘仰去找他们边远村寨集资凑钱，都没有错。

大雄：需要说明一下，水语的“怀奴”不能简单对译为汉语的兄弟，汉语中的兄弟，特别是结拜的兄弟，其后人是可通婚的。

老四：无限扩大对仲恒（群成员，主张通婚自由）“主义”不利。

永动：基本上没有互认“怀奴”，是通过方方面面收集证据的“怀奴”。

大雄：三都水族自治县原打鱼乡的莫家、张家以“怀奴”交往，套头有水家村寨以爷爷身份跟苗家村寨交往，均不能通婚。

阿水：他们是口头协议，没有血缘关系。

大雄：虽然是口头协议，但是后人也一直遵循这个“怀奴”不通婚的规则。

第八章 社会变迁中的水家“怀奴”与节庆

上一章中“怀奴”的分裂与互认，是基于水家“怀奴”文化的血缘基础与禁婚规则而进行的，更多的是水家社会发展的内部规则，缺少开放性与更大的社会背景。本章将从大的社会背景中梳理水家“怀奴”的分裂与重建，结合水家自身节庆特点，探讨血缘群体之上的水家社会中的地缘整合；同时也呈现当下试图超越血缘与地缘的差异认同，探寻文化符号之统一认同的努力与实践。

第一节 “怀奴”的分裂

一、“怀奴”内讧

根据2020年九阡十二“丁”霞碑记载，十二“丁”属于“幹怀奴”内的一个小的血缘团体，但三洞的“幹”集团“借端”，而九阡十二“丁”“借卯”。十二“丁”的“霞节”，很大程度上是他们祖先从三洞片区幹人居住地迁到九阡片区定居发展壮大后，人们团结一体的标志。

尽管在父系血缘的发展中逐渐分成了十二“丁”，但多数“丁”就在一个自然寨，部分人口多的“丁”分居相邻的数个自然寨，少部分“丁”则通过民国后期的土地买卖进行迁移定居与其他“丁”共享某个自然寨（形成同一自然寨内的多“丁”共居现象）。十二年举办一次的“霞节”，则把十二“丁”整合为一体。21 世纪之前的“霞节”祭祀以“丁”为单位进行均等的集资、承担劳动、节庆分工等[①]，2020 年举办的“霞节”则以户为单位进行集资，以各“丁”居住寨子进行接待分工（详情见上一章有关“的丁”的部分）。

从父系血缘上看，十二“丁”属于“幹怀奴”内的一个小集团，因离幹人的大本营三洞地区较远，过去交通不便，加上分离年代久，所以十二“丁”的年节跟周边的水家一样是“借卯”（第四批“借卯”），而不是幹人大本营三洞地区的“借端”或者水家的第五批“借端”。

长久分离导致同一“怀奴”内的成员过着不同的节庆，或接受其他群体甚至是不同民族文化的案例时常有之，在水家“仰怀奴”内也存在相似情况。尽管“仰怀奴”是不包容的“小潘”之一，严格遵循父系血缘的正统性与坚决淘汰内部禁婚的违规者（只对男方），但其成员居住分布区域并不小，因成员迁徙或外出做劳工、经商等，比如在黔东南苗族侗族自治州的榕江、丹寨等县定居繁衍的部分仰人，其语言、民族认同等均已不是水语、水族，而变成了苗语、苗族或其他民族的语言和族称，但在血缘“怀奴”文化的认同上，依然保持与其他仰人的互认，“仰怀奴”开展内部活动进行自愿募捐时，他们亦积极参加募捐。

“霞节”成为十二“丁”区别于周边“借卯”“借荐”（春节）的水家，也是十二“丁”开展内部协作与互认交往的实践。20 世纪 90 年代，“霞节”恢复后，十二“丁”依然一起开展，但是内部人士也注意到历史进程中的内部冲突、火并，以及在现代国家政策的推进下，十二“丁”区域流传的“十

---

① 罗春寒：《水族民俗》，载潘朝霖、韦宗林主编《中国水族文化研究》，贵州人民出版社，2004，第 511、513 页。

拟店霞幸怀奴”（sup^{8} ȵi^{6} tjen^{6} ɕja^{4} ɕin^{1} faːi^{4} nu^{4}）（十二“丁”霞是怀奴），水家“怀奴”团结一体的理念已再难真正实现。十二“丁”中的某“丁”成员潘某说：“‘霞节’因为两件事情，已经失去初衷、本味：一是民国年间内部纷争火并结仇，再难真正团结；二是中华人民共和国成立后受婚姻法影响，加之第一项对内部凝聚力的破坏，开始出现内部通婚现象。一旦可以通婚，‘怀奴’变成‘亲家’，凝聚力自然被消减。”①

关于十二“丁”内讧，其中就有关于一方名人之一潘富文（又名潘少章或潘绍章），地方史料文献有记载：“1930年伪二十五军团长龙青云、杨昭焯扰乱荔波县从善里，龙团全部覆没。……自龙青云团溃散后，潘富文等势焰益张，兼以黔局多故，伪上级政府不暇顾及。而伪县政府只好用羁縻政策，以图一时苟安，并且可以从中取利。于是潘富文时而为匪，时而为团，时而队长，时而区长，与潘崧彦相抗衡。富文与崧彦，或明或暗，或团或匪，均各自树党自固。”②“同年（1931年）十一月，黔桂两军会剿从善潘富文，大破之。……同年（1935年），从善潘富文被刺死。”③

从善，原系清代荔波县十六里中之九阡里，“因潘新简反清（1855—1869年）失败后，清政府改称从善里，民国时称从善乡，中华人民共和国成立后始恢复原名，称九阡区”④。潘新简农民起义是水家生活区域参与太平天国运动的一部分，失败后该地区就被蔑称为“九反”之地，从善之名，“意思是指该地区人民要改恶从善”⑤。潘新简农民运动让正史书写“特别关

①2020年7月21日，网上单独咨询潘某以了解“霞节”情况，引文为聊天内容的综合整理。

②潘一志：《水族社会历史资料稿》，三都水族自治县民族文史研究组，1982，第160–162页。

③《中国地方志集成•贵州府县志辑》编委会编《中国地方志集成•贵州府县志辑25》，巴蜀书社，2016，第561、563页。

④潘一志：《水族潘新简反清斗争事略》，《贵州民族研究》1981年第4期。

⑤莫乃奇：《九阡镇》，载黔南州政协文史资料委员会编《黔南文史资料选辑•第12辑黔南名镇专辑（下）》，1995，第191页。

照”了小地方 85 年之久。[①]1908 年，法国传教士开始在该区域的板南村传教，初期取得较好的成就，“1908 年至 1920 年，发展教徒 700 多户，1000 多人。后在板南建设教堂 30 多间，附设教会学校一所。极盛时期，奉教者达 2000 多户，约 5000 余人（这些教徒，总计属于这个教堂的，包括荔波、三合、都江等附近的地区在内）”[②]。天主教取得水家的信任，与其在当地从事慈善事业取得的成效分不开：天花流行时，教会无偿送医送药；1930 年，龙青云等在从善板南村烧杀抢夺时，法国神甫打开教堂门让百姓避难和存放物资；从德国采购织袜机发展纺织业，并无偿为民织袜；很多信徒非常虔诚，改用“洋名”并将其刻在死后竖立的带有十字架的墓碑上。[③]后因地方势力借教作恶，人们逐渐退出教会。1944 年 11 月 28 日，日军直入从善腹地，被当地村民袭击，日军放火烧房屋，教堂也因此化为灰烬，天主教在当地的活动就此结束。

有关动乱年代水家内部冲突或官匪对抗的大历史叙事的史料中，烧寨、抢夺钱财等土匪行径轮番上演，较少留意参与者的文化背景，一定程度上会赋予参与者过多的历史作用以及责任。在地方的口述史中，曾经被围剿、被掠夺、被烧寨的村寨，事后对待参与到该事件的本地人士，对其在事件中的作用会进行主次之分，从而确定是否对参与其中的个人进行报复。[④]

> 大雄：1950 年以前，三洞一带的部分水家村寨盛行匪性，但是土匪头目及成员也不能动自己“怀奴”内出生的女性，“土匪成员

① 从水家文化的影响看，潘新简让正史用“从善”的名来记住了水家的小地方。水家“借卯”区域的另一名人，邓恩铭（1901—1931 年），中共一大唯一的少数民族代表，则是跳出了地方参与到更大的历史进程的推进中，成为“100 位为新中国成立作出杰出贡献的英雄模范人物”之一。

② 潘一志：《水族社会历史资料稿》，三都水族自治县民族文史研究组，1982，第 438 页。

③ 周崇启、韦族安、石国义编著《水族教育史》，贵州教育出版社，2009，第 88-89 页。

④ 2021 年 4 月 2 日，群里内容。聊天中涉及的人名、事件，详见潘一志《水族社会历史资料稿》第 251-252 页。

为一个寨子内的‘怀奴’成员，而同属一个‘怀奴’但是居住在其他寨的不收，不是本‘怀奴’的成员更不收；‘怀奴’内的一般不抢，也不排除有时急了去抢劫；‘怀奴’内出生的女人不能碰，就算是如潘汪等匪首也必须遵循，要是犯了，比他抢掠的后果还严重，他的手下或者‘怀奴’内的其他人首先就要把他给杀了”。（连同注释一起发到群里，注释中提到潘一志的《水族社会历史资料稿》。）

大雄：麻烦帮我把把关，以免过度扭曲。

阿水：那时候小，只喜欢看那些记录各寨土匪的书，而且大部分都记不住名字，粗略地翻了一下，就撕了。那大概是 1995 年之前。

老四：我阅读该书时是一九八几年，当时没有正式出版。

阿水：家里的藏书，自印、油印的那种，基本都被撕掉了。

阿水：潘廷球是大败类？“带路党”？

老四：是乡政府职工。不过县里部队来了，接待是正常的。

阿水：潘汪杀人立威，因此才有潘兰哉家族独霸板南数年。

老四：比如县部队前来某乡剿匪，领头的往往是大队长或公安局局长甚至是县长，乡里接待，派人领路，球哥当时是乡里一个股级干部（类似于乡武装部长或股长），无一兵一卒。

仲恒：球哥是不是汉奸？

阿水：兰哉崛起之后，有没有惩罚潘廷球？

老四：廷球又没有做什么恶事，只是工作上的被动应付，怎么惩罚？比如上级来人了，只是公务礼仪上的陪同而已。

回到十二“丁”区域有关的史料上，该区域在近现代史上并非世外桃源，而是历史进程中较为活跃的点，甚至十二“丁”成员之一的潘富文也有不少史料对之进行记载。但因前人对水家“怀奴”文化关注较少，或者直接对应宗族或家族，于是文献上看到关于潘富文的描述，更多的是地方家族势力械斗、匪团互斗，以及祸害一方、鱼肉乡邻等动乱年代各地恶霸、土匪特性的再现，地方性的特征未能呈现。梳理参与者某一方后人的口传资料细节及其反思，可以进行相应的补充。

根据口传资料，直接参与刺杀潘富文的三个人中，有两人就是十二“丁”的成员，另一个成员是九阡板南人，不是十二“丁”成员，但是跟“行刺三人组”中的另一人关系比较好。潘一志提供的刺杀细节[①]跟口传资料大体相同，被杀的直接起因和人物细节有差异。[②]

大雄：@老四“如从善之潘子俊与潘少章，三洞之潘禹如与韦廷基等，争权夺利，寻仇报复，各拉拢一部分群众互相残杀，从善、三洞因之被烧者千余家，死者数百人……”[③]这个是“怀奴”之间的战斗，还是割据势力的战斗？

A睢：@大雄 应该兼而有之，主要为争权夺利，不论是否为“怀奴”。民国末年，九阡十二“丁”内部也发生过（笔者发文献准备咨询时，还未知文献中的人属于十二“丁”）。

哦虽：子俊是九阡板闷寨的，少章是九阡老寨的。

A睢：十二“丁”内部两伙实力相当的势力为争九阡区长之位而大打出手。周边村寨（含十二“丁”）拉边站队，最后输的一方的所属村寨全被烧光，村民被迫流亡。

A睢：@哦虽 对。板闷、老寨同属十二“丁”，所谓的“怀奴”。

大雄（笔者）：@A睢 根据你的描述，就是国民党用官衔来制

---

① 潘一志：《水族社会历史资料稿》，三都水族自治县民族文史研究组，1982，第265页。

② 2020年11月14日，群聊九阡十二“丁”的内斗；14日至19日，单独咨询对“行刺三人组”有充分了解的潘×力了解详情。聊天内容中“丁”“怀奴”“三家六房”等字词的引号属于笔者整理后添加（全文同，如“借端”“借卯”等）。

③《中国地方志集成·贵州府县志辑》编委会编《中国地方志集成·贵州府县志辑25》，巴蜀书社，2016，第441页。

造矛盾和冲突了。

大雄：@哦虽 是不是说潘一志写的东西有其事，只是地名归属等有出入？

A 睢：@哦虽 据老人口述，时任区长系上板闷潘世禄，而非子俊。板闷是旺族，民国九阡第一豪门。

A 睢：但跟着板闷的寨子不多，他们最后输了，寨子被烧，村民外逃，少章被行刺三人组灭后才返回。

大雄：只灭带头人少章，还是少章所属的“丁”都被牵连？

A 睢：@大雄 只灭了少章和牵马的所谓警卫（苗族），其队伍作鸟兽散。

哦虽：致富带头人少章、少恒两兄弟被灭了，从此老寨不再“老”，走下坡路。

A 睢：行刺三人组抄小路到荔波县政府状告少章明官暗匪、横行乡里、鱼肉百姓，经核属实，他们不仅得以免罪，还成为英雄。

哦虽：内战在 1930 年前后，民国晚期，荔波县九阡乡（区）、保各层军政大员都有板闷人的身影，典型人名潘汝 ×。

A 睢：但行刺三人组中无板闷人。

大雄：属于十二“丁”中的人吧？

A 睢：给板闷站边的都属十二“丁”。也有少数非十二“丁”人士站边板闷，但属个人感情或姻情，不是整个寨子或宗族的关系。

（以下为私聊）

潘 × 力：如果想更多了解九阡上板闷潘世禄和老寨潘少章之间的战斗，可以私聊我。我对此有所了解。

大雄：有没有现成的文献资料？因为我也不太熟悉当地的情形，也不知道要问些什么东西，只能想起点什么再问你了。

潘 × 力：我也是找当时亲历过的老人聊，听他们口述。其中有“三人组”头人。

大雄：刚才在群里说到杀少章的三个人，是十二“丁”内的成员吗？或者十二“丁”内部分成了两派？

潘 × 力：有两人是十二“丁”内的人，属于站队板闷潘世禄一方的，他们的寨子也被少章全部烧了。十二“丁”当时分成三派，除了分别站队潘世禄和潘少章，还有一部分小或远的寨子保持中立。

潘 × 力：“三人组”有两人是我们寨子的（姑弄寨），另一人是板南的。板南这人跟我们寨子这两人属于江湖朋友，同时跟潘世禄家有姻亲关联。

潘 × 力：当时站队上板闷潘世禄一方的只有下板闷和姑弄。

大雄：2020 年“霞节”十二“丁”：1. 夯合；2. 上下板闷、下板力、昂吼、务牛、水往、水配、水蒙、下水龙；3. 老寨、引头；4. 姑内、大水叶；5. 大水叶、水达、的哥、岜凡；6. 姑谭、大水叶、大寨、甘塘；7. 上母改，大寨；8. 母改；9. 姑弄、抗甲；10. 大寨、上板力、姑牙；11. 高农、大寨；12. 姑丙、井丰。这十二“丁”的 20 多个自然村（组）当时是怎么站队的，你用数字或者寨名组合一下。

大雄：因为不熟悉当地情形，看文字表述时可能会产生理解偏差。

潘 × 力：2“丁”中的下板力是从下板闷到 10“丁”板力买土地，然后搬过来的。

潘 × 力：当时站队上板闷（2“丁”）的只有其附近的下板闷（2“丁”）、姑弄（9“丁”）、务牛（2“丁”）个别人参与；站队老寨（3“丁”）的也只有其附近的引头（3“丁”）、大寨（7“丁”）、的哥（5“丁”）个别人参与。

潘 × 力：战事规模不大，但对十二“丁”的“怀奴”感情冲击非常大。自那以后，再也团结不起来。

大雄：少章是上板闷的主力，潘世禄是老寨的主力，是这样划分的吗？

潘×力：反过来。

大雄：潘世禄是上板闷的主力，少章是老寨的主力。这个时候是谁先灭谁？

潘×力：潘世禄是上板闷的，时任九阡区长。潘少章是老寨的，也有一定的势力，要争当区长。秋收时，潘世禄有一片稻田在姑弄寨背后，潘少章直接安排自己的手下去收割占为己有。后来潘世禄被打败，带着家眷逃往荔波巴辉，下板闷和姑弄没有去处的，也跟着他去巴辉。潘世禄被彻底打败后，上下板闷和我们寨子全部被烧光，土地被占，大家全部外逃。

潘×力：稿公、肥公投靠九阡水昔的姐妹（有五个姐妹嫁到水昔不同的寨子）；秀公（学公父亲）、勤公、奉公、凯公去荔波巴辉靠伐木等讨生活；宝公、帝公、寿公、奎公投靠石板姑妈（福公的妹妹）；学公继续留在九阡到处晃荡，他的朋友多，等待机会报仇。这是当时我们寨子的逃亡情形。

潘×力：潘少章的大本营并不在老寨，而是在大寨，即现在德强家房子后面，说是一个小山头顶上有一块平洼地，是天然的小城堡、庄园，易守难攻。他到区政府（现在李家寨的位置）上班，要让手下沿途巡查搜一遍山后，才带着保镖骑马出发。学公在必经之路上（姑谭附近）找到一口杂草丛生的小鱼塘，带着两个兄弟（板南的潘金和我们寨子的明公。明公是干公的儿子，干公是三兄弟干、陆、间，他们父亲叫幂公，这一支现在没有后人了，往上追溯，应该是跟福公比较亲近）提前埋伏在水塘里，巡查搜山时他们就潜水躲过（用事先准备好的芦苇秆呼吸），待潘少章途经鱼塘边时，学公以迅雷不及掩耳之势一枪把他杀掉，潘金和明公同时把牵马的保镖（苗族）杀掉，然后他们迅速朝抗甲、雨岜方向狂奔，潘少章随从见长官和保镖已毙命，也只象征性地开了几枪，未敢追赶。他们翻过雨岜后山，走小路跑到荔波县府告状，说潘少章明官暗匪、横行乡里、鱼肉百姓，已经被他们干掉了。最后他们三个不仅无罪，还成了为民除害的英雄。

潘×力：这是我根据“三人组”头人学公口述整理的，也同时找了他的同龄人侧面核实过，基本属实。

大雄：这么说来就不完全属于“丁”与“丁”之间的战斗了，而是两个“丁”的部分寨子加入其他“丁”的个别寨子或个人。

潘×力：是的。跟“丁”关系不大，主要是利益。

大雄：你们寨子是姑弄吗？

潘×力：是的。我们“丁”只有姑弄、抗甲两个自然寨，抗甲都没参战。

大雄：从“丁”的分布来看，上下板闷所属的2“丁”很多寨子没有参与火并，你们9“丁”的另一个寨子，也就是你说的抗甲也没有加入。

潘×力：潘学（我堂公）说我们寨子本来也没打算参与。因为他跟板闷喜欢舞刀弄枪的几个哥们儿关系好，战场又在我们寨子边上，第一回合潘世禄失利，往我们寨子撤退。有被迫参与的成分。

大雄：一个“丁”是不是就是一个明确公的后人？

潘×力：是的。但很多都没族谱记录了。

大雄：九阡板南不属于十二“丁”，他们是“仰怀奴”吗？你们十二“丁”群里之前说过其归属于“幹怀奴”。

潘×力：九阡镇板南跟中和镇塘州水平是“怀奴”，不属于十二“丁”。

潘×力：十二“丁”说归属于“幹怀奴”，我也是最近几年才听说。以前还真不知道。

大雄：大概了解九阡的部分情形了，特别是你提供的火并细节，好像还没有人详细说过，非常感谢！

潘×力：不客气！如果不是因为潘少章被灭，上下板闷、姑弄都不复存在，所以这几个寨子还是比较在意这段历史。

大雄：少章还有后人留下吗？

大雄：对了，潘新简属于十二“丁”的吗？“丁”这个概念是扬拱那边先有还是你们这边先有？九阡好像多数都是从其他地方迁去的，老人有说过你们跟扬拱杨家是谁先到九阡一带定居吗？

潘×力：潘少章有儿子，孙代好像无后了。潘新简不属于十二“丁”。“丁”的概念，听老一辈说，扬拱排在后。

大雄：可能“霞节”也是你们先过了。

潘×力：有这个说法。

文献中十恶不赦的潘富文（群聊中的潘少章），在民间的口述中多呈现为利益之争的某一方，其烧寨与被杀，均属双方斗争的结果，当然也离不开当时地方武装力量归属时而官匪难分、或团或匪的社会背景。甚至某些情形下正规军表现出的匪性比地方土匪有过之而无不及，派去围剿潘富文的军团变成了被民众憎恨并袭击的对象，“黔南二十五军团长杨昭焯、龙青云等，因龙用兵毫无纪律，强奸妇女，揺诈群众，人民含恨彻骨，群起反对，袭击龙团，龙团覆没”①。

将潘富文置于其所处的水家“怀奴”中，或者是当地的水家十二“丁”的构成中，潘富文与潘世禄之间的斗争，更多的是以他们为代表的自然村寨之间的争权夺利，同时也加入了各自所属“丁”的其他寨子，以及居住地相近或日常相处较好的其他“丁”的少数寨子。如果仅从参与其中的“丁”看，十二“丁”20多个自然寨（组）中只有5个“丁”的8个自然寨（组）牵涉其中，除去其中两个自然寨中只有个别人参与的，真正全部卷入其中的为4个丁中的6个自然寨（组），十二“丁”内绝大多数自然寨（组）都处于中立状态。相对于十二“丁”的规模，内斗涉及面不大，但是造成的结果如同口述者所说：“战事规模不大，但对十二‘丁’的‘怀奴’感情冲击非常大，自那以后，再也团结不起来。极有可能是中了当时的政

①《中国地方志集成·贵州府县志辑》编委会编《中国地方志集成·贵州府县志辑25》，巴蜀书社，2016，第561页。

府的离间计。”

关于内斗的群聊中，也看到水家人正在使用旺族、家族、村寨或宗族等概念来表述水家的自然寨以及“丁”等血缘群体构成的单位。这种表述方式对生活在水家社会中的他们而言，听者或看者能理解到其中对应的是水家“怀奴”“忌油圈”“哈姆敢”（或“丁”）等中的某个水语，或者仅仅是某几家或某人的自然村寨。如“板闷是旺族”“整个寨子或宗族”等中的旺族、宗族所指为整个自然寨，都没有达到当地“丁”的血缘构成规模，更不可能有“禁婚”集团水语“怀奴”的范围广。群聊中的“三家六房”，对应很小的父系血缘自然寨，基本可以替换，但是对多数几十户甚至数百户的自然寨而言，“三家六房”又只是自然寨内较小的父系血缘群体。不考虑汉语的宗族、家族等对应水家血缘组织的概念，十二“丁”内的火并，仅从参与冲突双方的寨子看，属于水家“怀奴”内的冲突，最终导致内部的实质性分裂，出现居住地较远的两个“丁”之间的通婚。

十二“丁”内部火并的时段大约在1930年至1936年，最后以杀死潘富文而结束内斗，尽管被烧寨的一方没有对潘富文所在村寨进行报复，也没有变相殃及其后代，但两个参与“丁”的主要村寨之间依然无法真正地团结。1944年11月28日，日军路过从善，并留宿在“行刺三人组”中两人所在“丁”的姑弄寨，当晚组织偷袭日军的也只有姑弄寨，本“丁”和其他“丁”的寨子均未参与袭击，最后导致姑弄寨牺牲1人，第二天打死一个因受伤行动缓慢的日本人。①

大雄：听说日本兵当年路过你们寨子，你了解详细的情况吗？

潘×珏：日本人路过九阡。第一个反抗的寨子是石板，第二个寨子是板南，第三个寨子就是姑弄。我就是姑弄的。

① 关于日本经过从善的战斗，文献记载的只有驻留姑弄寨前的石板寨抗日，这里的材料由姑弄寨潘×珏提供（2021年4月4日）。石板寨抗日见《三都水族自治县志》，贵州人民出版社，1992，第374页。

潘×珏：日本兵从石板穿过引抗路过板南，板南民众起来反抗打了一阵。然后日本兵继续前行路过姑谭，到姑弄的时候正好快天黑了，就安顿下来。因姑弄寨子小，只有二十多户，提前知道石板、板南的战况，全寨提前转移到杭湾山的溶洞里躲起来。晚上学公组织28个青壮年返回寨子要反抗日本人，因装备落后、寡不敌众，刚交火就处于明显劣势，于是及时撤退。肥公（我的曾祖辈）年纪稍大，自告奋勇断后，结果牺牲了，是我们寨子此战中唯一牺牲者。

潘×珏：听老人说，学公跟寨子里另一个公，外加其他寨子的一个哥们，把以前烧我们寨子的人给杀了。学公（跟肥公同辈）杀人无数，谁欺负他家人、朋友，他就杀谁，实在没钱用的时候还打劫。学公找了七八个老婆，都没孩子，他自己说是报应，杀人太多，是我堂公（抗战牺牲者的儿子，当时才五岁）给他养老送终。

潘×珏：学公看着自己堂兄牺牲，气不过，就一直埋伏在寨子附近。第二天早上，日本兵继续前行，其中有一伤兵掉队落单，学公把鸟铳枪管全部装满火药，一枪将落单的日本兵击毙，并迅速卸下头盔、匕首 、军靴，然后利用熟悉地形的优势快速逃离现场。他经常拿挂在墙上的日本兵头盔、匕首、军靴教育我父亲那一代的小孩。

潘×珏：日军临时安扎在我们寨子，是因为顺路，但我们寨子小（当时只有20来户，现在有30多户），物资不够当日消耗，他们就安排几个日本兵分头去周边几个寨子找食物，但到下板闷时被村民放了几枪，日本兵恼羞成怒，放火把下板闷给烧了。九阡有4个寨子被日本人烧：石板、板南、姑弄、下板闷（后两个为十二“丁”内的寨子）。

潘×珏：日本兵只是行军路过，如果不被袭击，基本不主动攻击。但驻扎时会开仓抢粮，抓牲口，还会调戏、强暴漂亮女人。据说某水寨有媳妇被强暴，比较悲哀的是，被日本兵强暴的媳妇，后来被其老公认为是奇耻大辱，被撵走了。

大雄：那个时候的思想很落后，没有找主要原因，而把问题全部归结于不幸的女人。其实当时日本人驻扎在你们寨子的时候，板南、下板闷等要是联合学公他们一起打日本人，说不定能把日本人给灭了，毕竟日本人长途奔走，并且不熟悉地形。

潘×珏：当时缺一个统领人物，组织不起来。十二“丁”内部不团结，加上日军停留时间短，十二“丁”内两个被日军烧的寨子都来不及联合，当晚袭击日本人的全是姑弄寨的青年。

潘×珏：日军在石板一战，在九阡很快传开，都知道那是一股装备精良、训练有素的“嘎日本”(水族意译应为“来自日本的汉人”)，所以日军途经的沿线各寨都以逃和躲为主流，偶有组织青壮年偷袭的情况，也基本以失败而终。

大雄：后面政府将肥公追为烈士没有？

潘×珏：没有，因为都无记载。但中华人民共和国成立后我堂公（肥公的儿子）得到一定的优待，政府的工作人员说他根正苗红，把他送去贵定学习酿酒技艺，回来后因当时荔波无酒厂，故被安排到粮站工作。

大雄：也算一种补偿了。

潘×珏：但后来很多亲友借访友之名去粮站看我堂公，然后偷偷抓一把米装进衣裤袋兜，回家救命。我堂公因心地善良，既不能制止又不能揭发，长此以往自己又无法交差，就辞职回家种田了。

潘×珏：回家后，1966年，我堂公和她爱人创办了酒作坊，延续至今。我恐怕有打广告之嫌了！

大雄：不存在的。

二、不同“怀奴”个别村寨之间的冲突

除了“怀奴”内的火并外，也存在不同“怀奴”归属的自然寨与自然寨之间的冲突与摩擦，一旦冲突升级，超出单个自然寨能应对的范围，则会寻求居住相邻或距离较近的同一“怀奴”的村寨加入其中。一般情况下，被邀的寨子都会参加，如果不参加，等到自己寨子遇上无法应对的外在冲突时，则难以获得同一“怀奴”内的其他寨子的支援。如果预估武力冲突规模较大，需要更多的支援时，他们则会邀请距离很远的所属同一“怀奴”寨子来帮忙，“通常都会积极主动地前来，在动乱年代，长途奔袭的情况很普遍”，一位“仰怀奴”的村民如此回答 。

在动乱的年代，“怀奴”村寨抱团取暖应对外在冲突较为常见，甚至在20世纪50年代后，个体冲突的升级，都还可见到某个“怀奴”内多个村寨抱团对抗另一个“怀奴”村寨的身影。比如以前没有大冲突的不同“怀奴”的两个自然寨，在中华人民共和国成立后的40多年里，因为年轻人之间的冲突升级导致两个自然寨持久的全面摩擦与对抗，甚至“怀奴”内的数个寨子也加入其中[①]。

吴×和：听板拓寨的上一辈讲，那时候他们经常冲击板勇寨的××。

大雄：@吴×和 是板拓寨，还是你们板亮寨？就地理位置而言，板勇寨跟你们寨发生摩擦的可能性更大。

吴×和：中华人民共和国成立前，板勇吴×宇的女儿，嫁到我们板亮，还健在。

吴×和：以前摩擦少，日军来了，我们寨还收容板勇寨的人躲难，提供山洞给他们居住。全面摩擦是20世纪50年代之后

① 2021年4月2日，群聊；2021年4月5日，私下咨询。内容进行了部分调整、删减，并对人名、地名等进行了匿名处理。

的事。

姚 × 虽：板勇的女孩嫁到板亮的案例说明，“和亲”也不是一劳永逸的。

大雄：板勇与板亮，在县城成立后才产生全面摩擦，主要原因是土地之争吗？

韦 × 杰：应该是自由恋爱导致矛盾升级。水族见不得自家的女孩被挑逗。

吴 × 和：板勇没有屏障（2000 年前，很多水家大寨子都有寨门，并有人值守），寨子有一大美女，板亮男青年经常去她家附近唱水歌挑逗。

吴 × 和：后来就发生摩擦了，双方事件就逐渐升级。这都是历史事件了，要正确面对！

大雄：看来寨子之间的冲突很多时候来自年轻人的恋爱。

大雄：好像群里有女性说过，以前想出去约会，都要想办法摆脱“怀奴”内男性的跟踪。

韦 × 杰：@ 大雄“怀奴”内的男性就有这种观念和行为。没人想得通，反正现象是这样。

（以下为私聊）

大雄：你是板亮寨的，群聊中涉及的冲突发生在 1950 年之后吗？

红尘梦：我们寨的唱歌青年被暗算，于是我们冲入板勇捉了 3 个中、青年男人，将其押来做人质，准备用私刑。

红尘梦：板勇人很恐慌，人质家属跑去县里报案。然后部队包围板亮，在几个主要出口架起机关枪，后来派一个在县里教书的板亮人进寨子做思想工作，最后把人质带出来了。

大雄：被暗算是被打，还是被杀了？

红尘梦：被炸了。

大雄：有文献记录大概年代吗？

红尘梦：一九五几年的时候。

大雄：意思是当时只有板勇、板亮两个寨子牵涉其中，你们“怀奴”的其他寨子没有参与冲突吗？

红尘梦：当时没有，那件事结仇过后，我们“怀奴”内的板拓寨就经常冲击板勇。

红尘梦：县里当然不能让我们寨杀害那 3 个人质，最后经各方调解，板勇赔了一匹马、一千元人民币、一口棺材以及负责丧葬事宜。

红尘梦：虽然当时平息了，但是世仇已经结下。

红尘梦：赶集天、“借卯”等，遇到就“干架”，持续到 20 世纪末 21 世纪初。当时这边的“怀奴”要秘密驱逐板勇，最后惊动了上级政府。

红尘梦：1997 年，某个赶集天，板亮寨把板勇寨的几个村干部砍成重伤，把对方抬去医院后，纠集男女老少、老弱病残孕在寨边呐喊，板勇寨的青年列队过马路，准备进攻板亮寨。最后县里出面进行调解。

红尘梦：那时我在当地中学读初三，目睹了那年的冲突。

大雄：只是青年男子参与武斗吧？

红尘梦：都是男人“干架”，与老人、小孩、妇女无关。

大雄：结仇后，两个寨子或各自“怀奴”内包含的寨子还跟对方有通婚吗？

红尘梦：有，但是很少了。

大雄：冲突已经不限于板亮与板勇两个寨子了。

红尘梦：1997 年，我们“怀奴”大聚会，惊动各地，最后把碑立在 ××E 寨。当时好多比我大一两岁的伙伴都参会了，好像是河边会议，“怀奴”内参会的各寨，要驱逐板勇。

红尘梦：但还达不到“怀奴”集团之间的冲突的规模，我们

"怀奴"内只邀了3个寨子来。听说以前某地发现矿，但是居住在附近的是两个杂居的"怀奴"，为争夺开采权，各"怀奴""站队"的寨子更多，那种情况可以勉强算"怀奴"层面的摩擦。但是一般都是在气势上下功夫，基本不会有实质性冲突。

红尘梦：后来那几年，每年派出所都会很忙碌的。

大雄：不会真的这么干吧？就算是动乱年代，感觉水家寨子之间的械斗，都是针对男中青年，之后让对方远走他乡，并不像某些影视作品里的那样赶尽杀绝。

红尘梦：不会伤害老人、妇女和小孩，除非持械参战；主要是针对青壮年，以将他们驱逐出居住地为目的。

红尘梦：水家寨子的武力冲突中，即使是参战人员，战斗中放下武器，受到的伤害也会骤然减轻，至少不会致命。密谋驱逐，估计是被暗算致死，是怨气一直积压的结果。因为驱逐的行动只听说很久以前有。

大雄：在2000年摩擦"降温"后，双方通婚的比例大吗？

红尘梦：板勇人跑去跟××乡的几个吴姓寨子认了"怀奴"，才安心一点。认"怀奴"，也只是心理安慰，远水救不了近火。

红尘梦：直到现在都没有多少通婚的。冲突一直持续，大家都不想通婚了。时代在发展，未来会有通婚的。因为经历冲突的那一两代人已经老了，后面的年轻人都看淡了。特别是外出打工后，以前打过架的都经常一起喝酒了！他们说当时年轻气盛，不懂事。

大雄：以前存在通婚的那些家庭，冲突期间走亲戚不会受到影响吧？

红尘梦：也走亲戚的，但冲突激烈的那几年，都是私人走动，一般不会结队去对方寨子走亲戚了。

大雄：那这么说的话，文献中说的"世仇不婚"也是存在的了。

红尘梦：是有那么一点儿。但是双方某些家庭通婚了也没有什么，只是碍于难以预料的冲突，才有意避免。

中华人民共和国成立前，“仰怀奴”内部有几个土匪村寨，经常远距离去抢别的寨子，途经其他实力比较强的“怀奴”地界，也会产生不同“怀奴”寨子之间的摩擦。据“仰怀奴”内的潘某靖说，板城寨以前的土匪出名，附近寨子都不敢轻易招惹板城的人，也不敢得罪“仰怀奴”的其他寨子。但是相距 10 多公里“幹怀奴”的达便寨，人多，有武装队，加上寨子的防御做得不错，板城的土匪也不敢去抢，反而被变相抢劫。板城土匪猖獗的时候，借道“幹怀奴”地界的官道去抢劫，经常被达便寨村民索要“买路钱”，导致“仰怀奴”的板城寨攻打“幹怀奴”的达便寨。双方实力差距不大，放几枪出出气，也不敢强行攻打。有一次板城土匪借道去板庙陆家那边抢劫，在达便就被截留，板城这边也不敢贸然开战。两寨冲突不断，但是两个“怀奴”之间的通婚并未受到影响，甚至两个有直接冲突的寨子通婚的也不少。在一段时间内，板城土匪头目的爷爷是三洞水族地区治安大队（实质上是达便武装队）队长的舅舅。

绝大多数不同“怀奴”寨子之间的冲突与战斗均发生在野外，至少是在寨子之外。群殴，谁上战场都是为了集体利益，不是为私利，目的就是要面子、“秀肌肉”，让对方敬重，根本不是想要对方的命。战时互殴，闲时双方亲戚也正常交往，不太可能出现私人间的仇恨。“这些都是不成文的规矩。本来目的就是“秀肌肉”、讨尊敬，占优势的一方也不会把事做绝，否则谁来敬你？”[①] 因为不成文的规则存在，水家土匪抢劫之后被截留，双方依然没有产生大规模死伤的实质性冲突。

大雄（笔者）：一次跟 ×× 大学的一个老师闲聊，他到板维入住，村民告诉他们晚上不要出门，板维的宿敌会进寨打人。

韦 × 华：那个老师不懂水族文化。水族寨子之间的群殴打斗

---

① 2020 年 8 月 30 日、2021 年 4 月 7 日，私下向三洞籍韦某咨询水家“怀奴”冲突。

都是野战，不入领地；不管优势有多大，都要自觉遵守。

大雄：那个老师不是水家，估计是板维村民提供的信息出现理解偏差。

韦×华：出门不等于出寨，出寨就到野外了，被误会成板维人而被打是有可能的。

韦×华：板维村民无聊，讲假话。

大雄："水族之间的打斗都是野战，不入领地。"这个说法我也是第一次听说。看到其他地方的宗族斗殴文献，斗殴场所没有明确限定。板维信息提供者在说斗殴时估计都是依据类似情况来理解水家寨子之间的斗殴了。还有一种可能，板维信息提供者根本就没有参加过斗殴，不了解一些潜在规则。

韦×华：可能是。

韦×华：水族寨子被侵入（焚烧、抢掠、杀戮等）的情况从来只有外族人（含官兵）干过。水族"怀奴"不同寨子之间从来没有这种事。斗殴死伤的场所均在寨外，对于当事人而言，集市也算野外，集市多为杂居（非水族、水族都有）场所，不属于任何一方的"怀奴"。

大雄：这样的话，怎么理解"怀奴"内有土匪的活动？他们不进寨，怎么抢东西？

韦×华：水族村寨之间发生斗争，这时双方都已没有匪性了，都还是有底线并通常自觉遵守，比如不入寨、不赶尽杀绝。于是战场就在寨外。

韦×华：土匪寨子去抢东西的是小部分精锐的人，他们是进寨的，这个不能算是寨与寨之间的斗殴，是部分人的劣迹。

韦×华：这种精锐袭击，除了抢物，偶尔也有强奸、杀人的情况。这种行为就是激情犯罪。这不是绝大多数水族的意志，而是属于少数恶劣者的私自行动。

大雄：会烧寨吗？

韦 × 华：通常不会烧寨。如果烧寨，就把事情闹大了，本集团或本寨可能也会怪罪其擅自行动，影响集体声誉，特别是因此引发官兵不得不以围剿之名出动来抢掠本寨时，这些私自行动的人会受惩罚。

韦 × 华：就算有爱抢的少数人，他们也是聪明的，应该也会把握一个度。都搞死了，就只剩下“怀奴”，就没有资源可抢了，再往后就可能是“怀奴”内讧，堡垒从内部自破，后果将不堪设想。

韦 × 华：聪明的土匪是会找保护伞的，和官府唱双簧。共同愚弄群众（包括本“怀奴”集团内的群众）。

韦 × 华：甚至寨与寨之间的上层人物（某些其实就是匪中精英）也互相勾结，愚弄群众。比如我这个寨的群众（“怀奴”）捐款不积极，我是不好硬逼的，就和你（另一个“怀奴”寨的精英）串通，让你来扮演狼，“狼”来了，我们寨的群众就有危机感，就听话了……

韦 × 华：如果你强大到一枝独秀，你手下的群众就没有危机感了，寨子自卫班（也叫自卫队，其实就是土匪队伍）在人们心目中的价值就没有了，谁还听你的？各寨的精英或聪明的匪首，是明白这个道理的。

韦 × 华：民国时，荔波县政府时不时也真的狠心抓捕几个匪首枪毙以谢天下，其实就是选择那些不和政府唱双簧的土匪。石子辉就是这样牺牲的，他不懂这些道道，和周边的关系不好，被孤立，甚至被出卖，政府轻松将他抓到。

韦 × 华：土匪的生存，并不单凭武力，保护伞和各股势力之间的关联也很重要。底线是不要激怒本“怀奴”内的多数人，否则就可能被杀。

大雄：谢谢！水家土匪史也是一部精彩的地方史。

“怀奴”之间的冲突，多数情况下并不会造成世仇。这主要是由于水家“怀奴”文化中的通婚规则：本“怀奴”内出生的女性属于禁婚对象，其他的随便通婚。这种规则下，就算是同一“怀奴”内部的成员有冲突，也不轻易“撕”“怀奴”，一旦“撕”开，就意味着分裂，则可以成为通婚的对象，同时也可从原来的集团中分裂出来。冲突导致的汉语“世仇”一词的意思，除了实力相当的持久对抗外，在水家语境中则还有另外一层意思：属于可通婚的一方。群聊中甚至有人说：“不仇，还不好动手！”“没有这个仇，‘怀奴’还分裂不了呢，还通婚不得，也喝不上喜酒。”“哪有什么世代仇恨？不打架、不仇恨可以活，没有老婆肯定不能活。”①

大雄：传说“幹”和“仰”系两兄弟，今天三洞的潘姓水族都是他们的后裔。正因为如此，这些潘姓水族之间，不论相隔多少代均不能通婚。而与达便村相邻的水根村，虽其村民也姓潘，但由于他们不是“幹”和“仰”的后裔，两个村的潘姓可互相通婚。

大雄：文献说“仰”“幹”不通婚？

潘老四（仰）：谁说三洞潘姓之间不能通婚？阿水的姑奶奶不就嫁到板南了？

大雄：文献说的！

潘老四：这种文献，你还敢信？

潘阿水（幹）：嫁了。曾祖母从板南嫁来达便，姑奶又嫁去板南。完全乱套，不讲礼！

潘老四：@潘阿水 你们太不讲礼了！

潘阿水：板南的女性后代，又嫁去板南。

潘老四：达便潘某厅的奶奶是板南女，潘某厅的妹妹又嫁给该奶奶的哥哥的孙子，即板南的一对兄妹的孙辈结婚。

大雄：除了这几家，还有其他家吗，若比例少了，“仰”“幹”

① 引文为群聊内容的摘录。该内容的聊天集中于2021年4月2日，内容有删减。

不通婚是说得通的。

潘老四：“仰”“幹”不通婚？呵呵，我奶奶是幹人，寨罗的女孩。

潘阿水：两个大寨子，互相通婚，亲戚重叠，都不好翻脸。经常跑到山上，准备动手了，结果来的全是表亲，十次有八次打不成。

潘老四：我堂姐嫁给幹人梅山的男人。我堂嫂是幹人梅山的女人，但堂嫂的老公是堂姐的弟。幹人潘×志的老婆也是板南仰女。

大雄：如此看来，那就不是错觉了。可能是信息报道人没有核实同姓不婚、同宗不娶，就将此信息给了作者。

潘老四：“仰”“幹”不通婚这玩笑开得太大。

大雄：有这种可能。

潘阿水：作者跟我叔是同学，他美化、理想化、浪漫化达便了。

潘老四：“仰怀奴”内的牛人兰斋同志的子辈和孙辈的老婆全是幹人。达便、定城、梅山都有。

大雄：“仰”“幹”本身就已经分开成为独立“怀奴”，从一定层面上说依然保持了独立“怀奴”内禁婚的规则。

潘老四：当时就两个人，几百年前是亲兄弟，自然是亲密，不可能在那个时候分裂，分裂是发生在那两兄弟仙逝后的很多年。条件是两人的后代数量都增加，且都占据了较大一块地盘，谁也不服对方，就掰了。

潘老四：从他们生活的时代到分裂的时间应该是几百年左右。

大雄：“仰”“幹”是亲兄弟。在同源论中，血缘的梳理，往往会忽略历史长时段中的分裂。

潘阿水：上次去“仰怀奴”的板龙寨接亲，送亲的敬酒，双方你推我挡，最后不知是谁冒出一句“仰是哥，仰先喝，幹是弟，幹后喝”，主客双方居然就不客气了。

潘老四：板龙仰人的酒量不行？

潘老四：假如“仰”“幹”这俩老头是周礼的卫道士，泉下有知，后代搞这种事，估计要生气。

潘老四：有仇恨了，闹掰了，自然就可通婚喝喜酒了。换一种方式表示亲密。仇恨—分裂—做亲家喝喜酒是“怀奴”分裂三部曲。

大雄：你的三部曲模式遇上另一种解读——“水家仇家不婚”，一定程度上也会误解水家的“仇恨”。

潘老四：仇家不婚？仇家，多半就意味不是“怀奴”，即使本来是“怀奴”，结仇之后多半也分裂，不管什么情况，都可以通婚了。没有这个仇，“怀奴”还分裂不了呢，还通不了婚、喝不上喜酒。

潘老四：仇家不婚和水族沾不上边。不结仇，还不好动手呢。

大雄：可能有人说你是“土匪”思维。

潘阿水：哪有什么世代仇恨，都付谈笑中了。

潘老四：别人怎么说，我们就没办法了。

潘老四：水族“怀奴”集团之间，仇恨、厮杀是常事，是家常便饭，但不可能因为这样不通婚，该打就打，该喝酒就喝酒，两不误，各是各的。

潘老四：只要有碰面机会，任何两个“怀奴”集团之间都会有仇恨和厮杀，如果因这个不通婚，那么两边的男人怕是都没老婆了。

大雄：仇家不婚或者世仇不婚的表述，可能是借鉴其他地方的描述，别人如此，水家大概也如此。

潘老四：因为你不可能娶“怀奴”内的啊，“怀奴”外的任何一个或多或少、或早或晚都和自己有仇恨和厮杀。这都是简单的道理，哪有什么仇家不婚？

潘老四：就是借鉴其他地方的描述。不调查，拍脑袋就囫囵吞枣了。

潘阿水：不打架、无仇恨可以活，没有老婆肯定不能活。

大雄：可能是他们根本没有想到水家的“怀奴”原则，“因你不可能要‘怀奴’内的啊，‘怀奴’外的任何一个或多或少、或早或晚都和自己有仇恨和厮杀”，更多的是家族、宗族、姓氏、周礼、元典这些东西了。

潘老四：没有互联网，都不知道那帮家伙把水族的情况扭曲成这个样子。什么同姓不婚、仇家不婚、整个达便寨“忌油”……

潘阿水：寨子太大，全部“忌油”了，谁还来给你帮忙？两千多人都“忌油”，显然不现实。

潘老四：忙着向周礼靠拢了，顾头不顾尾。绝对不可能出现整个达便寨因一人死亡而“忌油”的现象。

潘阿水：办大事，不就是图大吃几天肉嘛，“忌油”了还有什么意义？

潘阿水：按照有肉不吃豆腐的原则，全部“忌油”，后果严重，可能人们都没力气抬棺。

潘阿水：统骸。说到这个“骸”字，还真是水汉同源，表述都一样。

大雄：可能是“忙着向周礼靠拢”，所以要忘记自己。

潘阿水：夯骸，有掩埋尸骨的意思，也有用轻松口气骂人的意思。

潘阿水：老四，夯啦骸捏噢：还没去吃饭。

大雄：我不懂水语，这方面不敢涉足。我现在就想努力大致理解“怀奴”。

潘老四：“夯啦”常用于亲密朋友之间称呼对方，通常无恶意。

"骸"和汉语通，应该是我哥从汉族那边"舶"来的。①

潘阿水："动腊骸那败咩"为"收拾你的尸骨离去"之意。

潘老四：我们的研究人员天然自卑，外人舶来的词汇坦然用之，却不敢把我们的概念以谐音汉字的形式"舶"出去，比如"怀奴"。"怀奴"这个概念一上，省好多事，削足适履的事就会少很多。

沧海一声笑："动腊骸那败咩"翻译为"收尸"。

潘老四：差不多。"动腊骸那败咩"，也指"用厌恶口气把人支开"，但多半是因关系亲密才这么说，因为考虑到对方不会介意。

大雄："用厌恶口气把人支开，但多半是因关系亲密才这么说，因为考虑到对方不会介意"，这些很细微的行为逻辑，元典可能不会记载，多数可能就是"夯骸""夯啦骸"两个词汇，外加一下仪式要求。

蒙少侠：争来争去也争不出一朵花来。

潘阿水：夯啦骸骚（haŋ^{5} le^{2} haːi^{2} ʃau^{1}），下班了，动啦骸骚败咩。

潘老四：请你们"周礼"一点。

水家"怀奴"的某个村寨或者几个村寨，可能会跟另一"怀奴"团体的某个村寨或几个村寨存在冲突，并且"怀奴"所属村寨的部分家庭跟对方

① "我哥"，源于2020年11月6日，聊天群谈到血缘源头与文化源头的关系时潘老四进行了相应的预设与推理："我有一个哥跑到其他地方发展，并在当地结婚生子、发展壮大，也学了那个地方的语言、习俗。展开联想（穿越到千百年之前），因为我哥是从我们这边去的，我哥现在所在的那个民族的前身就是我这个民族，因为我哥塞了几个水字到他现在所在的民族之中，也保留了几个水语词汇，一直传承下来，就把人家整个民族认为是我们这个民族传承下来的，或者说，认为他们的母民族文化的源头就是我们这个民族。"背景是笔者在群里向他咨询榕江仰人的民族归属：现在的榕江仰人不全是水族，还有苗族、布依族等，并且语言也不是水语了，但是他们自认是仰人。这类似于多年以后他们的后人中部分人会论证苗族或者布依族文化源头是现在的水家文化，或者是三洞仰人文化。于是潘明江在群里提醒大家：血缘源头不能简单等同于民族文化之源。

“怀奴”的家庭存在姻亲关系，但是在“怀奴”之间的冲突中，联姻的家庭只能各自支持自己的“怀奴”，而出嫁到对方“怀奴”的女性则保持中立。

在“怀奴”冲突中遇上自己母亲出生寨子方“怀奴”中的亲戚，如果真的发生武斗了，双方照样要下手，一位参与过冲突的潘某说：“双方都一样啊，同一标准，谁都不亏。这是在战场，是集团冲突，不是私人恩仇。战场之外，由于没有私人恩仇，依然是亲戚。”“母亲是寨子的媳妇，是某个男人的老婆，谁敢欺负？你去动人家的老婆试试？母亲是否帮助她哥哥那边的‘怀奴’，根本没人理睬，大家觉得帮与不帮都很正常，不会形成私仇。女人基本不上战场，由于人人都知道游戏规则，实际上就是人人都不吃亏。”外在冲突不确定的年代，父系血缘组织的“怀奴”集团，很多时候成为个人或小家庭的依靠，为了生存，在错综复杂的关系中，每个人在“怀奴”之间摩擦或武斗的时候都知道孰重孰轻。冲突后的日常交流中，个人维系自己血缘、姻亲、朋友等关系明显不受制于集团冲突的影响，群聊中的地道表达为：“水族‘怀奴’集团之间，仇恨、厮杀是常事，是家常便饭，但不可能因为这样不通婚，该打就打，该喝酒就喝酒，两不误，各是各的。”

从水家对待对抗中的“怀奴”与不同“怀奴”个体的日常态度看，“水波差序”与“驻波差序”[①]分别对应水家日常生活中的个体与血缘群体冲突中的个体。水家个体根据某种规则进行共同体认同或“站队”，认同模式具有情境性：和平时期的生活常态下，个体更乐于“水波差序”，个体可以从不同方面寻求帮助；在个体冲突随时可发展为群体冲突并不断扩大时，个体更愿意站在父系血缘认同的“怀奴”一边，暂时冷落姻亲关系中的成员。个体在社会中的分类或自我归属具有情境性，很多经典概念的解释都有其道理，但都不是完美无缺的，人本身就不完整，更何况是由很多不完整的人构成的群体。

---

①张小军将费孝通的“差序格局”称为“水波文差序格局”，用于与其“洗鱼模式”的“驻波差序格局”进行对照，提出中国宗族模式是国家、宗族、家等各种力量摩擦整合的结果。参见张小军：《宗族与家族》，载李培林主编《中国社会》，社会科学文献出版社，2011，第69-72页。

水家通婚规则是“怀奴”之外无定向，即除了在“怀奴”内有父系血缘关系的男女不能通婚外，“怀奴”之外的可以任意通婚，没有固定方向或者优先定向。长期在水家地区从事民族文化研究工作的潘中西女士说：“水家‘怀奴’，以父系血缘为前提，同一个‘怀奴’集团不能通婚，是为了保持父系血统的纯粹性。”另一位水家韦姓女诗人补充道：“除了你自己‘怀奴’之外的，都可以，没有定向。”① 尽管过去存在“姑表婚”，即姑妈家的第一个女儿优先给舅舅家儿子选的说法②，但这只是理论上的存在，潘中西说：“姑妈家的姑娘优先考虑舅爷家儿子，是旧社会的婚嫁习俗。这种情况多是舅爷家条件不好，很难娶到媳妇，姑妈家回报娘家恩情，返一个媳妇给舅爷家。如果舅爷家的条件很好，舅爷家儿子才不会去娶表妹。在这种事情上，舅爷家主动，姑妈家被动。”潘老四说：“那个舅爷的儿子优先的说法只是理论上，实际操作还是拼各方实力。比如我们集团强大，我舅那个集团弱小，我妹就不去他家。”

水家“怀奴”以父系血缘为基础的内部禁婚规则，参与冲突的主力男性为各自的血缘“怀奴”而战，就算“姑表婚”存在，真正的武力摩擦中遇上依然有敌我之分，加上“姑表婚”中所谓的优先权仅存在于理论层面，更多的是两个“怀奴”背后实力的较量。水家“怀奴”间的联姻，并不能促使不同“怀奴”之间形成结盟的事实，同时不同“怀奴”之间的通婚也不存在单向性、优先性等情形。水家社会中，姻亲关系促进联合而不冲突的维系范围限于小家庭或主干家庭，最大能到“哈姆敢”（hɑːm^1 ɣaːn^2，汉译“三家六房”），或很小的“忌油圈”（当“哈姆敢”与“忌油圈”重合时），根本无法触及水家禁婚圈“怀奴”的最大边界。

根据“怀奴”内部不通婚，“怀奴”之外无定向的通婚规则，水家社会中各“禁婚”集团之间存在较为固定的通婚联盟（直接的或间接的）概率很

① 2021 年 1 月 6 日，笔者在水家某协会群讨论咨询水家通婚问题时，本段引文均来自聊天内容，仅给“怀奴”一词添加了引号。

② 潘一志谈到舅爷家娶外甥女，参见其《水族社会历史资料稿》，三都水族自治县民族文史研究组，1982，第 430 页。“姑妈家第一个女儿由舅舅家先选”为群聊时提供的信息。

小。可通婚村寨之间的距离在一定程度上影响各寨的通婚比例，但是否因此存在某种通婚半径或通婚圈[①]，则难以用以村寨为中心画圆圈的地域范围上的通婚半径来表示。以十二“丁”分布图为例，在遵循“怀奴”的规则下，十二“丁”村寨之间都属于禁婚的村寨，如果以某个村寨为据点找各自的通婚半径或者通婚圈，水家十二“丁”集中分布的各自然寨，通婚半径的内圈中就存在多个禁婚村寨。迁徙到远离集中区的十二“丁”村寨，他们与通婚半径外围的村寨不通婚，并非因为距离远，而是自文化规则的“怀奴”内禁婚。2020年，跟“幹怀奴”互认后，十二“丁”各村寨的禁婚范围进一步扩大（在遵循“怀奴”通婚规则的前提下），现在居住区域内很多以前可以通婚的也将要变成禁婚对象，并且在物理距离的通婚半径内，几十公里外的某些片区均属于禁婚范围。

第二节 “怀奴”重建

一、“怀奴”谱系整理与恢复“霞节”

“怀奴”间的武力对抗、摩擦，促使各“怀奴”内不同寨子抱团，而势单力薄的“怀奴”则寻找其他寨子进行互认，两种情况均为来自各“怀奴”之外的力量所致。20世纪50年代以后，尽管还存在少数不同“怀奴”村寨之间的摩擦和对抗，但频繁而不确定的外在攻击已经基本不存在，“怀奴”内的抱团意识逐渐消退，甚至部分人已经没有抱团意识，仅留下“怀奴”内禁婚的文化规则。20世纪90年代后期，水家生活的地区经济好转，受教育

① 关于通婚圈、社交圈与市场圈等的讨论，参见兰林友：《庙无寻处：华北满铁调查村落的人类学再研究》，黑龙江人民出版社，2007，第92-105页。

的人越来越多，各地开始撰写与修订父系的族谱，依然为各自的“怀奴”写谱系，梳理“怀奴”成员的迁徙及其后代定居分布情况。在系谱梳理的过程中，偶有举办“怀奴”内部村寨代表大会，会上交流各地“怀奴”成员的历史迁徙概况，进一步完善谱系。

民国后期至今，水家民间社会中的“怀奴”重建，由过去摩擦、对抗产生的抱团武斗行动，逐渐变成了谱系建构中的成员数量或者文化资本的较量，面向水家当下的“怀奴”互认与整合。同时，部分水家精英人士则挣脱地方文化的禁锢，面向华夏数千年的文明，转向更大的历史叙事，寻找水家祖先们更久远的迁徙出发点，或者说不断推进水家族源文化的谱系建构。水家族源谱系研究方面的成果多如牛毛，最新推断的血缘祖先为“今陕西周至西南骆谷水的骆人”，之后“成为殷商王朝的文化贞人贵州阶层”[①]。《水语简史》（1985）中提到水族是由“百越”中“骆越”发展而成的单一民族；《三都水族自治县概况》（2007）提出水族源于中原睢水流域的说法；《中国少数民族》（2009）对水族源头采用了源于睢水流域的说法：“骆越”是由骆越中的一支与另一中原南迁的骆人组成[②]，水族先民的族源始点为骆人，而骆越中的那一支不见了！

20世纪30年代，水家十二“丁”内部以两个“丁”为主的数个自然寨产生纠纷，原因是权利诱惑下的土地资源争夺。据口述，被烧一方的潘世禄原是当时的区长，另一方潘少章有经济实力也有武装力量，在潘少章打败潘世禄并烧寨驱逐村民后，其又变身为当地的治理代理人，强占了对方的土地资源，之后被烧寨子的人策划杀死了潘少章，杀人者主动投案，反倒成了当地的英雄。从一系列的处理态度上看，内斗的原因正如口述人说的利益之争与当时地方政府的离间计。

内斗造成的分裂，某种程度上又会进一步加速和平分裂。中华人民共和

① 韩荣培：《水族篇》，载李平凡、颜勇主编《贵州世居民族迁徙史》，贵州人民出版社，2011，第435页。

② 韩荣培：《水族篇》，载李平凡、颜勇主编《贵州世居民族迁徙史》，贵州人民出版社，2011，第435-436页。

国的成立消除了原来需要团结更多血缘关联村寨进行防范的外在威胁，以前需要多寨联合的活动也服从于相关地方社会经济的计划。因此，日常生活的活动更多地由单个自然寨完成，原来的血缘集团逐渐压缩到居住区的自然村寨，而缺少了原来的传统文化关联的认同归属，造成原有认同关联的淡化。婚姻法的推进、婚姻的组织安排等，使十二“丁”内部产生了不同“丁”之间的通婚现象，甚至在中华人民共和国成立之前存在内斗的两个“丁”中的两个村寨，也进行了通婚，可以说那一段内斗史已基本被淡忘，双方走向了联姻（此案例的讲述者认为“怀奴”内通婚的原因并非冤仇被淡化，与部分人的看法完全相反，即通婚是情感不可修复的表现、是“怀奴”内仇恨的最高级别）。之后在一系列措施下，经济复苏，人们又开始寻找属于自己的文化习俗。水家十二“丁”在 1996 年恢复了中华人民共和国成立后的第一届“霞节”，节庆活动中各寨代表也立了一项恢复水家“怀奴”内禁婚的规则，“违约必须接受相应的惩罚，好像是双方父母拿 120 斤肉、酒、米到十二“丁”组成的代表团处赔礼道歉，并将已成婚双方逐出十二‘丁’”[①]。

大雄：潘少章被杀之后，十二“丁”内部还发生过火并吗？

潘 × 珏：杀死潘少章和警卫后，参与行刺的三个人抄小路到荔波县府报案，称潘少章是“明官暗匪”，横行乡里、鱼肉百姓，并得到了认可。然后被烧的上板闷、下板闷、姑弄等村寨的，投靠亲友或打工谋生的乡亲，相继返乡重建家园，再无纷争。

潘 × 珏：中华人民共和国成立后，姑弄寨（被烧的寨子之一）跟潘少章所属的寨子（老寨）及其同“丁”的引头寨有通婚案例。姑弄寨有个堂姐嫁去引头（跟潘少章的老寨同属一“丁”），有个堂嫂从潘少章所属的寨子（老寨）嫁到姑弄。这份冤仇貌似已经被全部淡化。

潘 × 珏：这都是 20 世纪七八十年代的事了。

---

① 2021 年 4 月 7 日，通过微信咨询获得的解答。

潘 × 珏：在 1996 年“霞节”恢复之前，十二“丁”通婚情况虽然不多，但较为正常。

潘 × 珏：1996 年之前，同“丁”及地理位置相距不远的十二“丁”约定为“怀奴”，不通婚。但距离稍远的十二“丁”之间，确实有个别通婚的情况。1996 年恢复“霞节”之后，重新约定：十二“丁”内不允许通婚，违约将必须接受相应的惩罚（好像是双方父母拿 120 斤肉、酒、米到十二“丁”组成的代表团处赔礼道歉认错，并将已成婚的双方逐出）。

潘 × 珏：但 1996 年之后仍有极个别通婚的情况，好像并没有严格执行约定。

大雄：现在，不要说十二“丁”的规约执行力不强，就连三洞片区的“仰怀奴”小潘估计都难以维持内部不通婚的状态了。

潘 × 珏：是的。可能基于以下两个主要原因——

1. 清末及民国时期，社会动荡，战乱连年，各村寨各自为政，弱肉强食，“怀奴”（十二“丁”）之间的血缘亲情被淡化和忘却，打打杀杀、抢劫等事件时有发生。

2. 中华人民共和国成立后的婚姻法对“怀奴”血缘宗族概念冲击非常大，且此影响仍在延续。

大雄：怎么理解生产队对“怀奴”的冲击？

潘 × 珏：九阡新光生产队里，大部分是十二“丁”成员，有少数几个非十二“丁”的寨子，但大家常年共同生产生活，这几个寨子的人被默认为“怀奴”，不会通婚。非十二“丁”的村民跟着过“卯”。

大雄：非十二“丁”寨子的人也姓潘吗？还有，新光生产队应该是以前的名称，现在叫什么？

潘 × 珏：同样也存在十二“丁”中的个别寨子被划到别的生产队的情况，比如跟姑弄同“丁”的抗甲，被划到姑偿生产队，他们就跟着姑偿生产队多数寨子过春节，恢复“霞节”几年后才改回过“卯”。

潘 × 珏：新光生产队后来叫板高村，现在被并入九阡村了。

潘 × 珏：新光生产队中的非十二“丁”村民都姓潘，他们跟塘州那边是“怀奴”，这几年已经改为跟塘州过“端”。

大雄：意思就是中华人民共和国成立后到恢复“霞节”前，中间都没有开展过“霞节”活动，各“丁”的村民跟随生产队的多数寨子过年节，如果某个生产队多数寨子的年节是“借卯”，则生产队的所有寨子都过“卯”。同样地，如果同一生产队中，多数寨子过春节，则内部不过春节的寨子也跟着过春节了。

潘 × 珏：是的。

大雄：改过塘州“端”的那部分人，就属于塘州盼雄或者盼梅育之一的“怀奴”了，理论上也就可以跟十二“丁”通婚了。

潘 × 珏：是的。

大雄：在生产队时期，默认为“怀奴”，一起“借卯”，遵循内部不通婚的规则。后来重新从血缘关系上确认或互认了其他“怀奴”，他们改过“借端”，加入其他“怀奴”，跟原来默认的“怀奴”自然分裂，也就可以自由通婚了。能这样理解吗？

潘 × 珏：差不多是这样。但生产队默认“怀奴”，更多的是一种默契，并没有相应的规约，偶有通婚情况，也不被谴责和追究。

大雄：“霞节”的主要活动是祭祀霞神，属于迷信活动，也属于禁止开展的活动了。“借端”“借卯”属于年节，勉强得到保留，中间都执行过统一过节庆①。

潘 × 珏：统一过“端”、过“卯”，我不清楚，但确实没人敢主张过“霞节”。

① 三都水族自治县志编纂委员会编《三都水族自治县志》，贵州人民出版社，1992，第168页。

二、“怀奴”的华南宗族模式实践

随着血缘谱系工作的深入，到2020年7月，十二“丁”举办中华人民共和国成立后的第三届“霞节”时，原仅知道“‘十二丁’霞是‘怀奴’”，是独立行事的“怀奴”团体，对接上了“幹怀奴”，并通过“霞节”的形式联络幹人，以幹人村组为单位派代表参与联谊。同时，还立了“2020年敬霞节暨干公后裔兄弟交流传承碑”①，碑文以“丁”为单位把幹人村组或一些散居寨子中幹人的户数详细列出，部分“丁”也列出了本“丁”的居住在各村寨的户数。

二〇二〇年霞节暨干公后裔兄弟交流传承碑

第一丁：夯合、荔波县2户（接待）三洞水敢。

第二丁：上下板闷、下板力、昂吼、务牛、水往、水配8户、水蒙3户、下水龙2户（接待）廷牌良桥村塘过组、项乔组，独山县玉水镇玉水村高帕组、罗寨组，榕江县响水洞、宰省、高兴大寨、高鲁寨、领真村凸卡寨、归九寨、华优村摆丢寨、三江怎冷寨。

第三丁：老寨、引头（接待）三洞善宏寨。

第四丁：姑内、大水叶（接待）水龙三组5户、水配2户、水往3户、水蒙1户、榕江县亚勇村、榕江县三江故最组、新寨组、平永镇乔亥村七组5户，三江里共组1户。

第五丁：大水叶73户、上下水达37户、的哥31户、岜凡44

---

①2020年7月20日，群聊中有参加“霞节”活动的成员将霞碑图片发到群里，群内其他区域幹人发现碑文有误，碑文以“丁”为单位接待各幹人分布区的代表刻在碑文上，但是没有注明是接待，而是直接表述为“第一丁：夯合、荔波2户、三洞水敢”，容易让人误认为夯合后面的也属第一“丁”。笔者在摘录碑文时在各“丁”寨子后面加（接待），表示后面的寨子是其他区域的幹人，并不属于该“丁”（也可能存在少数散户属于改“丁”外迁出去的情况）。

户（接待）榕江县同流村大寨184户，同流下寨84户，同流乔批88户，三江冷依村卯酉寨22户。

第六丁：姑谭，大水叶，大寨，甘塘（接待）水龙5户，福泉市8户，三洞达便7、8、9组，榕江县古州镇华优村俾当组、俾丢组、俾同组，平永镇田坝村欧弯组，仁里乡摆赖村，兴华故辉村巫秀组，坝街乡上排进寨，坝街的斗4户，安寨3户。

第七丁：上母改，大寨（接待）水虽，丹寨县，福泉市，三洞定城，榕江县三江故衣村3组5户。

第八丁：下母改（接待）三洞寨罗1、3组，榕江兴华上岜海，定威乡空乃村摆外寨，高旧、摆贝、河沙坝、命亚、枫柳、坝辉用寨。

第九丁：姑弄、抗甲（接待）三洞达便1组、水各组，甲良丙外村交抹组、甲阶组平塘组、定坝组、本同组，黎平县。

第十丁：大寨、上板力、姑牙（接待）三洞达便2、3、4、5、6组，黎平县育洞村5户。荔波县水扒5户，麻江县宣威镇咸宁村，坝街高平村故下组，都江大坝村8户，塘州塘外村。

第十一丁：大高农、大寨（接待）水泽8户、水蒙6户、水甲12户、本庭7户、三洞街上3户，榕江县八开响水洞3户，水尾高望村毕翁组5户、下午组1户，水往4户、上水吼3户、梅彩3户、故其组5户，三洞梅山150户。

第十二丁：姑丙、井丰（接待）三洞寨罗2组、板以寨、板领寨、弯寨，榕江县党得、大高兴、小高兴、中城寨，从江县高梁村、高林村、里进寨、加沙寨、摆把五组，布仰寨、都江、排降、党辽、怎雅寨、打鱼排怪，雷山县党早，都江甲找，榕江县乌雀。

元干公后裔枝繁叶茂，人才辈出，百业兴旺，团结同心。值庚子霞节之际，后裔兄弟秉承感恩之心，出资立碑铭记，愿后人有形可寻，有榜可效，望家族永世繁衍、生生不息。

二〇二〇年七月二十日立

补八丁：都江打郎寨4户，兴华八蒙寨、里宜寨、古腊寨、摆夺寨、排哨寨。补十丁便省24户，定威乡功台村25户，坝街高坪村姑长组。补三丁兴华污秀村3、4、5组。

1949年至今，十二“丁”举办了3次“霞节”（1996年、2008年、2020年），前两次均未明确十二“丁”属于“幹怀奴”。21世纪初期，“幹怀奴”开始进行谱系整理、追踪，最终在2020年“霞节”之前确认了十二“丁”属于“幹怀奴”，十二“丁”也以“霞节”为契机进行集团内部联谊，并立“干公后裔兄弟交流传承碑”。通过节庆仪式的方式，原来事实上已经独立的两个“怀奴”进行了互认。这种互认，某种程度上预示着所谓的三洞小潘之一的“幹怀奴”，已经开始接纳有血缘关系但存在通婚事实的成员，将逐渐走向“大包容”。

除了谱系的不断梳理、追踪与完善，“幹怀奴”近些年也在讨论建造一个属于自身集团的祠堂，并进行了多次初步论证与选址走访等工作，但具体方案还在制定当中。了解部分内情的人说：“听说幹人计划要搞祠堂，可说着说着就说歪了，扯到搞什么学馆去了，最后不欢而散。”

谱系梳理、走访确认成员、建祠堂等，主要是联合父系血缘上有关的家庭，在人数规模宣传上获得名声，但同时又忽略以前“怀奴”内通婚分裂的实情，以及“女婿跟丈人成为‘怀奴’，被笑话”的文化认知。在新建祠堂的计划中，部分“怀奴”不断向偏远区域邀请有血缘关联的村寨或家庭加入，并向准备新加入的成员提出募捐计划。这给很多被邀请者带来困惑，群里了解实情的成员转述一位被邀人原话：“有三洞潘来找我们了，说‘斗钱’（集资）建三洞潘祠堂（仰、干共商共建共享），但我们不干，没有证据表明我们是三洞潘；就算三洞潘编故事想收买我们（或者很久以前是‘怀奴’），我们也不会加入了，因为我们跟三洞潘已经通婚，我们是‘女婿仔’，可不想上别人家的谱系，闹笑话。”

谱系推动下的包容性“怀奴”建设，注重学习祠堂、族谱等外形的、物性的建设，有意回避水家“怀奴”禁婚文化规则。一直看重水家“怀奴”通婚规则的水家人士，批评当前谱系推动下的“怀奴”重建是“乱搞”，完全忽视水家“怀奴”最基本的禁婚规则，还大张旗鼓地拉拢已经跟自家“怀奴”存在通婚事实的成员。被批评的一方则以批评者不尊重自己“怀奴”为由进行指责：“关于张三‘怀奴’、李四‘怀奴’的问题，我在群里从不评论半句，这是对其他水族同胞最起码的尊重。也许群里也有那边的相关人员，试想他们得到尊重了吗？他们有何感想？并且，即使那是事实，我相信那边的兄弟有足够的智慧和能力处理好他们的事情。而且，这是他们内部的事情，我不评论，这是对他们最起码的尊重。”[①] 群里也有人说道：“‘怀奴’内部不通婚，这是水族长期以来坚守的部落族系文化，与法律规范的婚姻接纳方式不一样，这是水族延续凝聚力的最好方式。”反击者产生如此激烈的反应，批评者认为这是一种“伸手要尊重”、文化不自信的表现。

20 世纪 80 年代以前，水家聚居区未见祠堂，之后有部分“怀奴”开始修建祠堂，三洞地区目前还没有祠堂，但是根据“幹怀奴”集团的重建进度，祠堂的建设是迟早的事。但是华南宗族要素中的族产、族田在水家社会的历史材料中未有记载，现在活着的人从自己的祖先口述资料中也确认未存在族田、族产，而水家三洞地区的《潘氏宗谱》，其修订者的直系孙辈说：“宗谱修订是文秀公在光绪十五年时结稿，这本族谱在民间传抄，大都以此本为参照。”[②] 民间传说这是三洞地区最早成稿的潘姓族谱。1889 年至今，当地进行华南宗族要素建设的过程中，仅谱系方面的建设获得认可并推广，而祖祠或祠堂的建设直到近两年才进入讨论、计划实施阶段，就算水家其他区域在 20 世纪 80 年代后期开始建有祠堂，但也并没有配套相应的族田、族产，或其他可以用于支付开展“宗族”活动的较为稳定的经费来源，多数祠堂的大门都是锁着的。从血缘认同的规模、聚集的格局看，水家社会具有聚居、庞大的父系血缘群体规模、强烈的认同感等，但缺乏族产、祠堂等要

---

① 2020 年 9 月某天的群聊内容。当时批评方一再指出各“怀奴”现在的重建乱象，忽视水家的“怀奴”的基本逻辑，将某些“怀奴”的现代行为及建构模式在群里进行了讨论，因此出现了指责，甚至语言攻击。

② 2020 年 4 月 28 日，潘茂金先生的原话。

素，无法归入华南完备宗族要素模式下；同时水家多数村寨不是多姓村，很多区域是连片的同姓村，且呈现出“同姓同宗不一家（怀奴）”的特征，也不能加入“同姓不同宗”“同姓不一家”的华北残缺宗族模式[①]中。水家的“怀奴”更像一直在建构过程中的华南宗族，是一种过渡宗族。

当下水家民间进行的谱系梳理、建设（筹建）祠堂、拉名人或有影响的人士加入自己的“怀奴”，部分精英血缘捆绑文化进行的久远族源探索，属于中国20世纪80年代以来中国宗族“复兴”的一部分，是一种宗族文化实践[②]。但是，当下水家的宗族实践中，需要建构一套类似华南宗族模式的话题体系（祠堂要素、同姓不婚、异姓开亲等），才能同步步入周边其他区域宗族“复兴”的类似轨迹中。要建构的体系与水家自身原有认同（不同“怀奴”的同姓可通婚）实际存在偏差，文化转型又势在必行，只能放弃部分“原有的文化传统，转而接受另一人群的文化传统，开始文化转型时期的遗忘”[③]，水家“怀奴”文化与正在建设与复兴同步的宗族文化并存，水家社会徘徊于新旧模式之间。于是新模式建构中的人士不愿提及旧模式下不认可的部分，哪怕是实情，被指出来也是一种不尊重。原有模式生活下的人，看到新模式建构中的偏移，从内心深处意识到传统的衰败及最后消亡，也能理解“伸手要尊重”背后的逻辑。[④]

刘×瑞：胡乱允许非本血统人员加入“怀奴”、女婿纳入“怀奴”、“怀奴”内部通婚等，是水家“怀奴”文化走向毁灭的根源。

刘×瑞：我们水留也有几家不是“遗”的，我们就是世世代代地跟后代说：这几家不是（遗人/“遗怀奴”），你们任何时候都

---

① 完备宗族要素与残缺宗族之比较，参见兰林友：《庙无寻处——华北满铁调查村落再研究》，黑龙江人民出版社，2007，第17-56页。

② 张小军：《宗族与家族》，载李培林主编《中国社会》，社会科学文献出版社，2011，第79-80页。

③ 罗新：《有所不为的反叛者：批判、怀疑与想象力》，上海三联书店，2019，第44页。

④ 2020年9月5日，群聊内容，人名、地名、“怀奴”名称等进行匿名处理。

不允许把他们弄进“遗怀奴”里面来。但是由于大家居住在一起，邻里之间需要和睦相处，你们要互相帮助，私下建立感情、结拜兄弟，什么都可以，但是大家各有各的家谱，各是各家的人。私人感情随你们怎么处，那是人情的事情，但是涉及“遗怀奴”的事情，是否认“遗”(或接纳对方为“遗”）并不是你水留寨人说了算。整个“遗”的集团，它有它的规矩，规矩不合就进不了集团。

大雄：意思是“遗怀奴”还在努力坚守符合血缘、婚姻的“怀奴”文化规则。

刘 × 瑞：@ 大雄 是的。别的“怀奴”不守规矩了，有的连女婿都明目张胆地变“怀奴”了。

大雄：“遗”集团成了水家“怀奴”文化之门的最后守卫者。

刘 × 瑞：应该是最后防线了。

韦 × 新：@ 刘 × 瑞 你知不知道近些年“祥怀奴”定期聚会讨论族谱？有族谱记载，有哪个公从哪里来、去哪里，我们都在认真梳理。

刘 × 瑞：这主要是为了整顿，不是认可！

韦 × 新：家谱的梳理，要尊重历史，尊重客观实际，实事求是。不是我们宗族的，重金相求都进不来，如果调研情况形成事实，那么我们就理应向对方传达、举证，让大家认可。

苏 × 标：那是不是意味着，之前没认真调研，所以现在要重新做全面调查研究？

韦 × 新：@ 苏 × 标 因为族谱文献匮乏，我们要梳理祥公的后裔分布在哪些地方。

韦 × 新：关于 × 张三“怀奴”、× 李四“怀奴”的问题，我在群里从不评论半句，这是对其他水族同胞最起码的尊重。也许群里也有那边的相关人员，试想他们得到尊重了吗？他们有何感想？并且即使那是事实，我相信那边的兄弟有足够的智慧和能力处理好他们的事情。而且，这是他们内部的事情，我不评论，这是对他们最起码的尊重。最后，对于这些问题，我不是他们内部的人，所以了解得相当片面，只有他们自己最清楚，因此不敢妄加评论。

韦×新：今天我的话有点多了，对不住群里的各位老前辈，望海涵，谢谢。

姚×擅：此群是研究水家文化的主要平台之一，关于族谱，各宗支自有把握，不要在群里说一些有损族邻关系的话，影响乡邻关系。

潘×灏："怀奴"内部不通婚，这是水族长期以来坚守的部落族系文化，与法律规范的婚姻接纳方式不一样，是水族人延续凝聚力的最好方式。

刘×瑞：这就是水族文化中的"怀奴"文化之标志。法律上"三代以内不通婚"不适用于"怀奴"。

（以下内容为私聊）

大雄：你最近的发言激怒了韦×新。

刘×瑞：他历来如此，习惯了。为了掩盖一些所谓的"不光彩"，理解！

刘×瑞：还拉上其他"怀奴"联合起来"伸手要尊重"！

大雄：从讨论看，其他"怀奴"集团或者有人说的族系，其实已经没有"怀奴"的实质，即"内部禁婚"，同时又不符合文献提及的"同姓不婚"，但他们又觉得那是自己内部的事，不容外人说。

大雄：是否因为外来文化冲击，自己的文化传统没有守住，而新的文化体系又建不起来，借用别人的很多东西来表达水家的东西，现实又呈现很多自相矛盾的地方，就不断进行特例说明？目前只有"遗怀奴"保留了内部禁婚，根本不用什么"刘"姓来解释，"遗怀奴"一下就解释清楚自己的集团范围；而其他集团可能在谱系登记上是同一个"怀奴"，但是内部已经通婚，用原有"怀奴"规则进行解释也说不清楚，又不愿意分裂，只能隐瞒，试图借用汉人“同宗不婚”进行解释，但是汉人的同宗是来自同一祖先的人。

大雄：以现在三洞的“仰怀奴”“斡怀奴”为例，谱系上清晰地记着“仰”“斡”是亲兄弟，那么这两个集团就是明明白白的同宗，以“同宗不婚”来分析，这两个集团就是不能通婚的宗族，而社会现实是两个集团不但通婚很久了并且也将继续通婚下去。现在建构的水家宗族，就很难合理地解释现存的文化现象。

刘 × 瑞：分析得八九不离十。“仰”“斡”“燕”等是兄弟，多年后他们的后代相互通婚，起因其实就是“犯规”破裂，相互唾弃，最后独立。至少是其中两支如此（“仰”和“斡”），第三支被动以平等身份分为第三个独立集团。民间故事确认通婚的事实，但杜撰“倒栽树”传说，其实就是对接受了“同姓不婚”或“同宗不婚”的粉饰性补救。

大雄：这种“怀奴”文化以前应该很明确的，成员多了，通婚困难，“犯规”就分裂，大家也接受，也不存在等级高低之分，大家都平等。

刘 × 瑞：分裂形成的各方当然平等，不管人数相对有多少，不管分裂出来的始祖排序，分裂后大家都是平等的，都可以相互通婚，并不存在谁有只娶对方“怀奴”而不嫁女儿给对方的特权。

刘 × 瑞：“怀奴”文化本来就是很死板的父系血统文化，内部禁婚，但受到新文化的冲击，已经快消亡了。

第三节 “怀奴”与节庆

一、超越“怀奴”的节庆

水家“借端”的祭祖“游端”仪式中，每家出一个代表组成集体流动到各家进行祭祖活动，通过节庆中的祭祀仪式，把血缘关系比较亲近的10至25户的家庭进行关联（偶有日常相处和睦但无血缘关系或血缘关系较淡的个别家庭加入），确认关系较近的祖先关联的家庭。这些家庭的群体成员共同体水语为“$ha:m^1$ $ɣa:n^2$”，笔者将其音译为“哈姆敢”，已有的意译有“三家六房”“三家”等。这些家庭生活中的劳动协助、相互帮扶、结伴走亲戚、一起待客等日常来往都相对频繁。通常情况下，大的自然寨内有数个“哈姆敢”，其中的2个或多个“哈姆敢”构成丧葬习俗中的“忌油圈”，节庆活动较少涉及“忌油圈”的范围。① 寨子小且内部团结的时候，一个自然寨就是一个“忌油圈”，寨子规模较大或者自然寨不大但内部人员血统结构或人心比较分散的时候，一个自然寨内会有数个“忌油圈”。

自然寨人口增长的过程中，因人口繁衍快，形成新的自然寨，甚至是相邻的数个自然寨，相同节日里要想与原迁出寨子来往，会产生时间上的冲突，于是延长节庆时间。随着迁出地距离的增加，又要在节庆中进行来往互认，则将同一节庆分区域、分时段进行。迁移距离不断增加，人口规模也不

① 笔者在2005年调查的板鸟寨，因自然寨不大，加上内部比较团结，“游端”与“忌油圈”刚好重合，相比更多的水家“借端”村寨（部分小村寨因为不团结，内部也分多个“游端”小团体），其属于特例。参见《水族端节祭祖仪式与“忌油圈”》，《西南民族大学学报（人文社科版）》2008年第1期。通常情形下，“游端”的成员比“忌油圈”少。

断增长，节庆批次就不断增多。这就是水家“借端”民间故事[1]分批次、分区域过节的理论原初形态，或者称其为“借端”批次的父系血缘发展说。

“怀奴”内部抱团、摩擦、冲突，会导致内部不团结，或者说存在明确父系血缘之下不同小集团的“仇恨”，于是公开分裂“怀奴”，或者当地说的“撕”“怀奴”，新分裂出来的两个“怀奴”就可以进行通婚。分裂形成的“怀奴”跟任何一个现存的“怀奴”之间都是平等的，因此各“怀奴”的行事具有自主性，而不必听从其他“怀奴”的说教。在冲突比较激烈情形下分裂的“怀奴”，某一方就会任性行事，不遵从原来的节庆或节庆批次，而过与原来不同的节庆，或即使过同一个节庆也要分不同的时段，于是就产生了水家节庆的多样性与同一节庆的多批次的情况，并且不叠加或跟从，只在属于自己时段的节庆过节，其他区域或时段的节庆则作为客人去走访。

关于水家“借卯”在盛夏时的原因，除了初民社会中“绿色生命的旺盛季节”的隐喻、有关“社稷”的祈祷丰收祭祀等解释[2]外，民间还流传“兄弟赌气”的故事。很久以前，“借卯”的这部分水家也“借端”，后来两伙人闹矛盾了，就赌气不“借端”，重新选择一个黄道吉日过节；同时他们认为“借端”在秋收季节没什么可以炫耀的，能在青黄不接的盛夏“借卯”才是实力！从民间故事的解读中，可以看到水家节庆的开展也存在展现和炫耀实力的一面。

当前的节庆中亦有村寨找机会展示自己实力的情形。2019 年、2020 年的农历八月出现 3 个亥日，水家第一批“借端”区域就有部分村寨根据自己的传统选择第一个亥日过节，而不顾广大外围水家人士苦口婆心的劝导——部分人认为为了使节庆时间间隔有规律，应该参照第二批“借端”时间（八月最后一个亥日）进行调整，改到八月第二个亥日。

节庆活动不仅是男人外出走动维系父系血缘的关联的活动，还是不同

---

① 潘朝霖：《端节的由来》，载祖岱年、周隆渊编《水族民间故事选》，上海文艺出版社，1988，第 160–163 页。

② 罗春寒：《卯节——讴歌生命的律动》，载潘朝霖、韦宗林主编《中国水族文化研究》，贵州人民出版社，2004，第 507–510 页。

人进行交流互动的平台，特别是执行“怀奴”外婚的情况下，节庆还为不同“怀奴”的男女青年提供了相遇、相识的机会。从功能论角度看，水家节庆的“坡”，除了开展相应的民间活动外，更大的功能是给不同的个体提供交流的机会和空间。节庆期间，更多的是个体、核心家庭主要成员等走亲访友，去节庆的“坡”上参加活动或看热闹等。20 世纪 90 年代前，“借端”的客人除了嫁出去的女儿和女婿、外孙会提前来做客并一起为节庆待客准备外，大量的客人是先去“端坡”看跑马，活动结束后再去走客。

节庆活动的开展，加强了不同血缘谱系下的人们交流与互动，达成特定区域的整合与相互间的认同。很多节庆的“坡”，在地理位置上属于特定“怀奴”的某个村寨，但也仅有仪式祭祀的主持环节（比如“端坡”跑马前简单祭祀）有优先权，前来参加“借端”跑马、“借卯”唱歌、看热闹等的人则来自不同的“怀奴”、不同的区域。节庆时段的“坡”，其所属权不明显，共享性突出。

“借端”“借卯”等节庆属于不同群体的节庆，节庆还有不同批次，但这并不造成认同上的阻隔，而是公开彼此差异化的相互认同。当两个未曾谋面的水家见面闲聊，除了问对方居住地归属外，通常还会咨询对方过什么节庆，关系好的，双方则会在对方的节庆时段去走访。就算对方不属于“借端”“借卯”等水家特有节庆区域，也依然认同对方的民族归属。笔者身份证上的民族是水族，但是笔者已经不太了解聚居区水家的文化习俗特征，不会说水语，老家也没有“借端”“借卯”“借额”等，水家村民在向其他人介绍我时，也经常不忘补上一句：“他是云南的水家。”当然，少数有“正统水家”想法的人士可能会嗤之以鼻，但并不妨碍多数人达成不同差异下的水家相互认同——自认水家，各自保留差异并认可对方的差异。

二、“端坡”中徘徊的“怀奴”

20 世纪 90 年代以前，“借端”的两个主要集体活动是“端坡”跑马、寨内“邀端”。“邀端”的动力或功能是加强血缘很亲近的家庭间的凝聚力，“端坡”跑马的动力源自对自己的族群文化的喜爱，并进行积极主动的实践。

“端坡”跑马没有奖金或贵重奖品，偶尔会发毛巾之类的日用品作为纪念，但大家依然前去跑马或观看跑马。

20 世纪 90 年代以前，客人比较自觉遵守“端坡”跑马结束后才走客。“‘借端’跑马日的上午几乎没有客人来，主人吃午餐时也不存在陪客；午饭过后，90% 以上的主人是有时间去马坡（‘端坡’）的，除非醉得严重，或游端（“邀端”）时间较长。跑马的主力是作为主人一方的各村寨。”[①] 从主人一方看，“端坡”为该区域同一批次“借端”的村寨共同拥有，“借端”又有缅怀祖先的意义，于是各“借端”村寨（承办方的村寨）里有马的中、青年人都会去跑马，“他就喜欢在那一天去跑马，就要去‘端坡’‘亮’一下，纪念他的先祖”。区域共享的“端坡”，承办方（多数参与跑马的人）也是超越单一“怀奴”的，如三洞第五批“借端”，多数情形下都是仰、幹、根（水根）“怀奴”共用一个端坡。

总之，多数情形下，不论从客人参与的来源、还是从积极跑马的承办一方的构成看，“端坡”是超越单一血缘认同“怀奴”共同体的，是水家社会区域整合与跨区域互动的文化平台。

> 大雄：@ 潘老四 以前赛马没有奖品吧？参赛的动力是什么？
>
> 潘老四：以前的人去跑马、骑马，根本就不在乎什么物质奖励、精神奖励，他就喜欢在那一天去跑马。你喜欢，我也喜欢，我就要去端坡“亮”一下，纪念我的先祖，就是这么一回事。仅仅是依靠这个，没有奖品。你们讲什么都要提物质奖励、精神奖励，有这些你们才参与，你们就没有发自内心的那种爱好和兴趣。我们就凭兴趣、爱好，如“端坡”跑马。
>
> 潘老四：传统的“借端”，除了“端坡”跑马这个重要的活动，还有一个重要活动就是“哟端”（“邀端”），比较亲近的那几家，也就十几家、二十几家那种规模，在每家祭祖后，他们就开始喊

① 2021 年 4 月 11 日，传统“端坡”活动的动力，为 2019 年 9 月 23 日群聊内容。

“哟”“哟”“哟”了。其实最重要的集体活动就是这两个：一个是跑马，一个就是寨子里几家联合搞的这个活动，其他的都不重要，都可以略掉的。20世纪90年代后逐渐开始请歌手来“端坡”唱歌、在“端坡”搞大型“祭祖”活动等，以前是没有的。

潘老四：寨子统一祭祖，或者在“端坡”搞祭祖活动，之前根本没有。所谓的集体活动，不可能包含整个寨子，小寨子差不多，如只有十几家的那种寨子。像达便、板南这种大寨子，你喊全寨子去搞祭祖活动不太可能实现，从来没有过。

潘×鼎：去年我去三洞“端坡”，看到不少“裸骑”的骑手。

潘老四：“裸骑”说得难听点就是“拥玲”(水语音译)，不严肃。我就这么概括了，是错不到哪里去的，这样给他们下定义是没有太多错误的。

潘老四：“端坡”上的“挤马”，目标是跑得快、赶时间，赶时间但还需坐得稳，坐得稳就要靠马鞍，如果你不用马鞍，你的目标就达不到，就是玩，就是“拥玲”。三洞“端坡”从来就没有“裸骑”，以前全部是标准的马鞍，各种各样的马鞍，有木质的、皮质的，只是后来变迁了，马鞍不好卖了。以前在三洞卖马鞍还是一门比较好的生意，销路比较好的。

潘阿水：最后一批马鞍消失，骑马已经不是主要出行方式了。

金色的黎明：现在“端坡”跑马，外地的马超过了本地的马，给本地的热闹气氛“降了温”。应该取消允许外地的马参加比赛。

潘老四：我也发现了三洞的“裸骑”，那个已经流行了好多年，所以我都讲了，那就是“拥玲”，不是传统意义上的骑马了，传统的骑马不是那么回事。20世纪80年代以后，开始出现“裸骑”，外面的人或者部分水家人就以为水家传统就是“裸骑”，造成一种误解。

潘老四：从浪漫主义看是可以理解的，但是从传统情况来说，“裸骑”就是歪曲，本来就没有的事，改了传统还说得天花乱坠。

大雄：@潘老四 赛马应该是有动力的，会不会是当时的动力跟现在不一样？

潘老四：严格意义上说，或者从以前传统意义上来说，在马坡上骑着马跑，按照你们那个定义，它不能算作赛马，你叫它赛马，那是你歪曲了它的定义，用香港那种赛马的标准来衡量它。

潘老四：因为按照你们那个定义，要赛马，就要有同一条起跑线，一根线画好了，大家站稳稳的，哨声一响或枪一响，一起跑。你们潜意识的赛马肯定是这样，但是我们的传统上从来就没有这些动作，从来就没有什么起跑线，也没有什么哨声一响一起跑，所以我是不同意你把我们的跑马翻译成赛马。

大雄：@潘老四 不是狡辩，而是我们现在没法体会当时情形。比如家家都有马，“端坡”跑马，可能还是显示水家的马好、人帅等。

潘老四：一听到这个“赛”字，你就认为是在争夺某种利益，要么争名，要么争利，你就联系到这些了。所以你用那个“赛”字来翻译“端坡”上的跑马，我是非常生气的。一有那个字，大家就会认为这些水家疯了，为了某种利益、为了金钱等搞的“借端”赛马活动。实际上，他们不为什么，那仅仅是他们的兴趣爱好。

潘老四：不管你再怎么狡辩，我是讲传统上的，现在不晓得了，我承认这是有争议的。以前的人骑着马去“端坡”上跑，他就不为什么名、什么利去跑。当然你要讲为名气什么的，有可能，他有可能在“端坡”骑马动作好看一点、优美一些，搞一些惊险的动作，吸引别人的眼球。假如是个小伙子，肯定会想通过这些操作来获得女性的好感，当然有这种。如果这也算功利的话，“端坡”跑马最多也就是这种方面的功利，不存在像你说的那种贪图利益的目的。

大雄：@潘老四 翻译成跑马、遛马还是其他？

潘老四：我们三洞“端坡”，寨罗是东道主，那个跑马的地方是他们寨子的。假如你跑去问寨罗人："我今天来坡上骑马，你要拿东西给我，我才骑。"寨罗人不会搭理你。

潘老四：你想怎么翻译都行，反正都不准确，我就喜欢用我们自己的水语。因为无法用汉字准确地翻译，可以直接用音译"挤马""骠马""跑马"等，最好不用"赛马"。

20世纪90年代以前的"借端"活动，全由民间自发组织开展，并没有物质或金钱方面的刺激。后来为了宣传民族文化、开展民俗旅游、发展地方经济等，部分"端坡"所在区域的基层组织开始积极接手"借端"活动的承办，"端坡"跑马的传统项目逐渐引入奖金，在农村养马规模急剧萎缩的情形下吸引更大范围内的人参加跑马，还邀请水歌歌手到"端坡"对唱水歌，以及举行大型"端坡"祭祖仪式、开展水家马尾绣竞赛等。基层组织投入了大量的人力财力，开展了很多集体活动，将当地"端坡"办得有声有色，使之成为水家地区名声很高的节庆，每年吸引很多人前去看热闹或参加相关的活动。

其他区域的"借端""借卯"等活动也开始了类似操作，地方基层组织、出钱承办了"端坡""卯坡"等集体活动，民间承办人的角色基本退出了节日之"坡"的活动。奖金的引入，必然伴随着相应的竞争规则，"端坡"原来意义上的跑马（在不规则田间便道或小山丘上的临时便道上，多人在骑马飞奔中互相推挤，比拼稳定性），变成了体育竞技要求下相同起点开始的循环淘汰赛。参赛马匹少，赛马时间就短，去观看的人自然也少；加上本地马的不断减少以及加上没有高额奖金的设置，很难将更远区域的赛马人吸引到"端坡"，于是设置的奖金额度一年高过一年。收入不高的基层组织，拿不出高额奖金，则逐渐扩展传统"端坡"集体项目（多数情形只跑马），邀请水歌歌手搭台主唱，同时奖励坡上的人们自由对唱，出钱请民间表演队在"端坡"演出等，在有限的财力下开展尽可能丰富多彩的活动，吸引更多的群众到坡上参加活动或看热闹，维持和提升"端坡"的人气。"端坡"的人气与投入形成了正相关关系，一旦没有投入，活动直接无法开展。水家其他节庆的“坡”也是相同的情形，已经无法离开经费的输入。

2014 年后，“端坡”活动资金竞争激烈，加上政府压缩举办大型活动的财政支出，很多“端坡”缺少资金来源，难以继续开展活动，部分“借端”区域开始捐款集资开展活动。捐款的活动中，呈现出“端坡”承办向“怀奴”靠拢或重叠的趋势。部分“怀奴”不向共享的“端坡”集资，而是集资新建“端坡”或恢复自己领地上已经废弃很久的“端坡”，大体上形成一个“怀奴”（或者“怀奴”内的多数成员）承办一个“端坡”之势。水家某地原共享一个“端坡”，2020 年发展出 3 个“端坡”，同时举行大致相同的集体活动。“3 个‘端坡’，呈等腰三角形，相距两公里！”[①] 当天各“端坡”参赛的马均未超过 30 匹，排除重复计算的可能，3 个“端坡”参赛马匹总数都没有达到 50 匹。

恒众：你们鼎摆今年搞 3 个“端坡”，“三国鼎立”。三洞人看你们鼎摆的笑话。

涵涵：奉台“端坡”是鼎摆名片了！

苏 × 标：高满发财、新雨振兴（高满，寨名；新雨，“端坡”名）！

苏 × 标：新雨是“十六端”的中心，四周有 × 摆、× 峰、× 寨、× 州（王氏“端坡”）等 4 个“端坡”，地势平坦开阔，适合做“十六端”首“坡”。

文墨：高满寨标志石座为高满集资而建，每个年轻人捐 300 元。我捐了 500 元，我两个儿子各捐了 300 元，我家一共就捐了 1100 元。

美好回忆：高满的人团结！

文墨：今年新雨“端坡”也是大家集资承办。寨子上的意见也

① 2020 年 10 月 19 日，论及“端坡”集资问题时某成员的原话。讨论中的部分地名、人名进行了匿名处理。

不少！我依然欢迎大家亲临新雨“端坡”！

苏×标：“斗钱”（集资），在前几年可以这样操作，但不是长久之计呀！

恒众：我的两个同学也各投资了300元。

苏×标：三洞想搞16个“端坡”也搞不出来啊，“十六端”人多势众，财力雄厚。

大雄：@视察 鼎摆目前的3个“端坡”的承办主体，是由3个不同的“怀奴”集团在主导吗？

视察：也不全是。

文墨：3个“端坡”，呈等腰三角形，相距两公里！

恒众：鼎摆发达了，才搞得起3个“马坡”（“端坡”），其他地方望鼎摆兴叹！

文函：原本一“怀奴”，变两“怀奴”了！

苏×标：三洞搞不起那么多“端坡”。鼎摆的3个“端坡”相距两公里，形成良性竞争，哪一边搞得有特色，就吸引“流量”。

大雄：没有地方组织和资助的情况下，现在的“端坡”，也要有所属主体村寨的资助才能办得下来。看来各“怀奴”集团内积极性很高，大的“怀奴”还分出两个“端坡”，人丁兴旺且发达！

潘老四：一年一度的“十六端”节到了，于×年×月×号举行，望各位亲戚朋友兄弟带着家人朋友到乔村共度佳节，韦××及家人在三洞乔村二组恭候大家到来。——三洞邀请函来了！

大雄：@潘老四 三洞韦姓现在有一个“端坡”还是两个“端坡”？

夜哭：也像兄弟一样，长大了分家。

大雄：@夜哭 彻底分裂没有？相互之间成为独立“怀奴”或者通婚了吗？

苏×标：是否通婚是“怀奴”集团识别的关键因素之一。

潘老四：三洞韦姓有多个“怀奴”、多个“坡”。

金色的玫瑰：我不关心“端坡”，我只关心乡村道路、交通便利，还要保护好生态环境。一年才开展一天活动的“坡”，要淡化“端坡”的恶性竞争和减少开支的压力。如果过个端节搞得很有压力，就没有意思了。

大雄：@金色的玫瑰 今年鼎摆3个“端坡”，是不是民间面子工程的结果？

金色的玫瑰：我巴不得奉台坡没有人去，减少垃圾。对于这种面子，应该拒之门外；民间面子又没有钱，反而增加各方面的开销。

大雄：“怀奴”集团或“怀奴”内次级集团之间的实力较量。搞得有名声了，会听到某某“端坡”人气旺、马儿多、团结、有钱等之类的褒奖之词。

潘老四：应该是，你懂的！水家极少有幽默感，就是面子问题，深层次来说就是心胸问题。

金色的玫瑰：农民种出来的苞谷，晒好的才八毛钱一斤，一斤晒干的稻谷才一块三毛钱左右。过个端节，要花掉一家人几百块的收入，这是什么逻辑？在我这里，这种想法是行不通的。

潘老四：@金色的玫瑰 忧国忧民。

大雄：其实类似于之前谈到的“借端”带礼品问题，怎么样才能回到过去单纯的“借端”走亲访友与“端坡”自主活动的自娱自乐，而不是资金的较量或是礼品的堆积？

苏×标：@大雄 你家什么时候过“端”啊？

大雄：我还在准备买“端”的过程中，不知道目前的行情怎么样。

潘老四：价格低！

大雄：好像很难找到白水牛了，“借端”戌日杀的黑猪也难搞到，有点想打退堂鼓！

潘老四：哈哈哈！

大雄：祭祖的时候好像还需要水书、带有水字的铜钱，没有的话估计不灵；水书可以买到盗版的手抄本，带有水字的铜钱极其稀有，根本找不到。看来我不能买“端”了，只能去吃“端”了。

潘老四：“端坡”是民族的，或者说是某个区域内同一批次不同“怀奴”共同参与的，而不是单个“怀奴”来操控的。为了面子，将民族的文化活动变成了具体“怀奴”的活动，就会增加低收入成员的负担。

金色的玫瑰：如果是集资来搞村子、寨子里面的基础建设，这是每个村民都必须要支持的，借钱也要给，但集资搞活动不行。一斤苞谷八毛钱，一斤稻谷一块三毛钱。老百姓要卖多少粮食，才够你那个活动的集资款。

潘老四：疑是民间疾苦声？“端坡”要靠群众的钱，这实际上已经宣告了这项活动寿终正寝，默哀吧！

文墨：所言极是！“新雨‘端坡’今年首端”，我捐了，明年反对！

二狗哥：估计内部也有很多怨言，只是不好说出来。

潘老四：传统的“端坡”活动是不要群众一分钱的，而且比现在要钱的热闹万倍。

夜哭：所有的节日奖金不要多，每个“端坡”固定奖金，不搞攀比，农民集资就少。

文墨：寨子上头脑发热的青年好面子！不捐则以“与‘怀奴’兄弟闹分裂、吝啬鬼，今后他家有红白事的时候大家远离，他家私车不准停在村上公共场地”进行绑架！甚至是以势力相欺！悲哀！

哦虽：三洞“端坡”可能是唯一不需要群众“斗钱”的“端坡”。

夜哭：如果没有政府资助，你们也得捐，不捐，“端坡”活动就办不成。除非不办“端坡”。

潘老四：传统的“端坡”活动完全是放任自流，“是死是活”

由天定、由市场定，不靠人为干涉，最近二十年才变味的。

哦虽：不捐钱，就搞生活、生产制裁，高满大寨执行力强！

二狗哥：这种集资搞“端坡”活动的方式是走不远的。我个人觉得搞3个“端坡”也行，不在同一天就好；要不就轮流来，一年一个。

潘老四：“端坡”活动是水家的事，至少是所在片区的水家的事，其范围远远大于某个寨子或“怀奴”集团，寨子或“怀奴”集团不应该去承担这个责任。

潘老四：以三洞“端坡”为例，传统的“端坡”活动点在寨罗的后山上，土地使用权是寨罗的，修理跑道等现场工作由寨罗负责，寨罗人从来没有什么意见……其他人只管给面子到场就行，不存在捐款。

潘老四：也不知从哪年起，砸了资金……味道变了，文化“死”了！一砸资金，就好比用了电灯，再也回不去煤油灯的时候了。

二狗哥：以前的马坡是早就有模样的，到过“端”的时候，几个寨老拿锄头到马坡上稍微整理一下就可以了。现在各地搞马坡建设比赛，投资大量人力财力。

二狗哥：真的感慨，鼎摆同时搞3个“端坡”，是水族地区有史以来最大的乱象。

潘老四：主要是思想出了问题，把水家的事或所在片区的事当成寨子或“怀奴”集团的事了。思想根源不除，乱象不止。这种思想很多年前在三洞也昙花一现，我们及时发现并制止了。

难眠：下面是来自一位教授的动员捐款，挺有意思。

“我们水族过‘端节’，在马坡上举行跑马和相关活动，目的在于欢庆丰年和丰富节日文化生活，让亲友共享华年，感受安平盛景。‘端节’活动是民间组织，捐款支持马坡活动是正能量行为，是热爱亲人、热爱家乡、热爱安定社会的具体表现。近来各村寨父老乡亲积极捐款支持马坡活动，值得赞扬，值得称道，一分一角都是爱。考旧马坡，是我们 ×× 一带最早的马坡，是我们共同先祖所创，属于 ×× 所有人，而今我们在这座马坡上跑马，举行活动庆祝‘端节’，一是继承和发扬先祖首创‘端节’的遗志和精神，二是庆祝丰收和促进民族团结进步。综观捐款情况，读书少的、务农和外出干苦工的、从商的、建厂建公司的这一部分亲人，捐款比较积极，而读书多一点的、做活路少沾泥的、雨不淋日不晒的、收入相对稳定的这一部分亲人，参与捐款的很少或一直就没有捐过款。由而我想，‘端节’是民间民俗文化活动，那就只应由‘民’去捐款、去整马道、去维护马坡治安、去组织跑马等活动，既出钱又出力；而‘非民’因为是‘非民’，那就应该乐享其成，户数款、个人捐则没必要交或不耻交？我只想问一问，当你指着考旧马坡说，这是‘我们的马坡’时，有何感想？话有点多，不当之处，敬请亲人们指正。顺此谨向积极参与马坡活动的亲人们表示敬意！”

全球：这个值得思考啊。我建议你们读书多的，还是积极捐点款吧。

潘老四：教授抢占道德制高点，绑架一下也好。形成定期捐款，恐怕后患无穷。文化不是这样发展的！都这样搞，说明不是文化了，而是商业演出了。

碎玉：意图绑架读书人，部分读书人也使坏。“借端”本应整合更多、更广泛的人，结果被少数人弄成某个大寨子或“怀奴”主体的面子工程。读书人在中间也没有看到其中的弊病，还帮忙吆喝。

大雄：“借端”等节庆中活动资金的介入，应该也是部分读书人导致的结果，而现在变成了老四所说的情况，上瘾了！

余 × 君：道德绑架！

恒众：你们不捐款还说三道四。我年年捐款。

苏 × 标：好，要形成“活到老捐到老”的常态！

猛龙过江：这年头过“端”变味走样，没有了传统的风格。

金色的玫瑰：“好，要形成‘活到老捐到老’的常态”，这话接地气、简单易懂，看出其中的真正问题，认识精准！

潘老四：年年捐，这笔钱是个人年度预算！

过去“端坡”活动不需要资金投入时，基本不需要特别筹备，“端坡”对于所在区域“借端”的水家而言，是超越某个单一“怀奴”的，“端坡”与“怀奴”无关。因为资金的投入，甚至是平时共享“端坡”的“怀奴”之间闹情绪，造成部分“怀奴”以组织新开或重启废弃“端坡”活动来显示内部的团结，“怀奴”直接跟“端坡”活动达成关联。

在“端坡”中徘徊的“怀奴”，某种程度上易于误导调查者建构一种理想的模型——水家“借端”群体中，一个“端坡”所涵盖的承办村寨或集资村寨、集资家庭或个人，就是一个禁婚群体。[①]这种理想模型具有特殊性，要在对过去无法证实与证伪的情况下进行推理，同时附带“因为变迁，所以现在有所不同”的注解。就目前的调查分析来看，水家禁婚范围较贴切的表述应该是：“怀奴”内禁婚；一旦互认“怀奴”内部，应自觉遵守内部禁婚的规则；一旦公开通婚，则预示着原“怀奴”内部的分裂，形成多个独立、平等的“怀奴”。

水家节庆活动的资金，除了用于具体的习俗项目外，还有部分经费用于节庆“坡”的基础建设，通常需要大额支出，且多由政府出资，特别是在需要快速取得可见成效的理念下，政府也乐意批准并支持文化形象工程建设。水家三洞姑稔“端坡”是目前水家区域内规模最大、设施最齐全的“坡”，有专门供祭祖展演的“恩（殷）公”雕像和小广场、“端坡”活动广场、宽敞的露天赛马场。三洞姑稔“端坡”建设成效，得益于地方基层、民族精英等的规划和符合当时地方政府大力推进文化形象工程的需求。

“端坡”上的《恩公造像记》清晰记载：“恩公，水族共祖也。地球自太

① 张兴雄：《水族的端节与社会组织——以三洞乡为例》，硕士学位论文，西南民族大学，2006，第24-30页。后来了解得知，当时调查时刚好因原共享端坡中两个“怀奴”闹矛盾，部分人在谱系梳理的过程中顺手策划了“端坡”活动。调查时刚好收集到该集资材料，于是笔者就进行了一种理想模型的建构。

古……”落款为“水族全民恭立”。2016年，“端坡”建成并投入使用，“端坡”活动除了传统的跑马演变的赛马外，还举办了大型的水族共祖“恩公”祭祀。在“端坡”徘徊的“怀奴”，借助学者精英、地方政府、基层组织等综合力量，蜕变成超越具体“怀奴”的民族文化符号的共祖“恩公”。这种超越地方的宗族符号已经向更高级的族群建构演变，参与设计和策划的已经不再是地方的普通民众，而多为出生于地方、文化习得并内化于地方之外的精英。

结　语

本研究是一项关于水家节庆与社会组织的研究。以汉人宗族研究中的学术概念或研究对象的要素作为参照，从西南水家（水族）的节庆安排（水语“借”）和亲属关系实践（水语“怀奴”）等日常生活切入，通过梳理水家在日常交往、人生礼仪、节庆互动、通婚规则、群体摩擦等中的态度及在具体行动反应或事件中的行动态度，试图厘清三个方面的问题：一是水家对不同节庆的认同的文化逻辑；二是“怀奴”这一基于亲缘的社会组织及其内部规则；三是探究水家“怀奴”向社会文化意义更为接近汉族要素“宗族”的转型过程。

一、水家轮流过节与流动走客

对于水家的研究，过去较少关注其中的个体，更多是关注斯大林民族定义四要素[①]下水族的共同特征，水语与水书，抚水州到水族自治县的沿革，西南山区的小农经济以及随之产生的葬俗、节庆等民俗文化。为了理解这些要素下的个体如何行事，只有将个体置于其中并理解其意义，才能达到“修

① 纳日碧力戈：《民族与民族概念辨正》，《民族研究》1990年第5期。

行”人类学主张的重返“人”的研究中，“关注普通人是如何去做的”[①]，“关注于活生生的、与我们共存的‘个人’（individual）”，并将“人”置于“特定的社会场景和历史脉络”[②]。因此，本研究中有大量的篇幅是关于水家社会中的个人、家庭等，在日常生活中如何从称谓开始进行自我生活场景的分类；开展生产生活、组织人生礼仪活动甚至是“用鬼”等日常交往中，人与人之间的具体交往情形。某种程度上也显示了个人生物血缘的关联，并不必然产生血缘关系亲近的人们自动抱团形成群体的结果；个体只有在日常生活的具体的行为中，通过互动性的抱团才会自觉习得群体的某些认同并付诸实践。如关于水家丧葬习俗的村民互助案例中，因为事主平时不主动帮助他人，而到他自己的父亲去世时，需要人手帮忙的时候，其血缘关系很亲近的几家都迟迟不到场。

从日常生活的劳作、人生礼仪中的互助以及部分民间仪式的交往中，以日常生活的家庭（或户口统计上的家户）为主进行社会生产与民俗活动，在超出某一家庭（或家户）的范围时，则逐渐扩大为日常生活家庭的交往圈子，以单个家庭为中心向外拓展不同的社会关系。理想模式是血缘关系的再现，但实际情形是多变的，特别是从参与相关活动的“借奥”（吃饭）成员归属看，超越血缘限定的情境性组合并不少见。

水家个体或家庭的对外交往中，水语“借”（$tsje^1$ 的音译，本义为“吃、喝”）在各种场合均处于中心位置，可以说“借”是水家社会中个体、家庭、村寨之间甚至通灵等交往互动的核心。由水语“借”本义的“吃、喝”，延伸这一行为背后的一些传统习惯，如陪客、节庆、葬礼等很多日常活动或习俗中，均显示出主客之分的运行逻辑。这种逻辑不但在个体或家庭（核心家庭）中呈现，而且在相应的群体活动中也不断将主人角色的范围扩大。

“借”跟节庆名称核心词“N”组合时直译为“吃 N”，即“$tsje^1$+N”译

① 杨德睿、陈进国、黄剑波等：《修行人类学：中国人类学家的话语构建——修行人类学访谈录》，《新视野》2017 年第 2 期。

② 黄剑波：《“祈祷”与人类学的基督教研究》，《湖北民族学院学报（哲学社会科学版）》2016 年第 6 期。

为“吃+N”，意译为“过N节”“N节”，用水语音译为“借N”。水家节庆中，于主人而言的“借N”，主要指“办”“承办”N节；而对客人而言的“借N”，则主要指N节的时候去“拜访”“走客”或“走亲戚”；“借N”意译的“过N节”，没有明显的主客区分。

水家年节主要有“借端”(tsje^{1} twa^{3})、“借卯”(tsje^{1} maːu^{4})、“借额”(tsje^{1} ŋə^{2})、“借苏宁喜”(tsje^{1} su^{3} njen^{2} hi^{5})、“借荐”(tsje^{1} tsjəng^{1} 春节）等。“借端”“借卯”的区域广、人数多，节庆内又分不同批次不同时段过节，“借端”分7个批次，持续两个月左右，“借卯”过去分4批次轮流过节，当前主要分2个批次过节，其余的节庆多为一年内过一次。作为节庆承办者（主人），一般不交叉过节，只过属于自己时间段内的节庆。如“借端”的不“借卯”等其他年节，反之亦然。在过分批次的年节如“借端”“借卯”时，过某一批次的不过其他批次。而对于客人则不同，以客人的身份可以去参加(“借”）任何批次节庆。简言之，任何节庆承办者（或家庭）一年只承办一次年节，而作为客人时，则可能一年内多次过年节。过去人们对水家节庆名称的解释一直未留意到“借”的主客之分，易将水家群体分批次过节引起的较长节日持续时间（如“借端”长达50来天）内的成本，如影响生产、耗费金钱等认为是水家人都要承担的支出，即其产生都是长时段水家节庆的承办者的想法。

水家节庆时间安排大致为：农历正月“借荐”(过春节）；农历五月、六月分2批次“借卯”；农历七月十四“借十四”；农历八月（水历十二月）至十月分7个批次“借端”；农历九月下旬“借额”；农历十二月“借苏年喜”……周而复始。因以客人角色可参加任何批次节庆，故水家各不同节庆区域间交往互动频繁，很自然地达成区域整合。

节庆期间，客人通常根据自己的时间、距离与个人关系网络分布实情选择走访目标（即承办节庆的待客主人），因此，客人走访也具有某种轮流导向。水家生活中的“借”(吃)、陪、邀模式，又会使客人无方向地流动走访连带亲戚或亲戚的邻居、好友等。客人到寨子里的某家，很可能会遇上主人的直系或旁系亲属，或者寨子里因务工、读书等与客人相识且相处和睦之人闻讯过来会面。如果这些不期而遇之人（也是承办该节庆之主人）跟客人一起在落脚之家吃饭、喝酒（其实就是陪着客人了，哪怕只是象征性地吃一两口饭、喝一小杯酒），结束时，他们多半会将客人邀请到自己家里去吃饭、喝酒（即水语“借”的本义）。陪客之后，客人不去对方家里吃饭、喝酒便是一种失礼。上述是客人作为个人或小家庭通常遇到的情况，若客人是超越小家庭的团队形式，则有可能多个成员有这种情况，于是实际走访的主人家就更多。总之，过节时走客的活动中，普遍存在着因各种社会关系导致的“造访扩大化”现象，即实际到访家庭数通常比最初的选择目标数多。

二、“怀奴”的组织结构、运作规则

水家节庆的多元性或差异性得以延续的基础，必然有某种直接或间接的组织，需要从水家社会内部来寻找。当前水家社会组织方面的文献，直接使用家族、宗族、姓、村落等，如描述水家聚族而居的特征时，“有的自然村寨本身就是一个宗族（家族），也有几个村寨同属一个宗族的（水家人把同属一个宗族的村寨称为‘兄弟’）”[①]，或者加入姓，“一个典型的单姓宗族村落”[②]。水家的“宗族”与汉人宗族在多大程度上相通，成为水家社会组织实情的探讨。尽管汉人宗族研究已经形成了结构—功能论、系谱体系论、历史过程论等5种研究的基本范式[③]，但要考察水家“宗族”规则，使用林耀华的宗族乡村[④]、弗里德曼的财产宗族[⑤]等汉人宗族要素进行参照就能发现其中的差异，并从差异中寻找水家自身的“宗族”结构表达，即在没有祠堂、没有

① 蒙爱军：《水族的宗教观念及其影响》，《贵州民族学院学报（哲学社会科学版）》2001年第1期。

② 文永辉：《水族习惯法及其变迁——以贵州省三都水族自治县塘党寨为例》，《民族研究》2006年第4期。

③ 杜靖：《百年汉人宗族研究的基本范式》，《民族研究》2010年第1期。

④ 凌纯声、林耀华：《20世纪中国人类学民族学研究方法与方法论》，民族出版社，2004，第85-100页。

⑤（英）莫里斯·弗里德曼（Maurice Freedman）：《中国东南的宗族组织》，刘晓春译，上海人民出版社，2000，第162-165页。

族产或族田的情形下，水家传统社会或者水家乡土社会如何运作“宗族”。

（一）节庆与丧葬中的仪式与社会结构

利奇认为：“仪式使得社会结构更明朗……这种用仪式象征的结构，就是哪种社会都接受的，个人与群体之间‘恰当的’社会关系。”①“文化体系是通过人与人的关系和互动、人的意识和能动性得以延续，仪式与社会结构之间是一种功能和相关关系。”② 就水家社会结构与仪式的象征再现而言，需要借助水家“借”（吃、喝）背后的主客逻辑，通过分析特定的仪式来呈现特定的结构，并不能在某个单一的仪式中将全部结构表征出来。

水家“借端”村寨在节庆时有集体“游端”祭祖活动。该活动由部分家庭联合举办，在“借端”供祭祖先时进行，每家派一个男性参加每家轮流祭祖并“借蒿”（喝酒）的仪式活动，代表来自父系血缘关系比较亲近的家庭，但是没有明确的某个始祖多少代后人的家庭之说，主要根据平时家庭之间的关系而定。如果父系血缘亲近的这些家庭日常关系很和睦，至少没有部分家庭之间的激烈冲突导致的老死不相往来，这种情形下，“借端”仪式上的“借蒿”（喝酒）家庭跟谱系上的亲疏家庭重叠。如果把“借端”祭祖的这一群人称为“‘借端’喝酒团体”，多数“办端”寨子均有多个“借端”喝酒团体，这样的团体一般由20个左右的家庭每家派出一个男性代表组成。这些家庭构成的集合，水语通常称为“哈姆敢”（hɑːm^{1} ɣaːn^{2}），汉语直译为“三家”，有时意译为“三家六房”。

水家丧葬活动中，在死者未下葬前，死者所在的家庭和有父系关联的部分家庭要吃素，即不“借”（吃）动物肉（鱼除外）和用油做的食物，这些家庭的构成范围通常比“借端”时喝酒的家庭范围大。笔者将这些丧葬活动中吃素的成员群体称之为“忌油圈”（水语为 ndau^{3} ʔɣwa^{5} 或 ndjoŋ^{5}）。“忌油

---

① 夏建中：《文化人类学理论学派》，中国人民大学出版社，1997，第294页。

② 黄剑波、郑絮文：《仪式过程、社会戏剧与维克多·特纳的学术人生》，《徐州工程学院学报（社会科学版）》2020年第3期。

圈”并不是信仰圈的变体，也不是数千人规模的自然村寨，“寨内老人去世，达便村民（2000人左右）均忌动物油而食素”[①]，通常情况下是父系血缘关系较亲近的几十家（户）。单一始祖发展的自然寨规模小。则整个自然寨为一个“忌油圈”；规模大的自然寨则有多个“忌油圈”；极个别情形下，数个有父系血缘关系的自然寨构成一个“忌油圈”。就大多数水家聚居区的村寨而言，“忌油圈”通常都比“哈姆敢”大，有时候包括数个“哈姆敢”。

丧葬活动中，除了“忌油”外，还有水语称为“na:n^4 te^3 vi^5”（音译为“南得宇”或“南低宇”）的一块祭祀之肉，对于死者所在“忌油圈”的人而言，属于永久不能吃的肉，就算是亡人下葬后依然不能吃。其表面意思直接象征“忌油圈”，而延伸的意义为“禁婚圈”内出生的女性。

水家女性在“怀奴”文化中具有双重性。活着的生命属于出生的“怀奴”；结婚后成立小家庭，生活在夫家，对于出生的“怀奴”，更多的只体现在仪式方面，日常生活认同为夫家“怀奴”。但是有一条出生定律，不论她出嫁与否，甚至改嫁、离异等，出生“怀奴”内的男性决不能与其发生关系。从这个意义看，“南得宇”引申的隐喻至少是禁婚的最大范围，“忌油圈”只是生活层面的表征。水语对内部不能通婚的成员称为“怀奴”（fa:i^4 nu^4），即同一个“怀奴”内出生的男女禁止通婚。

通过梳理，可以看出水家的“借”（吃、喝）在某些仪式场合、日常习俗的禁忌规则中，具有排外性。“借端”节庆中的村寨内“邀端”，参与成员一般由血缘关系比较亲近的家庭构成，只在这些家庭中流动“借蒿”（祭祖后喝酒）；丧葬习俗的忌油习俗，需要吃素的家庭成员范围是死者所属的“忌油圈”，通常比“邀端”仪式中的范围大；丧葬祭祀中被绝对禁止吃的肉，水语为“na:n^4 te^3 vi^5”（音译为“南得宇”），其引申意义为不能通婚范围内出生的女性。水家不同情境下的仪式象征综合到一起，大致呈现出水家传统社会组织，从小到大的结构为“哈姆敢”（hɑ:m^1 ɣa:n^2）、“忌油圈”（水语为

---

① 罗春寒：《传统与重构：一个水族村寨端节文化传承与变迁模式的调查与分析》，《原生态民族文化学刊》2016年第3期。

ndau³ ʔɣwa⁵ 或 ndjoŋ⁵）、“怀奴”（faːi⁴ nu⁴），“怀奴”为最大禁婚边界。

（二）“怀奴”的血缘基础与文化规则

“怀奴”为父系血缘人群，但不是父系血缘的无限扩大或无限压缩，而是结合通婚规则，进行自我确认、双方互认甚至是冲突分裂等多种因素而达成的父系血缘群体，并没有明确的代际要求，也没有具体某个“宗”才能分裂，而是依据禁婚的最大容忍度来参考，一旦内部通婚，则新的“怀奴”产生。

水家地区“五父树”理念可以大致呈现水家“怀奴”的构成情况。潘铜钱（其在世的后代现在大多集中在第30代）生有五子：燕、仰、幹、雄、选（即五父），其中“选”无男性后人，现在就只剩下燕、仰、幹、雄的后人，并且这些后人大致形成了“燕怀奴”“仰怀奴”“幹怀奴”“雄怀奴”，这些“怀奴”又进一步分裂的多个“怀奴”（“雄怀奴”分裂成了“盼雄怀奴”“盼梅育怀奴”等），后人统称各分裂后的集团为“五父树”下的“怀奴”。现实生活中来自不同的“怀奴”小团体要进行互认合并成一个“怀奴”时，“五父树”之上的铜钱公的父系血缘就会被重点确认，而原来的集团则只强调“五父树”之一（或是重新分裂后的各“怀奴”始祖或聚居村寨）。从通婚规则看，现在的各“怀奴”都是独立的外婚制，而从明确祖先来衡量，这些独立的外婚制集团之间又可以相互通婚。以努尔人的氏族原则①看，水家独立的“怀奴”集团，或者这些集团集合的“五父树”团体，都难以纳入氏族之列。

根据“怀奴”的规则，“怀奴”不是无限追溯清晰的祖先血缘，而是以禁婚为最大边界的父系血缘群体。某一“怀奴”内部一旦出现通婚，则表示“怀奴”的分裂，分裂后的“怀奴”之间是平等的，都可以跟自己“怀奴”之外的人通婚。“怀奴”分裂并不由父系血缘关系的远近而定，而由通

---

① E.E. 埃文思－普里查德：《努尔人：对一个尼罗特人群生活方式和政治制度的描述》，褚建芳译，商务印书馆，2014，第192页。

婚事实来确定。某家或某一群体（如村寨）一旦与“怀奴”内部通婚，娶妻一方的家庭或群体将被驱逐出原“怀奴”，让其自立一个“怀奴”或投靠其他“怀奴”，这种属于被迫分裂。“怀奴”内部还会因为不同群体间的矛盾走向分裂，水家称之为“撕”“怀奴”，属于主动的、公开的分裂。水家生活区域内的“怀奴”很多都是通过公开分裂而形成，并且能在谱系中明确找到多个“怀奴”共同的始祖（如“五父树”下的各“怀奴”）。因此，使用“同姓不婚”“同宗不娶”“异姓开亲”“改姓开亲”等概念来表述或解释水家通婚规则，并不能真正触及水家社会的通婚实情。

水语“怀”为“兄长、哥哥”，“奴”为“弟弟、妹妹”，组成“怀奴”则直译为“兄弟”，汉语译为“兄弟寨不通婚”。可能因借用汉语表达，所以有“对于哪些是兄弟寨，人们的记忆已渐模糊，说法也不一样”[①]。“怀奴”强调的是遵守一定习俗约定的一群人，这群人可能由数个寨子的人构成，也可能由多个寨子里分散居住的一部分人构成，因此某些情况下会出现一个寨子由多个“怀奴”的成员构成。用水语“怀奴”一词进行表述，则能简明扼要地解释水家社会中大量存在的同姓通婚事实，即“怀奴”内禁婚，也能将迁移定居中的人从固定思维的地方（寨子）中解救出来。

“怀奴”之间的冲突中，参与冲突的主力男性为各自的血缘“怀奴”而战，就算“姑表婚”存在，在真正的武力摩擦中遇上姻亲，依然有敌我之分；加上“姑表婚”中所谓的优先权仅存在于理论层面，更多的是两个“怀奴”背后实力的较量。水家“怀奴”间的联姻，并不能促使不同“怀奴”之间形成结盟的事实，同时不同“怀奴”之间的通婚并不存在单向性、优先性等情形。水家社会中，姻亲关系促进联合而不冲突的维系范围，限于小家庭或主干家庭，最大能到“哈姆敢”（hɑːm^{1} ɣaːn^{2}，汉译为“三家六房”），或很小的“忌油圈”（当“哈姆敢”与“忌油圈”重合时），很难触及水家禁婚圈“怀奴”的最大边界。

---

① 文永辉：《水族习惯法及其变迁》，《民族研究》2006 年第 4 期。

（三）水家文化体系下的节庆与社会组织

水家社会中，超越单一家（户）的人群组织，水语里有相应词汇的表达，或者日常生活中有具体习俗加以确认，即“巩敢”“哈姆敢”“忌油圈”“怀奴”等（从小到大）。尽管从小到大的排序上有个人父系血缘上的亲疏扩展，但更看重血缘之外的日常相处情形，所以在“怀奴”范围内的各种小团体，具有较强的自主流动性，而“怀奴”边界则相对稳定。现实生活中，某些杂姓村寨内，大家相处很好的情况下，“哈姆敢”（hɑːm¹ ɣaːn²）、“忌油圈”的成员也会接纳父系血缘关系比较疏远或没有血缘关系的家庭加入。就一般规律而言，“怀奴”是血统上的严格规定，“忌油圈”等其他次级集团则是以父系血统为主的可自由组合。

“怀奴”内部有意识的抱团、摩擦、冲突，则会产生不团结的后果，或者说存在明确父系血缘之下不同小集团的“仇恨”，于是公开分裂“怀奴”，或者当地说的“撕”“怀奴”，新分裂出来的两个“怀奴”就进行通婚。分裂形成的“怀奴”跟任何一个现存的“怀奴”都是平等的，并没有排序上的优越感，更不具备彝族“家支”的阶级等级之别。① 因此，各“怀奴”的行事具有自主性，而不必听从其他“怀奴”的说教。在冲突比较激烈的情形下分裂的“怀奴”，某一方就会任性行事，不遵从原来的节庆或节庆批次，而过与原来不同的节庆或即使同一个节庆也要选取不同的时段，于是就产生了水家节庆的多样性，并且不叠加或跟从，只在属于自己时段的节庆过节，其他区域或时段的节庆则作为客人去走访。

水家“借卯”的起源中，民间还流传一种兄弟赌气版本。很久以前，“借卯”的这部分水家也是“借端”，后来两伙人闹矛盾了，就赌气不“借端”，重新选择一个黄道吉日过节；同时他们认为“借端”在秋收季节没什么可以炫耀的，能在青黄不接盛夏“借卯”才是实力！从民间故事的解读中，可以看到水家节庆的开展也存在“秀肌肉”的一面。

---

① 何耀华：《论凉山彝族的家支制度》，《中国社会科学》1981年第2期。

节庆中的“坡”与节庆中走动的个人或家庭，将不同血缘、不同区域的人进行多维度互认整合，是超越具体血缘“怀奴”的单线谱系认同。

三、水家“怀奴”向汉人要素宗族的转型

当前水家社会居住特征，表现为聚居、庞大父系血缘群体规模、强烈的认同感等，但缺乏族产、祠堂等要素，同时又是同姓村聚居，呈现出“同姓同宗不一家（怀奴）”的特征。但受族群间的交融与儒家文化的影响，水家“怀奴”正在向有祠堂、有族谱的宗族发展。

水家教育史方面的材料显示，祠堂等在1740年就已出现在水家聚居区周边，当时在三脚屯（今三都水族自治县三合镇）、荔波各设社学1所，“校舍多由祠堂、庙房、公馆等改建而成”。族谱理念至少在1866年就已进入水家乡村社会，“晚清秀才潘文秀1866年创立了梅山学馆，开水族人学习、传授汉文化的先河”[①]。关于民间传说，三洞区域《潘氏宗谱》的最早版本也是由潘文秀于1889年修撰成稿。梅山学馆的材料显示，该馆从成立到1927年闭馆，前后60年间培养了很多熟悉汉文化的学生，学生又在当地担任塾师，继续传授汉文化。

从有关水家的文献看，水家聚居区内自族谱修订开始后，并没有形成建祠堂、置办族田等华南宗族的财产要素，但是文献显示，近似宗族理念中财产要素的想法、话语正在形成。“分家时，长子外出新建房屋，老房留给小儿子。水族最尊重嫡长子，即使嫡子虽非年长，亦得尊重。长子长孙均享有长子田长孙田等特权。”“试问长子血统不清，为什么长子长孙又能享受长子田长孙田的特权呢？”[②]

随着了解汉文化的水家精英不断增多，宗族理念的相应表达也试图在文献中对应上同姓不婚、同宗不娶等。20世纪80代后开始的民族民间故事收

---

① 周崇启、韦族安、石国义编著《水族教育史》，贵州教育出版社，2009，第63、103、109页。

② 潘一志：《水族社会历史资料稿》，三都水族自治县民族文史研究组，1982，第426页。

集整理中，就收集了民间故事对同姓通婚的补救故事，如“倒栽杉”“破姓开亲”等[①]。甚至听说很多人口较少的水家姓氏中，部分人已经明确告知各寨以后避免同姓开亲。文献上的同姓不婚在事实中无法实现，并且在现代婚姻法的推行下，不要说同姓不婚无法实现，就连水家自身的“怀奴”内部不通婚在部分村寨都已经开始动摇了。

除了从思想层面进行建构，还在日常的节日仪式中进行类似展演。一年一度的水家“借端”“借卯”，在“端坡”“卯坡”等集体活动的地方举行大型祭祖仪式，这种大型祭祀仪式在21世纪前是没有的。2016年，三洞姑稳“端坡”在县政府的大力支持下开展了规模宏大的祭祖大典，竖立了恩公雕像。“端坡”上的《恩公造像记》清晰记载：“恩公，水族共祖也。”落款为“水族全民恭立”。借助知识精英、地方政府、基层组织等综合力量，水家文化符号的共祖“恩公”开始在人们心中留下印记。

但在精英们建构水家“宗族”的过程，不知是有意还是无意，水家的“怀奴”（faːi^4 nu^4）可能因为没有确切的汉字进行翻译，所以文献中未提及，在水家人组建的微信群内却经常聊到不同“怀奴”之间的关系，有时甚至看到正在建构中的水家“宗族”想要集资建祠堂时，面向的也是“怀奴”群体。

各“怀奴”之下的次级集团，在接受五服九族的理念后，也开始了相应的对等建构。现在部分水家将水语“hɑːm^1 ɣaːn^2”的意译“三家六房”作为相应的参照建立理想模型：同一父亲所生儿子组建的多个独立家庭联合在其父亲去世后属于“三家”（如果几兄弟的父亲还在世或父亲的其中一个兄弟仍然在世，则其父亲几兄弟的后人组成的家庭还属于“三家”）；同理，同一祖父（祖父及其兄弟均不在世）后人的多个家庭联合属于“六房”。这个模型在名称上还没有明显的五服九族的影子，另一个细化并扩展的模型就直接用九族：父辈以下的各家构成的群体为“嗷敢”（ʁaːu^3 ɣaːn^2，直译为“内家”）；祖辈以下各家构成的群体为“噶敢”（ɣa^2 ɣaːn^2，直译为“两家”）；

① 祖岱年、周隆渊编《水族民间故事选》，上海文艺出版社，1988，第392–397页。

曾祖辈以下各家的构成的群体为“哈姆敢”（haːm¹ ɣaːn²，直译为“三家”）；祖辈以外至第九代以内的各家构成九族或水语“ţu³ ɣaːn²”（直译为“九家”）。后一个理想模型中，很多水语词并不常说，但是数据上能对上五服九族的相应数，两家与三家的数据之和为五，后面直接用汉语九族或水语的九家。这种借用一套理念进行建构的水家血缘组织模型，是接受了汉文献传统家族理念的结果，属于探索高层文化与基层文化的理念与民间家族生活的实践。[①]但是跨理念的结合，往往跟实情存在差距，如果仅以丧葬的戴孝帕、穿孝衣来对照，大概可以对照到祖父辈以下，而以生活实践的水语“haːm¹ ɣaːn²”（笔者音译为“哈姆敢”）或者说很多“借端”村寨的喝酒集团，成员的数量是超过曾祖父辈以下的在世成员的，“忌油圈”（水语为 ndau³ ʔɣwa⁵ 或 ndjoŋ⁵）的范围可能就不只自己往上数的第九代祖先发展下来的后裔了。部分水家无意识地引入五服九族来对应水家的血缘组织，其中呈现出的理论与实情不匹配，当追问原因时，得到的回答是：“不知道，老人就是这么说的。”或许，部分水家在借用相应理念时，只关注了理念本身，而忽视了实情。

当下水家的宗族实践中，需要建构一套类似华南宗族模式的话题体系（祠堂要素、同姓不婚、异姓开亲等），才能同步步入周边其他区域宗族“复兴”的类似轨迹中。要建构的体系愿景与水家自身认同（不同“怀奴”的同姓可通婚）存在偏差，而精英们主导的文化转型又势在必行，精英们只能放弃部分“原有的文化传统，转而接受另一人群的文化传统，开始文化转型时期的遗忘”[②]。可这样做的话，其他人赞同吗？进展会顺利吗？能达到预期目的吗？均是未知数。可见，目前水家“怀奴”文化与正在建设的宗族文化并存，且有可能已经激烈交锋，谁是胜者以及何时决出胜负均难以准确预测，水家社会的相关文化徘徊于新旧模式之间。

---

① 庄孔韶：《银翅：中国的地方社会与文化变迁》，生活•读书•新知三联书店，2000，第 280 页。

② 罗新：《有所不为的反叛者：批判、怀疑与想象力》，上海三联书店，2019，第 44 页。

附表一　M 寨一、二组姻亲亲属归属地、节庆等

（一）M 寨一组姻亲亲属归属地、节庆等

2019 年 6 月获得数据，2020 年 8 月制成表格。序号中的第一个姓名为户主，“备注”栏的数字为该户登记时的人口数；姓名均为化名，姓未改动，字辈进行了相应处理，后面字母为不同编号。

序号	姓名	性别	年龄（岁）	出生地 / 外嫁地 / 节庆情况	家庭类型	备注
1	吴孝 QBP	男	43		核心家庭	4
	吴 AXNP	女	40	荔波县玉屏街道水丰村，“借额”（娶）		户主妻
	大姐	女		荔波县玉屏街道水岩村，水利“借卯”（嫁）		户主大姐（下同）
	二姐	女		荔波县玉屏街道水丰村，“借额”（嫁）		
2	吴孝 MBG	男	64		不完整核心家庭	2
	韦 ××	女		荔波县甲良镇 ×× 组，第三批“借端”（娶）		户主妻

续表

序号	姓名	性别	年龄（岁）	出生地／外嫁地／节庆情况	家庭类型	备注
2	吴秀 G	女		荔波县玉屏街道水丰村下寨，“借额”（嫁）		户主女儿
	吴荐 J	男	34			户主儿子，待婚
	儿媳	女	37	三都水族自治县中和镇，第五批“借端”（待娶）		未办酒席、未领证、未上户口
3	吴 XHNY	女	57	三都水族自治县九阡镇水各村，第四批“借卯”（娶）	不完整核心家庭	2
	吴荐 H	男	31			户主儿子，未婚
A：1、2、3 的吴孝 BP 、吴孝 BG 与吴 XHNY 去世的丈夫是亲兄弟。						
4	吴校 ZHBB	男	50		核心家庭	4
	吴 SFNB	女	47	荔波县朝阳镇，第三批“借端”(娶)		户主妻
	吴秀 L	女	21	贵州省黔东南苗族侗族自治州凯里市，小地名未知，春节(嫁)		户主女儿
5	吴校 JBZH	男	44		核心家庭	4
	韦 TCNZH	女	46	三都水族自治县周覃镇恒丰社区，第三批“借端”(娶)		户主妻
6	吴孝 TBQ	男	40		核心家庭	6
	潘 XNQ	女	38	三都水族自治县九阡镇水各村，第四批“借卯”(娶)		户主妻
B：4、5、6 的户主是亲兄弟。						
7	吴 SFNJ	女	58	荔波县玉屏街道水利村××组，第一批“借卯”（娶）	主干家庭	7
	吴孝 JBY	男	33			户主长子，离婚
	吴孝 YBD	男	31			户主次子

续表

序号	姓名	性别	年龄（岁）	出生地／外嫁地／节庆情况	家庭类型	备注
7	杨QYND	女	35	三都水族自治县周覃镇廷牌社区阳安，春节（娶）		户主二儿媳
C：吴孝BY、吴孝BD是亲兄弟。吴SF（NJ）跟上一个吴SF（NB）同名不同辈。A、B、C是亲堂兄弟。						
8	吴图SHBY	男	54			
	潘YFNY	女	49	三都水族自治县九阡镇，第四批“借卯”（娶）		
	吴荐Y	女	25	贵州省都匀市，春节（嫁）		
9	吴荐KBU	男	51			
	王GFNU	女	52	荔波县小七孔镇播尧村，布依族，小年（娶）		
	潘YX	女	27	三都水族自治县中和镇塘州社区，第四批“借端”（娶）		
	大女儿	女	26	三都水族自治县周覃镇恒丰社区，第三批“借端”（嫁）		
	二女儿	女	24	贵州安顺，春节（嫁）		
	蒙SHYYU	女	71	荔波县甲良镇板培村，第三批“借端”（娶）		
	妹妹一	女		三都水族自治县中和镇塘州社区，第四批“借端”（嫁）		
	妹妹二	女		三都水族自治县周覃镇水东，第二批“借端”（嫁）		
	妹妹三	女		荔波县黎明关水族乡永康，第四批“借卯”（嫁）		
D：8、9的户主是叔侄关系（8的户主是9的户主的亲叔叔）。						
10	吴玉GBP	男	38		核心家庭	5
	李XFNP	女	33	黔东南苗族侗族自治州丹寨县，苗族，春节（娶）		户主妻

续表

<table>
<tr><th>序号</th><th>姓名</th><th>性别</th><th>年龄（岁）</th><th>出生地 / 外嫁地 / 节庆情况</th><th>家庭类型</th><th>备注</th></tr>
<tr><td rowspan="3">11</td><td>吴玉
BBJ</td><td>男</td><td>35</td><td></td><td>主干家庭</td><td>6</td></tr>
<tr><td>韦
XLNJ</td><td>女</td><td>32</td><td>三都水族自治县周覃镇恒丰社区，第三批“借端”(娶)</td><td></td><td>户主妻</td></tr>
<tr><td>吴
QMYJ</td><td>女</td><td>65</td><td>水利村 ×× 组，水利村“借卯”(第一批“借卯”)(娶)</td><td></td><td>户主母亲</td></tr>
<tr><td colspan="7">E：10、11 的户主是亲兄弟。</td></tr>
<tr><td rowspan="4">12</td><td>吴桂
YBYX</td><td>男</td><td>69</td><td></td><td>老人家庭</td><td>2</td></tr>
<tr><td>蒙
HDNYX</td><td>女</td><td>61</td><td>荔波县茂兰镇瑶庆，第四批“借卯”(娶)</td><td></td><td>户主妻</td></tr>
<tr><td>大女儿</td><td>女</td><td></td><td>水利村 ×× 组，水利村“借卯”(第一批“借卯”)(嫁)</td><td></td><td>户主长女</td></tr>
<tr><td>吴玉 ×</td><td>女</td><td></td><td>荔波县玉屏街道水丰村，“借额”(嫁)</td><td></td><td>户主次女</td></tr>
<tr><td rowspan="4">13</td><td>吴得
WBP</td><td>男</td><td>53</td><td></td><td>核心家庭</td><td>4</td></tr>
<tr><td>韦
XXNP</td><td>女</td><td>50</td><td>三都水族自治县周覃镇恒丰社区，第三批“借端”(娶)</td><td></td><td>户主妻</td></tr>
<tr><td>吴玉 P</td><td>女</td><td>25</td><td>广西壮族自治区，春节(嫁)</td><td></td><td>户主长女</td></tr>
<tr><td>吴玉 H</td><td>女</td><td>24</td><td>三都水族自治县周覃镇恒丰社区，第三批“借端”(嫁)</td><td></td><td>户主次女</td></tr>
<tr><td colspan="7">F：12、13 的户主是亲兄弟。E 的父亲跟 F 是亲兄弟。当 12 出现家庭变故，唯一儿子不幸去世后，12 的两位老人由 10、11 和 13 的儿子共同赡养。</td></tr>
<tr><td rowspan="3">14</td><td>吴玉
ZHBX</td><td>男</td><td>47</td><td></td><td>核心家庭</td><td>3</td></tr>
<tr><td>王
JMNX</td><td>女</td><td>46</td><td>三都水族自治县中和镇塘州社区，第四批“借端”(娶)</td><td></td><td>户主妻</td></tr>
<tr><td>吴荐 ×</td><td>女</td><td>24</td><td>四川省，春节(嫁)</td><td></td><td>户主女儿</td></tr>
<tr><td rowspan="2">15</td><td>吴荐
KBSY</td><td>男</td><td>33</td><td></td><td>核心家庭</td><td>3</td></tr>
<tr><td>莫
XJNSY</td><td>女</td><td>33</td><td>荔波县小七孔镇(原驾欧乡)，布依族，小年(娶)</td><td></td><td>户主妻</td></tr>
</table>

续表

序号	姓名	性别	年龄（岁）	出生地 / 外嫁地 / 节庆情况	家庭类型	备注
16	吴荐 HBDSY	男	35		单身家庭	1 未婚
G：15、16 的户主是亲兄弟；14 的户主是 15、16 户主的亲叔叔。						
17	吴敏 QBCHZ	男	50		核心家庭	4
	韦 XLN CHZ	女	51	三都水族自治县周覃镇恒丰社区，第三批“借端”（娶）		户主妻
18	吴纯 ZHBN	男	40		主干家庭	8
	韦 HYNN	女	37	三都水族自治县周覃镇恒丰社区，第三批“借端”(娶）		户主妻
	姐姐	女	40+	玉屏街道水丰村，水利“借卯”(第一批“借卯”)（嫁）		户主姐
	吴纯 JBDN	男	38			户主弟
	妹妹	女	36	三都水族自治县周覃镇恒丰社区景奎村牛角寨，第三批“借端”（嫁）		户主妹
H：17 的户主是 18 的户主的亲叔叔。G、H 关系较好。						
19	韦竖 HBLD	男	54		不完整核心家庭	2
	吴 XNLD	女		M 寨内出生（通婚与节庆归属时未在统计中）		户主前妻，去向未知
	韦 LD	女	24	四川省，春节（嫁）		户主女儿
20	韦竖 YBR	男	44		核心家庭	4
	潘 JHNR	女	44	三都水族自治县九阡镇，第四批“借卯”（娶）		户主妻
21	韦竖 PBP	男	42		主干家庭	5
	潘 CHJNP	女	40	三都水族自治县九阡镇，第四批“借卯”（娶）		户主妻

续表

<table>
<tr><th>序号</th><th>姓名</th><th>性别</th><th>年龄（岁）</th><th>出生地 / 外嫁地 / 节庆情况</th><th>家庭类型</th><th>备注</th></tr>
<tr><td rowspan="2">22</td><td>韦竖
CBYC</td><td>男</td><td>36</td><td></td><td>核心家庭</td><td>3</td></tr>
<tr><td>余
QQNYC</td><td>女</td><td>29</td><td>荔波县朝玉屏街道时来村，布依族，春节（娶）</td><td></td><td>户主妻</td></tr>
<tr><td colspan="7">I：19、20、21、22 的户主是亲兄弟。</td></tr>
<tr><td>23</td><td>吴涵
TBDZ</td><td>男</td><td>43</td><td></td><td>单身家庭</td><td>1</td></tr>
<tr><td rowspan="3"></td><td>①吴涵
XD</td><td>男</td><td>52</td><td></td><td></td><td>迁出</td></tr>
<tr><td>②吴延
TD</td><td>男</td><td>44</td><td></td><td></td><td>迁出</td></tr>
<tr><td>③吴延
QD</td><td>男</td><td>42</td><td></td><td></td><td>迁出</td></tr>
<tr><td colspan="7">J：23 跟①是兄弟关系，除 23 留在 M 寨，还有几个兄弟都搬迁到 Y 寨；②和③是兄弟关系，他们跟 23 又是亲叔侄关系。与 23 有直接父系亲属关系的均在 Y 寨，详细情况未知，此处只是简单列举其中一部分。平时 M 寨有红白喜事，23 迁出去的兄弟及他们的后人还常来帮忙，他们有事，M 寨的村民也会去帮忙。</td></tr>
<tr><td rowspan="3">（1）</td><td>吴升
ZHBQY</td><td>男</td><td>52</td><td></td><td>主干家庭</td><td>6</td></tr>
<tr><td>蒙 XM
NQY</td><td>女</td><td>52</td><td>荔波县佳荣镇，第四批“借卯”（娶）</td><td></td><td>户主妻</td></tr>
<tr><td>莫
BYNLX</td><td>女</td><td>29</td><td>荔波县小七孔镇，布依族，小年（娶）</td><td></td><td>户主儿媳</td></tr>
<tr><td rowspan="4">（2）</td><td>吴辅
XBLM</td><td>男</td><td>74</td><td></td><td>老人家庭</td><td>2</td></tr>
<tr><td>韦 SHL
NLM</td><td>女</td><td>62</td><td>甲良镇甲站村，水家，但寨子里布依族多，小年（娶）</td><td></td><td>户主妻</td></tr>
<tr><td>吴丽 M</td><td>女</td><td></td><td>荔波县甲良镇甲站村 XA 组，小年（嫁）</td><td></td><td>户主长女</td></tr>
<tr><td>吴丽 R</td><td>女</td><td></td><td>荔波县甲良镇甲站村 XB 组，小年（嫁）</td><td></td><td>户主次女</td></tr>
</table>

续表

序号	姓名	性别	年龄（岁）	出生地 / 外嫁地 / 节庆情况	家庭类型	备注
（3）	吴升 PBT	男	57		核心家庭	3
	韦 LHNT	女	56	三都水族自治县周覃镇恒丰社区，第三批“借端”（娶）		户主妻
	吴奇 R	女	29	荔波县黎明关水族乡，第四批“借卯”（嫁）		户主次女
（4）	吴升 TBQS	男	37		主干家庭	4
	蒙 XYNQS	女	35	甲良镇甲站村，水族，但寨子布依族多，小年（娶）		户主妻
	吴 XYYQS	女	76	荔波县佳荣镇，第四批“借卯”（娶）		户主母亲
	姐姐一	女		荔波县佳荣镇，第四批“借卯”（嫁）		
	姐姐二	女		荔波县玉屏街道水岩村，第一批“借卯”（嫁）		
（5）	吴升 XBY	男	54		主干家庭	5
	吴 XNY	女	56	三都水族自治县九阡镇水各村，第四批“借卯”（娶）		户主妻
	韦 SHH	女	88	荔波县玉屏街道水浦村，第三批“借卯”（娶）		户主母亲
	吴 JY	女	28	荔波县玉屏街道水尧村，之前第四批“借卯”（嫁）		户主长女
	大姐	女		甲良镇甲站村，第三批“借端”（嫁）		
	二妹	女		甲良镇甲，小年（嫁）		
	三妹	女		荔波县玉屏街道水岩村，不“借卯”，但是水利“借卯”时有客人来走客，寨子“敬霞”。（嫁）		

续表

<table>
<tr><th>序号</th><th>姓名</th><th>性别</th><th>年龄（岁）</th><th>出生地／外嫁地／节庆情况</th><th>家庭类型</th><th>备注</th></tr>
<tr><td colspan="7">K：(2) 和 (3) 是叔侄关系，目前由 (3) 赡养 (2)；(3)(4)(5) 是堂兄弟关系。(这几户在行政村组的规划中属于二组，但是在血缘系谱的统计中跟一组的本表编号的 1 至 23 号较为亲近，故将其从二组移到本表，二组使用括号加数字编序号。)</td></tr>
<tr><td colspan="7">A 至 K 属于寨子内用汉语表达时的“家族”，这些家庭在谱系上存在关联，但是清晰的线索已经无法上溯，各家之间能追溯到五代左右的明确关联。其中 F 的韦姓户主的男性始祖据说是上门到 A、B、C、D 这些家庭先辈的某一辈中的人，之后 F 的几家归属相同的“家族”内，但是属于可开亲的范围，即 F 的几家跟“家族”内外的吴姓家庭均不属于“怀奴”体系。从实际情形看，1 至 23 外加二组的 (1) 至 (5)，主体还是以血缘系谱统称为“家族”，但是在“怀奴”的规则中，父系血缘是明确的，所以“家族”内可开亲的对方不能纳入己方“怀奴”内。 这个“家族”有 28 家（户），113 人。</td></tr>
<tr><td rowspan="3">24</td><td>吴稳
MGC</td><td>男</td><td>72</td><td></td><td>核心家庭</td><td>3</td></tr>
<tr><td>吴
YZHYC</td><td>女</td><td>69</td><td>荔波县水利村，第一批“借卯”(娶)</td><td></td><td>户主妻</td></tr>
<tr><td>吴 JC</td><td>女</td><td>24</td><td>在外工作，未婚</td><td></td><td>户主长孙女</td></tr>
<tr><td rowspan="2">25</td><td>吴升
BBJY</td><td>男</td><td>41</td><td></td><td>核心家庭</td><td>4</td></tr>
<tr><td>王
YXNJY</td><td>女</td><td>38</td><td>三都水族自治县中和镇塘州社区，第三批“借端”（娶）</td><td></td><td>户主妻</td></tr>
<tr><td rowspan="2">26</td><td>吴升
NBJN</td><td>男</td><td>38</td><td></td><td>核心家庭</td><td>3</td></tr>
<tr><td>周 JM
NJN</td><td>女</td><td>38</td><td>荔波县玉屏街道水丰村，布依族，大年（春节）(娶)</td><td></td><td>户主妻</td></tr>
<tr><td colspan="7">24 属于老人家庭，长孙女在很小的时候其父亲去世，母亲改嫁，户口在爷爷奶奶的户口本上；25、26 的户主是 24 的户主的两个儿子；24 的两位老人常跟 26 一起吃饭，但是住在老房子。</td></tr>
<tr><td rowspan="4">27</td><td>吴稳
QBLF</td><td>男</td><td>63</td><td></td><td>核心家庭</td><td>3</td></tr>
<tr><td>姚
YQNLF</td><td>女</td><td>65</td><td>荔波县水利村，第三批“借端”(娶)</td><td></td><td>户主妻</td></tr>
<tr><td>大女儿</td><td>女</td><td></td><td>荔波县玉屏街道洞托村，第二批“借卯”(嫁)</td><td></td><td></td></tr>
<tr><td>二女儿</td><td>女</td><td></td><td>四川省，春节（嫁）</td><td></td><td></td></tr>
</table>

续表

序号	姓名	性别	年龄（岁）	出生地 / 外嫁地 / 节庆情况	家庭类型	备注
28	吴舜 LBSH	男	35		核心家庭	4
	韦 CNSH	女		三都水族自治县周覃镇恒丰社区，第三批“借端”（娶）		户主妻
29	吴佳 RBUH	男	28		核心家庭	4
	潘 JJNUH	女		荔波县佳荣镇，第四批“借卯”（娶）		户主妻
28 的户主是 29 的户主的亲叔叔，28 的父亲跟 27、24 的户主又是亲兄弟。						
30	吴庆 LBM	男	67		核心家庭	3
	吴 AXNM	女	53	荔波县玉屏街道水利村，第一批“借卯”（娶）		户主妻
	大女儿	女		安徽省，春节（嫁）		
	二女儿	女		广西壮族自治区，春节（嫁）		
31	吴圣 QBN	男	53		核心家庭	6
	常 YMNN	女	50	荔波县玉屏街道水功村，第四批“借卯”（娶）		户主妻
	长女	女	23	荔波县甲良镇，春节（嫁）		
32	吴升 XBL	男	47		小型扩大家庭	7
	姚 JMNL	女	46	荔波县玉屏街道水尧村，第四批“借卯”（娶）		户主妻
	潘 LYNUP	女	26	三都水族自治县九阡镇，第四批“借卯”（娶）		儿媳
	韦 CYYL	女	88	荔波县朝阳镇，第三批“借端”（娶）		户主母亲于 2018 年 12 月仙逝

续表

<table>
<tr><th>序号</th><th>姓名</th><th>性别</th><th>年龄（岁）</th><th>出生地 / 外嫁地 / 节庆情况</th><th>家庭类型</th><th>备注</th></tr>
<tr><td rowspan="3">(6)</td><td>韦金
XGN</td><td>男</td><td>72</td><td></td><td>单身老人家庭</td><td>1</td></tr>
<tr><td>大女儿</td><td>女</td><td></td><td>荔波县黎明关水族乡，“借额”(嫁)</td><td></td><td></td></tr>
<tr><td>二女儿</td><td>女</td><td></td><td>三都水族自治县九阡镇，第四批“借卯”(嫁)</td><td></td><td></td></tr>
<tr><td colspan="7">30、31、32 的户主是亲兄弟；32 赡养（6）。</td></tr>
<tr><td colspan="7">L：31、32 的户主的父亲跟 24、27 的户主是亲兄弟。因此 24 至 32 属于很亲近的几家，加上二组的（6），可归为水话中的“哈姆敢”(ha:m^{1} ɣa:n^{2})，当地用汉语表述的“三家六房”，有时他们内部还会用“家族”，笔者常见这几家人在一起吃饭，他们常给我表述为“我们这个‘家族’比其他家族团结”。而在寨子里的谱系统计上，他们这几家还跟血缘关系较远的其他几家构成“家族”。</td></tr>
<tr><td rowspan="2">33</td><td>吴毅
KBT</td><td>男</td><td>49</td><td></td><td>核心家庭</td><td>4</td></tr>
<tr><td>韦
YMNT</td><td>女</td><td>50</td><td>三都水族自治县周覃镇洞揽村，第三批“借端”(娶)</td><td></td><td>户主妻</td></tr>
<tr><td rowspan="2">34</td><td>吴宇
JBX</td><td>男</td><td>42</td><td></td><td>核心家庭</td><td>3</td></tr>
<tr><td>覃
FLNX</td><td>女</td><td>36</td><td>黔东南苗族侗族自治州凯里，春节(娶)</td><td></td><td>户主妻</td></tr>
<tr><td rowspan="2">35</td><td>吴宇
DBM</td><td>男</td><td>40</td><td></td><td>核心家庭</td><td>3</td></tr>
<tr><td>吴升
QNM</td><td>女</td><td>42</td><td>荔波县玉屏街道水丰村，“借额”(娶)</td><td></td><td>户主妻</td></tr>
<tr><td rowspan="2">36</td><td>吴期
WBH</td><td>男</td><td>36</td><td></td><td>主干家庭</td><td>4</td></tr>
<tr><td>吴
ZPNH</td><td>女</td><td>32</td><td>荔波县玉屏街道水岩，第一批“借卯”(娶)</td><td></td><td>户主妻</td></tr>
<tr><td colspan="7">M：33 至 34 的户主是亲兄弟。
N：L 中的长辈的父亲跟 M 中的父亲是亲兄弟，但 M 的几户不常跟 L 中的几家来往；以血缘关系看，24 至 36 外加二组的（6），属于当地借用汉语表述的大“家族”。这个“家族”共 14 户，52 人。</td></tr>
</table>

续表

序号	姓名	性别	年龄（岁）	出生地／外嫁地／节庆情况	家庭类型	备注
37	吴述 GBF	男	49		主干家庭	7
	蒙 JMNF	女	38	荔波县玉屏街道水尧村，第四批“借卯”(娶)		户主妻
38	吴隋 YBK	男	54		小型扩大家庭	7
	韦 SHMNK	女	47	三都水族自治县周覃镇恒丰社区，第三批“借端”（娶）		户主妻
	蒙 XLNH	女	28	荔波县甲良镇甲站村，水家，但边布依族多，小年（娶）		户主儿媳
	吴 GHYK	女	86	荔波县黎明关水族乡洞塘，大年（娶）		户主母亲于2018年11月仙逝
39	吴述 JBZH	男	41		核心家庭	5
	潘 JXNZH	女	38	荔波县玉屏街道水浦村，第三批“借卯”(娶)		户主妻
（7）	吴教 LGN	男	71		老人家庭	2
	蒙 SYYN	女	67	三都水族自治县周覃镇洞揽村，第三批“借端”(娶)		户主妻
	女儿	女	38	荔波县玉屏街道水利村，第三批“借端”(嫁)		
（8）	吴崔 YBN	男	41		核心家庭	5
	韦 XMNN	女	38	三都水族自治县周覃镇恒丰社区塘党村，第三批“借端”(娶)		户主妻
（7）的户主是（8）的户主的父亲。						
O：37、38、39、（7）、（8）是当地汉语表达的“家族”，从血缘关系的亲疏看属于水语中的“哈姆敢”(ha:m^{1} ɣa:n^{2})，当地常用“三家六房”概括；从谱系看，这几家就是“三家六房”“家族”均相同。实际生活中，38 与其他几家并不被认为是“哈姆敢”，其他家不认可 38。 这个“家族”只有 5 户，因人数少，这一“家族”实际已经并入序号 40 所在的“家族”内。						

续表

序号	姓名	性别	年龄（岁）	出生地 / 外嫁地 / 节庆情况	家庭类型	备注
40	吴获 LGC	男	65		核心家庭	4
	蒙 MYC	女	60	荔波县甲良镇板培，第三批“借端”(娶)		户主妻
41	吴焕 XBC	男	36		核心家庭	4
	莫 YQNC	女	31	荔波县甲良镇方村，布依族，小年(娶)		户主妻
41 的户主是 40 户主的长子。						
42	吴获 JGFH	男	63		小型扩大家庭	6
	蒙 YYFH	女	64	荔波县玉屏街道水利村，第一批“借卯”(娶)		户主妻
	吴 YYNFH	女	30	荔波县玉屏街道水利村××组，第一批“借卯”(娶)		户主儿媳
43	吴获 AGSS	男	61		主干家庭	5
	潘 YXYSS	女	53	三都水族自治县九阡镇，第四批“借卯”(娶)		户主妻
	儿媳	女		贵州省 LD 县，春节(娶)		
	女儿	女		浙江省，春节(嫁)		
40、42、43 的户主是亲兄弟。40 至 41 的家庭，构成当地较少使用的水语“凹敢”(ʁa:u^3 ɣa:n^2)，这些家庭跟二组的(一)(二)构成的家庭形成当地汉语表达的“三家六房”。						

（二）M 寨二组姻亲亲属归属地、节庆等

2019 年 6 月获得数据，2020 年 8 月制成表格。序号第一个姓名为户主，“备注”栏的数字为该户登记时现有的人口数；姓未改动，字辈进行了相应处理，后面字母为不同编号。

<table>
<tr><th>序号</th><th>姓名</th><th>性别</th><th>年龄（岁）</th><th>出生地 / 外嫁地 / 节庆情况</th><th>家庭类型</th><th>备注</th></tr>
<tr><td rowspan="2">（9）</td><td>吴金 XGX</td><td>男</td><td>74</td><td></td><td>老人家庭</td><td>2</td></tr>
<tr><td>韦 JYYX</td><td>女</td><td>71</td><td>三都水族自治县周覃镇洞揽村，第三批“借端”(娶）</td><td></td><td>户主妻</td></tr>
<tr><td rowspan="3">（10）</td><td>吴宇 SHBX</td><td>男</td><td>51</td><td></td><td>核心家庭</td><td>3</td></tr>
<tr><td>韦 ZMNX</td><td>女</td><td>52</td><td>三都水族自治县周覃镇恒丰社区，第三批“借端”（娶）</td><td></td><td>户主妻</td></tr>
<tr><td>女儿</td><td>女</td><td>25</td><td>贵州省都匀市，春节（嫁）</td><td></td><td></td></tr>
<tr><td rowspan="2">（11）</td><td>吴宇 CH</td><td>男</td><td>37</td><td></td><td>不完整核心家庭</td><td>2 未婚</td></tr>
<tr><td>吴 NNYC</td><td>女</td><td>79</td><td>荔波县玉屏街道洞托村，第二批“借卯”(娶）</td><td></td><td>户主母亲</td></tr>
<tr><td colspan="7">（一）:（9）的户主是（10）户主的父亲，（9）的户主又跟（11）的户主的父亲是亲兄弟。</td></tr>
<tr><td rowspan="2">（12）</td><td>吴金 SHBZ</td><td>男</td><td>54</td><td></td><td>核心家庭</td><td>4</td></tr>
<tr><td>蒙 YXNZ</td><td>女</td><td>53</td><td>荔波县玉屏街道水利村，第三批“借端”(娶）</td><td></td><td>户主妻</td></tr>
<tr><td rowspan="2">（13）</td><td>吴金 LBW</td><td>男</td><td>48</td><td></td><td>核心家庭</td><td>4</td></tr>
<tr><td>潘 YMNW</td><td>女</td><td>45</td><td>三都水族自治县九阡镇，第四批“借卯”(娶）</td><td></td><td>户主妻</td></tr>
<tr><td rowspan="2">（14）</td><td>吴金 ZBX</td><td>男</td><td>44</td><td></td><td>核心家庭</td><td>3</td></tr>
<tr><td>韦 XINX</td><td>女</td><td>41</td><td>三都水族自治县周覃镇恒丰社区塘党村，第三批“借端”（娶）</td><td></td><td>户主妻</td></tr>
<tr><td colspan="7">（二）:（12）至（14）的户主是亲兄弟。
（三）：一组的 40 至 43 的户主跟（一)(二）关系比较亲近，属于当地用汉语表达的“三家六房”。</td></tr>
<tr><td>（15）</td><td>吴高 XBLX</td><td>男</td><td>61</td><td></td><td>单身老人家庭</td><td>于 2020 年 5 月去世</td></tr>
<tr><td>（16）</td><td>吴高 QBX</td><td>男</td><td>57</td><td></td><td>小型扩大家庭</td><td>6</td></tr>
</table>

续表

<table>
<tr><th>序号</th><th>姓名</th><th>性别</th><th>年龄（岁）</th><th>出生地／外嫁地／节庆情况</th><th>家庭类型</th><th>备注</th></tr>
<tr><td rowspan="2">（16）</td><td>常AYNX</td><td>女</td><td>55</td><td>荔波县玉屏街道水功村，第四批“借卯”(娶)</td><td></td><td>户主妻</td></tr>
<tr><td>韦XNZXQ</td><td>女</td><td>26</td><td>独山县玉水镇农力村，第三批“借端”(娶)</td><td></td><td>户主儿媳</td></tr>
<tr><td rowspan="3">（17）</td><td>吴青TBJ</td><td>男</td><td>52</td><td></td><td>核心家庭</td><td>4</td></tr>
<tr><td>蒙XLNJ</td><td>女</td><td>47</td><td>三都水族自治县周覃镇廷牌社区阳安村，春节（娶）</td><td></td><td>户主妻</td></tr>
<tr><td>女儿</td><td>女</td><td>28</td><td>荔波县黎明关水族乡，“借额”(嫁)</td><td></td><td></td></tr>
<tr><td rowspan="3">（18）</td><td>吴青TBX</td><td>男</td><td>50</td><td></td><td>主干家庭</td><td>5</td></tr>
<tr><td>潘JYNX</td><td>女</td><td>49</td><td>三都水族自治县九阡镇，第四批“借卯”(娶)</td><td></td><td>户主妻</td></tr>
<tr><td>吴GZYX</td><td>女</td><td>81</td><td>荔波县玉屏街道洞托村，第二批“借卯”(娶)</td><td></td><td>户主母亲</td></tr>
<tr><td colspan="7">(四)：(15)至(18)的户主是四兄弟，大哥(15)残疾，单身终老，由(16)负责赡养与办理后事，但是大哥常住在(17)的房子内(老三在县城做生意，在县城有房子)。</td></tr>
<tr><td rowspan="4">（19）</td><td>吴达TNUD</td><td>男</td><td>27</td><td></td><td>主干家庭</td><td>4未婚</td></tr>
<tr><td>韦MXND</td><td>女</td><td>51</td><td>三都水族自治县周覃镇恒丰社区塘党村，第三批“借端”(娶)</td><td></td><td>户主母亲</td></tr>
<tr><td>姐姐</td><td>女</td><td></td><td>广西壮族自治区，春节（嫁）</td><td></td><td></td></tr>
<tr><td>姚BYAD</td><td>女</td><td>78</td><td>荔波县玉屏街道水利村，第三批“借端”（娶）</td><td></td><td>户主奶奶</td></tr>
<tr><td rowspan="2">（20）</td><td>吴隋HBC</td><td>男</td><td>50</td><td></td><td>核心家庭</td><td>5</td></tr>
<tr><td>姚JHNC</td><td>女</td><td>46</td><td>荔波县玉屏街道水尧村，第四批“借卯”(娶)</td><td></td><td>户主妻</td></tr>
<tr><td rowspan="2">（21）</td><td>吴拥ZH</td><td>男</td><td>42</td><td></td><td>核心家庭</td><td>2</td></tr>
<tr><td>吴MZH</td><td>女</td><td>75</td><td>荔波县玉屏街道水丰村，“借额”(娶)</td><td></td><td>户主之母</td></tr>
</table>

续表

序号	姓名	性别	年龄（岁）	出生地 / 外嫁地 / 节庆情况	家庭类型	备注
（22）	吴拥 MBS	男	37		核心家庭	4
	蒙 WQNS	女	39	荔波县甲良镇板培村，第三批“借端”(娶)		户主妻
（23）	吴高 QBM	男	53		核心家庭	4
	韦 YSNM	女	47	三都水族自治县周覃镇恒丰社区，第三批“借端”(娶)		户主妻
（21）（22）是亲兄弟，（21）（22）跟（23）是比较亲近的堂兄弟。（23）的户主由（21）的户主的母亲抚养大。 （五）:（19）至（23）是父系血缘关系比较亲近的几家。						
（24）	吴慕 XBH	男	49		核心家庭	3
	姚 AQNH	女	47	荔波县玉屏街道水尧，第四批“借卯”（娶）		户主妻
	女儿	女	26	三都水族自治县周覃镇廷牌社区，第三批“借端”（嫁）		
（25）	吴慕 ZHBZ	男	56		核心家庭	4 于 2019 年 6 月去世
	姚 YLNZ	女	49	荔波县玉屏街道水尧村，第四批“借卯”（娶）		户主妻子
（24）（25）是堂兄弟。						
（26）	吴宇 FBD	男	46		核心家庭	6
	潘 XYND	女	42	三都水族自治县九阡镇，第四批“借卯”（娶）		户主妻
（27）	吴宇 ZBR	男	40		核心家庭	5
	潘 XMND	女	41	三都水族自治县九阡镇，第四批“借卯”（娶）		户主妻
（28）	吴宇 DBFG	男	37		主干家庭	4

附表二　笔者参与M寨村民节庆时外出走客信息表

笔者参与了2018年M寨的节庆走客，可对照正文表6-2了解更多信息；在附表一的基础上进行相应删减，涉及的家庭或相关关系保持附表一的相应信息不变，添加参与走客的时间和其他备注信息，走客时间后面的备注信息空白表示出发时跟该户一起外出走客。

序号	姓名	性别	年龄（岁）	出生地／外嫁地／节庆情况	走客时间	备注
1	吴孝QBP	男	43			
	吴AXNP（妻）	女	40	荔波县玉屏街道水丰村，“借额”(娶)	2018.10.20	
	大姐	女		荔波县玉屏街道水岩村，水利“借卯”(嫁)	2018.10.21	跟其他村民去之后流动走访（该表“流动”指代）
	二姐	女		荔波县玉屏街道水丰村，“借额”(嫁)	2018.10.21	流动
2	吴孝MBG	男	64			

续表

序号	姓名	性别	年龄（岁）	出生地 / 外嫁地 / 节庆情况	走客时间	备注
2	韦 XX	女		荔波县甲良镇 ×× 组，第三批"借端"(娶)		
	吴秀 G（女儿）	女		荔波县玉屏街道水丰村下寨，"借额"（嫁）	2018.10.21	流动
	吴荐 J	男	34			
	儿媳	女	37	三都水族自治县中和镇，第五批"借端"（待娶）		
9	吴荐 KBU	男	51			
	王 GFNU（妻）	女	52	荔波县小七孔镇播尧村，布依族，小年（娶）		
	潘 YX（儿媳）	女	27	三都水族自治县中和镇塘州社区，第四批"借端"(娶)	2018.10.17	
	大女儿	女	26	三都水族自治县周覃镇恒丰社区，第三批"借端"(嫁)		
	二女儿	女	24	贵州安顺，春节（嫁）		
	蒙 SHYYU（母）	女	71	荔波县甲良镇板培村，第三批"借端"(娶)		
	妹妹一	女		三都水族自治县中和镇塘州社区，第四批"借端"(嫁)		
	妹妹二	女		三都水族自治县周覃镇水东，第二批"借端"(嫁)	2018.10.17	流动
	妹妹三	女		荔波县黎明关水族乡永康，第四批"借卯"(嫁)		
10	吴玉 GBP	男	38	其朋友、工友来自第三批"借端"区域	2018.10.10	
	李 XFNP（妻）	女	33	黔东南苗族侗族自治州丹寨县，苗族，春节（娶）		
11	吴玉 BBJ	男	35			
	韦 XLNJ（妻）	女	32	三都水族自治县周覃镇恒丰社区，第三批"借端"(娶)		

续表

<table>
<tr><th>序号</th><th>姓名</th><th>性别</th><th>年龄（岁）</th><th>出生地 / 外嫁地 / 节庆情况</th><th>走客时间</th><th>备注</th></tr>
<tr><td>11</td><td>吴 QMYJ（母）</td><td>女</td><td>65</td><td>水利村 XX 组，水利村“借卯”（第一批“借卯”）（娶）</td><td></td><td></td></tr>
<tr><td colspan="7">10、11 的户主是亲兄弟。</td></tr>
<tr><td rowspan="4">12</td><td>吴桂 YBYX</td><td>男</td><td>69</td><td></td><td></td><td></td></tr>
<tr><td>蒙 HDNYX（妻）</td><td>女</td><td>61</td><td>荔波县茂兰镇瑶庆，第四批“借卯”（娶）</td><td></td><td></td></tr>
<tr><td>大女儿</td><td>女</td><td></td><td>水利村 XX 组，水利村“借卯”（第一批“借卯”）（嫁）</td><td>2018.6.30</td><td></td></tr>
<tr><td>吴玉 X（二女）</td><td>女</td><td></td><td>荔波县玉屏街道水丰村，“借额”（嫁）</td><td></td><td></td></tr>
<tr><td rowspan="4">13</td><td>吴得 WBP</td><td>男</td><td>53</td><td></td><td></td><td></td></tr>
<tr><td>韦 XXNP（妻）</td><td>女</td><td>50</td><td>三都水族自治县周覃镇恒丰社区，第三批“借端”（娶）</td><td>2018.10.10</td><td>流动</td></tr>
<tr><td>吴玉 P（女儿）</td><td>女</td><td>25</td><td>广西壮族自治区，春节（嫁）</td><td></td><td></td></tr>
<tr><td>吴玉 H（二女）</td><td>女</td><td>24</td><td>三都水族自治县周覃镇恒丰社区，第三批“借端”（嫁）</td><td></td><td></td></tr>
<tr><td colspan="7">12、13 的户主是亲兄弟。10、11 的父亲跟 12、13 的户主是亲兄弟。6 月 30 日“借卯”走客 12 户主的大女儿时，由 10 组织其堂兄妹前去。</td></tr>
<tr><td rowspan="2">28</td><td>吴舜 LBSH</td><td>男</td><td>35</td><td></td><td></td><td></td></tr>
<tr><td>韦 CNSH（妻）</td><td>女</td><td></td><td>三都水族自治县周覃镇恒丰社区，第三批“借端”（娶）</td><td>2018.10.10</td><td>流动</td></tr>
<tr><td rowspan="2">29</td><td>吴佳 RBUH</td><td>男</td><td>28</td><td>朋友家属于第三批“借端”</td><td>2018.10.10</td><td>流动</td></tr>
<tr><td>潘 JJNUH（妻）</td><td>女</td><td></td><td>荔波县佳荣镇，第四批“借卯”（娶）</td><td></td><td></td></tr>
<tr><td>31</td><td>吴圣 QBN</td><td>男</td><td>53</td><td></td><td></td><td></td></tr>
</table>

续表

<table>
<tr><th>序号</th><th>姓名</th><th>性别</th><th>年龄（岁）</th><th>出生地／外嫁地／节庆情况</th><th>走客时间</th><th>备注</th></tr>
<tr><td rowspan="2">31</td><td>常YMNN（妻）</td><td>女</td><td>50</td><td>荔波县玉屏街道水功村，第四批“借卯”(娶)，走客时又流动走访了女主人兄弟外嫁到同一批次“借卯”的女儿家</td><td>2018.7.22</td><td></td></tr>
<tr><td>长女</td><td>女</td><td>23</td><td>荔波县甲良镇，春节（嫁）</td><td></td><td></td></tr>
<tr><td rowspan="3">（7）</td><td>吴教LGN</td><td>男</td><td>71</td><td></td><td></td><td></td></tr>
<tr><td>蒙SYYN（妻）</td><td>女</td><td>67</td><td>三都水族自治县周覃镇洞揽村，第三批“借端”(娶)</td><td></td><td></td></tr>
<tr><td>女儿</td><td>女</td><td>38</td><td>荔波县玉屏街道水利村，第三批“借端”(嫁)</td><td>2018.10.12</td><td></td></tr>
<tr><td rowspan="2">（8）</td><td>吴崔YBN</td><td>男</td><td>41</td><td></td><td></td><td></td></tr>
<tr><td>韦XMNN（妻）</td><td>女</td><td>38</td><td>三都水族自治县周覃镇恒丰社区塘党村，第三批“借端”(娶)</td><td></td><td></td></tr>
<tr><td colspan="7">（7）的户主是（8）的户主的父亲。9月12日走客由（8）的妻子组织M寨的几位女性一同前往。</td></tr>
<tr><td rowspan="3">（10）</td><td>吴宇SHBX</td><td>男</td><td>51</td><td></td><td></td><td></td></tr>
<tr><td>韦ZMNX</td><td>女</td><td>52</td><td>三都水族自治县周覃镇恒丰社区，第三批“借端”（娶）</td><td>2018.10.10</td><td>流动</td></tr>
<tr><td>女儿</td><td>女</td><td>25</td><td>贵州省都匀市，春节（嫁）</td><td></td><td></td></tr>
<tr><td rowspan="4">（19）</td><td>吴达TNUD</td><td>男</td><td>27</td><td></td><td></td><td></td></tr>
<tr><td>韦MXND（母）</td><td>女</td><td>51</td><td>三都水族自治县周覃镇恒丰社区塘党村，第三批“借端”(娶)</td><td>2018.10.10</td><td>流动</td></tr>
<tr><td>姐姐</td><td>女</td><td></td><td>广西壮族自治区，春节（嫁）</td><td></td><td></td></tr>
<tr><td>姚BYAD（奶奶）</td><td>女</td><td>78</td><td>荔波县玉屏街道水利村，第三批“借端”(娶)</td><td></td><td></td></tr>
</table>

续表

<table>
<tr><th>序号</th><th>姓名</th><th>性别</th><th>年龄（岁）</th><th>出生地 / 外嫁地 / 节庆情况</th><th>走客时间</th><th>备注</th></tr>
<tr><td rowspan="2">（21）</td><td>吴拥 ZH</td><td>男</td><td>42</td><td></td><td></td><td></td></tr>
<tr><td>吴 MZH（母）</td><td>女</td><td>75</td><td>荔波县玉屏街道水丰村，“借额”(娶)</td><td>2018.10.21</td><td></td></tr>
<tr><td rowspan="2">（22）</td><td>吴拥 MBS</td><td>男</td><td>37</td><td></td><td></td><td></td></tr>
<tr><td>蒙 WQNS</td><td>女</td><td>39</td><td>荔波县甲良镇板培村，第三批“借端”(娶)</td><td>2018.10.10</td><td>流动</td></tr>
<tr><td colspan="7">(21)(22)是亲兄弟，10 月 21 日的“借额”走客由两兄弟组织前去。</td></tr>
<tr><td rowspan="3">（34）</td><td>吴荐 CBCH</td><td>男</td><td>47</td><td></td><td></td><td></td></tr>
<tr><td>潘 LNCH</td><td>女</td><td>42</td><td>三都水族自治县中和镇三洞社区，第五批“借端”(娶)</td><td>2018.10.22</td><td>流动</td></tr>
<tr><td>妹妹</td><td>女</td><td></td><td>荔波县玉屏街道水利村，第三批“借端”(嫁)</td><td></td><td></td></tr>
</table>

附表三　部分水语词汇汉语对译表

水语国际音标	汉语近似音译	直译	意译	备注
$tsje^{1}$	借	吃、喝	过节；讽刺/挖苦；占便宜；贪污；挤兑；指桑骂槐；侵犯等	译为“过节”时，对于节庆主人而言，有“承办”之意；对于客人而言则为“以吃喝形式为载体开展的走客、访客”
$fa:i^{4}$	怀	兄、哥哥	对平辈中比自己年长的男性的敬称	没有明显的血亲姻亲之分
nu^{4}	奴	弟弟、妹妹	对平辈中比自己年幼的统称	没有明显的性别区分
$fa:i^{4}\ nu^{4}$	怀奴	兄弟	具有父系血缘关系并且不能通婚的群体，强调群体，忽略辈分。通常意译为家族、宗族	$fa:i^{4}\ nu^{4}$ 不包含姻亲中的表兄弟或表姐妹等平辈
$tsje^{1}\ twa^{3}$	借端	吃端	端节	节庆归属与批次依据承办主人而言
$tsje^{1}\ ma:u^{4}$	借卯	吃卯	卯节	节庆归属与批次依据承办主人而言
$tsje^{1}\ ŋə^{2}$	借额	吃额	额节	节庆归属依据承办主人而言

续表

水语国际音标	汉语近似音译	直译	意译	备注
$tsje^{1}$ su^{3} $njen^{2}$ hi^{5}	借苏宁喜	吃苏宁喜	苏宁喜节	节庆归属依据承办主人而言
$tsje^{1}$ $tsjəng^{1}$	借荐	吃荐	春节	节庆归属依据承办主人而言
$hɑ:m^{1}$ $ɣa:n^{2}$	哈姆敢	三家	三家六房，小家族，小支	多为有父系血缘关联的十多户或家庭，各地划分依据不同
$ndau^{3}$ $ʔɣwa^{5}$ 或 $ndjoŋ^{5}$		不吃油；一群人	忌油圈，家族，大支	丧葬时与死者相关且不吃油的一群人

参考文献

一、综合文献

（一）著作类

[1] 范热内普．过渡礼仪 [M]. 张举文，译．北京：商务印书馆，2010.

[2] 罗伯特•赫尔兹．死亡与右手 [M]. 吴凤玲，译．上海：上海人民出版社，2018.

[3] 爱弥尔•涂尔干．宗教生活的基本形式 [M]. 渠东，汲喆，译．上海：上海人民出版社，1999.

[4] 列维－斯特劳斯．野性的思维 [M]. 李幼蒸，译．北京：商务印书馆，1987.

[5] 包尔丹．宗教的七种理论 [M]. 陶飞亚，刘义，钮圣妮，译．上海：上海古籍出版社，2005.

[6] 克利福德•格尔兹．论著与生活：作为作者的人类学家 [M]. 方静文，黄剑波，译．北京：中国人民大学出版社，2013.

[7] 鲁比•沃森．兄弟并不平等：华南的阶级和亲族关系 [M]. 时丽娜，译．上海：上海译文出版社，2008.

[8] E.E. 埃文思－普里查德．努尔人：对一个尼罗特人群生活方式和政治制度的描述 [M]. 褚建芳，译．北京：商务印书馆，2017.

[9] 维克多•特纳．仪式过程：结构与反结构 [M]. 黄剑波，柳博赟，译．北京：中

国人民大学出版社，2006.

[10] 吉奥乔·阿甘本．例外状态：《神圣之人》二之一 [M]. 薛熙平，译．西安：西北大学出版社，2015.

[11] 莫里斯·弗里德曼．中国东南的宗族组织 [M]. 刘晓春，译．上海：上海人民出版社，2000.

[12] 岑家梧．岑家梧民族研究文集 [M]. 北京：民族出版社，1992.

[13] 陈心想．走出乡土：对话费孝通《乡土中国》[M]. 北京：生活·读书·新知三联书店，2017.

[14] 费孝通．乡土中国 [M]. 北京：生活·读书·新知三联书店，1985.

[15] 胡士云．汉语亲属称谓研究 [M]. 北京：商务印书馆，2007.

[16] 贺雪峰．新乡土中国：转型期乡村社会调查笔记 [M]. 桂林：广西师范大学出版社，2003.

[17]《中国地方志集成·贵州府县志辑》编委会．中国地方志集成·贵州府县志辑25[M]. 成都：巴蜀书社，2016.

[18] 黄淑娉，龚佩华．文化人类学理论方法研究 [M]. 广州：广东高等教育出版社，1996.

[19] 黄应贵．反景入深林：人类学的观照、理论与实践 [M]. 北京：商务印书馆，2010.

[20] 兰林友．庙无寻处：华北满铁调查村落的人类学再研究 [M]. 哈尔滨：黑龙江人民出版社，2007.

[21] 兰林友．莲花落：华北满铁调查村落的人类学再研究 [M]. 北京：社会科学文献出版社，2012.

[22] 李培林．中国社会 [M]. 北京：社会科学文献出版社，2011.

[23] 李平凡，颜勇．贵州世居民族迁徙史 [M]. 贵阳：贵州人民出版社，2011.

[24] 李绍明．民族学 [M]. 成都：四川民族出版社，1987.

[25] 林美容．妈祖信仰与汉人社会 [M]. 哈尔滨：黑龙江人民出版社，2003.

[26] 林耀华．义序的宗族研究 [M]. 北京：生活·读书·新知三联书店，2000.

[27] 罗新．有所不为的反叛者：批判、怀疑与想象力 [M]. 上海：上海三联书店，2019.

[28] 麻国庆 . 家与中国社会结构 [M]. 北京：文物出版社，1999.

[29] 史宗 . 20 世纪西方宗教人类学文选 [M]. 上海：生活 • 读书 • 新知三联书店，1995.

[30] 王铭铭 . 人类学讲义稿 [M]. 北京：民主与建设出版社，2019.

[31] 王筑生 . 人类学与西南民族 [M]. 昆明：云南大学出版社，1998.

[32] 文芮 . 中国神话故事 [M]. 北京：经济日报出版社，1998.

[33] 吴泽霖，陈国钧 . 贵州苗夷社会研究 [M]. 北京：民族出版社，2004.

[34] 杨昌儒，陈玉平 . 贵州世居民族节日民俗研究 [M]. 北京：民族出版社，2009.

[35] 周亦涛 . 杭州市富阳区非物质文化遗产大观 [M]. 杭州：浙江文艺出版社，2016.

[36] 庄孔韶 . 银翅：中国的地方社会与文化变迁：1920 ～ 1990[M]. 北京：生活 • 读书 • 新知三联书店，2000.

[37] 庄孔韶 . 人类学通论 [M]. 太原：山西教育出版社，2002.

[38] 庄英章 . 林圮埔：一个台湾市镇的社会经济发展史 [M]. 上海：上海人民出版社，2000.

[39] 祖明 . 采风论坛（7）[M]. 北京：中国文联出版社，2006.

（二）期刊类

[1] 蔡弘，黄鹂 . 何谓“农业女性化”：讨论与反思 [J]. 农林经济管理学报，2017，16（05）：652-659.

[2] 陈其南 . 房与传统中国家族制度：兼论西方人类学的中国家族研究 [J]. 汉学研究，1985（01）：127-184.

[3] 杜靖 . 百年汉人宗族研究的基本范式 [J]. 民族研究，2010（01）：52-62+109.

[4] 高洪兴 . 中国鬼节与阴阳五行：从清明节和中元节说起 [J]. 复旦学报（社会科学版），2005（04）：132-140.

[5] 郝彧 . 彝族家支的传统建构与现代转型 [J]. 西南民族大学学报（人文社科版），2017，38（08）：64-69.

[6] 何军，李庆，张姝弛 . 家庭性别分工与农业女性化——基于江苏 408 份样本家庭的实证分析 [J]. 南京农业大学学报（社会科学版），2010，10（01）：50-56.

[7] 何耀华.论凉山彝族的家支制度[J].中国社会科学，1981（02）：205–220.

[8] 黄剑波.“祈祷”与人类学的基督教研究[J].湖北民族学院学报（哲学社会科学版），2016，34（06）：14–18.

[9] 黄剑波，郑絮文.仪式过程、社会戏剧与维克多·特纳的学术人生[J].徐州工程学院学报（社会科学版），2020，35（03）：11–19.

[10] 廷贵，酒素.苗族“鼓社”调查报告[J].贵州民族研究，1980（03）：85–93.

[11] 刘宏涛.亲属关系是什么？——萨林斯与蔡华的分歧[J].西南民族大学学报（人文社科版），2016，37（01）：10–17.

[12] 卢晓.大苗山“耶脊”组织与多民族区域共同体生成的制度机制[J].广西民族研究，2019（03）：80–87.

[13] 马腾嶽.对中国人类学亲属研究的若干反思：兼纪念李亦园院士[J].思想战线，2017，43（04）：39–49.

[14] 麻国庆.分家：分中有继也有合——中国分家制度研究[J].中国社会科学，1999（01）：106，108，110，112，114.

[15] 纳日碧力戈.民族与民族概念辨正[J].民族研究，1990（05）：11–17+38.

[16] 彭兆荣，张进.“社区”的维度与限度[J].思想战线，2019，45（01）：106–112.

[17] 吴飞.母权神话“知母不知父”的西方谱系（上）[J].社会，2014，34（02）：33–59.

[18] 吴飞.父母与自然“知母不知父”的西方谱系（下）[J].社会，2014，34（03）：1–36.

[19] 吴凤玲.赫尔兹和他的《死亡与右手》[J].中南民族大学学报（人文社会科学版），2007（05）：44–48.

[20] 萧放.亡灵信仰与中元节俗[J].文史知识，1998（11）：69–73.

[21] 萧放，何斯琴.礼俗互动中的人生礼仪传统研究[J].民俗研究，2019（06）：83–92，159.

[22] 许晓明.族群认同与壮族三月三文化再造——云南马关县个案[J].民族艺术，2019（03）：123–127.

[23] 杨德睿，陈进国，黄剑波等.修行人类学：中国人类学家的话语构建——修

行人类学访谈录 [J]. 新视野，2017（02）：120–128.

[24] 杨正文 . 鼓藏节仪式与苗族社会组织 [J]. 西南民族学院学报（哲学社会科学版），2000（05）：13–26+158.

[25] 张泽洪 . 道教斋醮仪式的文化意义 [J]. 中国文化研究，2002（02）：103–110.

[26] 张泽洪 . 瑶族度戒仪式新探——广西贺州威竹村个案研究 [J]. 民族研究，2019（05）：68–80+141.

[27] 张原，汤芸 . 传统的苗族社会组织结构与居民互惠交往实践——贵州雷山县苗族居民的礼仪交往调查 [J]. 西南民族大学学报（人文社科版），2005（02）：30–34.

（三）英文类

[1] Evans-Pritchard，E.E. *The Nuer: a description of the modes of livelihood and political institutions of a Nilotic people*. Oxford: Clarendon Press,1940.

[2] Leach, Edmund. *Rethinking Anthropology*. London: Athlone Press,1966.

[3] Morgan, Lewis Henry. *Ancient society, or, Researches in the lines of human progress from savagery through barbarism to civilization*. Chicago: Charles H. Kerr & Co, 1877.

[4] Schneider，DAVID M. *A critique of the study of kinship*. Ann Arbor: The University of Michigan，1984.

[5] Goody，Jack. Comparing Family Systems in Europe and Asia: Are there different sets of rules1? *Population and Development Review*, 1996, 22(1):1–20.

二、水族研究文献

（一）著作类

[1] 贵州省水家学会 . 水家学研究（一）[M]. 贵阳：贵州民族出版社，1993.

[2] 潘朝霖，唐建荣 . 水书文化研究 [M]. 北京：中国言实出版社，2012.

[3] 《水族简史》编写组 . 水族简史 [M]. 北京：民族出版社，2008.

[4] 贵州省荔波县地方志编纂委员会 . 荔波县志 [M]. 北京：方志出版社，1997.

[5] 三都水族自治县志编纂委员会 . 三都水族自治县志 [M]. 贵阳：贵州人民出版社，1992.

[6] 何积全 . 水族民俗探幽 [M]. 成都：四川民族出版社，1992.

[7] 何羡坤 . 荔波水族 [M]. 北京：中国文史出版社，2008.

[8] 黄桂秋 . 水族故事研究 [M]. 南宁：广西人民出版社，1991.

[9] 李方桂 . 莫话记略 • 水话研究 [M]. 北京：清华大学出版社，2005.

[10] 李平凡，颜勇 . 贵州世居民族迁徙史 [M]. 贵阳：贵州人民出版社，2011.

[11] 陆春 . 水书常用词注解 [M]. 贵阳：贵州民族出版社，2012.

[12] 潘朝霖，韦宗林 . 中国水族文化研究 [M]. 贵阳：贵州人民出版社，2004.

[13] 屠旭云 . 水族百年实录 [M]. 北京：中国文史出版社，2014.

[14] 王学文 . 规束与共享：一个水族村寨的生活文化考察 [M]. 北京：民族出版社，2010.

[15] 韦世方 . 水书常用字典 [M]. 贵阳：贵州民族出版社，2007.

[16] 韦学纯 . 中国水族 [M]. 银川：宁夏人民出版社，2012.

[17] 曾晓渝，姚福祥 . 汉水词典 [M]. 成都：四川民族出版社，1996.

[18] 周崇启，韦族安，石国义 . 水族教育史 [M]. 贵阳：贵州教育出版社，2009.

[19] 祖岱年，周隆渊 . 水族民间故事选 [M]. 上海：上海文艺出版社，1988.

[20] 康譪德，潘兴文 . 水语调查研究 [M]. 贵阳：贵州人民出版社，2014.

（二）期刊类

[1] 陈显勋 . 水族卯节调查实录——贵州三都九阡镇水各村水各大寨调查个案 [J]. 黔南民族师范学院学报，2014，34（04）：13-16.

[2] 陆玉娥 . 浅谈贵州省水族家训家规 [J]. 中国文艺家，2018（08）：113.

[3] 邓章应 . 水族古文字的科学定名 [J]. 中国科技术语，2009，11（03）：60-63.

[4] 戴建国，张兴雄 . 水族自治方式的变迁——政治生态学视角的审视 [J]. 云南行政学院学报，2008（03）：70-72.

[5] 冯英 . 值得一读的《中国水族文化研究》[J]. 贵州民族学院学报（哲学社会科

学版)，2006(01)：27–30.

[6] 韩荣培.古代水族社会基层组织和土地、山林的管理方式[J].贵州民族研究，1999(04)：89–93.

[7] 姬晨曦.场域视角下水族端节的文化展演与传承研究——以贵州三都县高丰端坡为例[J].河南教育学院学报(哲学社会科学版)，2019，38(01)：33–38.

[8] 李建明.扬拱水族霞节：家族的当代实践与地域权力重塑[J].节日研究，2015(02)：99–116.

[9] 梁传诚.三都水族"端节"民间赛马述评[J].黔南民族师范学院学报，2002(03)：37–40.

[10] 梁敏.关于水族族源和水书形成之我见[J].广西民族研究，2008(03)：95–105.

[11] 梁光华，蒙耀远.卯节——水族女性崇拜的节日[J].黔南民族师范学院学报，2015，35(01)：1–4.

[12] 刘剑.水族蛋卜探析——以姑引村石氏蛋卜为例[J].怀化学院学报，2007(01)：28–30.

[13] 刘剑.在死亡中追求永生——水族"控拟"葬仪的人类学考察[J].贵州民族研究，2007(05)：46–52.

[14] 刘世彬.莫友芝对水族古文字的研究[J].黔南民族师范学院学报，2006(01)：16–17+41.

[15] 刘涛.水族端节的人类学考察——以南丹县龙马屯为例[J].铜仁师范高等专科学校学报(综合版)，2006(06)：56–59.

[16] 陆春.水族端节赛马"挤马"文化[J].文化月刊，2015(29)：72–75.

[17] 陆春.苏宁喜——水族儿童节之魂[J].文化月刊，2016(07)：60–63.

[18] 龙胜阳，柏贵喜.水族"过端"仪式的社会结构与象征表达[J].云南社会科学，2014(01)：103–107+161.

[19] 罗春寒.从民间传说看水族的端节和卯节[J].中央民族大学学报，2000(04)：50–53.

[20] 罗春寒.传统与重构：一个水族村寨端节文化传承与变迁模式的调查与分析

[J]. 原生态民族文化学刊，2016，8（03）：125–129.

[21] 蒙爱军 . 水族的宗族观念及其影响 [J]. 贵州民族学院学报（哲学社会科学版），2000（01）：30–34.

[22] 蒙爱军 . 国家化进程中的水族传统宗族社会 [J]. 西南民族大学学报（人文社科版），2010，31（05）：47–52.

[23] 蒙耀远 . 水族丧葬忌荤习俗的文化解读 [J]. 黔南民族师范学院学报，2010（01）：63–69.

[24] 覃世琦 . 水族敬霞节文化内涵探析 [J]. 贵州民族学院学报（哲学社会科学版），2011，30（03）：58–62.

[25] 潘朝霖 .“六山六水”民族调查与水家学研究 [J]. 贵州民族研究，2002（03）：83–86.

[26] 潘朝霖 . 水家原始宗教鬼神观念浅说 [J]. 贵州民族研究，1990（02）：71–79.

[27] 潘朝霖 . 猪与水族雨水神“霞”[J]. 贵州民族研究，1999（01）：73–76+78–79.

[28] 潘朝霖 . 水家祈雨活动“敬霞”试探 [J]. 贵州民族大学学报（社会科学版），1989（04）：36–42.

[29] 潘小慧，詹涵笑 . 水族家屋的圣神空间与权力隐喻 [J]. 阿坝师范学院学报，2018，35（03）：63–68.

[30] 潘一志 . 水族潘新简反清斗争事略 [J]. 贵州民族研究，1981（04）：84–92.

[31] 石国义 . 水族传统文化心理思辨 [J]. 贵州民族研究，1998（01）：64–66.

[32] 石国义 . 对水族传统文化心理内在机制的思辨 [A]. 贵州省水家学会第三届、第四届学术讨论会论文汇编 [C]. 贵州省水家学会，1999：211–216.

[33] 文永辉 . 水族习惯法及其变迁——以贵州省三都水族自治县塘党寨为例 [J]. 民族研究，2006（04）：40–47+108.

[34] 张帆 . 黔南水族的石卜与社会共识的达成 [J]. 贵州民族研究，2017，38（12）：210–213.

[35] 张帆 . 贵州水族的念鬼仪式及其文化逻辑 [J]. 民族研究，2018（01）：79-91+125–126.

[36] 张小军，李建明 . 权力互竞交换共同体——贵州水族霞节、艾节和善节的个

案研究 [J]. 民族研究，2013（02）：60-71+124-125.

[37] 张兴雄 . 水族端节祭祖仪式与“忌油圈”——以贵州省三都水族自治县三洞乡板告村板乌寨为个案 [J]. 西南民族大学学报（人文社科版），2008（01）：62-66.

[38] 罗元涛 .“民族学会对本民族研究最有发言权”[N]. 贵州民族报，2015-10-30（C2）.

（三）学位论文

[1] 高胜寒 . 水族婚姻家庭习惯法初探 [D]. 重庆：西南政法大学，2015.

[2] 高雅 . 从三都水族端节看贵州民族节日经济的打造与发展 [D]. 贵阳：贵州财经大学，2013.

[3] 何可 . 传统社区共享机制研究——以荔波水利大寨为例 [D]. 北京：北京师范大学，2011.

[4] 何自成 . 水族的家——基于永康乡和三洞乡的研究 [D]. 广州：中山大学，2010.

[5] 胡萍 . 水族村落社会中的家庭权力构建 [D]. 成都：西南民族大学，2013.

[6] 赖静如 . 李方桂《水话研究》之语言学研究 [D]. 北京：中国社会科学院研究生院，2015.

[7] 位秋平 . 云南富源古敢水族图案元素的应用研究 [D]. 昆明：云南艺术学院，2018.

[8] 林圣蒙 . 超越村寨：传统时期水族的“榔团”治理——基于贵州省三都水族自治县达便寨的调查与研究 [D]. 武汉：华中师范大学，2018.

[9] 龙胜阳 . 游动的“端”：“凤羽人”过端仪式象征研究 [D]. 武汉：中南民族大学，2010.

[10] 饶文斌 . 贵州三都水族村规民约探析 [D]. 桂林：广西师范大学，2016.

[11] 田慧娜 . 三都水族传统文化的社会教育价值研究 [D]. 贵阳：贵州民族大学，2018.

[12] 王棋纬 . 水族端节的文化意义与教育价值 [D]. 成都：四川师范大学，2014.

[13] 王婷．贵州三都县水族乡村聚落景观空间形态研究 [D]. 南京：南京农业大学，2012.

[14] 韦慧昌．三都水族习惯法的变迁及其纠纷解决研究 [D]. 重庆：西南政法大学，2016.

[15] 韦学纯．水语描写研究 [D]. 上海：上海师范大学，2011.

[16] 杨国章．婚姻中的水族妇女 [D]. 广州：中山大学，2010.

[17] 袁东升．边界与交融：黔南一个水苗共居村寨的族际关系 [D]. 武汉：中南民族大学，2016.

[18] 余珍．水利大寨的公共性与社会秩序研究 [D]. 成都：西南民族大学，2018.

[19] 曾晓渝．共同水语声母构拟及汉水语"关系字"研究 [D]. 天津：南开大学，1993.

[20] 张秋鸿．水族端节与村落生活研究 [D]. 北京：中央民族大学，2009.

[21] 张兴雄．水族的端节与社会组织——以三洞乡为例 [D]. 成都：西南民族大学，2006.

[22] 张泽扬．纪录片《端节》：对水族传统仪式行为的呈现 [D]. 南京：南京师范大学，2017.

[23] 朱国佳．壮侗语族民族叙事长诗的生命意识及文化价值 [D]. 北京：中央民族大学，2009.

（四）外文类

[1] Stanford, James Norris. *Dialect contact and identity: A case study of exogamous Sui clans*. Michigan State University, 2007.

[2] Stanford, James N. Child dialect acquisition: New perspectives on parent/peer influence. *Journal of Sociolinguistics*, 2008,Vol.12(No.5): 567-596.

[3] Stanford, James N. "Eating the food of our place": Sociolinguistic loyalties in multidialectal Sui villages. *Language in Society*, 2009, Vol.38(No.3): 287-309.

后　记

笔者关注水家聚居区文化研究已有十五年之久，但都主要集中在这一时段的两端，中间近十年的时光忙于应对生活。前期的研究（硕士阶段）集中在较小区域的水家“借端”仪式及其展示的社会组织，提出了水家文化中“忌油圈”的概念。因当时田野调查的时间短、思考问题不全面等，导致“忌油圈”概念具有模糊性，同时还造成对水家节庆与社会组织之关联的过度推理。在华东师范大学读博期间，笔者继续深入开展水家文化的调查研究，除了完善前期研究的不足之处，还力求在整体上呈现水家文化自身的地方性知识和实践逻辑。

在华东师大的五年光阴，导师黄剑波教授无疑是我最重要的指引者。本人能自始至终关注水家文化，离不开黄老师的鼓励与支持。写毕业论文时，从漫无边际的开题到一周一次的组会交流，我的表述常常混乱不堪，但是黄老师总能耐心地听完，并从学术研究的视角帮助我提炼出研究的关注点甚至是研究的关键意义，还经常鼓励我以水家之外的读者视角来表述水家文化，把水家文化中的具体事项说清楚。

感谢吴旭、何瑞雪（Horacio Ortizo）、李向平、陈赟、唐忠毛等老师在课堂上所给予的悉心指导，以及王晓霞、陆芳萍等老师所给予的诸多关心。感谢刘拥华老师组织的午餐读书会，让我们的胃与大脑均得到了充实。感谢开题、预答辩、论文评审以及答辩时的老师们：张亦农老师、潘天舒老师、张佩国老师、董国礼老师、黄剑波老师、吴旭老师、唐忠毛老师、李明洁老师、陈赟老师、刘琪老师、朱宇晶老师、张晖老师……你们的宝贵建议是我修改论文的最大动力。感谢三位盲审老师与两位明审老师的“不杀之恩”，同时感谢你们给我的详细修改建议。此外，还得感谢杨正文老师、张建世老师、彭文斌老师等对我学业上的关心和支持。

感谢田野调查村寨的村民，特别是为我提供住所的布专哥，为我解决了调查期间的吃住难题。此外还要感谢寨子里的张哥、布优、布翩、布优湖、布耐、布亮、布盼、布佩、布伞、布燕（小江）、布帅、布嘉煜、布聪、布凤涵、布娜等及他们的家人，除了邀我到家喝酒外，还带我去他们的亲戚朋友家走客。还要感谢水家文化微信群里的每位成员，潘明江、潘安威、潘白敬、潘秀港、潘朝霖、潘中西、潘小慧、潘树鼎、潘仙凤、蒙耀远、张加菊、王炳江、韩荣培、韦祖雄、韦学纯、韦述启、韦星娥、韦荣宪、韦永等（还有部分无私提供信息而又不愿留名的水家群朋友）给予了我极大的包容与帮助，从水语音标到水家文化的表达等方面，诸位均给予了诸多的支持。本打算践行人类学民族志多声部书写，但由于学术伦理需要进行匿名处理，作为发声主体的你们被一些代号或别名给取代了。还要特别感谢潘明江先生，他经常以水家文化现实开展相关主题的讨论，并经常对我的提问给予积极回应或鼓励大家发表意见，让我了解到水家更多区域的实情，也感谢他从最初恨铁不成钢的“笨蛋”指称到逐渐接纳与肯定，由之前“经常问一些水家三岁小孩都知道的东西”，到请他把关后一些表述是否准确时的“基本属实、不扭曲水家文化”，给予我往下写的信心。

特别感谢我的妻子杨英女士，在我读博期间，她全心全意地经营着我们的小家，照顾两个小孩的学习与生活，同时还要为生活奔波，在物质和精神上都给予我绝对的支持。感谢我的父母和岳父岳母，在我读博期间，轮流帮忙照看小孩和处理家务。

感谢贵州大学出版社为本书的出版提供了支持和帮助，特别感谢王印娟博士的辛勤付出，才能有本书的出版。

张兴雄

2021 年 5 月